Estoicismo

Para leigos

Estoicismo

Para leigos

Tom Morris e
Gregory Bassham

ALTA BOOKS
GRUPO EDITORIAL
Rio de Janeiro, 2025

Estoicismo Para Leigos

ISBN: 978-85-508-2692-9

Alta Books é uma Editora do Grupo Editorial Alta Books.

Translated from original Stoicism For Dummies © 2023 by Wiley Publishing, Inc. ISBN 978-1-394-20627-8. This translation is published and sold by John Wiley, the owner of all rights to publish and sell the same. PORTUGUESE language edition published by Starlin Alta Editora e Consultoria Eireli, Copyright © 2025 by STARLIN ALTA EDITORA E CONSULTORIA LTDA.

Impresso no Brasil — 1ª Edição, 2025 — Edição revisada conforme o Acordo Ortográfico da Língua Portuguesa de 2009.

Dados Internacionais de Catalogação na Publicação (CIP)

M877e
1.ed. Morris, Tom.
Estoicismo para leigos / Tom morris, Gregory Bassham ; tradução Vanessa Schreiner. - 1.ed. - Rio de Janeiro : Alta Books, 2025.
400 p.; il.; 16 x 23 cm. - (Para leigos)
Titulo original: Stoicism For Dummies.
ISBN 978-85-508-2692-9
1. Estoicismo.
2. Filosofia antiga - Grécia.
3. Filosofia prática - Aplicações cotidianas.
4. Resiliência emocional.
5. Autoconhecimento.
I. Titulo. II. Série.
CDD 188

Índice para catálogo sistemático:
1. 188 - Estoicismo: escola filosófica grega, ética, razão e autodomínio. 188

Grupo Editorial Alta Books

Produção Editorial: Grupo Editorial Alta Books
Diretor Editorial: Anderson Vieira
Editor da Obra: Gorki Starlin
Vendas Governamentais: Cristiane Mutüs

Produtor Editorial: Thiê Alves
Tradução: Vanessa Schreiner
Revisão Gramatical: Eveline Machado
Diagramação: Natalia Curupana
Revisão Técnica: Alberto Oliva

ALTA BOOKS
GRUPO EDITORIAL

Rua Viúva Cláudio, 291 — Bairro Industrial do Jacaré
CEP: 20.970-031 — Rio de Janeiro (RJ)
Tels.: (21) 3278-8069 / 3278-8419
www.altabooks.com.br — altabooks@altabooks.com.br
Ouvidoria: ouvidoria@altabooks.com.br

Editora **afiliada à:**

ASSOCIADO

Sobre os Autores

Tom Morris tem sido um dos filósofos populares mais atuantes e um dos principais palestrantes sobre negócios do mundo. Formado pela UNC-Chapel Hill, onde foi bolsista da Morehead-Cain, e com doutorado nos dois departamentos de Filosofia e Estudos Religiosos de Yale, Tom foi professor de filosofia por quinze anos na Universidade de Notre Dame antes de se lançar em uma nova empreitada como filósofo independente, consultor e especialista em sabedoria antiga.

Ele é autor de mais de trinta livros, desde publicações acadêmicas inovadoras até best-sellers e outros títulos populares, entre eles *O Verdadeiro Sucesso, E Se Aristóteles Dirigisse a General Motors?, Philosophy For Dummies, The Stoic Art of Living, E Se Harry Potter Dirigisse a General Eletric?, Socrates in Silicon Valley, The Oasis Within, Plato's Lemonade Stand* e *The Everyday Patriot.* O trabalho dele foi divulgado nos canais NBC, ABC, CNN e NPR, nos principais jornais e revistas do mundo, bem como em muitos podcasts atuais de excelente qualidade. Acesse a página de Tom em `www.TomVMorris.com` (em inglês) e descubra mais recursos para sua busca individual para entender o mundo e torná-lo um pouco melhor.

Gregory Bassham é ex-professor de filosofia do King's College (Pensilvânia). Nascido em Oklahoma, Bassham concluiu seu bacharelado e mestrado na Universidade de Oklahoma, e seu doutorado na Universidade de Notre Dame. Entre seus muitos livros, estão: *The Bedside Book of Philosophy* (2021), *Environmental Ethics: The Central Issues* (2020), *The Philosophy Book: 250 Milestones in the History of Philosophy* (2016), *Critical Thinking: A Student's Introduction* (7ª ed., 2023, escrita com três coautores), *The Ultimate Harry Potter and Philosophy* (2010) e *The Lord of the Rings and Philosophy* (2003, coeditado com Eric Bronson). Atleta de longa distância e adepto de caminhadas, Bassham participou duas vezes da Maratona de Boston. Antes de se aposentar para se tornar escritor em tempo integral, ele foi professor de estoicismo em cursos universitários por quase três décadas.

Dedicatória

Tom gostaria de dedicar este livro à sua esposa e parceira nos últimos cinquenta anos, Mary, que conseguiu expandir sua esfera de controle estoica para incluí-lo, pelo menos na maioria dos dias.

Greg dedica este livro à sua esposa, Mia, por seu amor, incentivo, paciência e tolerância epictetiana.

Agradecimentos dos Autores

Primeiramente, gostaríamos de agradecer a Jennifer Yee, a melhor editora de aquisições possível da série *Para Leigos*, por ter dado a ideia deste livro e por ter confiado em nós dois para escrevê-lo em tempo recorde. Agradecemos, também, ao nosso maravilhoso editor de criação, Tim Gallan, o mais estoico e benevolente editor de criação do mundo inteiro e, suspeitamos, de outros lugares. Somos também imensamente gratos a Amy Handy, nossa elegante e perspicaz editora de texto, a Kristie Pyles, nossa magnífica editora-chefe, e ao professor, praticante de ***mountain bike*** e aventureiro de renome mundial, Aaron Simmons, nosso revisor técnico, que, enquanto trabalhavam no manuscrito, conseguiram extrair dos estoicos exatamente o que precisavam para lidar com pessoas como nós.

Estoicismo Para leigos

O estoicismo é uma filosofia antiga que se tornou incrivelmente popular em todo o mundo somente nos últimos anos. Filosofia? Popular? Sim, é incrível. Mas também é verdade. No mundo dos negócios, dos esportes, do entretenimento e das forças armadas, o estoicismo está em *alta*.

A filosofia estoica teve seu início em Atenas, na Grécia, por volta do ano 300 a.C. Ela migrou para a poderosa Roma, onde floresceu como um estilo de vida bastante popular e muito prático. Mas, como muitas filosofias que já foram populares, sua influência pública começou a enfraquecer. No entanto, ao longo dos séculos, principalmente em períodos de turbulência e agitação, as pessoas parecem ter redescoberto esse antigo conhecimento, que é perfeito para períodos de mudanças e incertezas inquietantes.

EM QUE CONSISTE O ESTOICISMO?

Você provavelmente já ouviu falar sobre estoicismo nas redes sociais, mas o que de fato significa ser estoico? A seguir, algumas afirmações estoicas para começar:

- Existem dois tipos de coisas no mundo: as que podemos controlar e as que não podemos. Nada pode aborrecê-lo a menos que você permita. O caminho mais sensato é focar o que você pode controlar e não se preocupar com o restante.
- Para ter uma vida feliz, é preciso pouca coisa. Tente ser bom. A excelência moral por si só já é suficiente.
- Não são as coisas do mundo que nos perturbam, mas como pensamos sobre elas.
- O único bem verdadeiro é a *virtude* (a palavra grega *aretê*, traduzida como virtude, significa "força interior"). A única coisa ruim é o *vício* (um tipo de falha ou fraqueza moral).
- Uma pessoa boa não precisa temer o mal de nada nem de ninguém. A única coisa que pode nos prejudicar são nossas escolhas equivocadas feitas por vontade própria.
- As duas coisas mais peculiares dos seres humanos são a razão e a relacionalidade. Somos capazes de pensar de maneira poderosa e complexa, e formar comunidades incríveis e sofisticadas.
- Todos temos círculos de influência e pertencimento no mundo. Quando os usamos bem, começando pelo mais próximo, podemos melhorar até o que está longe.
- A morte não deve ser temida.

PROBLEMAS CORRIQUEIROS QUE O ESTOICISMO PODE RESOLVER

Serve tanto na limpeza de pisos quanto na decoração de sobremesas! É uma filosofia e um estabilizador de humor! Agora falando sério, a abordagem estoica ajuda qualquer pessoa neste mundo insano a lidar com todos os tipos de problemas, incluindo estes:

- Raiva
- Frustração
- Preocupação e medo
- Ansiedade social
- Impaciência
- Pessoas difíceis
- Pessoas estúpidas
- Redes sociais (desculpe, estamos nos repetindo)
- Mudanças e incertezas incômodas
- Solidão
- Tristeza e depressão
- Falas e imagens não saudáveis de si mesmo
- Adversidade
- Sofrimento
- Perda e luto
- Pensamento negativo
- Desejos e emoções prejudiciais à saúde
- Julgamentos

Como o estoicismo pode ajudar com esses problemas? Permitindo que você melhore ao:

- Desenvolver a autodisciplina e o autocontrole
- Ter clareza e foco
- Encontrar tranquilidade
- Ser uma pessoa mais ética
- Cultivar melhores relacionamentos
- Formar boas equipes e comunidades mais fortes

Sumário Resumido

Sumário

Introdução

Parte do segredo para ter uma vida boa e feliz é saber o que abraçar e o que deixar de lado. A maioria das pessoas costuma errar na maior parte do tempo, abraçando o que deveria ser deixado de lado e deixando de lado o que deveria ser abraçado. Há uma grande sabedoria antiga que está se espalhando pelo mundo atualmente e mudando vidas para melhor, mostrando-nos como fazer isso da maneira correta e qual o significado de fazê-lo com adequação, de uma forma que realmente importa.

Um grupo de filósofos da Grécia e da Roma antigas, conhecidos como estoicos, abordou de maneira contundente a questão de como viver melhor em um mundo repleto de desafios e mudanças. Eles tinham percepções diferentes sobre felicidade e vida boa, que acreditavam resultar da excelência pessoal e da virtude moral bem vividas em comunidades saudáveis. Seus ensinamentos mais profundos resistiram ao longo dos séculos para ressurgir em nossa época. Apresentam perspectivas detalhadas e práticas sobre como encontrar o verdadeiro sentido, a resiliência prazerosa, o fortalecimento pessoal em meio à turbulência e uma sensação de calma interior ao enfrentar a incerteza que pode ser exatamente o que precisamos nos dias atuais.

Sobre Este Livro

Se você ouviu falar do estoicismo em algum podcast ou entre amigos e gostaria de saber mais, ou se já leu um dos livros mais vendidos que introduziram essa filosofia distinta em nossa época e gostaria de ter a oportunidade de explorar mais a fundo a poderosa e fascinante diversidade de ideias encontradas nesse modo de pensar e viver, este é o livro certo para você. Também é o livro certo para você mesmo que não saiba muito sobre os estoicos, mas esteja pronto para ter novas perspectivas de vida, novas maneiras de lidar com os desafios e as dificuldades e, talvez, até mesmo para se libertar de muitas das influências que parecem impedir as pessoas de serem melhores, de se sentirem melhores e de darem o melhor de si neste mundo.

Os filósofos mais solícitos buscam entender melhor a vida e vivê-la de modo mais significativo. Desejam alcançar as mais profundas perspectivas possíveis sobre o mundo para aprimorar e melhorar as próprias experiências de vida. Não consideram nada como certo, mas questionam e investigam, para obter esclarecimento e perspectiva. Então, buscam transmitir suas descobertas para as outras pessoas.

Todos queremos compreender a verdadeira sabedoria sobre como viver, agir e crescer. Você está com sorte, pois o objetivo deste livro é dar pelo menos o pontapé inicial nessa tarefa. Apresentaremos os principais antecedentes e os principais argumentos de alguns dos pensadores práticos mais interessantes da História, que, em muitos aspectos, são pessoas normais e inteligentes que usaram bem sua curiosidade e seus talentos e, dessa forma, alcançaram níveis extraordinários em suas ideias e práticas diárias para viver bem. Agora, eles podem nos ajudar a fazer o mesmo em nossa vida.

Não é preciso ser um intelectual ou um visionário renomado para se beneficiar de uma análise mais cuidadosa sobre as questões fundamentais da vida, conforme definidas por alguns dos melhores especialistas que abordaram essas questões antes de nós. Na verdade, este livro é sobre os desafios que você enfrenta em sua vida cotidiana. Qualquer novo grau de compreensão que possa obter de pessoas sábias que lidaram com essas questões antes de você será um passo na direção certa de resultados práticos e, talvez, até mesmo de mudança de vida. Você pode concordar com os filósofos estoicos em todos os aspectos ou preferir escolher algumas de suas ideias para abordagens que possam ser aplicadas às coisas que mais importam no seu caso. No final das contas, a despeito do que possa parecer, um livro como este tem menos a ver com as informações aqui contidas do que com as possibilidades de transformação que sugere.

Em nosso olhar sobre a filosofia antiga e prática do estoicismo, faremos perguntas básicas e investigativas sobre o que é existir como ser humano neste mundo, o que é a vida e como podemos viver de maneira mais satisfatória todos os dias. Refletiremos sobre alguns dos aspectos mais importantes para nosso autoconhecimento. Inclusive, abordaremos algumas das questões mais fundamentais da vida que, com muita frequência, apenas evitamos enfrentar de frente e raramente lidamos de maneira direta. Este será um livro sobre algumas questões e percepções humanas mais fundamentais.

Penso que...

Ao apresentarmos as ideias neste livro, basicamente assumiremos a hipótese de que você seja iniciante na filosofia como forma de pensar e viver, mas não em todas as questões e temas que os filósofos analisam. Também iremos supor que você não seja um historiador do mundo antigo ou um classicista com formação em grego e latim. E não esperamos que você já seja um especialista em estoicismo e apenas queira ler todos os livros novos escritos sobre essa fascinante filosofia, como alguns grandes fãs dos estoicos parecem fazer atualmente.

Se, no entanto, você for um representante orgulhoso e qualificado de qualquer um desses grupos, também será muito bem-vindo. Temos muito a oferecer. Cobrimos o básico, mas também inovamos. Temos o compromisso de trabalhar com afinco para mantê-lo envolvido e até mesmo entretido, além de lhe dar a oportunidade de se aprofundar e pensar sobre assuntos vitais para sua vida de novas maneiras. Por fim, não presumimos, porém esperamos sinceramente que você se divirta muito e tenha uma experiência tão inspiradora ao estudar essa filosofia tão importante e interessante quanto nós tivemos e continuamos a ter ao refletir sobre esses assuntos de novas maneiras.

Ícones Usados Neste Livro

Ao longo deste livro, os ícones presentes nas margens destacam determinados tipos de informações valiosas que chamam sua atenção. A seguir, apresentamos os ícones que você encontrará e uma breve descrição de cada um.

DICA

O ícone Dica identifica sugestões e perspectivas que podem ajudá-lo a refletir sobre um assunto.

LEMBRE-SE

O ícone Lembre-se indica informações especialmente importantes para saber e manter em mente.

PAPO DE ESPECIALISTA

O ícone Papo de Especialista alerta sobre informações de natureza mais técnica que podem ser ignoradas inicialmente, se você preferir.

CASOS E CAUSOS

Por vezes, usaremos uma história interessante para ajudar a esclarecer determinado ponto.

CUIDADO

O ícone Cuidado indica que você deve tomar cuidado! Ele destaca importantes observações de advertência que podem evitar confusão mental, esforço desnecessário ou *passos em falso* que precisam ser evitados.

Além Deste Livro

Além da abundância de informações e orientações relacionadas às questões filosóficas que podem ser encontradas neste livro e nestas páginas, é possível ter acesso a ainda mais ajuda e informações online. Você pode acessar a Folha de Cola Online no site da editora Alta Books. Procure pelo título do livro. Faça o download da Folha de Cola completa, bem como de erratas e possíveis arquivos de apoio.

De Lá para Cá, Daqui para Lá

Pela ordem dos capítulos, iniciamos com comentários sobre o surpreendente ressurgimento do estoicismo na atualidade, em especial entre as pessoas que normalmente não buscam conceitos antigos para a vida moderna ou que não se interessam pela filosofia com o intuito de usá-la da melhor forma possível. Em seguida, partimos do início do pensamento antigo para oferecer um contexto completo, de maneira sucinta, para compreender a origem e a natureza do estoicismo, a fim de ajudá-lo a se orientar à medida que explorarmos suas principais ideias nos capítulos posteriores.

Esperamos que você inicie a leitura deste livro da maneira habitual, sequencialmente, de capa a capa, como apresentamos a seguir, mas não é necessário — você pode lê-lo como quiser! Cada capítulo foi escrito de modo a funcionar basicamente por si só. Nos primeiros capítulos, são apresentadas grandes ideias que são revisitadas e desenvolvidas mais detalhadamente nos capítulos posteriores. Portanto, há algumas ideias que se repetem, aparecendo em mais de um momento, mas, em suas diversas aparições, são desenvolvidas de diferentes maneiras e testadas sob diferentes ângulos e contextos.

Você pode consultar o índice e começar em qualquer parte do livro que preferir para satisfazer seu interesse por qualquer tópico que tenha em mente no momento ou atender a qualquer incômodo existencial que possa ter. Ainda assim, como em todos os assuntos filosóficos, as ideias estão relacionadas umas às outras, e a perspectiva de qualquer capítulo será compreendida de maneira mais completa e detalhada no contexto do que veio antes e do que será desenvolvido depois. Todavia, você não está preso a nada. Explore à vontade. Divirta-se. Queremos que tenha uma aventura e uma ótima experiência. O estoicismo é, em muitos aspectos, uma filosofia de libertação; portanto, queremos que você se sinta livre para ler este livro como quiser. Depois, diga-nos o que achou. Estamos falando sério! A filosofia é uma conversa muito ampla, que atravessa o espaço e o tempo. Gostaríamos muito de ouvir sua opinião. Mas, para começar, lhe daremos as nossas.

1 Estoicismo Antigo

NESTA PARTE...

Descubra por que o estoicismo é tão popular em nossa época.

Mergulhe na história do estoicismo antigo.

Conheça alguns filósofos gregos e romanos, e um imperador incrível.

NESTE CAPÍTULO

» Apresentando uma filosofia para nossa época

» Esclarecendo a ideia antiga de filosofia

» Usando a sabedoria com os estoicos

Capítulo 1

Estoicismo: Filosofia para Nossa Época

À medida que escrevemos estas palavras para que você as leia, a IA pode estar dominando o mundo. Sim, a Inteligência Artificial e, ao mesmo tempo, as Ideias Antigas. Para ser mais específico, algumas importantes perspectivas dos filósofos estoicos de tempos atrás estão se espalhando pela cultura contemporânea em muitos países ao mesmo tempo e fazendo uma grande diferença na vida e no trabalho das pessoas. O estoicismo antigo, que teve origem na Grécia, foi renovado e, de certa forma, reformulado na Roma imperial, pode ajudá-lo a refletir sobre os desafios e as oportunidades que você enfrenta todos os dias de uma maneira nova e poderosa. O objetivo é libertá-lo de tudo o que o aflige e o impede de progredir. A finalidade é lhe proporcionar um novo tipo de resistência e coragem que é crucial em um mundo conturbado e incerto como o que enfrentamos atualmente. E ele está enraizado na mais importante fonte de energia para o bem que você tem: seu caráter.

Neste capítulo, veremos o que há por trás do apelo atual desse modo antigo, porém revolucionário, de pensar, sentir e agir. No processo, descobriremos o que talvez seja a visão de filosofia mais profundamente útil já desenvolvida.

Maneira de Pensar para Nossa Época

A filosofia estoica tornou-se repentinamente popular em todo o mundo nos últimos anos, conquistando enorme atenção em diferentes áreas da cultura, como negócios, esportes, entretenimento e forças armadas. Os livros sobre as ideias dos estoicos vendem aos milhões e entram nas listas de best-sellers de todo o mundo. Podcasts, sites, grupos de debate online e até mesmo camisetas, medalhões e canecas com temas estoicos estão em alta. Tatuadores reproduzem palavras gregas e latinas, espalhadas pelo corpo dos adeptos dessa antiga filosofia. Palestrantes seguem a tendência. Reuniões de negócios, de equipes esportivas profissionais e sessões de treinamento de mentalidade militar passaram a focar as ideias estoicas. Os principais executivos de bancos, hospitais, empresas de tecnologia e de manufatura estão despertando e ganhando vida com as possibilidades que as ideias estoicas oferecem. E nos campi das universidades de todo o país, estão sendo oferecidas aulas sobre estoicismo, e até alunos muito mais jovens estão começando a demonstrar interesse.

Talvez essa tendência inesperada seja, em parte, um reflexo de um sentimento generalizado de angústia social e de uma indústria de entretenimento envolvida de maneira dinâmica, que, de muitas maneiras, tornou-se cada vez mais grosseira, barulhenta e superficial ao longo dos anos. Também pode ser uma reação aos aspectos nocivos das redes sociais, ao estresse cada vez mais intenso do trabalho moderno e da vida familiar, ao colapso da religiosidade e à crescente degradação política que se manifesta em todo o mundo. Além disso, essa tendência pode ser, em parte, uma resposta razoável a todo o medo e incerteza evidenciados pelos inúmeros novos riscos de violência letal e repentina na vida cotidiana, uma guerra global contínua contra o terrorismo e as ameaças de gangues sem previsão de fim, além de uma mudança climática cada vez mais óbvia e catastrófica. Acrescente todas as turbulências econômicas e tecnológicas em ritmo acelerado que ameaçam se intensificar ainda mais, juntamente com as ameaças emergentes à democracia e à paz mundial, os efeitos prolongados da última Grande Recessão e, é claro, a assustadora e extremamente desestabilizadora pandemia de covid-19.

Enquanto a inteligência artificial global desponta como uma grande promessa e uma grande ameaça, e somos frequentemente alertados quanto à possibilidade de um grande asteroide atravessar o espaço e nos atingir, é compreensível que as pessoas queiram se orientar, manter a calma e encontrar maneiras de lidar com todos os riscos e desafios que nos cercam. Quaisquer que sejam as fontes dessa nova demanda por um senso de propósito, significado pessoal, força interior, equilíbrio mental e resiliência na vida, o estoicismo, como resultado, está viralizando. Em muitas partes do mundo, há um novo e intenso desejo de obter mais informações sobre as ideias provenientes dessa escola de pensamento grega e romana da Antiguidade, que influenciou grandes pensadores desde tempos remotos até os dias atuais.

Filosofia da moda na América do Norte

São raras as vezes em que uma filosofia se torna muito popular nos Estados Unidos, país em que nós, coautores, vivemos e onde se concentra grande parte desse novo interesse pelos estoicos. Para ser franco, nossa nação normalmente é considerada pouco intelectual, ou até mesmo anti-intelectual, e um lugar de pessoas "práticas e realizadoras". Mas a filosofia, de fato, já teve importantes participações na vida norte-americana no passado.

Durante o período de fundação de nosso país, as ideias políticas de pensadores como Aristóteles, John Locke, David Hume e Charles de Montesquieu foram amplamente discutidas. Por décadas, no final do século XIX, as ideias de Ralph Waldo Emerson, Henry David Thoreau e muitos outros filósofos da Nova Inglaterra, no âmbito e em torno de uma forma de pensamento conhecida como transcendentalismo, passaram a ser assunto comum entre pessoas instruídas e influenciaram significativamente muitos aspectos da vida naquela época. Depois, no início do século XX, filósofos como William James e John Dewey provocaram um pequeno boom ao longo de muitas décadas no que veio a ser conhecido como filosofia pragmatista, com ideias que se infiltraram em diversos setores da vida norte-americana.

O existencialismo teve uma fase importante na cultura nas décadas de 1940 e 1950 do pós-guerra, mas principalmente entre poetas, autores, artistas e músicos Beat. O zen-budismo e outras filosofias orientais tiveram ampla popularidade nas décadas de 1960 e 1970, inicialmente no que foi chamado de contracultura hippie de paz e amor e, mais tarde, com efeitos amplamente difundidos, impulsionados em parte pelos Beatles e por outras celebridades proeminentes e influenciadores culturais, juntamente com a crescente popularidade de práticas saudáveis como ioga e meditação. Naturalmente, a reverberação desse movimento continua até os dias atuais.

No entanto, a atual tendência de fascínio pelo estoicismo pode ser a maior e mais ampla disseminação de interesse por uma filosofia antiga jamais vista nos Estados Unidos. Sem dúvida, parece ser a que cresce mais rapidamente, pelo menos se as tendências atuais se mantiverem.

A fórmula estoica

Em sua essência, a filosofia do estoicismo trata de liberdade pessoal, excelência individual, poder interior, equidade humana, comunidades saudáveis, sociedades vibrantes e uma receita radical para a paz interior e as possibilidades de paz exterior diante de desafios, ameaças, adversidades, incertezas em massa e oportunidades sem precedentes. Obviamente, vivemos em uma era de muita ansiedade, generalizada em toda a população. Embora os perigos ao nosso redor pareçam aumentar em um ritmo nunca antes experimentado, as instituições em que confiamos para nos ajudar a lidar com os desafios da vida parecem tropeçar e desmoronar ao nosso redor, deixando-nos mais sozinhos nos últimos tempos. A quem podemos recorrer para obter ajuda e recursos?

A filosofia estoica parece atender às necessidades de direcionamento de vida que temos em abundância atualmente. É possível fazer uma ampla generalização sobre os motivos que levam a maioria das pessoas a se interessar por ela no momento. Algumas são atraídas pelo estoicismo como uma forma de lidar com os problemas, enquanto outras o veem como uma forma de superá-los. Porém, ambos os caminhos são baseados no desenvolvimento do caráter interior.

LEMBRE-SE

Na verdade, se o estoicismo tivesse um lema genérico, ele poderia ser:

Lidar e Superar com Caráter.

Muitas pessoas reúnem em si mesmas esses dois desejos: lidar e superar, evitar todos os sentimentos de vitimização e sair vitorioso do caldeirão louco dos desafios modernos. As pessoas que almejam essas duas coisas percebem nessa filosofia antiga uma série de recursos surpreendentemente novos que nunca imaginaram que poderiam encontrar no pensamento antigo e aproveitar para obter resultados práticos. À primeira vista no estoicismo, há muitas dicas e técnicas para pensar e agir de novas maneiras que podem ser incrivelmente úteis para lidar com as pressões que todos enfrentamos, proporcionando uma renovada sensação de calma e confiança conforme atravessamos as dificuldades diárias e avançamos em direção ao futuro.

Afinal, O que Significa "Filosofia"?

A palavra "filosofia" se origina de duas palavras de raiz grega: *philo*, que significa amor, e *sophia*, que significa sabedoria. Originalmente, acreditava-se que a filosofia era, pura e simplesmente, "o amor pela sabedoria". É claro que um objeto de amor é sempre algo distintivo: quando lhe falta, você o persegue, e quando o tem, você o abraça. Portanto, a filosofia é, em termos etimológicos, a busca e a aceitação da sabedoria, que, por sua vez, é apenas um insight personificado para viver bem.

O advogado romano, conselheiro político e proeminente autor estoico Sêneca (4 a.C.–65 d.C.) certa vez colocou o insight da seguinte forma:

> Em primeiro lugar, portanto, se você aprovar, traçarei a distinção entre sabedoria e filosofia. Sabedoria é o bem perfeito da mente humana; filosofia é o amor à sabedoria e o esforço para alcançá-la. (*Cartas* 89.4)

CUIDADO

Em outro lugar, Sêneca diz o que ele acha que a filosofia não é, bem como o que é de fato. As palavras dele são tão relevantes atualmente quanto eram em sua época:

> A filosofia não é um truque para atrair o público — não é feita para exibição. Não se trata de palavras, mas de fatos. Não é buscada para que o dia nos traga algum divertimento antes de acabar, ou para aliviar o tédio que nos incomoda no tempo livre. Molda e constrói a alma. Ordena nossa vida, orienta nossa conduta, mostra o que devemos fazer e o que devemos evitar. Ocupa o leme e dirige nosso rumo quando hesitamos em meio às incertezas. Sem ela, ninguém pode viver intrepidamente ou em paz de espírito. Inúmeras coisas que acontecem a cada hora exigem orientação — e é na filosofia que se deve buscar esse conselho. (*Cartas* 16.3)

Refletindo mais tarde sobre por que ele ou qualquer pessoa precisa da filosofia como ajuda neste mundo, o mesmo pensador estoico escreve estas palavras, como se estivesse se dirigindo à própria filosofia com suas necessidades urgentes:

> O que devo fazer? A morte me persegue, e a vida escorre por entre os dedos. Ensina-me algo que possa usar para enfrentar essas tribulações. Dá-me coragem para encarar as dificuldades, serenidade diante do inevitável. Alarga os estreitos limites do tempo que me foi concedido. Mostra-me que o bem da vida não depende de sua duração, mas do uso que fazemos dela. (*Cartas* 49.9–10)

Podemos ver aqui a profundidade e o caráter prático urgente do que Sêneca busca. Ele valoriza a filosofia e a sabedoria que ela traz por sua utilidade indispensável para nos ajudar a usar bem todas as outras coisas. A busca e a prática da sabedoria é a chave para todo o restante. Mas, então, o que é sabedoria, precisamente? Como devemos pensar sobre ela? Muitas pessoas em nossa época parecem entender isso de forma equivocada.

O que É e o que Não É Sabedoria

A sabedoria nunca é apenas uma coleção de frases curtas, inteligentes e perspicazes sobre a vida. Não se trata de slogans que possam ser colocados em um adesivo de para-choque, boné ou camiseta. Na verdade, nunca é, em essência, uma questão de afirmações ou proposições simples sobre o mundo, ou mesmo sobre como viver nele, mas, em vez disso, deve ser uma realidade interna da alma, uma habilidade progressivamente realizada de profundo discernimento para viver bem. Quando alcançamos uma medida de sabedoria genuína e autêntica, começamos a nos fortalecer nela ou ela começa a se fortalecer em nós. É uma aventura duradoura de aprofundamento que ajudará qualquer outra aventura a ser melhor.

LEMBRE-SE

Alguns aspectos desse discernimento sobre a vida podem ser resumidos em provérbios, aforismos ou epigramas, mas essas afirmações, na melhor das hipóteses, servem apenas como lembretes, ou uma nova percepção, uma orientação melhor, um pouco de tranquilidade necessária ou uma maneira apropriada de agir no mundo, mas nunca o coração e a alma do que é a sabedoria. Trata-se de um estado mental e emocional. Ao dizer isso, usamos a antiga metáfora do coração para nos referirmos ao centro ou ao núcleo de nossa alma ou de nosso eu em sua plenitude e complexidade.

Em um sentido real, sabedoria é uma maneira de estar no mundo que não se baseia em frases, mas em você, se você for sábio. Sabedoria é um estado mental e emocional que afeta seus pensamentos, seus sentimentos, suas atitudes, suas escolhas e suas ações — formando e moldando tudo isso para se adequar melhor a quem você é e ao que o mundo é.

O proeminente filósofo estoico Epicteto ("e-pic-tê-to", c. 55-c. 135 d.C.) disse certa vez o seguinte sobre a filosofia e a sabedoria que ela traz:

> O que é fazer filosofia? Não é se preparar para o que quer que aconteça? (*Discursos* 3.10.6)

O imperador romano Marco Aurélio (121-180), outro proeminente pensador estoico por mérito próprio, e um homem que estudara os pensamentos de Epicteto, coloca a questão de maneira sucinta:

> O que, então, pode nos guiar pela vida? Somente a filosofia. (*Meditações* 2.17)

DICA

Basicamente, a sabedoria tem a ver com duas coisas: orientação e proteção. Ela se manifesta de duas maneiras. Primeiro, imagine uma luz intensa brilhando na escuridão no topo de uma colina íngreme e distante, sinalizando o local onde a resposta para sua melhor vida pode ser encontrada. Sabedoria é sua capacidade de ver e seguir essa luz. Ou, se preferir, imagine a sabedoria como a capacidade de usar um GPS com instruções que o orientem sobre como chegar ao topo da colina iluminada. O caminho até ele é íngreme e sinuoso, e haverá muitos obstáculos ao longo do percurso.

O outro aspecto da sabedoria, ampliando a orientação que ela fornece, é o sistema de barreiras de proteção que proporciona. Assim como as barreiras baixas de metal ao longo das estradas modernas que cruzam terrenos montanhosos, as barreiras de proteção da sabedoria o protegerão à medida que você avança e o impedirão de cair no abismo ao lado da estrada e se espatifar vale abaixo. A sabedoria aponta a direção certa e o protege conforme você avança. O melhor da filosofia é a busca e a aceitação da poderosa transformação interna e externa que a verdadeira sabedoria pode proporcionar em sua vida.

Os dois lados da filosofia

As afirmações sobre filosofia e sabedoria apresentadas anteriormente podem surpreendê-lo se você fez um curso introdutório de filosofia em praticamente qualquer faculdade ou universidade nos últimos cinquenta anos. Há cerca de cem anos, a filosofia acadêmica — o estudo da filosofia no contexto do ensino superior — deu uma guinada mais formal ou teórica, talvez à maneira das ciências naturais, cujo sucesso e progresso foram extraordinários.

Mesmo assim, essas ciências já fizeram parte da filosofia. Em grande parte do início da história moderna, a disciplina de filosofia foi dividida em "Filosofia da Natureza" e "Filosofia Moral". A filosofia da natureza era vista apenas como um estudo do mundo natural em que vivemos. Porém, à medida que técnicas específicas de investigação para aprender mais sobre diversos assuntos do mundo começaram a ser desenvolvidas, a filosofia da natureza aos poucos deu origem às diferentes disciplinas da ciência que conhecemos na atualidade, como biologia, astronomia, física, química, psicologia e assim por diante. Antigamente, eram os filósofos que estudavam todas essas coisas, tentando se orientar no mundo e buscando um conhecimento mais profundo do contexto em que vivemos

Quando as diferentes ciências empíricas se definiram como disciplinas distintas e se separaram da matriz do esforço filosófico, um conjunto de tópicos amplamente denominado "filosofia moral" foi basicamente o que restou. Tratava-se principalmente de nós como pessoas, como eus, e de nossas principais formas de interação com o mundo em geral, abrangendo questões sobre ética, epistemologia, ou a teoria do conhecimento, lógica, filosofia da linguagem, filosofias social e política, metafísica, filosofia da religião, estética e outras áreas afins. Nas salas de aula modernas do século passado, mais ou menos, uma introdução à filosofia poderia abordar uma variedade de tópicos fora da série de questões abordadas pelas diversas ciências da natureza, mas, de certa forma, os métodos de abordagem utilizados pelos filósofos atuais poderiam ser muito semelhantes.

Quando os professores de filosofia abordam assuntos como a natureza do conhecimento, nossa compreensão da bondade ou teorias de organização política, eles tendem a se envolver em atividades de exploração conceitual e argumentação técnica que podem parecer muito com a busca científica de compreensão que ocorre em todo o campus nas inúmeras salas de aula e laboratórios de ciências, mas sem todos os equipamentos elaborados e fórmulas matemáticas. Ainda assim, com o foco na teoria e uma rigorosa formalização da investigação com o objetivo de chegar a teorias precisas e úteis, a filosofia do século passado se afastou, não intencionalmente, mas cada vez mais, de questões como significado e propósito, ou a melhor forma de viver e estar no mundo, questões que todos acabamos enfrentando em nossas vidas diariamente e que o estoicismo moderno tem como foco. Desde a Antiguidade, o estoicismo apresentava teorias sobre o mundo e nossa vida, mas o propósito da teoria era proporcionar prática, sugerir ideias para a vida diária.

DICA

Podemos fazer uma divisão aproximada, ao longo dos séculos, de duas diferentes formas de filosofia:

» Filosofia teórica, que trata da análise, da argumentação e do aprimoramento de nossas ideias
» Filosofia prática, que trata da análise, da argumentação e do avanço de nossas vidas

Em certo sentido, o fruto da análise e da argumentação, no primeiro caso, é uma avaliação que proporciona uma nova reviravolta em nossa compreensão intelectual e, no segundo, é mais como uma nova forma de orientação ou de conselho, que parece uma nova reviravolta na interpretação, no sentimento e na ação. Porém, ambos os esforços contam como filosofia legítima, e cada um deve se relacionar com o outro, porque tudo é, no final, uma coisa só.

E, a propósito, os melhores e mais importantes conselhos para se viver bem muitas vezes se parecem mais com reflexões baseadas em teoria do que com recomendações, dicas ou mesmo sugestões úteis. A melhor teoria nos aconselha sobre novas maneiras de pensar a respeito de algo que nos intriga, o que pode ser aplicado tanto às situações difíceis da vida cotidiana quanto aos enigmas teóricos da sala de aula. Os filósofos estoicos pioneiros teorizaram muito, mas a intenção e o objetivo final deles eram práticos. Como escreveu Sêneca:

> A filosofia é tanto teórica quanto prática; contempla e ao mesmo tempo age. (*Cartas* 95.10)

Filosofia e vida

A título de curiosidade, devemos observar que os críticos da filosofia — que, com frequência, não sabem do que estão falando, pois nunca foram alunos dedicados da disciplina — costumam reclamar que o estudo da filosofia, principalmente de seu lado teórico, nunca progrediu ao longo dos séculos. Mas isso é totalmente falso. Pensadores da Antiguidade, filósofos da Idade Média, figuras do Iluminismo, intelectuais dos séculos XIX e XX, e muitos professores da disciplina em nossa época fizeram um enorme progresso na compreensão de assuntos bastante difíceis, e de diversas maneiras. Mas é claro que há alguns assuntos e questões fundamentais que tornam extremamente difícil o avanço teórico. Marco Aurélio diz:

> As coisas estão envoltas por um véu tão espesso de mistério que muitos bons filósofos acharam impossível compreendê-las. (*Meditações* 5.10)

Em seguida, ele acrescenta na mesma passagem:

> Até mesmo os estoicos têm problemas.

Todos acabamos atingindo nosso limite intelectual. Mas Marco Aurélio passa rapidamente da preocupação com a compreensão teórica e seus limites para o lado mais prático da filosofia, e diz a si mesmo, em sua condição de imperador:

> Não seja um César embriagado pelo poder e pela autoimportância — isso acontece com muita facilidade. Mantenha-se simples, bom, puro, sincero, natural, justo, temente aos deuses, bondoso, afetuoso e dedicado ao seu dever. Esforce-se para ser quem seu treinamento em filosofia o preparou para ser. Permaneça em reverência diante de sua Fonte e sirva à humanidade. A vida é curta.
>
> O único bom fruto a ser colhido neste mundo exige uma disposição piedosa e uma conduta caridosa. (*Meditações* 6.30)

Há muito tempo, alguns alunos se inscrevem em um primeiro curso de filosofia na esperança de obter uma orientação no mundo e descobrem, para a surpresa deles, que o professor parece passar a maior parte do tempo falando sobre palavras como "Verdade", "Conhecimento", "Bem" ou "Justiça", além de outros trechos de linguagem que são explorados incessantemente em busca de seu conteúdo conceitual, para identificar com precisão as ideias que podem estar por trás delas. Mas o professor estoico Epicteto, em uma conversa com um de seus alunos que queria dar uma palestra sobre sua teoria desse modo, com foco nas palavras, perguntou-lhe:

> É por isso que os jovens devem sair de sua terra natal e da casa dos pais? Para vir ouvi-lo interpretar palavras? Quando eles voltam para casa, não deveriam ser pessoas tolerantes, prestativas, imperturbáveis e serenas? Não deveriam estar munidos de ferramentas para a jornada da vida que os capacitem a suportar tudo o que lhes acontece, e a suportá-lo bem e de um modo que os honre? (*Discursos* 3.21.8,9)

LEMBRE-SE

Com frequência, achamos que precisamos de informações quando a verdadeira prioridade é a transformação. Na Antiguidade, a filosofia pretendia ser um caminho transformador, um modo de vida, e não apenas uma maneira de pensar ou os resultados cumulativos e codificados desse pensamento. A filosofia era e é uma forma particular de aceitar a vida, juntamente com a liberação de tudo o que nos impede de ter uma vida de paz interior, excelência real e pleno florescimento neste mundo junto com outras pessoas, ao mesmo tempo em que ajudamos as pessoas ao nosso redor a fazer a mesma coisa da maneira mais adequada para elas.

Nascemos neste mundo para viver nele e com seus desafios e oportunidades, com seus desconfortos e conveniências, suas dores e prazeres, e devemos usar a filosofia como uma forma de fazer isso, em todas as circunstâncias, com sabedoria e prosperidade. Mas como podemos fazer isso? Precisamos de um bom conselho, uma orientação útil. E é exatamente isso que a filosofia oferece.

O proeminente pensador estoico e consultor político de renome Sêneca fala sobre isso a um de seus amigos e escreve em uma carta:

> Você quer mesmo saber o que a filosofia oferece à humanidade? A filosofia oferece conselho. (*Cartas* 48.7)

Em outra ocasião, ele diz de maneira ainda mais sucinta:

> Filosofia é um bom conselho. (*Cartas* 38.1)

CUIDADO

Isso nem sempre é o que encontramos nas aulas de filosofia moderna e nos livros de filosofia acadêmica. Sêneca percebeu o problema já em sua época. Ele escreve:

> Somos ensinados a debater e não a viver. (*Cartas* 95.13)

É claro que não há nada de errado com o debate. As ideias geralmente são desenvolvidas por meio dele. E as pessoas podem descobrir a verdade ou ser persuadidas pela apresentação fundamentada de ideias na forma de argumentos racionais que são apresentados no debate. Contudo, embora o debate possa ser uma técnica útil da filosofia, nunca é o objetivo dele.

Sêneca defende a mesma opinião e a expande em uma correspondência posterior. Nossos professores podem cometer erros na maneira como apresentam a filosofia para nós, e muitas vezes acabamos repetindo os mesmos erros que nos permitiram imitar em função de nossa própria motivação inadequada:

> Na verdade, erros são cometidos, por culpa de nossos conselheiros, que nos ensinam a debater e não a viver; também há erros cometidos pelos alunos, que procuram seus mestres não para desenvolver a alma, mas seus intelectos. (*Cartas* 108.23)

CUIDADO

Jovens alunos de filosofia recém-introduzidos ao poder do raciocínio fundamentado facilmente se tornam arrogantemente argumentativos, muito críticos em relação aos outros e a suas ideias, e sabichões insuportáveis. Eles podem se tornar exatamente o tipo errado de representante da vida filosófica. Sêneca quer acabar com isso e escreve para seu amigo mais jovem, que trilha seu caminho no campo das ideias e, presumivelmente, está orgulhoso de seu progresso:

> Mas essa mesma filosofia nunca deve ser alardeada por você; pois a filosofia quando empregada com insolência e arrogância tem sido perigosa para muitos. Deixe-a retirar suas falhas, em vez de ajudá-lo a criticar as falhas dos outros. (*Cartas* 103.5)

Felicidade e liberdade

Sêneca está sempre reconduzindo seu leitor inicial, e depois todos nós, à sua visão do que é filosofia:

> Meu conselho é este: que todo o estudo da filosofia e toda a leitura devam ser aplicadas à ideia de viver uma vida feliz, que não devemos perseguir palavras arcaicas ou rebuscadas e metáforas e figuras de discurso excêntricas, mas que devemos buscar preceitos que nos ajudem, enunciados de coragem e espírito que possam ser transformados em realidades. Devemos aprender assim que as palavras podem tornar-se ações. (*Cartas* 108.35)

Seu colega de correspondência está preocupado com as diversas condições da vida que ele considera opressivas e com as coisas difíceis que não conseguimos evitar, como a doença e, por fim, a morte. Sêneca escreve:

> Você pergunta, "Como posso então me libertar?" Você não pode escapar das necessidades, mas pode superá-las. É dito que: "Pela força um caminho é aberto." E esta maneira lhe será dada pela filosofia. Recorra, portanto, à filosofia se quiser estar seguro, tranquilo, feliz, se quiser ser — e isso é mais importante — livre. Não há outra maneira de atingir esse fim. (*Cartas* 37.3)

Em outra parte, ele fala sobre os altos e os baixos da vida:

> O poder da filosofia de atenuar os golpes do acaso é inacreditável. (*Cartas* 53.12)

Ele escreve:

> Quando for capaz, refugie-se na filosofia: ela irá cuidar de você em seu seio e em seu santuário você estará seguro ou, pelo menos, mais seguro do que antes. (*Cartas* 103.4)

Em uma idade relativamente avançada, ele diz:

> A filosofia nos concede essa dádiva: nos torna alegres diante da própria visão da morte, fortes e corajosos, não importa em que estado físico estejamos, animados e inabaláveis mesmo quando o corpo nos abandona. (*Cartas* 30.3)

Com frequência, cometemos erros básicos em nossa abordagem em relação à vida que nos tornam vulneráveis à ansiedade, à preocupação e ao medo. Passamos nossos dias como sonâmbulos, com muita frequência, e ficamos surpresos com as consequências disso. Em determinado momento, Sêneca conclui com este conselho a seu amigo:

> Despertemo-nos, então, para que possamos corrigir nossos erros. A filosofia, porém, é o único poder capaz de nos sacudir, o único que pode nos arrancar de nosso sono profundo. Dedique-se inteiramente à filosofia. Você é digno dela, e ela é digna de você. Cumprimentem-se com um abraço amoroso. (*Cartas* 53.8)

LEMBRE-SE

Sêneca acredita que, enquanto vivermos, devemos aprender a viver. Ele está convencido de que isso será proporcionado pelo treinamento contínuo em filosofia. Epicteto e Marco Aurélio parecem concordar plenamente.

Quando recorrer à filosofia

Marco Aurélio chega a expressar a ideia de que qualquer situação é perfeita para o estudo da filosofia, de modo que não há nenhuma boa desculpa para quem prefere adiar o estudo para outro momento e, talvez, outra situação. Ele basicamente diz isso a si mesmo durante uma guerra, enquanto está à frente na defesa de Roma: Então você acha que não tem tempo para a filosofia porque está enfrentando muita pressão, talvez exaustão e responsabilidades infinitas? É uma verdade surpreendente e geral, devido à natureza e à aplicabilidade universal da filosofia:

> Claramente, nenhuma situação é mais adequada para a prática da filosofia do que aquela em que você se encontra neste exato momento. (*Meditações* 11.7)

Em determinado momento, o filósofo Sêneca intervém e sugere a seu amigo:

> Pegue a lista dos filósofos. Esse mesmo ato irá obrigá-lo a acordar quando você vir quantos homens têm trabalhado para seu benefício. Desejará ansiosamente ser um deles você mesmo, pois esta é a qualidade mais excelente que a alma nobre tem dentro de si, ela pode ser despertada para atitudes virtuosas. (*Cartas* 39.2)

Mais tarde, ele acrescenta esta grande reflexão:

> Quando a filosofia encontrou Platão ainda não era um nobre; foi ela que o tornou nobre. (*Cartas* 44.3)

DICA

Devemos recorrer à filosofia para ter ideias claras e princípios úteis, e os mais úteis devem levar a práticas — hábitos e rotinas de pensamento, sentimento e ação que colocarão as ideias em prática no duro e maravilhoso mundo ao nosso redor, fazendo com que nos transformemos ao longo do caminho para que possamos nos tornar, ser, fazer e sentir tudo o que é nosso chamado como seres conscientes, vivos e despertos para a razão. Estamos em uma jornada que, muitas vezes, pode nos deixar perplexos, porém, se permitirmos, ela também nos desenvolve e faz crescer. E a filosofia pode nos ajudar nessa empreitada.

Se você está intrigado com o que esses estoicos têm a dizer sobre a filosofia e seu papel apropriado na vida, então continue lendo. Não existem muitas escolas de pensamento em nossa época que façam promessas desse tipo e ofereçam essas perspectivas. Talvez você encontre aqui muita coisa que possa usar. Talvez até se torne um estoico. Porém, o objetivo dos grandes estoicos do passado não era exatamente recrutar e tornar outras pessoas estoicas, mas ajudar todos nós a nos tornarmos pessoas boas, preparadas para a vida e bem dispostas a viver da melhor maneira possível.

NESTE CAPÍTULO

» Compreendendo as origens da filosofia ocidental

» Entendendo melhor Heráclito, o Obscuro

» Conhecendo Sócrates, o primeiro grande filósofo do Ocidente

» Apresentando os cínicos, os filósofos de rua cruéis

Capítulo 2

Sócrates e o Início da Filosofia Ocidental

A história do estoicismo começa na Grécia antiga, há mais de 2.300 anos. Antes de mergulharmos no que é o estoicismo, é útil entender um pouco sobre como ele surgiu.

Sócrates disse que "a filosofia tem início no maravilhamento". Na Grécia antiga, a reflexão filosófica parecia ter encontrado seu caminho no mundo por volta de 600 a.C., quando um pequeno grupo de pensadores nas cidades gregas de Jônia (atualmente parte da Turquia ocidental) começou a fazer novos questionamentos fundamentais sobre nossa existência no Universo. Antes disso, a tentativa de explicar a realidade geralmente era baseada na religião ou na mitologia (Zeus, Apolo, Atena e todas as outras divindades que adoram brincar). Por exemplo, os eclipses e os raios eram comumente vistos como sinais da ira divina. Por outro lado, em determinadas áreas da Grécia antiga, pela primeira vez foram realizados esforços sistemáticos para explicar as coisas de maneira substancial em termos de causas naturais, observáveis e *físicas*. Essa etapa revolucionária marcou o início da filosofia e da ciência ocidentais.

Sócrates: O Moscardo Descalço e o Maior Questionador da Atenas Antiga

Heráclito foi uma das principais influências sobre os estoicos. Outra influência foi o filósofo ateniense Sócrates (c. 469–399 a.C.), tendo influenciado todos os pensadores que o seguiram na Grécia antiga. Sócrates foi professor de Platão (c. 428–c. 348 a.C.), que, por sua vez, ensinou Aristóteles (384–322 a.C.). Juntos, os três gigantes da filosofia grega influenciaram profundamente o curso da civilização ocidental e seus diversos departamentos de filosofia existentes até hoje.

De certa forma, é estranho que Sócrates seja uma figura tão icônica na história ocidental. Ele não fundou nenhum estado ou religião, não venceu nenhuma guerra, não produziu nenhuma grande obra de arte, não fez nenhuma descoberta que mudasse a vida das pessoas e não escreveu nenhum livro. Ele nem mesmo apresentou uma grande teoria filosófica inédita. Foi um filósofo de calçada, descalço, corcunda, de nariz arrebitado, com aparência desalinhada e notoriamente feio, que passou quase todos os dias de sua vida adulta em locais públicos, questionando as pessoas sobre suas crenças básicas e, então, pacientemente destruindo essas convicções com uma lógica implacável e afiada. Naturalmente, isso o tornou muito impopular entre algumas pessoas, sobretudo entre políticos ricos e poderosos que preferiam que as pessoas pensassem que eles sabiam do que estavam falando o tempo todo. Como consequência, ele acabou sendo preso sob falsas acusações, julgado, condenado por um grande júri público, e executado por suas atividades "subversivas" pelos líderes da democracia ateniense.

Por que Sócrates se dedicou a essa vida estranha e, muitas vezes, irritante de filosofar em público? Ele se defendia dizendo que os deuses haviam lhe incumbido de ajudar seus colegas atenienses a viver o que ele chamava de "vidas examinadas", ou seja, vidas de autoanálise, profundidade, curiosidade e autoconsciência ampliada. Ele parecia acreditar sinceramente que essa era sua missão pessoal na vida e nunca se desviou do que considerava sua tarefa designada pela divindade.

LEMBRE-SE

Sócrates nunca afirmou ter descoberto "O Caminho" ou "A Verdade", e teria enfrentado sérias dificuldades para ser convidado como palestrante motivacional. Ele alegava apenas ser um humilde buscador da sabedoria e da verdade.

Embora dissesse que não tinha certeza de nada, ele parecia ter certas convicções fundamentais que usava como bússola para sua vida pessoal. Para seus contemporâneos, algumas dessas crenças pareciam tão pouco ortodoxas, e outras pareciam tão absurdas para alguns, que passaram a ser conhecidas como "paradoxos socráticos". Estas eram algumas das afirmações:

- O que é de fato importante na vida não é o dinheiro, a fama ou outros bens mundanos, como a maioria das pessoas pensa; é a sabedoria e a bondade, ou o que Sócrates gostava de chamar de "cuidados com a alma".
- A bondade ("virtude" ou "excelência", que os gregos chamavam de *aretê*) é tudo o que você precisa para alcançar a verdadeira felicidade. A virtude é suficiente para ter uma vida plenamente feliz.
- "Nenhum mal pode atingir uma pessoa boa" (Platão, *Apologia* 41d).
- Virtude é conhecimento. Ou seja, qualquer pessoa que *saiba* verdadeira e profundamente o que é bom sempre e necessariamente *fará* o que é bom.
- Ninguém comete erros voluntariamente; toda ação errada acontece, em um sentido relevante, de maneira involuntária e baseada na ignorância.

Todos os pensadores estoicos da Antiguidade foram bastante influenciados por essas frases socráticas, portanto dedicaremos alguns instantes para decifrá-las brevemente.

Cuidados com a alma

Assim como o grande filósofo e matemático pré-socrático Pitágoras (prosperou por volta de 530 a.C.), Sócrates afirmava que nossa principal preocupação na vida deveria ser com a saúde, a moral e o bem-estar de nossa alma (*psique*), e não com dinheiro, fama, sucesso mundano ou prazeres físicos. Em um diálogo, Sócrates e um jovem aspirante a filósofo chamado Símias discutem a importância que deve ser dada à bebida, ao sexo e a outros prazeres físicos:

> *Sócrates*: Você acha que o filósofo deve se preocupar com os prazeres de [...] comer e beber?
>
> *Símias*: Certamente não.
>
> *Sócrates*: E o que você diz dos prazeres do amor — ele deveria se preocupar com eles?
>
> *Símias*: De modo algum.
>
> *Sócrates:* Será que ele pensa muito nas outras formas de satisfazer o corpo — como a aquisição de vestimentas caras, sandálias ou outros adornos para ele? Em vez de se preocupar com isso, será que ele não despreza qualquer coisa além do que a natureza exige?
>
> *Símias*: Eu diria que o verdadeiro filósofo os desprezaria (Platão, *Fédon*, 64d-e).

LEMBRE-SE

Sócrates acreditava que os prazeres físicos são temporários, efêmeros e, portanto, insatisfatórios, além de nos tentarem a adotar comportamentos imorais ou autodestrutivos que prejudicam a alma. Mas o "verdadeiro eu" é sua alma. Os pensamentos, as lembranças, o caráter e as características de sua personalidade são o que basicamente fazem de você o que *você é*. É isso que sobreviverá no caso de morte. É o que sobreviverá se houver algum tipo de vida após a morte, assim como Sócrates esperava e acreditava que provavelmente haveria. Então, o que mais importa não são as "coisas externas", como dinheiro, poder ou fama, mas os bens *da alma*, como excelência moral e sabedoria.

A virtude é suficiente para a felicidade

Quase todos os filósofos gregos antigos concordavam que o principal objetivo da vida é a felicidade, embora o termo atual seja *eudaimonia*, uma palavra grega de difícil tradução para bem-estar geral e realização, que às vezes é traduzida como "florescer", "verdadeira realização", "bem-aventurança" ou até mesmo "a vida ideal". No entanto, esses pensadores frequentemente divergiam quanto ao que torna uma pessoa verdadeiramente feliz, bem como em suas explicações sobre o que é a felicidade de fato. Alguns equiparavam a felicidade ao prazer, dizendo que uma vida feliz inclui muita diversão, emoção e bons momentos, com pouca dor ou sofrimento. Outros sugeriam que uma vida feliz combina importantes qualidades internas da alma (por exemplo, sabedoria e virtude) com diversos bens externos, como bem-estar financeiro, boa saúde e excelentes amigos.

Sócrates tinha uma visão diferente e não convencional da felicidade. Ele acreditava que a *aretê* — a virtude, ou a excelência da sabedoria e da bondade — é a coisa mais importante na vida. Se comparados à *aretê*, outros bens, como a riqueza, o prazer físico ou a fama, têm pouca ou nenhuma importância. Por isso, Sócrates sustentava que a virtude é "suficiente", ou tudo o que é necessário, para a felicidade. Embora não esteja bem claro o que Sócrates pensava sobre o valor das "coisas externas" em geral (ou seja, coisas alheias à mente ou à alma), talvez ele concordasse que essas coisas externas, como boa aparência ou boa saúde, poderiam melhorar um pouco a felicidade e o bem-estar de uma pessoa, mas são triviais em comparação aos bens da alma.

LEMBRE-SE

O que fica claro é que Sócrates acreditava que a *aretê* (também conhecida como sabedoria e bondade) é de longe o principal *componente* da felicidade e é tudo o que uma pessoa precisa para ter uma vida feliz e bem-sucedida que agrade aos deuses.

Nenhum mal pode atingir uma pessoa boa

Como a Bíblia nos lembra, na vida a chuva cai tanto sobre os justos quanto sobre os injustos (Mateus 5:45). E, segundo Buda, a vida é cheia de sofrimento (pobreza, doença, injustiça, tristeza e insatisfação de desejos, só para resumir a lista). Qual é o sentido de dizer, então, que uma pessoa boa não pode sofrer nenhum mal? Não é óbvio que este seja um mundo em que "coisas ruins acontecem a pessoas boas"? *Bastante*.

CUIDADO

Sócrates responde lembrando-nos de que a *aretê* é o único bem *verdadeiro* e o vício é o único mal *verdadeiro*. Uma pessoa boa pode, sem dúvida, ser roubada ou enganada, mas, na visão de Sócrates, isso só é prejudicial se transforma uma pessoa boa em ruim; nesse caso, a pessoa não era verdadeira e profundamente boa para início de conversa.

As pessoas verdadeiramente boas sempre conseguem preservar a sabedoria e a virtude diante de qualquer adversidade e, enquanto o fizerem, acreditava Sócrates, nenhum mal verdadeiro poderá lhes acontecer. Enquanto a alma delas estiver saudável e moralmente sadia, elas continuarão "felizes" e não serão prejudicadas como pessoas. Essa é, sem dúvida, uma maneira diferente de pensar sobre a felicidade e o bem-estar individual, mas pode ser uma forma de fortalecimento.

Virtude é conhecimento

Conhecer o caminho é uma coisa; segui-lo é outra completamente diferente. É o que o senso comum parece sugerir. Mas Sócrates acreditava que, se analisarmos melhor, veremos que todas as ações erradas, ou o desvio do caminho apropriado para a vida, são resultado de um tipo de ignorância: a falta de determinado conhecimento ou consciência. Como a virtude é o único bem verdadeiro, qualquer pessoa que pratique o mal está escolhendo, no fundo, abrir mão do que é bom. Privar-se de qualquer coisa que seja boa é prejudicar a si mesmo. Mas Sócrates acreditava que ninguém prejudicaria a si mesmo de modo consciente ou voluntário — todos desejamos, natural e inevitavelmente, o que julgamos que nos beneficiará. Portanto, qualquer pessoa que saiba verdadeira e profundamente o que é bom sempre o fará.

Ninguém comete erros voluntariamente

Essa afirmação paradoxal está claramente relacionada à visão de Sócrates de que virtude é conhecimento. Se eu, por engano, pegar seu casaco preto sem características distintivas em vez do meu ao sair de uma festa, não seria justo dizer que o fiz "de propósito" ou "conscientemente". Ninguém que age por ignorância age de forma voluntária ou deliberada. Como acabamos de ver, Sócrates acreditava que toda má ação decorre da falta de conhecimento sobre o que é realmente bom e mau. Portanto, ninguém comete o mal de forma voluntária. Se a pessoa soubesse de todos os fatos relevantes e importantes, não teria feito o que fez.

Podemos adivinhar o que você está pensando. Talvez esteja se perguntando: "Mas não é possível que alguém saiba que algo é errado e, mesmo assim, continue fazendo isso, por causa da força da tentação, digamos? É possível saber que algo é errado ou ruim para nós e fazê-lo mesmo assim, talvez porque "embora o espírito esteja disposto, a carne é fraca", como quem diz: *"Olá, terceiro donut de chocolate"*?

CUIDADO

Não, lamento, Sócrates responderia. Fazemos apenas o que achamos que é bom, na circunstância e no momento em que o fazemos. E é claro que podemos ser enganados por uma crença falsa ou pela simples ignorância do que realmente está acontecendo. Nesse caso, não cometemos erros voluntariamente, assim como você não pegou o casaco errado voluntária ou intencionalmente. Peguei seu casaco "por acidente", não de maneira intencional ou deliberada.

Conforme veremos no próximo capítulo, os estoicos adotaram versões desses paradoxos socráticos e acrescentaram outros. Para os estoicos, Sócrates era o *Sábio* ideal, um modelo de sabedoria e bondade perfeitas, e continuou sendo uma de suas principais inspirações e uma grande influência.

Diógenes de Sinope: Sócrates Turbinado

Outra grande influência sobre os estoicos foi um grupo de rapazes (e moças!) rebeldes e loucos chamado cínicos. Quem eram os cínicos? Na verdade, não eram cínicos no sentido moderno da palavra, ou seja, não eram zombadores desdenhosos que sempre esperavam o pior das pessoas e costumavam iniciar muitas frases com a expressão "Na *minha época*". Foram chamados de "cínicos" (do grego *kunikos*, que significa "semelhante a um cão") porque eram intencionalmente sem-teto e viviam, aos olhos dos primeiros críticos, como cães de rua.

O suposto fundador do cinismo foi um amigo e aluno de Sócrates chamado Antístenes (c. 455–360 a.C.), que, após a morte de Sócrates, escreveu diversas obras de filosofia, todas perdidas há muito tempo, e teve uma vida empobrecida e excêntrica com muito orgulho. Ao que parece, o que mais impressionou Antístenes em relação a Sócrates não foi tanto seus ensinamentos, mas seu *caráter* diferenciado — em especial, seu estilo de vida simples e nada materialista, seu desprezo pelos valores convencionais, como dinheiro e poder, e sua inabalável devoção à sabedoria e à bondade, custe o que custar. Entretanto, Antístenes e seu aluno ainda mais célebre, Diógenes de Sinope (c. 412–323 a.C.) foram muito além de Sócrates em seu desprezo pela civilização e pelos valores convencionais.

Na verdade, eles defendiam uma espécie de abordagem radical de "retorno à natureza" da vida que rejeitava a maioria das normas civilizadas como artificiais, corrompidas e antinaturais. O objetivo deles era atingir liberdade individual e autossuficiência absolutas, reduzindo suas necessidades ao mínimo necessário e vivendo da maneira mais simples e "natural" possível. Por exemplo, eles recusavam empregos, casas, posses, política, casamento e até muitas das decências comuns como "antinaturais" e como uma forma de dependência servil. Eles foram tão longe nesse contraculturalismo extremo de retorno à natureza que Platão supostamente descreveu Diógenes como "Sócrates enlouquecido".

Os cínicos apresentaram muitas ideias que influenciaram bastante os estoicos, que serão resumidas a seguir.

A virtude é o único bem real

CUIDADO

De acordo com o espírito de seu herói Sócrates, os cínicos valorizavam a bondade moral acima de todas as outras coisas. Parece mesmo que eles defendiam o ponto de vista extremista de que todos os supostos "bens" que não fossem a virtude — incluindo saúde, dinheiro, amizade, uma assinatura gratuita do que quer que fosse o equivalente grego antigo da Netflix na época — eram literalmente inúteis, *completamente sem valor* ou, na melhor das hipóteses, apenas insignificantes com os quais não deveríamos nos importar muito. Segundo eles, nada é *verdadeiramente* bom, exceto a bondade moral. Apenas a virtude tem valor intrínseco. Portanto, ela deve sempre vir em primeiro lugar.

A virtude é suficiente para a felicidade

Como a maioria das escolas de filosofia grega, os cínicos acreditavam que todos querem naturalmente ser felizes e que a felicidade é o principal objetivo da vida (o bem supremo, ou *summum bonum*, como os bárbaros romanos costumavam dizer enquanto devoravam a maior parte da melhor baklava grega). Entretanto, como os cínicos também defendiam que a virtude é o único bem, eles definiam "felicidade" (a palavra grega, mais uma vez, é *eudaimonia*) de maneira muito restrita. Para eles, uma vida feliz *é* basicamente uma vida virtuosa.

CUIDADO

Segundo eles, a fome, o frio, a doença e até mesmo a dor extrema não prejudicam a felicidade, nem mesmo a interrompem. Uma pessoa de verdadeira bondade moral, como Sócrates, seria feliz — ou floresceria — mesmo no proverbial "cavalete", um instrumento de tortura física que era muito real naqueles tempos duros e brutais. Além disso, como temos controle sobre o grau de moral que alcançamos, também controlamos o grau de felicidade que sentimos. Ou seja, nossa felicidade é interna, depende exclusivamente de nós.

LEMBRE-SE

Não é o mundo que determina se somos felizes ou quão felizes somos; quem determina somos nós, com nossas escolhas e atitudes. Esse é o ideal cínico (e, futuramente, estoico) radical, porém inspirador, da total "autossuficiência" (*autarchia,* caso você queira saber). Não há nada de que necessitemos para sermos felizes que esteja fora de nosso controle. Em tudo o que realmente importa na vida, somos "senhores de nosso destino".

"Siga a natureza"

Conforme vimos, os cínicos eram muito favoráveis à natureza e igualmente contrários à civilização. Eles faziam uma distinção nítida entre o que é "natural" (e, portanto, bom) e o que é "artificial" ou convencional (e, portanto, ruim, ou com o que não vale a pena se preocupar). Na visão deles, a natureza não era apenas um monte de pedras, árvores, fezes de urso, moscas zumbindo ao redor das fezes de urso e coisas do gênero. Era "normativa", uma norma moral ou padrão de comportamento adequado. A natureza, para eles, era "o Caminho", o caminho da sabedoria e da bondade.

Templos, tribunais, leis, roupas bonitas, gyros enormes com molho tzatziki cremoso e outros apetrechos da civilização são artificiais, não naturais. Isso nos corrompe, enfraquece nosso caráter moral e gera todo tipo de dependências e desejos prejudiciais e antinaturais.

Então, o que devemos fazer? Diógenes e seus colegas cínicos insistiam para que abandonássemos a civilização e voltássemos a ter um estilo de vida mais simples e primitivo, "de acordo com a natureza". Os cínicos mais radicais, como Diógenes, levaram essa atitude de retorno à natureza a níveis extremos, chegando a realizar "os deveres da natureza" (também conhecidos como excreção) e "os ritos do amor" (também conhecidos como sexo) em plena luz do dia. Se Heráclito ainda existisse em 350 a.C., certamente teria mandado esses caras saírem de seu gramado cheio de pedras.

Seja um cidadão do mundo

Como discutido anteriormente, os cínicos desprezavam as convenções e as artificialidades da sociedade, e não tinham nenhum respeito por governantes, leis ou normas sociais que eles consideravam contrários à natureza. Os cínicos, no entanto, reconheciam um tipo de lealdade mais elevada. Quando lhe perguntavam de onde era, Diógenes respondia: "Não sou nem ateniense nem grego, mas um cidadão do mundo" (*cosmopolita*). Essa é a origem da influente ideia moderna de *cosmopolitismo*, a crença de que todos os seres humanos, apesar de tudo o que nos separa, são parte de uma única família humana.

LEMBRE-SE

Para Diógenes e outros cínicos, somos todos igualmente filhos de Deus, ou da Natureza, e nossa maior lealdade não deve ser a nenhuma cidade, estado ou nação em particular, mas à humanidade como um todo e até à comunidade maior e mais nobre dos sábios e dos bons, tanto humanos quanto deuses.

Heráclito, Sócrates, Diógenes e seus colegas cínicos — esses são alguns dos fascinantes pensadores antigos que prepararam o palco para os estoicos.

Será que ainda existe algum equivalente moderno do Diógenes "enlouquecido", fora dos manicômios psiquiátricos e possivelmente de algumas prisões? A resposta, de certa forma, parece ser: sim. São poucas as pessoas responsáveis que saem por aí seminuas ou praticamente nuas, como Diógenes teria feito, ou que intencionalmente têm o hábito de violar as normas básicas da sociedade. Porém, de outras formas, ele tem muitos descendentes em nossa época. Por exemplo, os defensores do meio ambiente do movimento moderno de simplicidade voluntária procuram viver da maneira mais simples possível, ter poucas posses e, em geral, tentam deixar a menor pegada possível neste planeta degradado e em aquecimento acelerado. "Simplifique, simplifique, simplifique!" Thoreau rabiscou em meados do século XIX em sua pequena cabana construída manualmente às margens do

Walden Pond. Atualmente, autores de best-sellers nos incentivam a descomplicar nossa vida e a nos livrar de todas as coisas que nos sobrecarregam, e muitas pessoas parecem responder a isso com entusiasmo. Para muitas delas, essa é uma mensagem antiga que ressoa com força nos dias de hoje.

CÍNICOS MODERNOS

Dizem que Diógenes era bem extravagante e pouco modesto em seu comportamento em público, com todas as partes do corpo à vista do público, porém extremamente modesto em suas necessidades. A história que nos foi passada é de que ele doou todos os seus bens, exceto uma tigela de barro para beber água. Então, um dia, viu um menino beber com as mãos em concha e lhe deu a tigela. Ele gostava de dizer coisas como: "Tem mais aquele que mais se contenta com o mínimo". Em um mundo onde nada mais parece ser suficiente, sua voz ecoa até os dias de hoje e se destaca. No entanto, ele era um personagem muito estranho em diversos aspectos.

NESTE CAPÍTULO

» Conhecendo os primeiros estoicos

» Aprendendo com Zenão, o fundador do estoicismo

» Apresentando alguns ensinamentos básicos estoicos

» Preparando o terreno para os grandes estoicos romanos

Capítulo 3

Os Primeiros Estoicos

O estoicismo foi fundado em Atenas por volta de 300 a.C. por Zenão (c. 334–262 a.C.), muitas vezes chamado de "Zenão de Cítio", porque era natural da cidade de Cítio (atual Lárnaca), na ilha de Chipre. Naquela época, Cítio era essencialmente uma cidade grega, mas também contava com uma grande população fenícia, e é possível que o próprio Zenão fosse de origem fenícia (ou seja, do Oriente Médio), como sugerem diversas fontes antigas. O biógrafo Diógenes Laércio (que viveu por volta de 230 d.C.) conta uma história maravilhosa sobre como esse homem, que viria a exercer uma influência incrível no pensamento antigo e moderno, chegou a Atenas e decidiu se tornar filósofo.

Segundo relatos, Zenão era comerciante e vendia corantes roxos caros, ao que tudo indica trabalhando para seu pai em um negócio de família. Um dia, quando ainda era jovem, ele naufragou perto do porto ateniense de Pireu. Seu navio e toda sua preciosa carga foram perdidos. Ao chegar a Atenas, Zenão parou em uma banca de livros. Lá, ele ouviu alguém lendo uma passagem sobre Sócrates do livro *Conversas com Sócrates*, de Xenofonte. Intrigado, ele perguntou ao livreiro onde poderia encontrar alguém como Sócrates. Naquele momento, o filósofo cínico Crates passou por ele. "Siga-o", disse o livreiro. E foi isso que Zenão fez.

Naquele período, Atenas era a capital incontestável da filosofia mundial. Havia três grandes escolas de filosofia na cidade, além de outras de menor prestígio, como o Cinismo e o Pitagorismo. As três escolas organizadas mais famosas eram a Academia (fundada por Platão por volta de 388 a.C.), o Liceu (iniciada por Aristóteles por volta de 334 a.C.) e o Jardim (fundada por Epicuro apenas alguns anos antes de Zenão chegar a Atenas). Cada um desses espaços de prática filosófica tinha uma característica própria. A escola de Platão enfatizava o estudo da matemática, os "cuidados com a alma" socráticos e o treinamento para a liderança política. A escola de Aristóteles enfatizava muito a lógica e a ciência. E o belo lugar de Epicuro, nos arredores da cidade, enfatizava a busca inteligente do prazer e da tranquilidade mental.

Zenão passou a estudar não apenas com o filósofo cínico Crates, mas também com diversos outros pensadores importantes de sua época, incluindo dois líderes da Academia de Platão. Quando tinha aproximadamente 30 anos, ele decidiu fundar sua própria escola de filosofia. Como Zenão tinha o hábito de ensinar na *Stoa Poikile* ("Pórtico Pintado"), uma espécie de colunata pública coberta no mercado central de Atenas, sua escola ficou conhecida como estoicismo.

Ele escreveu cerca de vinte livros, mas, infelizmente, não restou nenhum. O que sabemos sobre seus ensinamentos é baseado principalmente em alguns fragmentos de citações e relatos indiretos das doutrinas estoicas de fontes posteriores (muitos escritos por críticos do estoicismo). Com base nelas, conclui-se que Zenão dividiu a filosofia em três principais áreas:

» Física, que trata de Deus, da alma, da natureza fundamental da realidade e o que chamaríamos de ciência da natureza

» Lógica, que para os estoicos incluía não apenas o estudo do bom argumento ("dialética") e do bom discurso ("retórica"), como também partes do que atualmente chamaríamos de psicologia cognitiva, semântica e filosofia do conhecimento

» Ética, que se concentra no objetivo final da vida humana, na conduta moral correta, na teoria política e em como ter uma vida boa e plena

Fundamentos de Zenão e de Seus Seguidores Estoicos

Zenão acreditava que a filosofia deveria ser sobretudo prática; deveria nos ajudar a resolver problemas da vida real e a ter uma vida boa e feliz. No entanto, como os títulos de muitos de seus livros deixam claro (veja *Vidas e Doutrinas dos Filósofos Ilustres* 7.4 de Diógenes Laércio), ele também acreditava que aprender a viver exige uma compreensão profunda de como o mundo funciona. Por isso, ele e seus seguidores desenvolveram uma visão de mundo bastante abrangente para fundamentar seus ensinamentos éticos. Começaremos com um esboço dessa visão de mundo. (Um relato mais detalhado será apresentado posteriormente, na Parte 2 deste livro.)

Materialistas em essência

Ao contrário de Platão e Aristóteles, Zenão e seus colegas estoicos não acreditavam na existência de qualquer coisa espiritual ou imaterial. Eles eram materialistas estritos (embora, conforme veremos, admitissem que certas coisas imateriais, como o espaço, tivessem um tipo de "realidade"). Acreditavam que tudo o que existe propriamente é alguma forma de matéria. Para os estoicos, a noção de um ser puramente espiritual, como um deus sem corpo, um anjo ou uma alma imaterial, não fazia sentido. Para eles, tudo o que existe deve ser capaz de causar ou experimentar algum tipo de transformação, e acreditavam que somente corpos eram capazes de fazer isso.

Crença no Logos

Apesar de seu materialismo estrito, os primeiros estoicos eram muito religiosos. Eles acreditavam em um tipo de Deus material ou poder supremo que chamavam alternadamente de Logos, natureza, destino ou Zeus. Na tradição judaico-cristã predominante, Deus é concebido como um espírito eterno, imutável e infinitamente perfeito que existe além de um Universo material inteiramente criado por Deus a partir do nada. Em contrapartida, o Deus estoico (o Logos) é composto de matéria, está sempre mudando e existe integralmente no mundo físico. Supõe-se que Logos seja composto de um tipo especial de matéria — uma mistura gasosa de fogo e ar — que os estoicos descreviam como uma espécie de "sopro" (*pneuma*) presente em todo o Universo e que dá ordem, propósito e forma racionais ao cosmos e a tudo o que nele existe.

Os estoicos eram "monistas" e acreditavam que só existia uma coisa: Deus (ou a natureza). O que chamamos de natureza ou Universo físico é apenas Deus em uma das fases divinas. Na verdade, eles consideravam o Universo como um ser vivo e racional, com corpo e alma. O corpo do mundo é a matéria inanimada e passiva que Deus cria a partir da própria essência ígnea; e a alma desse corpo é o Logos inteligente e ativo que vive e atua no Cosmos, conferindo-lhe ordem, beleza e propósito.

"SIM, MÁRCIA, EXISTE UM LOGOS"

Uma das principais diferenças entre o estoicismo antigo e o estoicismo moderno envolve religião. Os antigos estoicos, gregos e romanos, eram extremamente religiosos, e muitas de suas crenças fundamentais (por exemplo, sobre destino, providência, aceitação radical, alma e vida após a morte) fazem pouco sentido se não estão relacionadas às crenças espirituais ou religiosas nas quais se baseavam. Por outro lado, conforme veremos, muitos estoicos modernos não acreditam em Deus ou em qualquer poder superior. A versão de estoicismo que adotam é muito mais prática e, por assim dizer, despojada de doutrinas. Segundo Plutarco, o grande pensador estoico Crisipo (c. 279–206 a.C.) nunca começava um livro ou uma exposição sobre ética sem fazer referência aos fundamentos teológicos e "científicos" dos ensinamentos estoicos.

A base religiosa do estoicismo antigo aparece de maneira clara no célebre "Hino a Zeus", escrito por Cleantes, que foi o sucessor de Zenão como líder da escola estoica em Atenas, em 262 a.C. Veja a seguir uma parte dele em uma tradução moderna feita por Brad Inwood e Lloyd Gerson:

> Ó mais glorioso dos imortais, deus de muitos nomes e sempre poderoso
> Zeus, senhor da natureza, que tudo governas com leis,
> Salve! Pois a todos os mortais é lícito falar-te,
> Em ti está a nossa origem; a sorte de ser a imagem de um deus,
> só a nós coube, entre tantos seres mortais que vivem e rastejam sobre a terra.
> Por isso te entoarei um hino e cantarei sempre o teu poder.
> A ti obedece todo este mundo que gira em torno da Terra,
> por onde quer que o leves, e de boa mente te é submisso; [...]
> Não se faz sobre a Terra obra alguma sem ti, ó deus,
> nem sobre o etéreo polo divino, nem sobre o mar,
> exceto os atos dos malvados na sua demência.
> Mas tu sabes ajustar mesmo o que é discordante
> e ordenar o que é caótico, em ti [...]
> harmonizaste tudo o que é nobre com o que é vil, numa só unidade,
> de modo a originar uma Palavra eterna de tudo [...]
> Mas ó Zeus remunerador de tudo [...]
> concede-lhes que obtenham
> a sabedoria com cujo apoio tudo governas com justiça

a fim de que, honrados, te correspondamos com honra,
cantando sem cessar as tuas obras, como cumpre
a um mortal, já que, nem para homens nem para deuses
há maior honra do que celebrar sempre a tua lei universal.

Deterministas convictos

Além de serem materialistas, os primeiros estoicos eram deterministas causais estritos. Eles defendiam que todos os eventos têm causas e que tudo o que acontece é o resultado inevitável de causas anteriores. Então, rejeitavam qualquer noção de "acaso" ou eventos aleatórios. Acreditavam firmemente no "destino", concebido como uma espécie de sequência inexorável e rigorosamente determinada de eventos predeterminados. Isso dificulta a percepção de como as ações humanas podem ser livres ou responsáveis de maneira significativa. No entanto, eles falavam com frequência sobre "o que depende de nós" e sobre nossa liberdade e "controle", como se isso não apenas fosse real, mas absolutamente essencial para sua filosofia. Veremos como os próprios estoicos tentaram lidar com esse problema delicado de conciliar destino e livre-arbítrio.

LEMBRE-SE

Embora os estoicos acreditassem no destino, eles não o concebiam como cego. Em vez disso, defendiam que o Universo é providencialmente ordenado pelo Logos onisciente e bom. Como não existem limites para o controle, a sabedoria e a bondade do Logos, os estoicos acreditavam que tudo o que acontece no Universo deve ser "para o melhor" ou, pelo menos, de uma maneira muito sábia e bem ordenada. Embora o mundo tenha males (a saber, os pensamentos e os atos imorais dos agentes morais humanos), o Logos garante que até esses males funcionem para o bem do Universo como um todo a longo prazo. Dessa forma, para os estoicos, apesar de todo o sofrimento e mal que existe, este é "o melhor de todos os mundos possíveis".

Como tudo no Universo é parte de Deus, os seres humanos também devem ser partes de Deus. Na verdade, os estoicos pensavam em nós como partes de Deus de uma maneira especial. Eles acreditavam que temos uma alma racional e que ela é uma "centelha" ou um fragmento do Logos, o Fogo Divino. Sendo assim, falavam com frequência do "Deus interior". Eles também se referiam a nós como "filhos de Deus", uma vez que fomos todos criados por Deus e temos uma mente que é parte de Deus. Os seres desprovidos de racionalidade, como os animais não humanos, eram considerados inferiores aos humanos e existiam apenas para nosso benefício. Portanto, os antigos estoicos eram fortemente antropocêntricos (centrados no ser humano) em sua visão da natureza. Como veremos, esse é um dos muitos aspectos do estoicismo histórico que os estoicos modernos comumente rejeitam, embora quase sempre sem mencionar ou comentar.

Crença na vida após a morte

CUIDADO

Se os seres humanos não têm almas espiritualizadas, sendo criaturas inteiramente materiais, é difícil entender como poderia haver qualquer tipo de vida após a morte física. No entanto, a visão estoica padrão era a de que os seres humanos têm uma vida após a morte que é limitada (veja Diógenes Laércio, *Vidas e Doutrinas dos Filósofos Ilustres*, p. 7.156–57). Eles acreditavam que, após a morte, a alma deixa o corpo e segue para as regiões estelares, onde continuará a existir por algum tempo, mas não para sempre. No final, o Universo inteiro, incluindo todas as almas humanas, será consumido em uma enorme fogueira cósmica ("conflagração") e não existirá mais nada, exceto o Logos em sua essência ígnea original. Em seguida, o Logos gerará, a partir da própria essência, um novo Universo material. Uma vez que, segundo o pensamento estoico, o Universo antigo era o melhor que poderia existir, o novo será exatamente como o antigo em todos os detalhes.

CUIDADO

Esse é o benefício inesperado, a notícia incrivelmente boa da ideia estoica de eterno retorno: Haverá outro "você" exatamente igual ao anterior! Com exatamente os mesmos pais, a mesma casa, os mesmos animais de estimação, as mesmas escolas! (E também a mesma acne, o mesmo aparelho nos dentes e o mesmo corte de cabelo ruim; portanto, não se anime muito). Esse ciclo cósmico de criação, destruição e recriação continuará para sempre. Seria como assistir ao mesmo filme várias vezes durante toda a eternidade, com a diferença de que, para sua sorte, você não se lembrará de ter visto o filme antes. Será como ter amnésia total e assistir ao filme "Feitiço do Tempo" sem parar — mais ou menos como alguns idosos que você conhece.

Viver de modo racional

A influência de Sócrates e dos cínicos é clara na ética estoica. Os estoicos concordavam com a principal ideia dos cínicos de que deveríamos "seguir a natureza", mas deram a ela um toque completamente novo. De acordo com os cínicos, seguir a natureza significava renunciar à civilização e viver como os cães de rua dos quais receberam o nome, obedientes apenas aos instintos e à consciência, e livres de todas as restrições e convenções artificiais. Os estoicos concordavam que nós, humanos, somos animais, mas de uma espécie superior e especial. Os seres humanos são animais *racionais* e contêm uma centelha de divindade em sua essência. Por isso, para eles, "seguir a natureza" não significava "viver como animais", mas, sim, "seguir a natureza *humana* (e cósmica) e viver de maneira racional".

Como os seres humanos são naturalmente sociáveis e só se realizam integrados em comunidades organizadas, os estoicos não eram a favor de abandonar a civilização e voltar à Idade da Pedra. Eles acreditavam na construção e na manutenção de comunidades sólidas nas quais as pessoas pudessem satisfazer os instintos sociais e desenvolver capacidades intelectuais e morais superiores (mais sobre isso nos Capítulos 13 e 15).

O bom, o mau e o indiferente

LEMBRE-SE

A centelha racional que temos dentro de nós pode claramente dar errado e incorrer em erro, ao contrário da fonte divina. Assim como Sócrates, Zenão acreditava que a maioria das pessoas está profundamente enganada sobre o que de fato importa na vida. Ao contrário da crença popular, coisas como prazer, riqueza, fama, poder e status social não levam à felicidade verdadeira ou duradoura. Os estoicos ensinavam que algo só é realmente bom se é sempre e incondicionalmente bom, contribuindo para uma vida virtuosa e feliz de modo inevitável. Coisas como riqueza e poder podem ser mal utilizadas e produzir efeitos moralmente ruins em nossas respostas humanas a elas. A única coisa que é verdadeira e incondicionalmente boa é a excelência moral. Portanto, Sócrates estava certo ao pensar que a virtude é o único bem real, e o vício, o único mal real. Todas as outras coisas de valor, como saúde, conhecimento, prazer e amigos, não são estritamente "boas" no rigoroso sentido estoico, embora possam e devam ser buscadas em muitos contextos.

De acordo com essa visão do bem e do mal, os estoicos dividiram todos os objetos preferidos pelo homem em três categorias: o bom, o mau e o indiferente. O que é bom é a virtude e as coisas que "participam" da virtude, como um meio para alcançá-la (por exemplo, um bom ensinamento moral), um acompanhamento necessário dela (por exemplo, a "alegria" que os sábios estoicos sentem ao saber que alcançaram o máximo do bem-estar humano) ou as atividades que contêm a virtude como um componente essencial (por exemplo, um bom sistema político). O que é mau é o vício, ou a imoralidade, e as fraquezas ou os desejos internos que contribuem para isso. Todo o restante deve ser classificado como "indiferente", nem estritamente bom nem estritamente mau.

LEMBRE-SE

Em uma homenagem ao senso comum, os estoicos admitiram que algumas coisas indiferentes têm mais valor positivo do que outras. A saúde, por exemplo, é melhor do que a doença. Portanto, a saúde é o que os estoicos chamavam de "indiferente preferido". Ela tem um valor positivo e deve ser buscada, mas nunca às custas da virtude. Coisas que não sejam a imoralidade e que tenham valor negativo (por exemplo, dor, ferimentos e morte) são "indiferentes preferidos". E, sim, caso esteja prestando atenção, essa frase é tão pesada que ela mesma pode ser um indiferente desprezado! Veremos isso em detalhes mais adiante.

Somente a virtude leva à felicidade

LEMBRE-SE

Embora os indiferentes preferidos, como saúde, vida, conhecimento e amizade, tenham um valor positivo genuíno, aos olhos dos estoicos eles não podem contribuir de modo algum para o objetivo final da vida, que é a felicidade. Por isso, esqueça o que você leu nos últimos 27 artigos de revistas ou ouviu nos últimos 19 podcasts sobre felicidade. A virtude é o único fator "gerador de felicidade" na vida, o único fator que contribui para o bem-estar humano e o único componente dele. Antes de tudo, ela é necessária para a felicidade: ninguém pode ser feliz se não tem virtude. Além disso, ela também é suficiente para a felicidade: qualquer pessoa que tenha virtude tem a garantia de ser completamente feliz, mesmo sentindo muita dor ou aflição. Em resumo, para os estoicos, virtude é uma espécie de joia de valor inestimável. Não pode ser comprada ou alcançada por meio das muitas coisas externas do mundo que comumente buscamos visando à felicidade. As pessoas com virtude são abençoadas e desfrutam de completo bem-estar; as que não a possuem são miseráveis e moralmente ruins (Diógenes Laércio, *Vidas e Doutrinas dos Filósofos Ilustres*, p. 7.127). Então, Sócrates estava certo quando disse que nenhum mal pode atingir uma pessoa boa, porque quem é bom possui tudo que é verdadeiramente bom e nada que seja realmente ruim. Ela chegou o mais próximo que os seres mortais podem chegar da bênção e da invulnerabilidade dos deuses.

Elementos da virtude

Para os estoicos, a virtude é, portanto, a única solução para uma vida boa. Mas o que é virtude exatamente? Quais são as qualidades de uma pessoa virtuosa? Nesse ponto, os estoicos seguiram Platão ao identificar quatro virtudes primárias:

- Sabedoria
- Autocontrole
- Coragem
- Justiça

Na filosofia antiga, essas eram consideradas as "virtudes cardinais" (do latim *cardio*, que significa "dobradiça"). Eram vistas como fundamentais porque todas as outras virtudes morais dependem delas ou, como em uma dobradiça, giram em torno delas. Mais adiante neste livro (Capítulo 17), veremos por que os estoicos acreditavam que essas quatro virtudes tinham extrema importância.

Controle emocional

Zenão ensinou que um aspecto muito importante da virtude do autocontrole é o autodomínio ou controle emocional. Ao contrário da crença comum, os estoicos não acreditavam que todas as emoções deveriam ser reprimidas ou evitadas. No entanto, eles rejeitavam o que chamavam de "paixões", em especial emoções e desejos intensos e excitantes, como raiva, medo, luxúria, ganância e tristeza. Eles as viam como "distúrbios" irracionais e excessivos da alma, enraizados em falsas crenças e inconsistentes com o ideal estoico de uma vida serena e totalmente racional.

LEMBRE-SE

Uma pessoa absolutamente sábia e boa possuiria a virtude da *apatheia* ("sem paixões", no original grego), que eles concebiam como uma completa equanimidade e perfeita liberdade de quaisquer emoções ou desejos negativos ou irracionais. Mais adiante (Capítulo 14), veremos mais de perto o que os antigos estoicos pensavam sobre desejos e emoções, tanto positivos quanto negativos.

Aceitação

Além do controle emocional, os estoicos davam muita importância à virtude da aceitação. Isso decorria da visão que tinham da Providência divina. Como vimos, eles acreditavam que o Universo foi criado e sabiamente governado pela Razão Divina (o Logos). Tudo o que existe foi gerado, formado e guiado pelo Logos, que permeia a realidade e governa tudo com bondade e justiça. O Logos controla tudo e é perfeitamente sábio e bom. Com base nisso, os estoicos deduziram que tudo o que acontece deve acontecer para o melhor.

Um Deus totalmente bom, sábio e infinitamente poderoso não permitiria a existência de nenhum mal (ou mal aparente) a menos que fosse necessário para um bem maior. O que quer que aconteça, portanto, deve ser bom ou levar a um bem maior que o justifique no grande esquema cósmico das coisas.

LEMBRE-SE

Então, que atitude devemos ter diante dos desafios e das terríveis tragédias da vida? Devemos aceitar e até acolher essas coisas com alegria e sem reclamar, concordando com a escolha feita pelo Logos. Embora coisas "ruins" possam acontecer conosco e com aqueles que amamos, na perspectiva estoica, elas são boas para o Cosmos como um todo, portanto, de certa forma, não são males genuínos. Os estoicos acreditam que mesmo os verdadeiros males (ou seja, os erros morais) servem, em última análise, a um bem maior.

Com nossa mente limitada, talvez nem sempre consigamos enxergar esse bem maior. Mas, para os estoicos, nossa atitude básica em relação a todos os eventos deve ser sempre de confiança, gratidão e aceitação. Porém, como veremos, é uma espécie de "aceitação" com a qual muitas pessoas teriam dificuldade hoje ou simplesmente a rejeitariam como irreal ou indesejável. Ainda assim, a visão estoica era de que, se você conseguir adotar essa mentalidade de acolhimento e aceitação, ficará muito mais em paz consigo mesmo e com o mundo. E, ao que parece, muitas pessoas adorariam ter esse resultado.

Por que o Estoicismo Impactou a Grécia e a Roma Antigas

O que você acabou de ler, em linhas gerais, é a visão de mundo original e duradoura dos estoicos. Por que ela era tão consoladora e atraente para tantas pessoas na Antiguidade? Por que, durante séculos, foi a principal filosofia dos mundos grego e romano antigos? São perguntas que podem nos ajudar a entender o grande ressurgimento do estoicismo em nossa época.

O estoicismo surgiu em uma época especialmente turbulenta na Grécia antiga. A base da vida política grega, a cidade-estado, havia sido destruída pelas conquistas de Filipe da Macedônia (338 a.C.) e de seu filho Alexandre, o Grande, cujos exércitos conquistaram a Pérsia e a maior parte do Oriente até a Índia. Após a morte prematura de Alexandre, em 323 a.C., a Grécia foi disputada como uma bola de futebol por seus sucessores e, mais tarde, pelos romanos, que a conquistaram e a incorporaram a seu crescente império. Esse também foi um período em que a antiga religião grega de Zeus e sua turma de clássicos sucumbia à dúvida cética e ao influxo de novos credos místicos do Oriente, criando um vácuo moral e espiritual, além de um clima de confusão existencial e descrença.

O estoicismo ajudou a preencher essa lacuna e a proporcionar um senso de significado, consolo e (talvez o mais importante) *controle* em um mundo cada vez mais caótico e imprevisível, no qual o autogoverno e a autodeterminação, para a maioria dos habitantes do mundo helenístico, eram, na melhor das hipóteses, boas lembranças. Por motivos que exploraremos mais detalhadamente no Capítulo 19, essas mesmas características podem ajudar a explicar parte do apelo do estoicismo atual. Vivemos em tempos confusos e estressantes.

Após a morte de Zenão em 262 a.C., sua escola em Atenas continuou a florescer sob a liderança de Cleantes (c. 331–c. 232 a.C.), trabalhador, confiável, mas provavelmente não tão brilhante, e depois do muito inteligente e talvez até genial Crisipo (279–206 a.C.). Crisipo foi um pensador excepcional e um autor prolífico, escrevendo mais de setecentas obras, das quais nenhuma ainda existe. Ele trabalhou muito para reafirmar, sistematizar e defender os ensinamentos estoicos, e foi considerado por seus seguidores como o segundo fundador da escola.

Por volta de 150 a.C., o estoicismo se tornava cada vez mais popular em Roma, onde tinha grande apelo como uma filosofia de vida prática, exigente e de mente firme. Foi na época romana que a filosofia estoica alcançou sua maior influência e popularidade. Na verdade, os três filósofos estoicos mais conhecidos de todos os tempos — Sêneca, Epicteto e Marco Aurélio — estão associados a Roma e não à Grécia, embora Epicteto tenha nascido como escravo grego, vivido a maior parte de sua vida na Grécia e sido ensinado em grego, não em latim. No entanto, ele surgiu como uma voz filosófica primeiramente em Roma, e por isso está intimamente associado aos outros estoicos que eram afiliados a essa importante cidade.

Esses três filósofos, todos conhecidos como romanos, tinham pouco interesse na lógica, na metafísica ou nas ciências naturais estoicas; estavam mais interessados no estoicismo como um guia prático para a vida. Conforme veremos no Capítulo 4, a marca do estoicismo deles tinha uma vibração romana distinta e era diferente da marca grega original da filosofia estoica.

NESTE CAPÍTULO

» **Introdução ao estoicismo romano**

» **Explorando os principais temas das filosofias estoicas de Sêneca e Epicteto**

» **Analisando os pontos de vista dos estoicos sobre controle da raiva, aceitação e outras questões**

» **Entendendo as principais diferenças entre estoicismos grego e romano**

Capítulo **4**

Estoicismo em Roma

Embora o estoicismo tenha surgido na Grécia antiga, ele floresceu na Roma imperial, tornando-se por muitos séculos a principal filosofia do Império Romano. Os romanos eram um povo resistente e prático; destacavam-se como guerreiros, construtores, administradores, legisladores e, em geral, tinham pouco interesse em especulações abstratas ou teorizações sutis.

Os romanos instruídos encontraram no estoicismo um credo austero e exigente que lhes proporcionava orientação e consolo em uma época de fé em ruínas, despotismo político e constante agitação social. Como governantes de um vasto império que abrangia diversas nações e grupos étnicos, os romanos também consideravam os ensinamentos estoicos sobre a lei universal e a cidadania mundial bastante compreensíveis. Assim como o cristianismo, o estoicismo tinha um apelo especial na época romana para os escravos e os pobres, que encontravam consolo em seus ensinamentos sobre resistência pessoal, aceitação, controle de emoções negativas e a conexão essencial de todos os seres humanos.

O que os romanos mais valorizavam no estoicismo grego era sua ética e arte prática de viver. Na filosofia de romanos como Sêneca, Epicteto e

Marco Aurélio, é possível ver especificamente o que significa pensar e viver como um estoico.

Sêneca e Epicteto

CUIDADO

Os estudiosos dividem a história do estoicismo antigo em três fases com rótulos pouco criativos: inicial, intermediária e tardia. O estoicismo inicial se estendeu desde a fundação da escola por Zenão, por volta de 300 a.C., até a morte de Antípatro, o sexto líder ou "escolarca" da escola estoica, em 129 a.C. Foi no estoicismo inicial que os princípios básicos da filosofia estoica foram elaborados e estabelecidos de maneira oficial. No estoicismo intermediário (129-c. 50 a.C.), a doutrina estoica clássica foi significativamente alterada, em grande parte como resultado de influências platônicas e aristotélicas. Os dois grandes expoentes do estoicismo intermediário foram os filósofos gregos Panécio (c. 185-c. 109 a.C.) e Posidônio (c. 135-51 a.C.), que passaram um tempo considerável em Roma incentivando a difusão das ideias estoicas. Ao adaptar a filosofia estoica aos gostos romanos, tanto Panécio quanto Posidônio enfatizaram a ética e o lado prático dos ensinamentos estoicos, oferecendo efetivamente um tipo de estoicismo mais moderado e menos dogmático do que o ensinado por Zenão e Crisipo. O estoicismo tardio (c. 51 a.C. a 180 d.C.) foi o período dos grandes estoicos romanos — Sêneca, Epicteto e o imperador Marco Aurélio. As únicas obras completas da filosofia estoica que temos datam dessa era do estoicismo tardio.

O primeiro grande encontro dos romanos com o estoicismo ocorreu em 155 a.C., quando Atenas enviou uma delegação política a Roma. Não é de surpreender que essa delegação ateniense fosse composta inteiramente por filósofos: Carnéades (um cético brilhante e presidente da Academia de Platão), Critolau (um aristotélico) e Diógenes da Babilônia (presidente da Stoa). Cerca de uma década mais tarde, Panécio foi para Roma, onde fez amizade com Cipião, o Jovem (conquistador de Cartago) e promoveu muito a disseminação da filosofia estoica em Roma.

Um transmissor ainda mais importante das ideias estoicas para os romanos foi o filósofo e poderoso estadista romano Cícero (106-43 a.C.). Ele estudou filosofia em Atenas e foi aluno do filósofo estoico Posidônio. Embora Cícero fosse mais platonista do que estoico, ele se inspirou muito nas ideias estoicas, especialmente na importância da virtude e da racionalidade, na Providência divina, na necessidade de controlar as paixões, na lei moral universal e no ideal do trabalho público, com foco no bem comum. Como era um escritor brilhante e muitos de seus textos ainda existem, Cícero foi um dos principais divulgadores das ideias estoicas na Antiguidade e continua sendo uma importante fonte de informações sobre os ensinamentos estoicos até os dias de hoje.

Sêneca: Próspero, Porém Frugal

O primeiro grande estoico romano foi Lúcio Aneu Sêneca, ou simplesmente Sêneca (c. 1–65 d.C.). Nascido em uma família rica e bem relacionada em Córdoba, na Espanha, Sêneca estudou filosofia estoica na juventude e se tornou um importante advogado e membro do Senado romano. Quando foi exilado por oito anos (de 41 a 49) na ilha de Córsega pelo imperador Cláudio, Sêneca usou o tempo livre forçado para escrever uma série de obras filosóficas, bem como algumas tragédias muito sangrentas que eram populares na Antiguidade e influenciaram profundamente dramaturgos posteriores, como Shakespeare e Racine.

Aos 40 e poucos anos, ele foi retirado do exílio pela imperatriz Agripina para se tornar tutor de seu filho de 11 anos, Nero. Sêneca ensinou Nero por cinco anos e tornou-se seu conselheiro próximo depois que o jovem se tornou imperador. Por muitos anos, no início do reinado de Nero, Sêneca se uniu a Burro, chefe da Guarda Pretoriana, para comandar o Império Romano, e o comandou muito bem. Durante esse período, Sêneca escreveu diversas de suas obras mais importantes sobre filosofia estoica, incluindo títulos apropriados para qualquer pessoa próxima a esse imperador perigoso e psicopata, como *Sobre a Brevidade da Vida*, *Sobre a Tranquilidade da Alma*, *Sobre a Misericórdia* e *Sobre a Ira*.

Enquanto atuava como tutor e conselheiro de Nero, Sêneca enriqueceu muito com investimentos inteligentes, presentes e contatos privilegiados. Ele era proprietário de vilas luxuosas em toda a Itália e tinha quinhentas mesas idênticas de madeira de citrino e marfim que usava em festas épicas em suas casas. Pessoalmente, no entanto, Sêneca levava uma vida moderada e disciplinada, comendo pouco, bebendo apenas água e dormindo em um colchão duro. Quando morreu, estava magro por causa de sua dieta extremamente pobre.

Por volta de 62 a.C., Sêneca finalmente conseguiu se livrar dos deveres públicos sob o comando do cada vez mais sanguinário e instável Nero. Então, ele foi morar em suas vilas no sul da Itália, onde passou os últimos três anos de sua vida em reclusão filosófica. Foi durante esse breve período que ele escreveu suas famosas *Cartas a Lucílio* (também conhecidas como *Cartas de um Estoico*), que em séculos posteriores se tornaram um exemplo importante para ensaístas como Michel de Montaigne e Sir Francis Bacon. Em 65, quando Nero descobriu uma conspiração para destituí-lo, suspeitou equivocadamente de seu antigo tutor e ordenou que Sêneca cometesse suicídio, o que ele fez, bravamente e sem reclamar, embora tenha sido difícil e ele tenha tentado diversas vezes.

Sêneca não foi um pensador particularmente original, mas um excelente escritor e uma personalidade acolhedora e humana que abordava temas estoicos clássicos em uma prosa atemporal. Como a maioria dos estoicos romanos, Sêneca demonstrava pouco interesse pela lógica estoica ou pela filosofia da natureza. Ele considerava o estoicismo uma espécie de remédio para a alma e um caminho para uma vida feliz e plena. Em suas cartas e ensaios, Sêneca retoma com frequência alguns dos principais temas estoicos, que veremos a seguir.

Filosofia como terapia para as emoções

Nos tempos antigos, como o estudioso clássico Pierre Hadot nos lembra, a filosofia não era vista como uma "disciplina" ou uma "área de estudo". Era um modo de vida completo, que exigia comprometimento e uma mudança radical de prioridades. Os novos entusiastas se "convertiam" a determinada filosofia da mesma maneira que uma pessoa hoje pode se converter ao cristianismo ou ao budismo. Na Antiguidade, era fácil identificar os filósofos por seus estilos distintos de vestimenta, aparência e vida não convencional. A filosofia era amplamente debatida em mercados, peças de teatro e mesas de jantar. As famílias ricas contratavam filósofos renomados para instruir seus filhos. Acreditava-se que a filosofia era a resposta para uma vida feliz, plena e bem-sucedida.

Sêneca adotou inteiramente essa ideia estimulante da filosofia. Assim como Sócrates e os cínicos, ele acreditava que a reflexão filosófica deveria ser sobretudo prática. Ele define a filosofia como "o amor pela sabedoria e o esforço para alcançá-la". O "dom da filosofia" é a arte de "viver bem". A filosofia molda nosso caráter, disciplina nossa conduta, instrui-nos sobre o que é certo ou errado e nos conduz com sabedoria e habilidade por águas tempestuosas. Sem ela, ninguém consegue levar uma vida sem medo ou ansiedade. Todos os dias nos deparamos com situações que exigem um julgamento sábio e, para isso, precisamos recorrer à filosofia sólida.

De certa forma, como Epicteto diria mais tarde, "a escola do filósofo é um consultório médico". Nossa alma está doente por causa de falsas crenças, desejos descontrolados, emoções rebeldes e preocupações desnecessárias. A filosofia, que é o amor e a busca da sabedoria e da visão adequada, oferece a cura.

Lidando com as dificuldades da vida

Por que coisas ruins acontecem com pessoas boas? Essa questão antiga era uma grande preocupação para os estoicos por causa de sua forte crença na Providência divina. Na visão deles, um Deus onisciente, bom e muito poderoso (o Logos) está no controle absoluto do Universo e tudo o que acontece é, basicamente, para o melhor. Então por que coisas ruins acontecem? Se o Logos está completamente no controle, totalmente "soberano", este não deveria ser um mundo perfeitamente justo no qual os inocentes nunca sofrem e os malfeitores sempre recebem sua merecida punição?

Todos os antigos pensadores estoicos enfrentaram esse clássico "problema do mal". Algumas das respostas mais ponderadas e detalhadas foram apresentadas por Sêneca em seu ensaio clássico, "Sobre a Providência Divina".

Coisas ruins nunca acontecem com pessoas boas

CUIDADO

Sêneca começa nos lembrando de que, na visão estoica, coisas ruins, em sentido estrito, nunca acontecem a pessoas boas, ou seja, pessoas perfeitamente boas (os Sábios; veja "Sobre a Providência Divina" 1.2). Certamente, os Sábios experimentam dor, doença, pobreza e morte, assim como todos nós, mas, para os estoicos, essas coisas não são verdadeira ou estritamente "ruins". Os únicos males verdadeiros são os vícios — pensamentos e atos imorais. Os Sábios, por definição, não têm vícios. Portanto, ao contrário das aparências comuns, este não é, no fim das contas, um mundo no qual coisas ruins acontecem a pessoas boas. Além disso, o mundo é essencialmente justo e contém muito menos males genuínos do que a maioria das pessoas acredita. Essa é a visão estoica.

As dificuldades podem nos tornar pessoas melhores

DICA

Em seguida, Sêneca ressalta que as dificuldades podem nos beneficiar, muitas vezes de maneiras inesperadas. As adversidades podem nos testar, mostrando-nos quem somos em nosso íntimo e dando oportunidades para que compreendamos melhor a nós mesmos ("Sobre a Providência Divina" 3.3-4). As adversidades também podem nos fortalecer e nos ajudar a adquirir forças internas que nos servirão bem quando atravessarmos as tempestades e o estresse da vida ("Sobre a Providência Divina" 2.7). Por fim, as adversidades oferecem oportunidades para o exercício da virtude, que, para os estoicos, é o principal objetivo da vida e a maneira mais profunda de alcançar a felicidade. Atos verdadeiramente nobres e heroicos de coragem, resistência e autossacrifício, por exemplo, só podem ser realizados em um mundo de dor e dificuldades ("Sobre a Providência Divina" 3.4). Portanto, como Sêneca observa, "o desastre é a oportunidade da virtude" ("Sobre a Providência Divina" 4.6). As adversidades e os desafios são o combustível necessário para as chamas mais brilhantes de todas.

A adversidade pode servir a um bem maior

DICA

Por fim, algumas adversidades difíceis para nós, como indivíduos, serão transformadas pela Providência em bens maiores, como o bem da comunidade ou mesmo do cosmos como um todo. Por exemplo, um estoico que enfrenta uma doença ou uma dor extrema com coragem e sem reclamar pode servir de exemplo para os outros ("Sobre a Providência Divina" 6.3). Dessa forma, Sêneca procura demonstrar que os estoicos dispõem de recursos pessoais e filosóficos para lidar com o problema do mal.

Controlando a raiva

LEMBRE-SE

É comum pensar que os estoicos são emocionalmente contidos, eliminam as satisfações e se opõem a sentir ou demonstrar emoções, mas isso é, na melhor das hipóteses, uma meia verdade. Eles não tinham uma palavra para designar a grande variedade de sentimentos ou estados afetivos saudáveis e não saudáveis que chamamos de "emoções". O que eles contestavam eram as "paixões" (*pathē*), as quais definiam como distúrbios mentais irracionais e excessivos, como raiva, pânico ou depressão. Os estoicos acreditavam que as paixões deveriam ser evitadas ou suprimidas porque impedem o pensamento racional e se baseiam em falsos juízos de valor. Tomemos o ciúme como exemplo. Suponhamos que tenhamos inveja de Bill Gates porque ele tem algo bom (por exemplo, um jato particular de luxo) que nós não temos. Esse juízo é baseado em uma falsa atribuição de valor, pois, para os estoicos, nada é verdadeiramente bom, exceto a virtude. De acordo com eles, todas as emoções negativas estão enraizadas em falsos juízos de valor.

A emoção mais prejudicial

Em sua obra *Sobre a Ira*, Sêneca afirma que a ira é uma das emoções mais prejudiciais e "desumanas" de todas. Segundo ele, é uma espécie de "breve insanidade", uma raiva cega e muitas vezes incontrolável que se origina de uma injustiça ou de maus-tratos percebidos. Ele observa que a ira causou inúmeras guerras, massacres, perseguições e outros males terríveis. Além disso, perturba nossa paz interior, impede nossa capacidade de pensar racionalmente e pode nos fazer esbravejar e nos enfurecer como uma besta selvagem e feroz, transformando nossa humanidade em algo inferior e animalesco.

Muitos filósofos, como Platão e Aristóteles, afirmam que a ira pode nos beneficiar em alguns contextos, por exemplo, tornando-nos mais agressivos em batalhas ou ao defender nossas famílias. De acordo com essa perspectiva, a ira não é inerentemente prejudicial ou irracional, e deve ser moderada em vez de totalmente eliminada. Sêneca rejeita essa visão. Ele argumenta que a ira nos impossibilita de pensar com clareza e, portanto, não faz com que sejamos melhores combatentes. Para ele, a ira é sempre baseada em um falso juízo de valor (ou seja, que algum tratamento ruim percebido realmente é digno de irritação e aborrecimento) e deve ser completamente evitada ou suprimida, se possível.

Sugestões para controlar a ira

Mas será que a ira pode ser completamente suprimida ou reprimida? Sêneca admite que os estágios iniciais da ira às vezes são instintivos e involuntários. Imagine como você reagiria, por exemplo, se visse um estranho bater em seu filho. Seu rosto ficaria vermelho, seus batimentos cardíacos subiriam e você provavelmente sentiria uma emoção intensa, e talvez um forte desejo de atacar o agressor. Sêneca admite isso, mas em seguida afirma que essas reações fisiológicas instintivas são apenas "preliminares" da ira, não a ira em si. Segundo ele, a verdadeira ira sempre envolve um "consentimento" ou um julgamento da mente racional, tanto de que algo é verdadeiramente mau quanto de que uma reação agressiva seria uma resposta adequada. Ele afirma que esses julgamentos são sempre falsos e por isso a ira nunca é justificada. Os deuses nunca sentem raiva, e nós também não deveríamos sentir.

Como podemos controlar nossa ira? Sêneca oferece uma série de sugestões úteis, muitas das quais coincidem com os conselhos dados por terapeutas de controle da raiva atualmente. Muitas vezes, as sugestões de Sêneca são exemplos do que os psicólogos modernos chamam de "reestruturação cognitiva". É uma técnica psicológica para substituir crenças negativas e irracionais por outras mais positivas e realistas.

DICA

Sêneca observa, por exemplo, que a ira geralmente surge da sensação de que alguém foi seriamente agredido ou maltratado. Mas, da perspectiva estoica, essa percepção é correta? Ele sugere perguntar a si mesmo em uma situação como esta: Você se sentiu realmente lesado, ou seja, prejudicado em sua capacidade de viver com sabedoria e ética? Se tiver ocorrido algum dano ou maus-tratos genuínos, isso é tão sério ou digno de culpa quanto pode parecer à primeira vista? Até que ponto você tem certeza de que a agressão foi intencional? Poderia ter sido acidental? Você poderia ter interpretado mal a situação?

DICA

Os estoicos querem que nos questionemos: Será que alguém, em um nível profundo, pode realmente cometer erros por vontade própria ou intencionalmente? E mesmo que isso possa acontecer: existe alguém perfeito? Você mesmo não foi culpado de atitudes semelhantes algumas vezes? Ficar furioso é mesmo uma reação útil ou apropriada diante de tal conduta? Não seria melhor respirar fundo, afastar-se e pensar sobre a situação com calma, ou simplesmente deixar para lá? Todos são lembretes úteis e bons conselhos, na época de Sêneca e na nossa.

Epicteto: De Escravo a Filósofo

Sêneca era poderoso e riquíssimo. Epicteto (c. 55-c. 135 d.C.) nasceu escravo e sempre foi pobre. Sabemos muito sobre a vida de Sêneca, mas pouco sobre a de Epicteto, nem mesmo seu nome verdadeiro ("Epicteto", em grego antigo, significa simplesmente "adquirido"). Dizem que ele nasceu em Hierápolis, uma importante cidade greco-romana na atual região central da Turquia. Possivelmente escravo desde o nascimento, Epicteto foi levado para Roma ainda jovem, quando se tornou propriedade de Epafrodito, um rico ex-escravo e secretário da corte do imperador Nero. De acordo com algumas fontes, Epicteto foi injustiçado e torturado por um de seus senhores, que quebrou a perna dele e o fez mancar pelo restante de sua vida. Mais tarde, referindo-se a um dispositivo de tortura comum na época, ele teria dito: "Nunca fui mais livre do que quando estava no cavalete".

Quando jovem, Epicteto certamente demonstrou uma inteligência notável, pois seu proprietário permitiu que ele estudasse filosofia com Musônio Rufo, o principal filósofo estoico de sua época. Em algum momento, Epicteto foi libertado da escravidão e abriu a própria escola de filosofia em Roma. Em 89 d.C., o imperador Domiciano, cada vez mais paranoico, baniu todos os filósofos da Itália. Epicteto, então, abriu uma nova escola em Nicópolis, uma próspera cidade na costa oeste da Grécia, onde viveu e lecionou pelo resto da vida. Lá, jovens romanos abastados vinham de todas as partes do império para estudar com ele.

Embora Epicteto, assim como Sócrates, não tenha escrito nada, algumas de suas aulas e conversas diárias foram anotadas por seu aluno Arriano, que posteriormente se tornou um famoso general, escritor e político. Essas anotações foram publicadas como *Discursos de Epicteto* (*Diatribai* ou "Conversas Informais"), dos quais, infelizmente, restou apenas metade. Arriano também compôs uma coleção menor dos melhores provérbios de Epicteto, conhecida como *Manual de Epicteto* ("Manual" ou "Guia"), que se tornou um best-seller nos tempos antigos. Apesar de sua fama crescente, Epicteto continuou a levar uma vida simples, com o mínimo de posses. Quando idoso, ele adotou uma criança que, de outra forma, teria sido abandonada e deixada para morrer. Para ajudá-lo a criá-la, ele também arranjou uma esposa ou companheira para morar com ele e ajudar na criação da criança.

Assim como Sêneca, Epicteto estava interessado principalmente no estoicismo como um guia prático para a vida (embora saibamos, por meio do registro de suas conversas, que ele ensinava lógica e teoria especulativa regularmente por meio de textos estoicos clássicos). Embora Sêneca pareça ter sido influenciado basicamente por pensadores estoicos subsequentes, como Crisipo e Panécio, Epicteto se voltou para as raízes socráticas e cínicas do antigo estoicismo. Ele enaltece reiteradamente Sócrates e Diógenes, o cínico, como grandes sábios e exemplos da sabedoria estoica. O que ele mais admirava em Sócrates e Diógenes era o desprezo que tinham pelo dinheiro, pelo poder e por outros bens mundanos, e a devoção obstinada à sabedoria e à virtude. Embora Epicteto não faça referência a Sêneca, ele certamente não teria ficado impressionado com sua imensa riqueza, seus inúmeros escravos e seu estilo de vida luxuoso. De todos os grandes mestres estoicos, apenas Epicteto condena explicitamente a escravidão como contrária à dignidade humana e à lei divina (*Discursos* 1.13.5).

Verdadeira liberdade

Não é de surpreender que, como ex-escravo, Epicteto fale muito sobre o valor da liberdade. O tipo de liberdade de que Epicteto fala, entretanto, tem pouco a ver com liberdade política ou legal. Também não diz respeito à chamada liberdade da vontade no sentido filosófico usual do poder de fazer escolhas que não sejam estritamente predeterminadas por causas anteriores. O que mais lhe interessa é um tipo especial de liberdade psicológica ou moral que é muito rara e difícil de alcançar, o que poderíamos chamar de "verdadeira liberdade" ou até mesmo de "liberdade estoica". É um tipo de liberdade que somente os Sábios — pessoas perfeitamente sábias e boas — conseguem alcançar.

LEMBRE-SE

Epicteto diz que a liberdade em geral é "o poder de viver como quisermos", sem restrições externas ou obstáculos aos nossos desejos (*Discursos* 2.1.23, 4.1.1). Essa afirmação parece implicar que a maioria de nós pode ser livre com frequência. Por exemplo, você provavelmente poderia ler este livro inteiro no fim de semana seguinte, se quisesse. Provavelmente não há "obstáculos" que o impeçam. Portanto, a definição de liberdade de Epicteto sugere que você é livre para ler este livro no fim de semana que vem.

No entanto, não é o tipo de liberdade que Epicteto tem em mente. Quando ele fala do "poder de viver como quisermos", está pensando na totalidade de nossa vida, na capacidade de viver *sempre* como quisermos e de realizar *todos* os nossos desejos mais profundos. Essa é a liberdade estoica, e é extremamente rara. Na verdade, de acordo com Epicteto, há apenas dois tipos de seres que a possuem: Deus e o Sábio estoico.

Por que o Sábio estoico pode sempre viver como quiser? Por três motivos:

- » Em primeiro lugar, o Sábio é perfeito em virtude e sabedoria, portanto tem bem-estar pleno e é livre de medo, angústia e outras emoções indesejáveis.
- » Em segundo lugar, o Sábio treinou sua vontade de modo a aprovar o que quer que lhe aconteça como o decreto de um Deus onisciente e bondoso.
- » Por fim, o Sábio nunca deseja nada que seja de domínio de outra pessoa (*Discursos*, 4.1.64, 4.1.125). Tudo o que *ele* deseja é o que pode controlar totalmente, ou seja, os próprios pensamentos e os atos da vontade.

Então, mesmo que um Sábio esteja doente, empobrecido ou na prisão, ele vive exatamente como quer e, portanto, é livre no sentido mais profundo da palavra.

É evidente que esse é um conceito de liberdade muito exigente. Será que é exigente demais? Será que é mesmo possível desejar apenas as coisas que podemos controlar totalmente? Seria essa uma boa maneira de viver, mesmo que fosse possível? Iremos nos aprofundar nessas importantes questões mais adiante neste livro.

A dicotomia do controle

Em uma de suas passagens mais impactantes, Epicteto afirma:

> Algumas coisas estão sob nosso poder, outras não. Sob nosso poder estão a opinião, a motivação, o desejo, a aversão; em suma, tudo que é nossa própria ação; não estão sob nosso poder o corpo, os bens materiais, a reputação, os cargos públicos e, em suma, tudo aquilo que não é fruto da nossa ação. As coisas que estão sob nosso poder são, por natureza, livres e imunes a impedimentos ou obstáculos; já as que não estão sob nosso poder são frágeis, servis, sujeitas a entraves — e não nos pertencem. (*Manual* 1)

Epicteto acrescenta que, se nos preocuparmos muito com as coisas que não estão sob nosso controle, ficaremos frustrados e tenderemos a culpar e reclamar. Um estoico, portanto, não dará muito valor às coisas que não pode controlar, somente às coisas que estão diretamente ao seu alcance, ou seja, os próprios pensamentos, crenças, intenções, gostos e desgostos.

Isso é o que os estudiosos chamam de *dicotomia do controle* de Epicteto. De acordo com ele, todas as coisas se enquadram em uma de duas categorias: coisas que podemos controlar e coisas que não podemos controlar. O que não podemos controlar? Nossa saúde, nossa aparência, nossa renda, nossa reputação, nossos relacionamentos — na verdade, a maioria das coisas na vida. E o que podemos controlar? Somente o que está em nossa mente (nossas opiniões, nossos desejos, nossas escolhas e assim por diante). Segundo Epicteto, essa distinção entre o que podemos e o que não podemos controlar é vital, porque a felicidade e a virtude dependem inteiramente das coisas que estão sob nosso controle. Se atribuirmos um valor significativo a "coisas externas", como dinheiro, poder ou fama, tornaremos nossa felicidade refém das mudanças na sorte e possivelmente buscaremos objetivos antiéticos e contrários ao nosso verdadeiro bem-estar.

CUIDADO

A dicotomia do controle de Epicteto levanta todos os tipos de questões interessantes. Alguns críticos sugeriram que o controle não é uma questão de tudo ou nada e que a distinção em duas partes de Epicteto é, portanto, uma espécie de *falsa* dicotomia. O estoico contemporâneo William B. Irvine, por exemplo, apontou que há muitas coisas (como nosso desempenho escolar) que podemos influenciar muito, mas não controlar totalmente.

- » Dessa forma, Irvine sugere que o que precisamos mesmo é de uma *tricotomia* do controle, uma divisão composta por três partes: (1) totalmente sob nosso controle, (2) parcialmente sob nosso controle e (3) totalmente fora de nosso controle.
- » Outra opção é falar de um *espectro* do controle. Nesse caso, o controle é uma sequência contínua, variando entre o controle total em uma extremidade e o controle zero na outra, com algum controle no meio e sem linhas divisórias claras em qualquer parte do espectro.

Qual é o tipo de controle mais útil? Analisaremos essa questão no Capítulo 9.

A dicotomia do controle de Epicteto ainda levanta outras questões delicadas. Por exemplo, será que ele está certo ao afirmar que podemos controlar totalmente nossas opiniões, motivações, desejos e aversões? Você pode, neste exato momento, acreditar sinceramente que está andando em uma montanha-russa na Disney World? Se alguém ameaça torturá-lo, você consegue acreditar que a dor esperada é um "indiferente", que está fora de seu controle e, portanto, não é "nada" para você, como Epicteto afirma com frequência (*Discursos* 1.30.3, 3.3.15)? Se você sofre de um grave transtorno de ansiedade, consegue superar seus medos apenas *ao decidir* que não os sentirá mais? Algumas áreas de nossa mente parecem estar mais ou menos totalmente sob nosso controle, mas várias outras não. Sendo assim, quais partes da mente é possível controlar totalmente? Epicteto está certo ao pensar que devemos atribuir um valor significativo apenas a elas? Mais adiante, também exploraremos essas questões.

Aceitação radical

Conforme vimos, os antigos estoicos acreditavam muito na Providência divina. Eles sustentavam que Deus (o Logos) é perfeito em sabedoria e bondade, que Logos controla integralmente tudo o que acontece, que ele tem um plano para o mundo e que esse é o melhor plano possível, nada podendo alterá-lo ou anulá-lo. Com base nessas premissas, os estoicos inferiram que tudo o que acontece deve ser (em algum sentido) a "vontade de Deus" e, além disso, que tudo acontece para o melhor. Essa visão, por vezes, é chamada de "otimismo cósmico". Considerando essa visão esperançosa e otimista da realidade, como os seres humanos devem reagir aos acontecimentos do mundo? A resposta adequada, segundo os estoicos, é a "aceitação".

O que significa "aceitar" um acontecimento ou um evento no mundo? É um pouco complicado, pois há diferentes tipos e níveis de aceitação.

CUIDADO

A aceitação pode variar, por exemplo, de acordo com o nível de satisfação ou insatisfação de uma pessoa com determinado resultado. Algumas coisas são aceitas "resignadamente" ("Sim, perdemos o jogo por causa de uma decisão ruim, mas não vale a pena entrar com recurso"). Outras coisas são aceitas "de bom grado", mas sem grande entusiasmo ("Por enquanto, estou bem trabalhando como barista até que apareça algo melhor"). Outras, ainda, são aceitas "com alegria" ou até mesmo "com satisfação" como algo realmente bom ou maravilhoso ("Estou empolgado e orgulhoso por aceitar essa nova oportunidade").

Quando Epicteto diz que devemos aceitar tudo o que acontece na vida, que sentido de "aceitação" ele tem em mente? É o último, o da aceitação sincera e alegre. É o duro e exigente ideal estoico do *amor fati* ("amor ao destino"), o ideal de acolher positivamente e, de fato, *amar* tudo o que acontece como se viesse das mãos de um Deus perfeitamente bom, por mais "ruim" que possa parecer segundo os padrões convencionais.

Otimismo cósmico e suas implicações

De acordo com Epicteto, a ideia de que devemos acolher e aceitar de bom grado todos os acontecimentos do mundo decorre da doutrina estoica do otimismo cósmico. Na visão de Epicteto, uma vez que aceitamos que o mundo é governado pela Providência e que tudo acontece para o melhor, seguem-se quatro coisas:

» Nunca devemos nos queixar de nada ou de ninguém.

» Nunca devemos culpar Deus.

» Devemos aceitar todos os acontecimentos com ânimo — e até com alegria.

» Devemos sempre agradecer e louvar a Deus, independentemente do que nos aconteça.

Para Epicteto, aceitação significa, em primeiro lugar, que nunca devemos nos queixar, lamentar ou reclamar. E talvez você conheça pessoas para as quais isso significaria eliminar sua única atividade favorita. Em uma passagem famosa, o filósofo diz:

> Eu devo morrer. Mas devo morrer chorando? Devo ser acorrentado — mas também gemendo e lamentando? Devo ser exilado; mas há algo que me impeça de partir com um sorriso, calmo e sereno? (*Discursos* 1.1.21)

Em segundo lugar, a aceitação significa que nunca devemos culpar Deus por nada. Ao contrário, diz Epicteto, sua atitude deve ser muito parecida com esta conversa hipotética que ele espera ter com Deus em seu leito de morte:

> Há alguma maneira de eu ter violado suas ordens? [...] Alguma vez o culpei? Alguma vez encontrei falhas em sua administração? Eu ficava doente quando o senhor queria: outros também ficaram, mas não reclamei. Fiquei pobre quando o senhor quis, novamente sem reclamar [...].
> Já me viu de outra forma que não fosse com um sorriso no rosto, pronto para obedecer a qualquer ordem que você tivesse para mim? Agora quer que eu abandone a feira, então vou sem sentir nada além de gratidão por ter tido a permissão de participar da celebração com você, de ver suas obras e compreender seu comando. (*Discursos* 3.5.7)

Em terceiro lugar, devemos aprovar e até mesmo acolher com alegria todos os eventos como sendo bem planejados e decorrentes da sábia e santa vontade de Deus. Assim, Epicteto diz:

> Reconheça que o principal dever que devemos aos deuses é manter crenças corretas sobre eles: que existem, que governam o mundo bem e com justiça, e que colocaram você aqui com um único propósito — obedecê-los e acolher tudo o que acontecer, com a convicção de que tudo é fruto da mais elevada inteligência. Dessa forma, você não culpará os deuses nem os acusará de negligência. (*Manual* 31)

Por fim, Epicteto afirma que devemos aceitar todos os acontecimentos com um espírito de gratidão e louvor. Assim, ele diz a seus alunos, repreendendo-os pela incapacidade de enxergar e apreciar o papel benevolente de Deus por trás das muitas coisas do mundo:

> Como a maioria de vocês é cega, suponho que deva haver alguém que cumpra esse papel e louve a Deus em nome dos outros. Afinal, para que serve um velho

> coxo como eu, a não ser para cantar louvores a Deus? Se eu fosse um rouxinol ou um cisne, cantaria a canção que qualquer um deles nasceu para cantar. Mas como sou um ser racional, minha canção deve ter o tom de um hino. Esse é meu dever, que manterei enquanto me for permitido; e convido todos vocês a se juntarem a mim. (*Discursos* 1.16.19)

Essa é claramente uma doutrina de aceitação muito sólida — muitos diriam que é sólida *demais*. Mas, na visão de Epicteto, uma perspectiva intransigente desse tipo decorre logicamente da visão altamente otimista dos estoicos sobre a realidade.

Podemos levar a sério a aceitação radical?

É claro que há muitas perguntas a serem feitas sobre esse ensinamento de aceitação radical. É realista, ou mesmo psicologicamente possível, reagirmos a todos os eventos da maneira recomendada por Epicteto (com aceitação, alegria e gratidão)? Mesmo que seja possível, é saudável, adequado ou ético abordar a vida dessa forma? (Como um pai, por exemplo, deve reagir à notícia de um acidente grave ou até mesmo da morte de um filho?) Epicteto fala sério quando diz que devemos "receber" tudo o que nos acontece com alegria e gratidão? Ou ele pode exagerar para obter um efeito retórico?

Além disso, quando Epicteto diz que devemos aceitar e acolher "todos" os acontecimentos, isso inclui atos de *maldade moral*, inclusive os nossos? Deveríamos, em algum sentido, "aceitar" nossos erros morais e delitos? Se sim, em que sentido? Com amor, alegria e gratidão? Devemos "aceitar" os crimes e os atos imorais de outras pessoas, até de monstros morais como Hitler? Em caso afirmativo, novamente, "aceitar" em que sentido? Pode parecer extremo demais.

São questões difíceis para qualquer estoico que, como Epicteto, adota uma perspectiva forte de aceitação. (Conforme veremos, os crentes religiosos que defendem que literalmente *tudo* é "vontade de Deus" enfrentam problemas semelhantes). É possível defender algo como a visão radical de Epicteto sobre a aceitação estoica? Em caso negativo, existe uma visão mais moderada da aceitação que possa fazer mais sentido e, ainda assim, cumprir a função desejada pelos estoicos? Exploraremos essas questões mais detalhadamente no Capítulo 7.

NESTE CAPÍTULO

» **Apresentando o imperador Marco Aurélio, o último grande filósofo estoico**

» **Explorando os pensamentos de Marco Aurélio sobre impermanência e realidade como fluxo**

» **Analisando o pessimismo filosófico de Marco Aurélio**

» **Investigando o declínio e a queda do estoicismo antigo**

Capítulo 5

Marco Aurélio: Filósofo Imperador

O último grande estoico romano não foi um escravo ou um professor experiente de filosofia, mas o homem mais poderoso do mundo, o imperador romano Marco Aurélio (121–180 d.C.). Platão disse a famosa frase: "Enquanto os filósofos não forem reis [...] ou aqueles que hoje denominamos reis e soberanos não forem verdadeira e seriamente filósofos [...] não terão fim [...] os males das cidades, nem, conforme julgo, os do gênero humano." Embora Marco Aurélio certamente tivesse seus defeitos, ele pode ser o mais próximo que a humanidade já chegou do ideal de Platão de um filósofo governante perfeitamente sábio e bom. Por sua facilidade de leitura, sua influência histórica e seu papel central no surgimento do estoicismo contemporâneo, Marco Aurélio merece um capítulo à parte.

Um Filósofo Estoico Assume o Trono

Marco Ânio Vero (mais tarde conhecido como Marco Aurélio) nasceu em Roma em 26 de abril de 121 d.C. Embora seu pai, um abastado oficial romano, tenha morrido quando tinha 3 anos, o menino teve uma educação bem privilegiada e feliz. Sua família era influente e bem relacionada, por isso ele cresceu em palácios, sendo educado em casa por mais de uma dúzia de professores particulares renomados.

Um amigo da família e convidado frequente era o imperador Adriano, que se afeiçoou ao jovem, admirava sua mente e seu caráter, e o chamava de "Verissimus" ("mais verdadeiro" em latim, uma brincadeira com o sobrenome de Marco Aurélio, Vero, que significa "verdadeiro"). Adriano não tinha filhos e desejava nomear um sucessor à altura como imperador quando morresse. A primeira escolha, Lúcio Aélio, morreu pouco depois de Adriano tê-lo adotado e nomeado herdeiro. Então, Adriano convidou Antonino Pio, um político romano rico e respeitado, para sucedê-lo, com a condição de que este adotasse o jovem Marco Aurélio e o filho de Aélio, Lúcio Vero.

O plano de longo prazo de Adriano, ao que parece, era que Marco Aurélio sucedesse seu pai adotivo como imperador, o que aconteceu. Como resultado desse sábio plano de sucessão, Roma teve dois imperadores excepcionais seguidos depois da morte de Adriano em 138, e o Império Romano desfrutou de mais de 40 anos de governo competente e sensato.

Primeiras influências

Sabemos bastante sobre como Marco Aurélio se interessou pela filosofia porque ele conta isso nas páginas iniciais de seu famoso diário particular, *Meditações*. Quando tinha 11 anos, ele foi ensinado a "praticar a filosofia" por seu professor de pintura, Diogneto. Na Grécia e Roma antigas, como vimos, a filosofia era um modo de vida, não apenas uma disciplina que se estudava ou um credo a ser adotado. Marco Aurélio relata que Diogneto o inspirou "a escolher o estilo de vida grego — a cama de campanha e o manto". Ele se refere ao tradicional "manto do filósofo", o *tribon*, um manto fino e áspero, feito de lã não tingida, que era usado como um lençol sobre o tronco e os ombros. Ele foi inspirado no manto fino, barato e raramente lavado que Sócrates usava no verão e no inverno para mostrar seu desdém pela moda e pelas posses mundanas. Mais tarde, tornou-se o uniforme oficial, por assim dizer, de todos os filósofos autoproclamados da Grécia e Roma antigas, em especial os cínicos e os estoicos.

É provável que Marco Aurélio tenha adotado o "estilo de vida grego" por pouco tempo, mas seu amor pela filosofia foi duradouro. Quando jovem, ele recebeu uma educação de excelência de um "time dos sonhos" de professores formais e informais. No que diz respeito à retórica (a arte de falar e escrever de maneira eficaz), ele contou com os dois instrutores mais célebres de sua época: Herodes Ático, para a retórica grega, e Marco Cornélio Frontão, para o latim. O aluno ávido idolatrava e tornou-se amigo íntimo de Frontão, e os dois trocaram muitas correspondências pessoais que foram preservadas. Ático, seu professor de grego, era um ateniense extremamente rico que, por acaso, detestava o estoicismo e o criticava como um "culto à ausência de emoção", cujos seguidores "querem ser considerados tranquilos, corajosos e inabaláveis porque não demonstram desejo ou tristeza, raiva ou prazer, suprimem as emoções mais intensas do espírito e envelhecem em um estado de torpor, uma vida lenta e exaustiva". Caramba!

O jovem imensamente privilegiado ainda teve a sorte de ter tido inúmeros professores de filosofia, alguns dos quais eram conhecidos em todo o mundo greco-romano. Alguns deles foram, entre outros, Apolônio de Calcedônia; Sexto de Queroneia, que era neto do ilustre biógrafo e poderoso crítico do estoicismo, Plutarco; e, mais importante, Junio Rústico, um oficial e político estoico que, como prefeito, condenou à morte o filósofo cristão Justino Mártir e que, ao que tudo indica, deu a Marco Aurélio seu exemplar pessoal de *Discursos*, de Epicteto.

É importante ressaltar que nem todos os professores que Marco Aurélio menciona com apreço em *Meditações* eram estoicos. Cláudio Severo era aristotélico. Alexandre, o Platonista, era — como se pode constatar — um platonista. É provável que Sexto também fosse, assim como seu ilustre avô. E Ático, conforme mencionamos, era um crítico severo do estoicismo. A educação filosófica de Marco Aurélio era eclética, o que se reflete nas páginas de *Meditações*, nas quais ele cita Platão e Heráclito com mais frequência do que Epicteto ou qualquer outro autor estoico. A seguir, veremos que há uma série de temas recorrentes em *Meditações* de Marco Aurélio que demonstram um aprendizado eclético de fontes não estoicas.

Conversão ao estoicismo

CASOS E CAUSOS

Pouco tempo após seu casamento, aos 24 anos, Marco Aurélio parece ter tido uma espécie de "conversão" à filosofia estoica mais séria. Não deve ter sido o casamento que o levou a se tornar filósofo, embora possa ter acontecido. É mais provável que tenha sido a influência de seu mentor estoico, Rústico. Em *Meditações*, ele conta que foi Rústico quem o convenceu de que ele precisava "treinar e disciplinar seu caráter", ou seja, aperfeiçoar sua racionalidade e, de modo mais geral, viver, pensar e agir como um filósofo estoico sério. Segundo revelado em *Meditações*, foi isso que ele fez até o dia de sua morte.

Reinado como imperador

Após uns 20 anos de serviço fiel e de aprendizado com seu pai adotivo, o imperador Antonino Pio, Marco Aurélio se tornou imperador após a morte dele no início de 161. É evidente que ele nunca quis ser imperador. Ele preferia muito mais ter estudado e ensinado filosofia, como Epicteto fez. Porém, como todo bom estoico, ele também acreditava firmemente no serviço público visando o bem comum. Nunca teve ilusões sobre a possibilidade de salvar o mundo ou realizar mudanças transformadoras e profundas na sociedade romana ou no regime imperial. Ele era, conforme observa o historiador Will Durant, basicamente um conservador que tentou preservar o que havia de bom no mundo antigo, ao mesmo tempo trabalhando incansavelmente e de maneira altruísta para melhorar um pouco as coisas.

Logo que foi formalmente convidado a se tornar imperador, Marco Aurélio chocou o mundo romano ao insistir que seu irmão adotivo, Lúcio Vero, compartilhasse o poder com ele na condição de coimperador. Foi um gesto extremamente generoso e demonstrou com clareza a indiferença do estoico Marco Aurélio em relação ao poder. Mas como muitos historiadores observaram, essa atitude talvez não tenha sido sábia na época em que havia violência e fome de poder, pois estabeleceu um precedente arriscado de divisão de poder e limites de responsabilidade imprecisos, como a história romana posterior mostraria claramente com suas frequentes guerras civis e conflitos entre partes do império.

Durante o reinado de 19 anos de Marco Aurélio (161–180), um desastre após outro assolou o Império Romano. Em 161, pouco depois de ele se tornar imperador, houve uma terrível inundação e escassez de alimentos em Roma. No mesmo ano, o império sofreu uma invasão de Partia no leste, o que levou a uma longa e sangrenta guerra (161–166), a qual Roma venceu. Uma pandemia mortal, a Peste Antonina (165–180), matou entre 5 e 10 milhões de pessoas, cerca de 10% da população do império. Em 167, uma invasão de tribos germânicas e da Ásia Central na Itália, ao longo da fronteira ao norte do Danúbio (atual Hungria e Áustria), resultou nas brutais e dispendiosas Guerras Marcomanas (166–180). Em 175, houve uma grande rebelião nas províncias do leste, liderada por Avídio Cássio, um dos generais de maior confiança de Marco Aurélio. Quando a rebelião terminou com o assassinato de Avídio por dois de seus soldados, ele se recusou a punir qualquer um dos rebeldes e restaurou com sucesso a harmonia por meio de uma política semelhante à de Lincoln, sem hostilidade para com ninguém e com caridade para todos.

Tragédias pessoais e morte

Nesses mesmos anos conturbados, Marco Aurélio também passou por muitos sofrimentos e aflições pessoais. Ele era constantemente atormentado por insônia, debilidade e problemas de saúde. De seus quatorze filhos pelo menos (treze citados em fontes existentes), apenas seis chegaram à idade adulta (cinco estavam vivos quando ele morreu). Em 169, Lúcio, seu irmão adotivo e coimperador, muito festeiro, morreu de repente, supostamente em decorrência de um derrame. Nesse mesmo ano, o filho de 7 anos de Marco Aurélio, Ânio, que ele esperava que crescesse e se tornasse coimperador com seu irmão Cômodo, morreu inesperadamente em uma intervenção cirúrgica malfeita. Em seguida, em 175, sua esposa, Faustina, faleceu aos 45 anos de idade, quando os dois viajavam pela região que atualmente corresponde ao sul da Turquia para lidar com a rebelião de Avídio no Oriente.

Em 180, pouco antes de seu aniversário de 59 anos, o próprio Marco Aurélio adoeceu em algum lugar na atual Sérvia ou Áustria, enquanto liderava uma tentativa de afastar as tribos ao longo do Rio Danúbio que ameaçavam constantemente as fronteiras ao norte. Ao perceber que sua morte estava próxima, ele recusou toda comida e água durante seis dias, e morreu em 17 de março de 180. Seu sucessor como imperador foi o que os historiadores descrevem como seu filho de 18 anos, Cômodo, estranhamente inútil, que havia servido como coimperador nos três anos anteriores e que, presumivelmente, não poderia ter sido substituído naquele momento — mesmo considerando sua conhecida incompetência — sem uma grave ameaça de guerra civil. De fato, Cômodo acabou sendo um dos piores imperadores romanos de todos os tempos, competindo inclusive com Calígula e Nero em crueldade, depravação e megalomania. Entre outras coisas, Cômodo alegava ser a reencarnação do deus Hércules; ordenou a morte de inúmeros homens e mulheres de alto escalão; participava regularmente de lutas de gladiadores fraudulentas no Coliseu; ordenou que a cidade de Roma e todos os meses romanos fossem rebatizados com seu nome; e, de acordo com a *História Augusta*, muitas vezes não confiável, mantinha 300 mulheres e 300 meninos em seu harém pessoal. Depois de Marco Aurélio, Roma praticamente não teve um governante bom e entrou em uma lenta espiral de morte que resultou no colapso final do Império Romano do Ocidente três séculos depois.

De acordo com nossas percepções, Marco Aurélio não era um santo de mármore, mas, naturalmente, compartilhava muitos dos preconceitos culturais e das cegueiras morais de sua época. Por exemplo, ele parece ter planejado expandir o Império Romano para o norte, para a Alemanha, anexando as terras das tribos que viviam lá (Anthony Birley, *Marcus Aurelius: A Life*, p. 183). De acordo com Dião Cássio, ele também planejou, como parte dessa guerra de conquista, exterminar por completo os sármatas asiáticos. A famosa Coluna de Marco Aurélio, do século II, na Piazza Colonna, em Roma, exibe prisioneiros tribais amarrados sendo decapitados, possivelmente como parte da missão de massacre em massa e remoção forçada.

Alguns historiadores acusam Marco Aurélio de ter dividido o governo imperial; de ser um péssimo juiz de caráter, escolhendo duas vezes coimperadores extremamente desqualificados, Lúcio Vero e Cômodo; por suas decisões legais predominantemente conservadoras, que, muitas vezes, beneficiavam as classes dominantes e, em outras, pioravam a situação dos escravos e limitavam os direitos políticos dos ex-escravos; por deificar Lúcio e Faustina após a morte prematura deles; e por, supostamente, ter feito muito pouco para aprender sobre o cristianismo ou atenuar a perseguição aos cristãos, que foi severa durante seu reinado.

Seja qual for a nossa opinião sobre essas supostas imperfeições, o veredicto quase universal da história é que Marco Aurélio foi, de modo geral, um imperador excepcionalmente bom e um ser humano notavelmente sábio e virtuoso. Embora detestasse a guerra, ele passou mais da metade de seu reinado como soldado, vivendo em acampamentos militares, defendendo as fronteiras de Roma e a própria civilização desenvolvida. Em meio a grande pompa e esplendor, não se permitiu nenhum luxo e incorporou as virtudes simples inspiradas por seus heróis, Sócrates e Epicteto. Quando o tesouro romano estava quase esgotado durante a Peste Antonina, Marco Aurélio vendeu todos os ornamentos de seus palácios imperiais para angariar fundos para defender Roma dos invasores ao norte. Embora vivesse em uma época de violência e privilégios, ele trabalhou incessantemente para criar o que acreditava ser uma "forma de governo de igualdade perante a lei, exercido considerando a igualdade de direitos e a igualdade de liberdade de expressão, e de uma realeza defensora, acima de tudo" (*Meditações* 1.14).

Após sua morte, as cinzas de Marco Aurélio foram devolvidas a Roma para serem colocadas ao lado das de sua esposa e de seus filhos falecidos no grande mausoléu de tijolos, hoje o famoso Castel Sant'Angelo, construído por seu avô adotivo, Adriano. Ele foi deificado pelo Senado romano e sua perda foi lamentada nas margens do Tâmisa, do Danúbio, do Nilo e do Eufrates. Além disso, suas anotações pessoais, escritas quando ele encontrava tempo aqui ou ali, continuam a inspirar pessoas em todo o mundo mesmo após todos esses séculos.

Dois Temas na Filosofia de Marco

A maior parte do que sabemos sobre a filosofia estoica de Marco Aurélio é baseada em seu diário pessoal, escrito em grego, atualmente chamado de *Meditações*. (O manuscrito original provavelmente não tinha título.) Escrito no final de sua vida, quando ele combatia na fronteira norte de Roma, *Meditações* não é um diário no sentido usual, mas uma espécie de memorandos filosóficos que Marco Aurélio parece ter usado como exercícios espirituais para se concentrar, recuperar a serenidade e a disciplina, exortar-se a maiores esforços e lembrar-se do que realmente importa na vida.

Como o estudioso clássico Gregory Hays observa em sua excelente introdução à tradução de *Meditações* feita pela Modern Library, Marco Aurélio foi, de certa forma, um estoico atípico. Ele se inspirou em muitas tradições filosóficas (principalmente em Heráclito e Platão), tinha pouco interesse aparente na lógica ou na física estoica, e parece ter tido dúvidas reais sobre alguns ensinamentos tradicionais dos estoicos (por exemplo, se podemos saber ao certo se existe algum tipo de poder superior providencial ou algum tipo de vida após a morte, ou se é mesmo verdade que tudo acontece para o bem). Em *Meditações* há muitos dos temas comuns do pensamento estoico (a primazia da virtude, seguir a natureza, aceitar o que acontece, a existência de uma lei divina universal, a convivência natural e o parentesco entre os seres humanos, o vazio da fama, a importância de cumprir as responsabilidades sociais e pessoais etc.), mas também algumas anotações sobre pessimismo e tristeza que não costumamos encontrar nos escritores estoicos. Em capítulos posteriores, detalharemos a filosofia de vida estoica de Marco Aurélio, mas agora iremos explorar brevemente dois temas que aparecem com frequência em *Meditações*: a impermanência de todas as coisas e uma forma de pessimismo filosófico.

Impermanência: Realidade é fluxo

Conforme observamos no Capítulo 2, um importante influenciador do pensamento estoico foi o filósofo pré-socrático Heráclito, que viveu cerca de duzentos anos antes da fundação do estoicismo. Um conceito fundamental que os estoicos tomaram emprestado de Heráclito foi a noção de transitoriedade ou impermanência. Heráclito disse que a realidade é "fluxo", um processo de constante mudança, criação e destruição. "Somente a mudança é imutável", disse ele em sua famosa frase.

Embora algumas coisas, como as pirâmides, pareçam mudar muito pouco ao longo de décadas e até séculos; na verdade, elas mudam constantemente por meio da erosão e outros processos mais lentos. Embora Platão acreditasse que algumas coisas na realidade são eternas e imutáveis (como a verdade matemática de que 2 + 2 = 4), ele concordava com Heráclito que todas as coisas no mundo físico estão em um estado de fluxo contínuo. Os estoicos adotaram essa visão heraclitiana e platônica, sustentando que a natureza está em constante transformação, sempre em um estado de "tornar-se" e nunca em um estado de "ser" estável ou completo. Marco Aurélio retorna a essa ideia de impermanência diversas vezes em *Meditações*. Por exemplo, em *Meditações* 5.23, ele escreve:

> Tenha em mente quão rapidamente as coisas passam e desaparecem — tanto as que existem agora quanto as que ainda virão. A existência escorre diante de nós como um rio: o "o quê" está em constante fluxo [...] Nada é estável, nem mesmo o que está bem diante de nós. A infinidade do passado e do futuro se escancara diante de nós — um abismo cujas profundezas não conseguimos ver. Seria tolice sentir-se importante ou perturbado. Ou indignado, por isso. Como se as coisas que nos irritam fossem durar.

Em uma passagem particularmente intensa (*Meditações* 2.17), ele escreve:

> O corpo e suas partes são um rio, a alma é sonho e neblina, a vida é guerra e jornada longe de casa, e a fama duradoura é esquecimento.

LEMBRE-SE

Podemos nos sentir tentados a ler essas passagens como algo totalmente sombrio e pessimista, mas Marco Aurélio acreditava que a reflexão diária sobre a transitoriedade e a natureza em constante mudança da realidade pode ser uma fonte de consolo e força.

É natural que nos apeguemos menos às coisas que consideramos passageiras e efêmeras, e sentimos muito menos sua perda quando elas se vão. Uma mentalidade de efemeridade também nos ajudará a evitar a obsessão comum pela glória duradoura que parece levar tantas pessoas talentosas ao excesso e à ruína. Um senso aguçado de fluxo e evanescência pode ser libertador. Observamos o mesmo tipo de pensamento no budismo, que vê as atitudes de apego e os desejos doentios como as principais fontes de sofrimento e insatisfação humanos (*dukkha*).

Ao reduzir o apego a coisas como riqueza, glória e poder, Marco Aurélio espera se concentrar mais claramente no que importa na vida, que ele acredita ser a sabedoria e a bondade.

Pessimismo

De acordo com o classicista Gregory Hays, "há uma persistente linha de pessimismo" em *Meditações* que não é vista, ou pelo menos não é tão evidente, em outros escritores estoicos. Na introdução da tradução de *Meditações* feita por Hackett, o professor de clássicos G. M. A. Grube se refere à obra como um "livro estranho, nobre e triste". Mas por que triste? Quais são exatamente os traços de pessimismo e melancolia que Hays e Grube afirmam detectar?

É claro que o "pessimismo" pode assumir diferentes formas. Costuma-se dizer que uma pessoa é pessimista quando vê o mundo como algo geralmente "ruim" (cheio de sofrimento, pecado e insatisfação, por exemplo) e tem pouca ou nenhuma expectativa de um mundo melhor no futuro. Na filosofia, o termo "pessimismo" é frequentemente usado para descrever uma forma extrema de "negatividade", como a visão de que a vida é totalmente desprovida de significado, uma perspectiva por vezes chamada de "niilismo existencial", ou que nosso mundo é inevitável e completamente *permeado* por sofrimento, dor, luta e decepção, uma visão frequentemente associada ao filósofo alemão Arthur Schopenhauer, bem como a algumas vertentes do budismo inicial. O cineasta norte-americano moderno Woody Allen faz uma paródia dessas formas extremas de pessimismo em uma de suas frases de tom amargo: "A vida é cheia de miséria, solidão e sofrimento — e tudo acaba muito cedo."

Fadiga do mundo

Claro, Marco Aurélio não é um sujeito radicalmente sombrio e melancólico como Woody Allen. Embora tenha extraído ideias de diversas tradições filosóficas, em especial do platonismo, ele era essencialmente um estoico fiel que acreditava que o mundo é racional, ordenado de maneira providencial e bom. Também acreditava que a vida vale a pena ser vivida e que o mundo tem valor e propósito. E novamente, por que alguém falaria do "pessimismo" de Marco Aurélio e de *Meditações* como um livro "triste?

A resposta simples é que muitas passagens de *Meditações* mostram um tipo de "fadiga do mundo" e desgosto com as preocupações terrenas que, segundo os estudiosos, era muito comum na época de Marco Aurélio. Pouco tempo após sua morte, o estoicismo caiu em popularidade e deixou de ser um movimento organizado. Em seu lugar, surgiu uma série de filosofias e religiões "de outro mundo", incluindo o platonismo, que teve um ressurgimento no final da Antiguidade. Vários movimentos antimatéria e anticorpo também ganharam popularidade na época, incluindo o gnosticismo, o neopitagorismo, o orfismo e diversos credos de misticismo orientais.

Até certo ponto, algumas vertentes do cristianismo também contribuíram para essa tendência fora dos padrões comuns. No Novo Testamento, os cristãos são aconselhados a não "amar o mundo ou as coisas do mundo" (I João 2:15) e a considerar a vida terrena "como uma névoa que aparece por pouco de tempo e depois desaparece" (Tiago 4:14). Uma linha de pensamento semelhante consta no livro de Eclesiastes, do Antigo Testamento, que proclama que "todas as coisas estão cheias de fadiga" e que "tudo o que se faz sob o sol [...] é vaidade e um esforço atrás do vento".

Embora Marco Aurélio pareça ter conhecido pouco sobre o cristianismo, ele parece ter sido influenciado pelo antimundanismo generalizado de sua época. Conforme observou o ilustre historiador cristão Henry Chadwick, a obra *Meditações* apresenta "um estado de espírito marcadamente individual, introspectivo e pensativo" que não é típico da maioria dos estoicos anteriores, que, como vimos, eram otimistas cósmicos e se alegravam com sua convicção positiva de que, como Alexander Pope diria mais tarde, "o que quer que seja, está certo" (compare, no entanto, com a declaração semelhante de Marco Aurélio em *Meditações* 4.10).

Temas anticorpo

Assim como Epicteto, Marco Aurélio cita o corpo com frequência em termos negativos. Segundo ele, o corpo é um "caixote maltratado", feito de "terra e lixo" (*Meditações* 3.3). Os estoicos devem desprezar seus corpos (2.2) como nada mais do que "carne apodrecendo num saco", cheia do "fedor da decomposição" (8.37), um "cadáver" (4.41). É fácil ouvir a voz do personagem Pee-wee Herman dizendo: "Eu sei que você é, mas o que eu sou?" Então, "as coisas que acontecem ao corpo carecem de importância", diz Marco Aurélio (6.32). A alma é muito superior ao corpo e deve "permanecer impassível relativamente aos movimentos que perpassam tua carne, independentemente de serem brandos ou violentos" (5.26). Temas anticorpo desse tipo são mais característicos do platonismo do que do estoicismo inicial e intermediário, no qual a noção de "seguir a natureza" (também conhecida como seguir a virtude e a razão) era enfatizada e não era vista, em geral, como implicando o desprezo pelo corpo ou pelos bens corporais. Nesse caso, Epicteto e Marco Aurélio canalizam Sócrates, Platão, os cínicos e os movimentos anticorpo da época, como o orfismo e o gnosticismo, e não a tradição estoica.

A vida é um esgoto

Junto com essa atitude hostil em relação ao corpo, Marco frequentemente expressa visões pessimistas da vida terrena em geral, que ele chegou a descrever como uma "profunda escuridão" e um "esgoto" (*Meditações* 5.10). Como observa o tradutor Gregory Hays, dois dos temas mais recorrentes de Marco Aurélio em *Meditações* são "a vaidade e a inutilidade das preocupações terrenas" e "a aversão e o desprezo pela vida humana e por outros seres humanos". Esses temas sombrios, tão claramente em desacordo com a crença estoica em uma benevolente providência que garante que todas as coisas acabem bem, quase desapareceram no estoicismo contemporâneo, porém, inegavelmente, aparecem repetidas vezes em *Meditações*.

Desapego e apatia

Não é difícil entender por que um estoico pode se inclinar a minimizar a visão do corpo e da existência terrena em geral. Conforme observamos, os estoicos buscam tanto a excelência moral quanto a paz interior (*ataraxia*, para quem acompanha tudo em grego). Alcançar a serenidade interior é difícil se você tende a se preocupar muito com sua saúde, sua aparência ou outros aspectos físicos. A tranquilidade mental também pode ser afetada por guerras, desastres naturais, recessões econômicas e outros eventos negativos que aparecem nos noticiários ou nas redes sociais. O mundo físico é, de fato, um campo minado metafórico de problemas e desafios.

Qual é a solução?

DICA

» Você tentaria *parar de se preocupar* com coisas como câncer, guerras e tempestades, para "extinguir todos os desejos e apegos" em relação a elas, como alguns filósofos orientais insistem. No entanto, conforme veremos, a apatia total ou o desapego dessa natureza não é possível nem desejável, por diversos motivos, como os estoicos sempre reconheceram.

» Uma solução melhor seria *se preocupar menos* com o corpo e com os supostos "indiferentes", como saúde, relacionamentos, fome e outras preocupações terrenas. Você tentaria ser mais desapegado em relação a essas questões, menos envolvido emocionalmente nelas, como diriam os psicólogos modernos.

Claro, essa é justamente a estratégia de enfrentamento recomendada pelos antigos estoicos, como Marco Aurélio. Eles nos incentivam a nos desprendermos emocionalmente de coisas externas, como o corpo e as vicissitudes dos assuntos terrenos. Esse é o ideal da "apatia" estoica (*apatheia*), vista por eles como uma forma importante de libertação de todas as paixões perturbadoras e desejos excessivos. No Capítulo 14, veremos melhor a ideia, muitas vezes mal compreendida, da apatia estoica.

Depreciação psicológica

Como alcançar um nível saudável e adequado de desapego? Marco Aurélio sugere que uma das maneiras é adotar uma prática mental que o estoico moderno Donald Robertson chama de estratégia de "depreciação" psicológica. Com isso, Robertson se refere a um tipo de estratégia de enfrentamento que envolve atribuir menos valor às coisas e, assim, passar a se preocupar ou se importar menos com elas, por meio de um processo de análise redutiva "deflacionária" que nos permite enxergar as coisas de forma objetiva, "como elas realmente são", e não como elas aparecem na imaginação. Ele utiliza a estratégia depreciativa "X é realmente apenas Y" com frequência. Portanto, o corpo é apenas "terra e lixo" (*Meditações* 3.3), a alma é apenas "um sonho e uma neblina" (2.17), a mudança é apenas a transformação de uma coisa em outra (8.6), a fama é apenas o vazio e o esquecimento (4.3), a história é apenas um ciclo que se repete infinitamente, no qual nada de realmente novo acontece (2.14, 7.1), e a morte é apenas um processo da natureza (2.12) no qual elementos da matéria se combinam, dividem-se e se recombinam em algo novo (4.5).

Não há dúvida de que estratégias restritivas desse tipo podem ser eficazes — assim como o álcool, conforme Dave Barry nos lembra em seu livro satírico *Live Right and Find Happiness (Though Beer Is Much Faster)*. O budismo, o hinduísmo e muitas outras tradições espirituais endossam uma ampla variedade de práticas psicológicas deflacionárias como forma de reduzir apegos nocivos.

A depreciação psicológica funciona. É uma técnica comprovada para reduzir o sofrimento, anestesiar a sensação de perda, atenuar a dor e nos proteger de riscos e aflições emocionais com uma espécie de armadura psicológica. Dessa forma, ela pode proporcionar mais tranquilidade ou paz interior. Mas a que custo pessoal e moral? É uma questão crucial que abordaremos mais adiante neste livro.

O Declínio do Estoicismo Antigo

Por que o estoicismo antigo foi por água abaixo pouco tempo depois de Marco Aurélio? Ao que tudo indica, diversos fatores desempenharam um papel importante. A seguir, daremos uma breve pincelada nas quatro causas.

O declínio dos "antigos deuses" do paganismo

Como se pode ver especialmente no famoso "Hino a Zeus" de Cleantes e nas obras de Epicteto, a filosofia estoica era amplamente considerada como atrelada de maneira complexa à antiga mitologia pagã de Zeus, Apolo e seus amigos olímpicos cheios de cor e amantes do néctar. Com o declínio da teologia pagã na Grécia e na Roma helenísticas e, por fim, com o desaparecimento definitivo no final da Roma imperial, o estoicismo como sistema organizado de pensamento e crença morreu junto com ele. Quando o imperador cristão Justiniano fechou permanentemente todas as escolas filosóficas de Atenas em 529, isso foi justificado para seus súditos cristãos como o último prego no caixão do paganismo grego e romano.

O surgimento de filosofias concorrentes

Na época de Marco Aurélio e nos séculos seguintes, como vimos anteriormente, filosofias e religiões voltadas para o além, como o platonismo, o cristianismo, o gnosticismo, o orfismo e diversas religiões de misticismo orientais, se tornaram cada vez mais populares. Muitas vezes, essas crenças voltadas para o outro mundo eram consideradas fontes de maiores esperanças e consolações, além de uma base mais sólida para o otimismo efetivo de longo prazo do que as filosofias e as crenças mais antigas, como o estoicismo, a teologia pagã e o aristotelismo. O cristianismo, por exemplo, oferecia a seus seguidores a vida eterna, a justiça póstuma, um Deus que atende às orações, a ajuda divina para ter uma vida moral e religiosa, e a felicidade eterna em um paraíso celestial, nada do que o estoicismo prometia.

O fracasso em atrair as massas

Como observa brilhantemente o crítico literário vitoriano Matthew Arnold em um ensaio clássico de 1863 sobre Marco Aurélio, nos tempos antigos, o estoicismo tinha uma espécie de problema de relações públicas. Era amplamente reconhecido pelas massas como um pensamento rígido, severo, exigente e bastante sombrio para os fortes e os poucos. O cristianismo, por outro lado, parecia oferecer "um raio de sol" e "o brilho de um calor divino". Como Arnold comenta em outro momento, se uma pessoa procura "uma força de ligação e um poder para transformar e salvar" alguém que acredita necessitar de redenção, uma religião como o cristianismo tem um apelo emocional e uma mensagem consoladora que o estoicismo parece não ter.

Ataques das escolas filosóficas rivais

Por fim, o estoicismo antigo claramente sofreu ataques de outras escolas filosóficas. Uma boa parte das evidências que temos sobre os ensinamentos do estoicismo antigo está em obras de autores pagãos e cristãos que, em sua maioria, criticavam essas ideias. Com base nesses ataques, podemos perceber que, por séculos, os estoicos foram constantemente atacados em muitos de seus principais ensinamentos, sobretudo por platonistas, aristotélicos e céticos.

Derrubados, porém não eliminados

Apesar dos fatores que acabamos de discutir, é equivocado dizer que o estoicismo "morreu" no final da Antiguidade, porque grande parte de seu pensamento sobreviveu por outros meios. Como fica claro em autores como Plutarco (por volta de 110) e Boécio (por volta de 500), partes fundamentais dos ensinamentos estoicos foram absorvidas pelo neoplatonismo e pelo cristianismo. Durante toda a Idade Média e até a era moderna, as ideias estoicas sobre as quatro virtudes cardeais, a lei natural, a Providência divina, o problema do mal, a reconciliação entre a presciência divina e o livre-arbítrio humano, e a importância das virtudes estoicas/cristãs, como a fortaleza, a resistência, a paciência, a constância e a resignação, continuaram a causar grande impacto.

Enquanto o pensamento e a cultura ocidentais eram predominantemente cristãos, parecia haver pouca esperança de que o estoicismo pudesse voltar em grande estilo. Afinal, o estoicismo histórico ensina o materialismo, o panteísmo, a divindade da mente humana, a virtude como o único bem e objetivo da vida, a possibilidade de alcançar esse objetivo sem a ajuda divina e a inexistência de vida eterna — todas ideias diretamente opostas ao cristianismo tradicional. No entanto, por volta da metade do século XX, à medida que a cultura ocidental se tornava mais secular, as condições se tornaram mais favoráveis para um possível renascimento, um "estoicismo moderno" que poderia trazer novamente essa antiga sabedoria para a vida cotidiana de milhões de pessoas. Para conhecer essa história emocionante, fique atento aos próximos capítulos!

2

A Visão de Mundo Estoica

NESTA PARTE...

Descubra a visão estoica da realidade como um todo.

Explore as ideias estoicas sobre destino e livre-arbítrio.

NESTE CAPÍTULO

» **Explorando a visão de mundo estoica**

» **Aprendendo sobre as crenças religiosas estoicas**

» **Descobrindo o lugar da humanidade no Universo**

Capítulo **6**

A Visão Estoica da Realidade

Os antigos estoicos desenvolveram uma complexa teoria da realidade para embasar seus ensinamentos morais e sua concepção de vida boa. Muitos aspectos dessa visão de mundo mais ampla são ignorados pelos estoicos posteriores, como Sêneca, Epicteto e Marco Aurélio, que focam principalmente questões práticas sobre ética e como ter uma vida excelente.

Muitos estoicos contemporâneos ignoram completamente essa visão de mundo original, talvez porque a considerem ultrapassada ou irrelevante para os problemas e as preocupações do dia a dia. Contudo, para entender os ensinamentos estoicos sobre sabedoria e virtude, é importante compreender a visão mais ampla da realidade que os fundamenta.

Sem considerar essa visão de mundo mais ampla, os ensinamentos estoicos clássicos sobre questões como destino, aceitação radical, seguir a natureza, tornar-se sábio, imitar Deus, cidadania cósmica, solidariedade e parentesco humanos, lei moral universal, verdadeira liberdade como obediência à razão e a Deus, e vida após a morte não fazem muito sentido.

Para aqueles que têm interesse em se aprofundar nos ensinamentos estoicos sobre Logos, natureza e humanidade, o livro *The Stoics* (2e 1989), de F. H. Sandbach, apresenta com clareza, abrangência, autoridade e facilidade de leitura um guia para iniciantes.

Tudo É Constituído de Matéria

Assim como os epicuristas, os antigos estoicos eram fisicalistas ou materialistas. Segundo eles, tudo o que existe é constituído de algum tipo de matéria. Ao contrário de pensadores como Platão e Aristóteles, eles não acreditavam em almas ou espíritos desencarnados. Até mesmo Deus (o Logos), diziam eles, é constituído de um tipo especial de matéria muito delicada e imperceptível.

Por que os estoicos acreditavam que tudo é composto de matéria? Eles concordavam com a sugestão de Platão (*Sofista* 247e) de que algo só é real se tem a capacidade de afetar outras coisas de maneira causal ou de ser afetado por elas. Os estoicos não conseguiam conceber como algo totalmente imaterial poderia ter efeito causal ou ser afetado de maneira causal por outras coisas. Por exemplo, para que uma bola comece a rolar pelo chão parece necessário que alguma força física seja exercida sobre ela. Mas como algo imaterial exerceria alguma força física? Por outro lado, como um ser puramente espiritual (um anjo ou um espírito desencarnado, por exemplo) poderia ser afetado causalmente por uma pedra, um pedaço de pau ou qualquer outra coisa constituída de matéria? Por esses motivos, os estoicos buscavam explicar tudo no cosmos em termos puramente físicos.

É interessante observar que os estoicos reconheceram que podemos falar e pensar de maneira inteligível sobre determinadas coisas que não parecem ser constituídas de matéria. Espaço e tempo são dois exemplos do que eles chamavam de elementos "incorpóreos". Outro é o vácuo infinito que, segundo eles, circunda o cosmos e é a única "coisa" que "existe" fora do Universo. O vácuo não contém matéria e não é feito de matéria, mas tem certas propriedades como o vazio e o infinito. Por fim, existe uma classe diferente de incorpóreos que os estoicos chamavam de *lekta* ("dizíveis"). Os significados verbais são um tipo de *lekta*. Considere duas frases:

> O céu é azul.
>
> Le ciel est bleu.

São frases diferentes em idiomas diferentes (português e francês), mas têm o mesmo significado. Os estoicos reconheciam que esse significado é real, mas não parece ter tamanho, forma, peso ou ser constituído de qualquer forma de matéria. É abstrato, como a propriedade de ser gentil ou não ser um retângulo. Portanto, eles não eram materialistas estritos ou "reducionistas", no sentido de rejeitar completamente qualquer discussão sobre coisas imateriais.

LEMBRE-SE

Como alguns filósofos subsequentes, os estoicos qualificaram seu materialismo afirmando que, embora coisas imateriais como espaço e vácuo tenham propriedades e "subsistam", apenas coisas materiais "são" ou "existem" propriamente. É uma distinção delicada que muitos filósofos contemporâneos rejeitam ou consideram intrigante.

Deus e Natureza

Conforme vimos no Capítulo 2, o estoicismo antigo estava embasado em uma visão extremamente religiosa da realidade. Os estoicos acreditavam em uma espécie de Deus, "força" ou poder superior que eles, como Heráclito, chamavam de "Logos". Eis algumas características do Logos:

- Ao contrário de Zeus, Hera, Apolo e outros deuses divertidos e facilmente irritáveis da mitologia grega tradicional, o Logos não foi concebido em termos antropomórficos (ou seja, semelhantes aos humanos).
- O Logos não se parece em nada com a forma humana. Não tem rosto, braços ou pernas, barba, toga, não lança raios e não tem interesse em se acasalar com mortais. Em vez disso, o Logos é uma espécie de gás ou vapor inteligente e invisível que permeia o cosmos e nutre todas as coisas.
- Assim como Heráclito, os estoicos acreditavam que o Logos é feito de fogo (ou, mais tarde, de uma mistura de fogo e ar). Entretanto, esse fogo não é uma chama, mas um tipo especial que produz calor, mas não pode ser visto.
- Logos é a Realidade Suprema a partir da qual todo o cosmos físico é criado. O que chamamos de "Universo" é uma combinação de matéria inerte e sem forma (o princípio passivo da natureza) e *pneuma* (literalmente "sopro"), a "alma do mundo" ou o princípio ativo da natureza. Por vezes, os estoicos utilizam os termos "Deus", "Zeus" ou "Logos" para se referir a todo o conjunto, a matéria *mais* a alma do mundo, ou seja, tudo o que existe. Porém, é mais comum que se refiram apenas à alma do mundo ou ao princípio ativo na natureza.
- O Logos produz, a partir da própria substância ígnea, os quatro elementos básicos (ar, terra, fogo e água) e, em seguida, por meio de um processo complexo de condensação (compactação) e rarefação (expansão), estrelas, árvores, rochas, animais e demais objetos físicos familiares.
- O Logos permeia totalmente o Universo material, preenchendo-o por completo. A matéria em si é puramente disforme e passiva, e não tem nenhuma qualidade até que o Logos que a habita atue sobre ela. Quaisquer que sejam as propriedades que uma coisa possua (por exemplo, vermelhidão, doçura e forma arredondada da maçã), elas se devem exclusivamente à atividade causal do Logos imanente.

Panteísmo estoico

Como os estoicos acreditavam que Deus é tudo e que tudo é Deus, eles adotaram uma espécie de panteísmo. Os panteístas são monistas ou "holistas cósmicos" que acreditam na existência de uma única substância e que esta é divina. O que pode parecer ser substâncias individuais (como uma rosa ou um cachorro) são, na verdade, partes ou modificações da única realidade; partes do corpo de Deus, por assim dizer. Isso é muito diferente do teísmo clássico, que considera Deus um Ser transcendente separado do Universo físico que ele criou.

LEMBRE-SE

Assim como o Deus do teísmo clássico, Logos não é simplesmente uma "força" impessoal ou um "campo de energia", como a Força nos filmes *Guerra nas Estrelas*. Ele é uma *pessoa* (ou pelo menos semelhante a uma pessoa) no sentido de ter consciência, autoconsciência, senciência, racionalidade, consciência moral, capacidade de agir e fazer planos, e assim por diante. Também como o Deus do teísmo clássico, o Logos é cuidadoso, providente e perfeito em sabedoria, bondade e felicidade, embora talvez não seja onipotente como se pensa que o Deus judaico-cristão seja. É pouco provável, por exemplo, que Logos possa fazer com que as coisas existam ou deixem de existir apenas por vontade própria, como se acredita que o Deus judaico-cristão seja capaz de fazer.

Como vimos em nossa discussão sobre Epicteto, para os estoicos, a resposta humana adequada ao Logos é de reverência, gratidão, obediência, aceitação e uma tentativa cuidadosa e duradoura de imitar sua perfeita sabedoria, bondade e felicidade e, assim, tornar-se um *Sábio* estoico, uma espécie de santo estoico ou ser humano exemplar.

O lugar da Terra no Universo

Da mesma forma que Platão e Aristóteles, os estoicos acreditavam em um Universo geocêntrico (centrado na Terra). A Terra é uma forma esférica envolta por camadas concêntricas de água, ar e fogo, com seres divinos habitando a esfera mais externa e ardente das estrelas fixas, que são inteligentes e divinas (assim como o Sol, a Lua e os planetas). Em sua totalidade, o cosmos tem forma esférica e é vivo, um imenso organismo racional com corpo (matéria) e alma (*pneuma*). Assim como os seres humanos, o cosmos tem um "centro de comando" intelectivo ou uma mente direcionadora, que alguns estoicos localizavam no Sol e outros, nas regiões estreladas do céu.

Ao retratar o cosmo como um animal vivo, de formato esférico e movido por uma alma do mundo, os estoicos foram claramente influenciados por Platão, que esboçou uma visão um tanto semelhante em seu grandioso diálogo *Timeu*.

Argumentos estoicos em favor de Deus

A crença dos estoicos em um Deus panteísta não se baseava apenas na fé ou em suposições. Eles apresentaram uma série de argumentos racionais para a existência de Deus, muitos dos quais foram preservados por fontes antigas, como Cícero e Sexto Empírico. O filósofo grego Sexto, que prosperou no século III, era cético e costumava criticar os estoicos. No entanto, os estudiosos acreditam que ele relatava com precisão os ensinamentos estoicos.

Uma falha

Parece que Zenão, o fundador do estoicismo, ofereceu diversos argumentos desse tipo para a realidade divina, expressos de forma silogística sucinta. Eis um deles:

> É razoável honrar os deuses. Mas não se pode honrar razoavelmente o inexistente. Portanto, os deuses existem.

Como ninguém concordaria que é razoável honrar os deuses se ainda não acreditasse que eles existem, esse argumento é obviamente circular e, portanto, falho. Ele basicamente assume o que tenta provar.

Universalidade da crença

Outro argumento estoico a favor da existência do divino era baseado na crença quase universal nos deuses. Os estoicos afirmavam que é improvável que uma crença tão difundida, resistente e talvez inata pudesse ser falsa.

Uma prova do movimento

Mais um argumento estoico a favor de Deus diz respeito à origem do movimento dos corpos celestes e de outras partes do cosmos. Considerando que a matéria não se move sozinha, ela deve ter uma causa de movimento. Essa causa, por sua vez, deve ter outra causa. No entanto, essa série de causas não pode ser infinita, pois tudo deve ter uma explicação, e não haveria explicação para a existência do movimento se ele fosse eterno e não tivesse uma causa. Portanto, Deus deve existir como sua principal fonte.

Racionalidade e inteligência

Os estoicos também defendiam a crença em Deus apelando para a racionalidade e a inteligência humanas. Qual é a fonte dessa racionalidade? Seres racionais poderiam ter sido criados por um acaso cego? Seus rivais, os epicuristas, acreditavam que isso era verdade, mas os estoicos diziam: "Nem pensar!"

O argumento do design

Talvez o melhor argumento a favor de Deus apresentado pelos estoicos esteja relacionado à incrível beleza e à ordem do cosmos. Cícero apresenta um desses argumentos:

> Caso se depare com uma casa grande e bonita, não poderia ser levado a pensar que foi construída por ratos e doninhas, mesmo que não veja o dono da casa. Se então você pensasse que o grande ornamento do cosmos, a imensa variedade e beleza dos corpos celestes, o enorme poder e vastidão do mar e da terra fossem sua própria casa e não a dos deuses imortais, não pareceria completamente louco? (*Sobre a Natureza dos Deuses* 2.17)

Observamos aqui um tipo de argumento que atualmente é chamado de argumento do design. A ideia básica é que o mundo exibe muita ordem, beleza e propósito aparente para ter sido produto do mero acaso. Ele deve ter um designer inteligente. Com base nas fontes existentes, não está claro por que se pensava que esse designer deveria ser um Deus panteísta, como supunham os estoicos. É possível que eles tenham presumido que apenas um Deus panteísta teria o poder necessário e abrangente para garantir que o mundo fosse totalmente ordenado de maneira providencial. Por estar incorporado em todo o cosmos, Deus é capaz de exercer controle total sobre ele e garantir que tudo aconteça da melhor forma possível.

LEMBRE-SE

A crença estoica na Providência divina estava enraizada em sua concepção da natureza inerente de Deus. Se Deus é totalmente bom e sábio, e tem o controle absoluto do Universo, então este deve ser o melhor de todos os mundos possíveis. Essa é a base do otimismo cósmico dos estoicos e sua crença na aceitação radical de tudo o que acontece. Detalharemos mais esses tópicos no próximo capítulo.

Crença estoica em conflagrações periódicas

Um ensinamento estoico que foi alvo de duros ataques dos críticos, e que alguns estoicos posteriores inclusive rejeitaram, foi a crença em ciclos eternos e recorrentes do mundo que terminavam em "conflagrações", ou infernos que consumiam tudo, marcando a destruição de um Universo e o início de outro. A ideia de um fim ígneo do cosmos (*ekpyrosis*, para aqueles que gostam de se exibir em festas) baseava-se na crença estoica de que o Sol e as estrelas precisavam de combustível para queimar, que eles acreditavam ser fornecido pela água que era "exalada" da Terra. Em algum momento, acreditava-se que esse combustível se esgotaria, e a Terra e as esferas ao seu redor seriam queimadas em seu lugar. Como Deus é bom e deseja compartilhar sua bondade perpetuamente, um novo cosmos seria criado para substituir o que foi destruído. E porque Deus deve obrigatoriamente criar o melhor de todos os mundos possíveis, o novo cosmos seria idêntico ao antigo em absolutamente todos os detalhes. Essa sequência de fogo cósmico e renovação é eterna, sem começo nem fim. Marco Aurélio fala sobre essa ideia de recorrência eterna:

> Tenha constantemente em mente que tudo isso já aconteceu antes. E acontecerá de novo — o mesmo enredo do começo ao fim, o mesmo cenário idêntico. Recrie-os em sua mente, como você os conhece pela experiência ou pela história: a corte de Adriano, de Antonino. As cortes de Filipe, Alexandre, Creso. Todas iguais. Apenas as pessoas diferentes. (*Meditações* 10.27)

CUIDADO

Alguns estoicos posteriores, como Panécio, rejeitaram a ideia de conflagrações cósmicas periódicas. Ao que tudo indica, ele acreditava ser mais piedoso supor um mundo eterno e indestrutível. A ideia de um fim ígneo para o cosmos também tornava impossível que as almas fossem imortais, já que os estoicos acreditavam que as almas são feitas de matéria e que toda a matéria é destruída no inferno final. É um pouco deprimente pensar, como diz o livro bíblico do Eclesiastes, que:

> O que foi, isso é o que há de ser; e o que se fez, isso se fará; de modo que nada há de novo debaixo do Sol. (Eclesiastes 1:9)

Woody Allen captura o aspecto sombrio do eterno retorno quando brinca:

> E Nietzsche, com sua teoria da eterna recorrência. Ele disse que a vida que vivemos será vivida exatamente da mesma forma por toda a eternidade. Ótimo. Isso significa que terei que assistir aos Ice Capades[1] novamente. Não vale a pena.

LEMBRE-SE

A maioria dos estoicos contemporâneos abandonou a ideia de um fogo cósmico recorrente por considerá-la fundamentada em uma física estoica ultrapassada. Mas é interessante notar que a ciência moderna deixa em aberto a possibilidade de algum tipo de destruição e renovação cósmicas. Se o Universo contiver matéria suficiente para desacelerar e, por fim, reverter sua expansão atual, ele poderá entrar em colapso novamente e um novo Big Bang ocorrerá, levando à criação de um novo cosmos. Na verdade, pode ser que haja um ciclo eterno de Big Crunches e Big Bangs. Se assim for, a ideia estoica de uma série eterna de ciclos do mundo teria alguma correspondência com os fatos.

O Lugar da Humanidade no Cosmos

Os estoicos atribuíam um lugar muito importante ao ser humano no cosmos. Defendiam que todas as coisas são, de certa forma, divinas, uma vez que todas são partes do Logos divino. No entanto, pensavam que o ser humano tinha um lugar e um status especiais no Universo.

Uma visão antropocêntrica

Só os deuses e os humanos têm almas racionais, que os estoicos acreditavam ser "faíscas", "fragmentos" ou "emanações" (veja *Meditações* 2.1, 2.4) da capacidade governante ou da mente orientadora do Logos. Assim como o *pneuma* que permeia o cosmos, a alma humana é composta de fogo e ar; não é puramente espiritual ou imaterial, como Platão ensinara. Nossa alma está presente em todas as partes do nosso corpo, mas os estoicos acreditavam que a base da racionalidade e da

1 Os Ice Capades eram shows de entretenimento que apresentavam ex-patinadores olímpicos e campeões nacionais dos Estados Unidos. Foi muito popular por 50 anos, mas sua popularidade começou a declinar na década de 1980 e saiu do mercado por volta de 1995. [N. da T.]

consciência humanas está no coração, no que eles chamavam de *hegemonikon*, uma espécie de "centro de comando" racional da alma, o equivalente humano à mente orientadora do Logos. Esse núcleo central da alma é responsável por todas as funções mais elevadas da mente, incluindo a percepção, o impulso, o assentimento e o raciocínio. Em virtude dessa parte da mente de Deus dentro de nós, os estoicos não viam uma separação nítida entre humanos e deuses e, de fato, defendiam que "a inteligência de cada um é a Divindade e que dela emana" (*Meditações* 12.26).

Os estoicos imaginavam a alma humana como uma entidade única e indivisível; não há partes inferiores dela responsáveis por desejos e emoções do corpo, como Platão e Aristóteles ensinaram. O fato de termos uma alma racional nos distingue claramente dos animais não humanos, que não têm "mentes" exatamente iguais às nossas. O estoicismo tinha uma visão extremamente antropocêntrica sobre o lugar dos seres humanos no cosmos. Não só a Terra está no centro do Universo, como todo o cosmos foi concebido para o benefício humano e divino. Então, ecoando o estoicismo, Cícero escreve:

> Alguém pode perguntar: "Para benefício de quem foi criado um sistema tão complexo?" Para o bem das árvores e das plantas, que, apesar de não possuírem percepção sensorial, são sustentadas pela natureza? Isso, certamente, é absurdo. Para as feras, então? Também não faz sentido que os deuses tenham se esforçado tanto por animais mudos que nada compreendem. Então, para quem diremos que o cosmos foi feito? Certamente para aqueles animais que usam a razão — e esses são os deuses e os humanos. Nada é melhor que eles, pois a razão é superior a todas as outras coisas. Portanto, é plausível que o cosmos e tudo que nele há tenham sido criados para o benefício dos deuses e dos humanos. (*Sobre a Natureza dos Deuses* 2.133)

Uma implicação importante da ideia de que todos os seres humanos têm uma alma que é parte de Deus é um forte senso de parentesco e solidariedade humanos. Assim, Sêneca escreve:

> Posso estabelecer, de forma breve, uma regra para a humanidade para os nossos deveres nas relações humanas: tudo o que você vê, o que abrange o divino e o homem, é um — somos partes de um grande corpo. A natureza nos produziu relacionados uns com os outros, já que ela nos criou da mesma fonte e para o mesmo fim. Ela engendrou em nós um afeto mútuo e nos fez propensos a amizades [...] Por meio de suas ordens, deixe nossas mãos estarem prontas para todos que precisam ser ajudados. (*Cartas* 95.51–52)

Epicteto, falando de escravos para seus alunos de famílias abastadas, diz:

Você não vai se lembrar de quem você é — e de quem são as pessoas governadas por você? Que elas pertencem à mesma família, que por natureza são suas irmãs, que são filhas de Zeus tanto quanto você? (*Discursos* 1.13)

LEMBRE-SE

Embora atualmente poucas pessoas concordem que a alma humana seja literalmente uma parte de Deus, a crença estoica na solidariedade humana provou ser uma de suas contribuições mais duradouras para o progresso da humanidade. A crença na dignidade e nos direitos inerentes e iguais de todos os membros da família humana é um pilar da lei de direitos humanos moderna.

Crença na vida após a morte (temporária)

Embora os estoicos acreditassem que a alma humana fosse constituída de matéria, a maioria aceitava a ideia da existência de algum tipo de vida pessoal após a morte (veja E. V. Arnold, *Estoicismo Romano*, p. 263-70 para mais detalhes ou confie em nós, o que é muito mais fácil). A maioria dos estoicos acreditava que a alma humana, em virtude de sua natureza divina, tinha um tipo especial de "tensão" (*tonos*) ou unidade que lhe permitia sobreviver à morte do corpo. Esse fato pode ser surpreendente para os leitores que conhecem o estoicismo principalmente por meio dos escritos de Epicteto e Marco Aurélio, porque nenhum deles fala muito sobre uma possível vida após a morte. Sêneca, no entanto, reflete a principal perspectiva estoica, embora com um toque platônico, espelhada em sua crença na preexistência e na imortalidade da alma, quando escreve:

A alma humana é algo grande e nobre; não aceita limites, exceto aqueles que podem ser compartilhados até mesmo pelos deuses [...] A pátria da alma é todo o espaço que circunda a altura e a largura do firmamento, toda a cúpula arredondada dentro da qual o ar superior — que separa o humano do divino — também os une, e onde todas as estrelas sentinelas cumprem sua ronda. Além disso, a alma não tolera uma existência estreita. "Todos os anos", diz a alma, "são meus; nenhuma época está fechada às grandes mentes; todo o tempo está aberto ao progresso do pensamento. Quando chegar o dia de separar o que é celeste da mistura terrena, deixarei o corpo onde o encontrei e, por minha própria vontade, me dirigirei aos deuses." (*Cartas* 102. 21-23)

Sêneca expressa a visão estoica tradicional (veja Sexto Empírico, *Contra os Professores* 9.71) de que, ao morrer, a alma se encolhe em uma esfera invisível, deixa o corpo e flutua até sua terra de origem nas regiões estreladas dos céus, onde pode comungar com os deuses, conforme Sócrates especulou em seu julgamento (*Apologia* 40c-41c) e o próprio Sêneca indica na passagem citada anteriormente. Os estoicos não acreditavam em nada parecido com as concepções cristãs de céu ou inferno. Eles parecem ter defendido que não há punições ou recompensas divinas após a morte.

Conforme observado anteriormente, os estoicos de modo geral não acreditavam na imortalidade estrita. Eles defendiam, como diz Epicteto, que "tudo o que vem à existência também deve perecer" (*Discursos* 4.7.27). Nada, nem mesmo os deuses celestiais, pode sobreviver à destruição ígnea do Universo no final do atual ciclo mundano, exceto o próprio Logos, que é eterno e indestrutível. Os estoicos parecem ter discordado sobre quanto tempo a alma sobrevive após a morte. Ao que parece, Cleantes acreditava que todas as almas continuavam a existir até a conflagração, mas Crísipo afirmava que apenas as almas dos sábios duravam tanto tempo (Diógenes Laércio, *Vidas* 7.157). Como observamos, os estoicos posteriores, como Panécio e Marco Aurélio, parecem ter duvidado ou negado que a alma possa sobreviver à morte, enquanto Sêneca parece seguir Platão ao afirmar que a alma é estritamente imortal e existe para sempre. A seguir, veremos que muitos estoicos contemporâneos questionam ou rejeitam qualquer tipo de vida após a morte.

A verdade nas ideias ultrapassadas

LEMBRE-SE

Grande parte da teologia e da filosofia estoicas sobre a natureza está claramente ultrapassada. Por exemplo, nenhum leitor bem informado hoje aceitará as doutrinas estoicas do fogo como o elemento primordial, os quatro elementos básicos, um Universo centrado na Terra, a divindade do Sol e das estrelas ou o coração como a base da consciência humana. Além disso, muitos dos principais ensinamentos do estoicismo sobre o foco nas coisas que podemos controlar, a prioridade da sabedoria e da virtude, o controle das emoções negativas, o reconhecimento da impermanência de todas as coisas, a preservação da perspectiva das preocupações terrenas e o aprendizado para enfrentar as adversidades da vida são, pelo menos em grande parte, independentes dessas noções ultrapassadas.

No entanto, as principais crenças estoicas só podem ser compreendidas se entendermos os ensinamentos metafísicos e religiosos nos quais elas se baseiam. Isso se aplica, mais especificamente, às doutrinas estoicas da Providência divina, da aceitação radical e da verdadeira liberdade como obediência perfeita a Deus, que claramente fazem pouco sentido sem a teologia estoica que as embasa. Compreender a antiga visão de mundo estoica também é importante para perceber como essas formas originais de estoicismo diferem amplamente das variações do estoicismo contemporâneo sendo divulgadas atualmente em livros populares, newsletters e podcasts. Essa diferença aparecerá de maneira ainda mais clara no próximo capítulo, no qual exploraremos as fascinantes visões estoicas da Providência, do destino, do livre-arbítrio e da responsabilidade moral.

NESTE CAPÍTULO

» **Avaliando o ensino estoico sobre Providência divina**

» **Analisando como os estoicos buscaram harmonizar destino e livre-arbítrio**

» **Explorando como os estoicos explicaram o mal em um mundo governado pelo Logos sábio e bom**

Capítulo 7

Providência, Destino e Livre-arbítrio

Conforme vimos nos capítulos anteriores, os antigos estoicos acreditavam veementemente em um poder superior que chamavam de Logos. Eles acreditavam que Logos era o governante e o administrador onisciente e bom do cosmos, que criou o melhor Universo possível e governa todas as coisas para o bem supremo dos seres racionais (deuses e humanos) e do cosmos como um todo. Os estoicos, portanto, acreditavam piamente no que os pensadores religiosos chamam de Providência divina: a presciência de Deus, o planejamento do design, o cuidado benevolente e o controle dedicado do Universo inteiro e dos seres humanos em particular (Cícero, *Sobre a Natureza dos Deuses* 2. 73–162).

Os estoicos, de fato, tinham uma visão muito clara da Providência divina, acreditavam que Deus previa *tudo* o que acontecia no Universo (inclusive as chamadas escolhas "livres" dos seres humanos) e até predeterminava ou antecipava tudo o que viria a acontecer (Plutarco, *On Stoic Self-Contradictions* 1049f) de tal forma que tudo o que acontecia era fixo e inalterável, inclusive pelo próprio Deus (Sêneca, "Sobre a Providência"

5.8). O termo usado pelos estoicos para essa sequência imutável e inteiramente determinada de eventos cósmicos era destino (*moira*). Os grandes mestres estoicos defendiam que "tudo acontece por força do destino" (Diógenes Laércio, *Vidas e Doutrinas dos Filósofos Ilustres* 7.149). De acordo com fontes, alguns dos principais filósofos estoicos, incluindo Crisipo, o maior pensador estoico, chegou a defender que os crimes e as maldades humanas também eram predestinados e necessários.

Esses dois ensinamentos estoicos — fatalismo teológico e uma versão muito firme da Providência divina — têm atrativos e problemas em potencial. Começaremos pelo fatalismo estoico e, em seguida, falaremos sobre a Providência.

"Tudo Está Predestinado"

Na linguagem moderna, "destino" pode se referir tanto a "o que acontece com uma pessoa ou algo" ("O destino do navio desaparecido é desconhecido") quanto a "um poder ou uma agência que predetermina que as coisas ocorram de determinada maneira que não pode ser alterada". É claro que todos acreditam no primeiro sentido de destino. É como na música dos Eagles, "time keeps on slippin, slippin', slippin' into the future" ["o tempo continua escapando, escapando, escapando em direção ao futuro", em tradução livre], e as coisas de fato acontecem à medida que o tempo passa. Mas o segundo sentido de "destino" é mais controverso. Na Grécia antiga, acreditava-se que muitos ou quase todos os eventos eram predestinados ou predeterminados pelos deuses, pelas estrelas ou por outras agências de modo inalterável (Long & Sedley, *The Hellenistic Philosophers*, p. 392). Isso pode ser observado na mitologia e na tragédia gregas, em que os destinos eram personificados sob a forma de três irmãs divinas (Cloto, Átropos e Láquesis), cuja função era tecer o fio do destino humano do nascimento até a morte.

Para os estoicos, a crença no destino derivava de sua concepção de Deus, o Logos providencial. De acordo com Platão (*República* 381b), eles acreditavam em Deus como um ser quase perfeito, infinito em sabedoria e bondade, imensamente poderoso e livre de qualquer mal ou defeito possível. Acreditavam que esse ser queria compartilhar sua bondade por meio da criação de outras coisas boas — de fato, um Universo criado repleto de razão, bondade, beleza e harmonia ordenada.

LEMBRE-SE

Esse Universo não seria aleatório e deixado à sorte e ao acaso; ele seria planejado meticulosamente em todos os detalhes. Esse plano seria o melhor possível, como convém a um criador de infinita sabedoria e bondade.

Além disso, como Deus é sábio e poderoso, ele não pode sofrer nenhum mal, nenhuma derrota ou retrocesso. Seu plano para o mundo não pode ser desviado ou bloqueado por ninguém ou qualquer coisa. Sua vontade deve ser cumprida. A vontade de Deus *poderia* ser frustrada se representantes racionais, como você ou eu, fossem capazes de fazer coisas — por exemplo, roubar um pirulito — que Deus proíbe e que não fazem parte de sua ordem preestabelecida. Portanto, tudo o que acontece deve ser inevitável e estar de acordo com a vontade e o plano de Deus. Esse nexo causal inalterável de eventos predeterminados e conhecidos por Deus é o que os estoicos chamam de destino. Às vezes, eles usam os termos "destino" e "Deus" de maneira alternada.

Nesse sentido religioso, o destino suscita questões óbvias sobre a liberdade humana e a responsabilidade moral, e parece implicar que Deus é, de certa forma, responsável pelo pecado e pelo mal. Veremos como os estoicos lutaram contra essas e outras objeções à sua crença em um destino que tudo abrange. Mas para as pessoas que, como os estoicos, valorizam a virtude e a paz de espírito acima de tudo, o fatalismo teológico tem atrativos concretos. Isso inclui:

» Aceitação radical de tudo o que acontece (uma das principais virtudes estoicas) como reflexo da vontade de um Deus sábio e benevolente.
» Um senso de conforto e consolo que flui da sensação de que quaisquer dificuldades e sofrimentos que a pessoa enfrenta na vida eram inevitáveis e acabarão se tornando melhores.
» Um sentimento de otimismo de que, seja qual for o futuro, Deus está no controle e tudo acabará bem.
» Um sentimento de autoaceitação e autocomplacência que decorre da crença de que quaisquer falhas ou fraquezas com as quais a pessoa luta foram predeterminadas e não poderiam ter acontecido de outra forma.
» Uma atitude de tolerância e paciência em relação às deficiências de outras pessoas, que também são predeterminadas e inevitáveis. (Como diz o provérbio francês: "Compreender tudo é perdoar tudo.")
» A ausência de orgulho ou autoconfiança resultante da percepção de que as realizações e as boas ações de uma pessoa foram predestinadas e não "dependeram de você" no sentido "libertário" de que poderia ter deixado de realizá-las. A glória pertence, em última análise, ao Logos, e não a você.

LEMBRE-SE

Resumindo, da perspectiva estoica, a fé em um destino divino abrangente incentiva a força moral e a paz interior, e ajuda a evitar uma ampla variedade de emoções negativas.

Apesar desses pontos positivos, há preocupações bastante óbvias com a ideia de um destino que tudo controla. Elas incluem:

» Parece excluir qualquer livre-arbítrio e responsabilidade moral.
» Parece responsabilizar Deus pelo pecado e pelo mal.
» Parece encorajar uma passividade do tipo "o que será, será" em relação aos males do mundo.

Vejamos como os estoicos lidavam com essas preocupações.

Fatalismo desvirtuado

Nas discussões filosóficas contemporâneas sobre fatalismo, muitas vezes ele é definido como a visão extrema de que os eventos predestinados devem necessariamente ocorrer, independentemente do que você, eu ou qualquer outra pessoa possa fazer para evitá-los. Uma demonstração clara do fatalismo nesse sentido radical é apresentada no clássico conto árabe "Encontro em Samarra", recontado pelo escritor britânico Somerset Maugham. O orador é a Morte:

> Havia um mercador em Bagdá que enviou seu servo ao mercado para comprar provisões. Pouco depois o servo voltou, pálido e trêmulo, e disse: "Mestre, agora mesmo, quando eu estava no mercado, fui empurrado por uma mulher da multidão; quando me virei, vi que era a Morte que me havia empurrado. Ela olhou para mim e fez um gesto de ameaça; ora, empreste-me seu cavalo e eu cavalgarei para longe desta cidade e evitarei meu destino. Irei para Samarra, e lá a Morte não me encontrará." O mercador emprestou-lhe seu cavalo e o servo montou, fincou as esporas nos flancos dele e se foi tão rápido quanto o cavalo podia galopar. Então o mercador desceu ao mercado, me viu no meio da multidão e veio até mim, dizendo: "Por que você fez um gesto de ameaça para meu servo, quando o viu esta manhã?" "Aquele não foi um gesto de ameaça", respondi, "foi apenas um movimento de surpresa". Fiquei espantada ao vê-lo em Bagdá, pois esta noite eu tinha um encontro marcado com ele em Samarra.

Nessa visão do fatalismo, o futuro já está escrito e é totalmente inalterável, e nós somos como atores em um filme de catástrofe concluído, alheios à nossa inevitável desgraça.

CUIDADO

O fatalismo, nesse sentido extremo, pode parecer atraente em alguns aspectos — como quando você se pergunta se está "destinado" a comer um segundo cupcake de chocolate na festa do seu amigo — mas, na verdade, é muito louco quando se pensa nisso por dois segundos. Considere o que está implícito, por exemplo, ao dizer que está destinado a comer o segundo cupcake, *independentemente do que você ou qualquer outra pessoa possa fazer*. Isso significa que, se você tivesse sido atropelado por um ônibus a caminho da festa e esmagado como uma geleia, *ainda assim* teria comido o segundo cupcake. Seria um ótimo truque até para um amante de chocolate como você. Resumindo, o fatalismo extremo entra em conflito com nossas crenças "modais" ou contrafactuais hipotéticas de senso comum sobre o que teria acontecido se as coisas tivessem se desenrolado de outra forma.

LEMBRE-SE

De acordo com o filósofo Richard Taylor, pouquíssimas pessoas adotam o fatalismo no sentido extremo de "não importa o que aconteça". Ao contrário, compreende-se melhor o fatalismo como a ideia de que o que está acontecendo em determinado momento é inevitável, que nem você ou qualquer outra pessoa tem poder para impedir isso, embora o evento não fosse *absolutamente* necessário e não tivesse ocorrido se outros eventos possíveis acontecessem.

Para os gregos, o fatalismo estava fundamentalmente ligado à religião. Para eles, o que acontece por destino é deliberadamente *destinado* ou feito com que aconteça por algum representante poderoso e divino (veja, por exemplo, Ésquilo, *Agamêmnon de Ésquilo* 1085–88). É o principal significado do fatalismo, embora os filósofos por vezes falem sobre formas de fatalismo que supostamente decorrem da ordem causal da natureza ou mesmo de leis básicas da lógica (sobretudo, como observa Cícero, o chamado Princípio do Terceiro Excluído, que diz que toda proposição deve ser verdadeira ou falsa, incluindo as proposições sobre o futuro, como "Você, caro leitor, *comerá* aquele segundo cupcake de chocolate amanhã.").

De modo geral, poucos filósofos ou pensadores religiosos hoje aceitam qualquer forma rígida de fatalismo, embora muitos endossem o determinismo causal universal, a afirmação de que todos os eventos têm uma causa e que tudo o que acontece é totalmente determinado por causas anteriores. Alguns filósofos classificam o determinismo, nesse sentido, como uma forma de fatalismo, mas a maioria não o faz, porque parecem ter implicações práticas muito diferentes.

Livre-arbítrio e responsabilidade

Os seres humanos são animais sociais. Também somos — exclusivamente, até onde sabemos — animais *morais*. Atribuímos *peso* às razões morais e julgamos as coisas como sendo eticamente boas ou ruins, certas ou erradas. *Elogiamos* as pessoas pelo que achamos ser um bom comportamento ético (bondade, justiça e assim por diante) e as *culpamos* pelo mau comportamento ético (mentir, trapacear etc.). Para ações muito sérias de comportamento antissocial antiético (assassinato, roubo etc.), *punimos* colocando-as na cadeia ou impondo outras formas de tratamento rigoroso. No entanto, é interessante notar que não elogiamos nem culpamos todas as formas de comportamento antissocial.

Segundo Aristóteles (384–322 a.C.) nossas práticas comuns de elogio moral e culpa são baseadas em determinadas suposições. Por exemplo, se alguém rouba o seu carro, não o culparíamos nem o colocaríamos na cadeia se descobríssemos que a pessoa sofre de um grave distúrbio mental ou que foi forçada a fazer isso por alguém que apontou uma arma para a cabeça dela. Elogiamos e culpamos as pessoas apenas em certas condições. Quais? Não é fácil dizer com exatidão, mas normalmente elogiamos e culpamos as pessoas apenas se achamos que elas merecem ser elogiadas ou culpadas. E quando alguém *merece* ser elogiado ou culpado? O senso comum e a maioria dos sistemas jurídicos dizem: somente quando a pessoa age livremente e com responsabilidade (o que significa que ela é a única responsável pela ação).

Em geral, não prendemos as pessoas a menos que acreditemos que elas tenham agido de maneira "culpável", ou seja, voluntária e conscientemente, sem uma justificativa ou desculpa satisfatória. Resumindo, tanto a moralidade comum quanto a lei presumem que as pessoas podem, pelo menos às vezes, agir livremente e com responsabilidade. Eles pressupõem uma capacidade humana de livre escolha e ação moralmente responsável.

Se tudo está predestinado, o livre-arbítrio existe?

Mas será que as pessoas *podem* mesmo agir livremente e com responsabilidade? Nesse ponto, os antigos estoicos se depararam com um grande problema. Eles acreditavam que tudo está predestinado e que todos os eventos são um resultado inevitável de causas anteriores decorrentes do plano de design de Deus, inteiramente predefinido e imutável.

Como apontaram Cícero, Plutarco e outros críticos antigos do estoicismo, essa forma de fatalismo parece excluir a possibilidade de um livre-arbítrio e uma responsabilidade moral significativos. Por quê? Imagine que você esteja em uma lanchonete, tentando decidir se quer uma maçã ou uma laranja no almoço. Suponha que você pegue uma maçã, mas, no último segundo, decida que uma laranja é mais doce e, por isso, a pega. Você escolheu a laranja livremente? Para os fatalistas estritos, como os estoicos, é difícil entender como você poderia ter escolhido. A questão central do problema pode ser colocada da seguinte forma:

CUIDADO

1. Se Deus sabe antecipadamente que comerei uma laranja no almoço, então deve ser verdade que comerei uma laranja no almoço. (Razão: Deus, como um ser sem defeitos, não pode ter crenças falsas; o que quer que ele acredite sobre o futuro *certamente* se tornará realidade.)
2. Se é *verdade* que comerei uma laranja no almoço, então não está em minhas mãos deixar de comer uma laranja no almoço.
3. Se não está em minhas mãos a possibilidade de não comer uma laranja no almoço, então não sou verdadeiramente livre para decidir se comerei ou não uma laranja no almoço.
4. Portanto, se Deus sabe com antecedência que comerei uma laranja no almoço, então não sou realmente livre para decidir se comerei ou não uma laranja no almoço. Não tenho poder para fazer o contrário, então a escolha foi predestinada, não genuinamente livre.

LEMBRE-SE

Resumindo, o livre-arbítrio e a responsabilidade moral parecem pressupor a *capacidade de agir de outra forma*. O fatalismo estoico implica que ninguém jamais poderá realizar qualquer ato diferente daquele que realizou. Portanto, parece excluir o livre-arbítrio e a responsabilidade moral, além de transformar os seres humanos em meras marionetes de poderes fora do nosso controle. Se somos marionetes, até do Logos divino, então não somos realmente livres.

É desnecessário dizer que esse *não é* um argumento que os antigos estoicos queriam aceitar. Estoicos como Sêneca e Epicteto falam constantemente sobre coisas que dependem ou não "de nós" e que estão "sob nosso controle". Epicteto fala sobre nossa capacidade de decisão ou escolha deliberativa (*prohairesis*) e diz que ela é completamente "livre, irrestrita, desimpedida". Mas como é possível? Como podemos ser livres e responsáveis se todas as nossas ações são absolutamente predeterminadas? Em resumo, como o destino rígido e inexorável é compatível com o livre-arbítrio?

Compatibilismo

Sabemos que grandes pensadores estoicos, como Crisipo, escreveram longos tratados sobre o destino e a Providência, e se debruçaram a fundo nesse problema. Infelizmente, essas obras foram perdidas, mas, por sorte, uma boa parte do livro de Cícero *Sobre o Destino* está preservada. Com base no livro e em algumas outras fontes que ainda existem, podemos ter uma boa ideia de como os estoicos tentaram conciliar suas crenças aparentemente conflitantes sobre destino e livre-arbítrio.

A essência da estratégia inteligente de Crisipo era negar que o livre-arbítrio, devidamente compreendido, exigisse uma escolha imotivada ou a capacidade de agir de outra forma. Segundo ele, um ato livre é o que a estudiosa do estoicismo Suzanne Bobzien chama de ato *autônomo*, ou seja, um ato que não é coagido ou limitado, e que surge dos próprios desejos, vontades e caráter estabelecido (Bobzien, *Determinism and Freedom in Stoic Philosophy*, p. 279). O livre-arbítrio, no sentido relevante para a responsabilidade moral, é, portanto, *a capacidade de fazer o que quiser*, livre de qualquer tipo de restrição ou coerção externa, como lavagem cerebral, restrição física ou repressão. Assim, o destino opera em um nível diferente de coisas como compulsões ou restrições.

Então, Crisipo diria que, embora eu esteja destinado a comer uma laranja no almoço de hoje desde toda a eternidade, minha escolha ainda é livre porque ninguém ao redor está me coagindo ou controlando de alguma maneira minha vontade. Como todos os eventos, minha escolha de comer uma laranja tem uma causa (nesse caso, a vontade de comer uma fruta doce e saudável), e minha escolha é o que Crisipo chama de causa "completa e primária" que, embora seja suficiente para produzir o efeito, não é, de modo algum, coagida ou restringida. Ou seja, Crisipo afirma que o destino nega o livre-arbítrio apenas se age como uma causa *coercitiva*; mas ele não age como uma causa desse tipo — é apenas uma causa "auxiliar" antecedente; logo, o destino não nega o livre-arbítrio. Em outras palavras, o destino é um tipo de causa, mas não do tipo que pode eliminar o livre-arbítrio (relatado em Cícero, *Sobre o Destino* 39-43). Ufa! Alguém tem uma aspirina? Ou três?

Como Epicteto diria mais tarde, nosso poder de concordância é, por natureza, totalmente livre e "depende de nós". Nem mesmo Zeus, ele acreditava, pode forçá-lo a concordar ou acreditar no que você vê como falso, ou a ter uma intenção imoral ou uma crença irracional se você está firme e determinado a não fazê-lo (*Discursos* 1.1.23). Mas é claro que todas as nossas crenças, intenções e vontades estão destinadas a ser o que são, mas não de maneira coercitiva. A mente, como diria Marco Aurélio, é "uma fortaleza interior" que só você controla (mas, segundo a doutrina estoica, apenas da maneira que lhe foi destinada). Dessa forma, argumentavam Crisipo e os estoicos posteriores, atos de escolha livre e responsável são possíveis, embora todos os nossos atos e nossas escolhas estejam estritamente destinados e determinados por Deus a serem o que são.

LEMBRE-SE

Essa visão — de que o livre-arbítrio é compatível com o fatalismo teológico e o determinismo causal rigoroso — é chamada de "compatibilismo" (ou, às vezes, "determinismo brando"). Atualmente, a maioria dos filósofos é compatibilista de um tipo ou de outro, certo ou errado. Até onde sabemos, os estoicos foram os primeiros filósofos a defender o compatibilismo de maneira sistemática.

Como vimos no Capítulo 4, Epicteto descreve um tipo mais elevado de liberdade que chamamos de "liberdade estoica". É uma forma de liberdade psicológica ou autonomia que só pode ser alcançada pelos sábios após um longo treinamento espiritual e moral. De acordo com Crisipo, a liberdade envolve a capacidade de fazer o que queremos, mas Epicteto acreditava que o que as pessoas *realmente* gostariam, no fundo, é de ser perfeitamente sábias e boas, como Sócrates ou os deuses. Daí sua observação muito citada de que "nenhum homem mau é livre" (*Discursos* 4.1.3).

A liberdade estoica estrita (também conhecida como desejar apenas o que nos agrada de verdade e fazer essas coisas sem restrições ou obstáculos externos) não é necessária para a responsabilidade moral. Embora Epicteto fale muito sobre não culpar as pessoas por suas falhas, ele claramente não quer negar a responsabilidade moral e a legitimidade de todos os elogios e culpas. Epicteto acredita que as pessoas são responsáveis por sua conduta, elogia pessoas como Sócrates por suas boas ações e recrimina pessoas como seus alunos preguiçosos pela falta de esforço. Mas a verdadeira liberdade estoica (fazer o que queremos, mas gostar de agir de maneira sábia e virtuosa) é definitivamente o ideal estoico.

Os antigos estoicos acreditavam, portanto, que os seres humanos possuem livre-arbítrio e que este é compatível com o determinismo causal universal sob a forma de destino divino. Eles acreditavam que o livre-arbítrio é consistente com o destino universal porque somos livres quando somos capazes de fazer o que queremos e, muitas vezes, podemos fazer o que queremos, independentemente de nossos atos serem predestinados ou impostos por causas anteriores de qualquer tipo sobre as quais não temos controle. No entanto, precisamos fazer a seguinte pergunta: Essa solução "compatibilista" funciona mesmo?

Infelizmente, não. Segundo muitos críticos contemporâneos do compatibilismo, ser capaz de fazer o que se quer sem impedimentos externos não é suficiente para o livre-arbítrio. Pessoas psicóticas, delirantes, que ignoram completamente o que estão fazendo, que sofrem de demência grave ou estão sujeitas a alguma compulsão psicológica irresistível não agem de maneira livre e responsável, mesmo podendo fazer o que querem. Então, ao contrário dos estoicos, deve haver algo além do livre-arbítrio do que a simples capacidade de fazer o que queremos, livres de impedimentos ou restrições externas. O que mais é necessário? É um problema delicado que os filósofos e os teóricos do Direito têm debatido há séculos e continuam a discutir até hoje. O compatibilismo pode ser verdadeiro, porém, infelizmente, não na versão simplista adotada pelos antigos estoicos.

Por que o antigo debate sobre a compatibilidade entre o livre-arbítrio e o destino, ou qualquer outra forma de determinismo, é importante? Porque as práticas de elogio e culpa estão difundidas e profundamente enraizadas nas instituições e em nossa vida cotidiana. Além disso, se os seres humanos não tiverem livre-arbítrio e responsabilidade reais e sólidos, pareceremos diminuídos, meras marionetes manipuladas por fatores sobre os quais não temos controle. Dessa forma, qualquer dúvida sobre liberdade e responsabilidade ameaça nossa autoimagem, nosso senso de dignidade pessoal.

Em grande parte por seu mérito, os estoicos estavam entre os primeiros filósofos a pensar com profundidade sobre as complexidades da liberdade humana. Mesmo que não tenham obtido uma resposta perfeita, eles fizeram uma contribuição significativa para as discussões antigas sobre livre-arbítrio e responsabilidade, e nos ofereceram uma reflexão de valor duradouro. Na verdade, muitas defesas contemporâneas do compatibilismo adotam estratégias mais ou menos na mesma linha das oferecidas pelos estoicos.

Deus É o Culpado pelo Mal?

Se o mundo é comandado por um Deus poderoso e benevolente, então por que há tanto sofrimento e injustiça? Isso é o que os filósofos chamam de "o problema do mal". Sobre esse tema, aliás, os estoicos estavam entre os primeiros filósofos ocidentais a se debruçar sobre um grande problema. As soluções que eles encontraram influenciaram muito o pensamento cristão posterior sobre por que Deus permite o mal.

Se Deus não existe e o Universo não é nada além de "átomos e vácuo", é muito fácil explicar por que o mal e a injustiça existem: Em um mundo sem Deus, é claro que m*rdas acontecem. Quem pode impedir isso? A gravidade, por exemplo, faz com que as pedras caiam; os seres humanos evoluíram para sentir dor; a natureza é cega e indiferente e, às vezes, as pedras caem sobre pessoas dignas e inocentes, causando dor e até a morte. *Voilà*! Uma coisa ruim aconteceu com uma pessoa boa. Não é um problema complexo nem mesmo um sério. É simples e inevitável.

Mas suponhamos que exista um Deus. E imaginemos que não se trata de um deus do Olimpo imperfeito e limitado com um comportamento desagradável, mas, ao contrário, um ser perfeito, infinito em sabedoria, bondade e poder. Nesse caso, o problema do mal é muito complicado, porque, conforme apontou o grande filósofo do século XVIII David Hume:

» Se Deus é onipotente, é provável que ele tenha o *poder* de eliminar todo o mal.
» Se Deus é onisciente, é provável que ele tenha a *sabedoria* para eliminar todo o mal.
» Se Deus é perfeitamente bom e justo, é provável que ele tenha o *desejo* de eliminar todo o mal (ou, pelo menos, todo o mal "gratuito" ou "sem sentido" que não leva a nenhum bem maior e redentor).

Por que então o mal existe? Ou, dito de outra forma, por que existe *tanto sofrimento* aparentemente *sem sentido* em um mundo comandado por um Deus justo, poderoso e atencioso? E, diante de tanto mal, por que não deveríamos concluir de maneira decisiva que esse Deus não existe? É o argumento de Hume de uma forma resumida.

Resposta de Sêneca

Os estoicos enfrentaram esse problema clássico do mal em uma forma grave e o encararam de frente. A resposta dos estoicos que ainda existe, mais detalhada e ponderada, encontra-se no esclarecedor ensaio de Sêneca "Sobre a Providência". Nele, conforme observamos anteriormente, ele defende que Deus permite o mal como um *teste*, uma espécie de obstáculo para a formação do caráter da raça humana. As pessoas boas sofrem e enfrentam adversidades porque Deus assim o quer:

- » Endureça-os e fortaleça-os, promovendo, assim, o objetivo final da vida humana (sabedoria e virtude).
- » Permita que eles testem a si mesmos, para que possam ver do que realmente são feitos em sua essência.
- » Permita que sirvam de exemplo, ensinando aos demais como superar as dificuldades com paciência e coragem.
- » Promova o bem comum criando bons líderes, preparados para a batalha, que tenham adquirido sabedoria por meio das duras realidades da vida.
- » Conquiste e demonstre para as pessoas virtudes de ordem extremamente elevada, como a resistência heroica à dor ou o autossacrifício para o bem da comunidade.
- » Use males de ordem inferior, como a execução injusta de Sócrates, para alcançar bens de ordem superior, como a disseminação dos maravilhosos ensinamentos e do exemplo de Sócrates pelo mundo.

Além disso, como vimos, Sêneca afirma que há muito menos maldade real no mundo do que se acredita normalmente. Os únicos males verdadeiros, segundo sua filosofia estoica, são os pensamentos, os desejos e os atos imorais. Como os desejos, os atos e os pensamentos ruins resultam da ignorância da verdadeira filosofia, e as pessoas normalmente não podem ser (fortemente) culpadas pela falta de conhecimento da verdadeira filosofia, há menos maldade real no mundo do que se supõe.

Por último, Deus usa os vícios como caminhos, ou meios, para gerar bens mais elevados. Esses "males" são, portanto, apesar de qualquer impressão inicial em contrário, bens instrumentais e, portanto, em um sentido pleno, não são males de modo algum. Quando Marco Aurélio afirma: "Tudo o que acontece no mundo está certo" (*Meditações* 4.10), ele provavelmente está pensando em como Logos é capaz de entrelaçar os fios do destino para tirar o bem do mal e o triunfo da tragédia.

Males naturais e sofrimento animal

Sêneca apresenta alguns pontos positivos em sua reflexão sobre o mal, descrevendo percepções que grandes pensadores cristãos como Agostinho (430 d.C.) usariam mais tarde para desenvolver as próprias respostas decisivas ao problema do mal. Mas o problema tem dois aspectos fundamentais que os estoicos nunca abordaram devidamente. Um deles trata dos chamados males naturais, como desastres e o sofrimento dos animais, que não parecem resultar, de maneira óbvia, de nenhum tipo de falha moral ou ato falho, mas das chamadas "forças da natureza". O outro tem a ver com a responsabilidade de Deus, ainda que indireta, pelo pecado e pelo mal.

Analisaremos, em primeiro lugar, o sofrimento dos animais. Há muito sofrimento. Animais não humanos dotados de consciência, como antílopes e esquilos, têm vivido, combatido, sofrido e lutado para sobreviver muito antes da evolução dos seres humanos na savana africana há alguns milhões de anos. Os cientistas nos dizem que os animais de ordem superior, como cavalos e veados, têm em seu cérebro núcleos de dor com uma estrutura bastante semelhante à nossa. Poucos animais na natureza vivem até a idade adulta; a maioria luta para sobreviver e tem uma vida curta e repleta de sofrimento. Então por que Logos permite — e, para os estoicos, é de fato a causa — esse imenso sofrimento animal?

Para isso, os estoicos tinham uma resposta simples e absolutamente terrível: Deus não se importa muito com o sofrimento dos animais. Segundo eles, os animais existem apenas para o benefício humano. Eles não têm alma racional e foram criados por Deus unicamente para atender às necessidades do homem em termos de alimentação, vestuário e outros fins. Na verdade, como já vimos, os estoicos acreditavam que todo o cosmos foi criado para ser uma "Grande Cidade" ordenada, bonita e saudável para os deuses e os seres humanos habitarem (Cícero, *On the Nature of the Gods* 2.133). Qualquer sofrimento que os animais sintam não é um mal (somente o vício é um mal) e, assim como a escravidão, que a maioria dos estoicos também aceitava, a vida animal serve ao seu propósito justo e específico simplesmente por ser um recurso para seres de valor superior. Como Aristóteles, a maioria dos antigos estoicos acreditava que a natureza é uma hierarquia ordenada e que os seres inferiores existem para o bem dos superiores (veja, por exemplo, *Meditações* 5.16). Portanto, para os estoicos, o sofrimento animal é justificado porque faz parte de uma ordem natural justa e contribui para o bem dos seres racionais e para o bem geral do Universo.

LEMBRE-SE

Nem precisamos dizer que poucas pessoas com conhecimento científico ou moral aceitariam essa visão dos animais nos dias de hoje. Ela é claramente antropocêntrica, cientificamente desatualizada e baseada em uma espécie de hierarquia egocêntrica (uma visão de que os seres inferiores, por natureza e intenção divina, devem servir aos superiores) que muito poucas pessoas considerariam convincente atualmente. Por esses motivos, a explicação dos estoicos sobre por que Deus permite o sofrimento animal não funciona.

Para os estoicos, isso é um problema. Outro envolve o que os filósofos chamam de "mal moral" (também conhecido como atos e pensamentos antiéticos, e todas as coisas ruins que decorrem deles). Se, como a maioria dos estoicos antigos acreditava, absolutamente tudo é predefinido e predestinado por Deus, então os crimes humanos e os atos imorais não devem ser também? Parece que essa era a visão de Crisipo (Bobzien, *Determinism and Freedom in Stoic Philosophy*, p. 32). Mas então Deus não é, em um sentido real, responsável pelo pecado e pelo mal? Em caso afirmativo, todas as tentativas religiosas de "justificar os caminhos de Deus para o homem", segundo a famosa frase de Milton, não deveriam ser destruídas?

A ideia de que Deus é, de certa forma, responsável pelo pecado e pelo mal parece uma blasfêmia para muitos crentes religiosos e é claramente inconsistente com a concepção estoica de Deus como santo e perfeitamente bom. Então como um bom estoico pode resolver essa aparente contradição?

O pecado e o mal são causados por Deus?

Alguns dos primeiros estoicos, como Cleantes, recusavam-se a admitir que as ações humanas erradas fossem, de certa forma, determinadas por Deus, negando que todas as escolhas humanas fossem predeterminadas. Outros deram o passo ousado de negar que houvesse qualquer mal genuíno no Universo. Epicteto segue nessa direção, assim como o platonista cristão Boécio (d. 524), em seu muitíssimo influente livro *A Consolação da Filosofia*. "Se você pudesse ver o plano da Providência", argumenta Boécio, em grande parte com base na filosofia estoica, "você pensaria que não existe mal em lugar algum" (4.205).

CUIDADO

Filósofos cristãos mais recentes tentaram negar a responsabilidade de Deus por qualquer mal que existe, distinguindo diferentes sentidos em que Deus "deseja" ou não o pecado e o mal. Uma solução comum era distinguir a "vontade perfeita" de Deus (grosso modo, o que ele idealiza que aconteça), sua "vontade eficaz" (o que ele faz acontecer) e sua "vontade soberana" (o que Deus ordena que aconteça, por meio de permissão ou de aprovação direta). Com base nesse argumento, é possível afirmar que Deus deseja o pecado em sua vontade soberana (ele permite e ordena o pecado em prol de um bem maior, mas não o causa diretamente nem o aprova), porém não deseja o pecado em sua vontade perfeita (idealmente, Deus preferiria que a criação fosse completamente livre de pecado) nem em sua vontade eficaz (Deus nunca é a causa direta do pecado, embora às vezes o permita e, de fato, "concorra" causalmente com ele ao manter as condições físicas necessárias para que o pecado ocorra). A questão de saber se distinções desse tipo conseguem eximir Deus de toda responsabilidade pelo pecado e pelo mal é uma questão de debate constante. Como você avalia essa questão, caro leitor?

Na obra "Sobre a Providência", Sêneca sugere uma estratégia considerada atraente por algumas pessoas. Talvez Deus queira e até cause determinados males, mas por motivos totalmente justificáveis, como proporcionar oportunidades de crescimento moral. Talvez um Deus perfeito não só permita, como cause diretamente, determinados males, desde que estes sejam necessários para a obtenção de bens de ordem superior, como a obtenção da Sabedoria estoica. O filósofo John Hick

(1922-2012), em sua influente versão do "aperfeiçoamento da alma" para o problema do mal, tem uma explicação nessa linha. De acordo com Hick, o mal existe para possibilitar os crescimentos moral e espiritual por meio de nossa livre escolha de reagir a conflitos, dificuldades e perigos. O Universo parece muito incompleto se foi projetado para ser um paraíso sem sofrimento e repleto de prazeres. Mas, se foi projetado como um teatro de "aperfeiçoamento da alma", no qual seres livres podem desenvolver seu potencial, tanto ética quanto espiritualmente, enfrentando desafios e adversidades de verdade, ele parece muito mais bem planejado. É o que propõem Hick e Sêneca.

Destino e Passividade Estoicos

Uma última pergunta incômoda: A doutrina estoica sobre o destino, como sugerem algumas pessoas, incentiva um tipo perigoso de passividade? De acordo com Cícero, uma das objeções comuns à visão estoica do destino é que ela reduz a motivação e implica, ou pode facilmente induzir, uma espécie de resignação ou passividade doentia do tipo "não fazer nada". Como acontece? Suponha que você esteja preocupado com a possibilidade de ter um tumor cerebral fatal que cresce rápido e se pergunte se deve consultar um médico. Em seguida, você reflete sobre o fato de tudo no futuro estar determinado, inclusive se você morrerá ou não de um tumor cerebral em breve. Então, você raciocina da seguinte maneira:

1. Estou predestinado a morrer de um tumor cerebral ou não estou.
2. Se estou fadado a morrer de tumor cerebral, então ir ao médico será inútil (morrerei de qualquer jeito).
3. Se não estou fadado a morrer de tumor cerebral, então ir ao médico também será inútil (já que, nesse caso, não haveria tumor para curar).
4. Portanto, de qualquer forma, é inútil ir ao médico.
5. Logo, não vou ao médico; ficarei deitado na cama, comerei alguma coisa e esperarei o que o destino me reserva.

Temos aqui uma versão do que os antigos chamavam de "O Argumento da Preguiça", e é claramente um raciocínio fraco que, se fosse válido, justificaria uma espécie de passividade semelhante à de uma lesma em todas as áreas da vida. Mas em que ponto exatamente o argumento está errado?

Como aponta Crisipo, o Argumento da Preguiça confunde o fatalismo estoico (a visão de que todos os eventos são predeterminados pela seleção e pela presciência divinas, e pelo nexo causal do destino) com a forma extrema de fatalismo discutida anteriormente, segundo a qual os eventos predestinados ocorrerão *independentemente do que qualquer pessoa faça para evitá-los*. Segundo Donald Robertson, um estudioso do estoicismo, "os eventos não estão predeterminados a acontecer de determinada maneira, *independentemente* do que você faça, mas, sim, *de acordo com* o que você faz". Crisipo expressou esse argumento dizendo que algumas coisas — como ir ao médico e a esperança de descobrir que não tem câncer — estão "cofadadas" a acontecer.

LEMBRE-SE

Ao reconhecer isso, os antigos estoicos não favoreciam a vida preguiçosa, inativa e sem ação. Eles incentivavam veementemente uma vida enérgica e dedicada ao serviço para o que consideramos o bem comum. Para eles, o trabalho em prol de um mundo melhor, e não a passividade de uma pessoa preguiçosa, é o que "o destino" determina.

Providência Divina

Para os estoicos, o destino está intimamente ligado à ideia de Providência. Conforme vimos no Capítulo 6, eles acreditavam que Logos não só criou o Universo material a partir de sua própria substância ígnea, mas que ele guia, rege e permeia o cosmos de maneira ativa, sábia e benevolente, a fim de cumprir seu plano benevolente e sábio para a totalidade das coisas. É o que os estoicos chamavam de Providência e inclui três elementos básicos: O Logos sábio e bom

- Prevê todas as coisas.
- Governa e controla ativamente todas as coisas.
- Cuida de tudo de forma benéfica para o bem geral e de longo prazo do cosmos.

Assim definida, a Providência estoica se parece muito com o destino estoico, mas os estoicos parecem tê-los concebido de forma ligeiramente diferente. Como Boécio explica em sua clássica discussão inspirada nos estoicos sobre destino, presciência e livre-arbítrio em *A Consolação da Filosofia*, o destino, como o nexo causal em constante evolução, está sempre mudando e só lida com coisas mutáveis, enquanto a Providência é imutável e se aplica a coisas que são eternas e imutáveis (como o conhecimento de Deus da matemática), bem como a objetos que mudam e passam a existir ou deixam de existir (como flocos de neve e pessoas). Falando de maneira um tanto vaga, poderíamos dizer que a Providência é uma espécie de projeto que existe de maneira eterna e imutável na mente de Deus, ao passo que o destino é a atualização desse projeto em constante mudança ao longo do tempo.

Conforme observado anteriormente, os antigos estoicos eram otimistas cósmicos e acreditavam que o plano providencial de Deus para o Universo é o melhor plano possível. Vivemos em um mundo em que tudo o que acontece é para o melhor, e todos os males (se é que existem males verdadeiros) são meios necessários para bens mais elevados que os justificam plenamente. Essa é a visão positiva — alguns poderiam dizer poliana — da Providência estoica. Será que ela é crível?

Cícero nos conta que os estoicos defendiam exaustivamente sua ideia de que o Universo *deve* ter sido criado por um Designer Inteligente e benevolente. Vejam como o cosmos é ordenado e belo! Olhe para o céu estrelado, os campos radiantes, o ar saudável, os rios cintilantes, a maravilhosa abundância e diversidade de seres vivos! Considere o humilde porco, a facilidade com que ele é criado e a rapidez com que pode ser engordado e transformado em suculentas costeletas de porco! A Terra é um jardim e o cosmos é um templo brilhante de ordem e beleza inspiradoras! Quem pode negar que tudo isso foi produto de um Designer Divino extremamente bom e sábio?

Nesse ponto, os estoicos oferecem a versão de um argumento para a existência de Deus que, mais tarde, veio a ser chamado de "o argumento do design". Em linhas gerais, o argumento é o seguinte:

1. O Universo apresenta muita ordem, beleza, harmonia e design aparente.
2. A melhor explicação para essa excelente ordem, beleza e assim por diante é que o Universo foi criado por um Designer Inteligente (Deus).
3. Portanto, é provável que exista um Designer Inteligente (Deus).

Embora muitos cristãos religiosos atualmente considerem esses argumentos convincentes, a maioria dos filósofos acha que eles foram fatalmente enfraquecidos pelo progresso da ciência moderna, sobretudo pela teoria da evolução de Darwin. No entanto, mesmo antes de Darwin, as teorias do otimismo cósmico do tipo estoico foram duramente criticadas por pensadores do Iluminismo como Voltaire (falecido em 1778) e David Hume (falecido em 1776). Em seu clássico *Diálogos sobre a Religião Natural* (1779), Hume ressalta que todas as teorias de que vivemos no "melhor de todos os mundos possíveis" se baseiam em uma análise minuciosa do curso real da natureza e dos assuntos humanos. Hume escreve que é preciso observar atentamente o que de fato acontece nos "campos radiantes" dos quais os estoicos falavam:

> Uma guerra eterna é deflagrada entre todas as criaturas vivas. A necessidade, a fome, a carência instigam os fortes e os corajosos; o medo, a ansiedade, o terror agitam os fracos e os enfermos. A primeira etapa da vida causa angústia ao bebê recém-nascido e a seus miseráveis pais: fraqueza, impotência, angústia acompanham cada estágio da vida: e, por fim, termina em agonia e horror [...]. Os mais fortes atacam os mais fracos e os mantêm em constante terror e ansiedade. Os mais fracos também, por sua vez, frequentemente atacam os mais fortes, e os atormentam e molestam sem descanso [...] E assim, por todos os lados, à frente e atrás, acima e abaixo, todo animal está cercado de inimigos que buscam incessantemente sua miséria e destruição.

E isso, é claro, para não falar de guerras, pragas, secas, enchentes, terremotos e outros desastres em massa nos assuntos humanos. Por esses motivos, o historiador da literatura Basil Willey disse apropriadamente que o otimismo cósmico robusto do tipo estoico é "quase impossivelmente difícil de ser alcançado e nunca pode ser sustentado por muito tempo pela carne e pelo sangue".

Existe, também, um motivo mais profundo e menos óbvio para sermos céticos em relação à Providência estoica. Os estoicos afirmam que nosso cosmos é o melhor que poderia existir. No entanto, quanta bondade o cosmos de fato contém? Segundo os estoicos, o único bem verdadeiro é a virtude, então podemos simplificar a pergunta: Quanta virtude o cosmos contém? Muito pouca, ao que parece. Somente os sábios estoicos têm virtude de fato, e eles são extremamente raros. Na melhor das hipóteses, alegavam os estoicos, um deles aparece com a mesma frequência que a mítica Fênix, ou seja, a cada poucos séculos. Além disso, segundo eles, a virtude é uma questão de tudo ou nada. Virtude e vício não vêm em graus. Apenas a virtude completa ou perfeita é a verdadeira virtude, e todos os atos imorais, por menores que sejam, são absolutamente hediondos. Dessa forma, qualquer pessoa que não tenha virtude perfeita (ou seja, quase certamente todas as pessoas vivas atualmente) é desprovida de virtude e, com efeito, totalmente viciosa. O resultado é: nosso Universo contém quantidades enormes de maldade (porque todo ser humano vivo é inteiramente mau) e pouca ou nenhuma bondade. Se é assim, como esse pode ser o melhor mundo possível? Ao afirmar que a virtude é o único bem e, em seguida, que a virtude é praticamente inexistente, os estoicos parecem anular completamente sua crença no otimismo cósmico. Seus ensinamentos parecem ser paradoxais.

Em resposta, os estoicos podem alegar que, na verdade, existe *muita* virtude no Universo, mas apenas entre os deuses, todos completamente virtuosos. Sendo assim, quanta virtude existe no cosmos como um todo, incluindo humanos e deuses? Isso depende de quantos deuses existem, o que nem mesmo o ChatGPT-4 parece saber, embora os estoicos acreditassem que havia toneladas deles (cada estrela, por exemplo, é um deus, acreditavam eles, provando que podiam, sim, interpretar algumas coisas de maneira muito errada). Porém, independentemente de quantos deuses existem e de quão felizes e virtuosos eles são, podemos facilmente imaginar um mundo no qual a virtude *humana* fosse muito mais abundante e mais facilmente alcançada. Portanto, mais uma vez, é muito difícil ver, com base nas premissas estoicas, como esse poderia ser um mundo insuperavelmente bom. Do ponto de vista humano, um mundo no qual nenhum ser humano vivo jamais tenha praticado um único ato verdadeiramente bom, ou mesmo testemunhado um, não parece ser um mundo muito bom. É quase como se estivéssemos destinados a pensar que os estoicos tinham que revisar seus pontos de vista, o que eles nunca conseguiram fazer. Mas talvez esse também seja nosso destino.

Conforme veremos nos capítulos posteriores, a maioria dos estoicos modernos não fala mais em destino, Providência e otimismo cósmico. Por motivos que já discutimos, isso talvez seja bom. Em relação a esses temas, um estoicismo menos especulativo e dogmático é melhor e provavelmente contribui para um mundo melhor. Talvez se pudéssemos fazer com que eles se soltassem um pouco, teríamos uma excelente experiência que poderíamos usar. Portanto, fique atento e continue lendo.

3

Ética Estoica

NESTA PARTE...

Aprenda sobre a importância da bondade moral na filosofia estoica.

Domine a distinção estoica entre o que podemos e o que não podemos controlar.

Conheça melhor as visões estoicas sobre desejo, felicidade, prazer, sofrimento, lei moral e comunidades saudáveis.

NESTE CAPÍTULO

» Entendendo a virtude

» Colocando a virtude em primeiro plano

» Conectando felicidade e virtude

» Classificando o bom, o ruim e o indiferente

Capítulo 8

A Virtude como Objetivo de Vida

O antigo filósofo Heráclito (c. 500 a.C.) foi um dos principais mentores dos estoicos. Entre suas declarações mais célebres está a afirmação categórica de que "Caráter é destino". Os estoicos concordaram e colocaram as questões de caráter como ponto central de seu pensamento. Uma crença fundamental do estoicismo relacionada a isso é que nada é verdadeiramente bom e sempre benéfico para nós, exceto a *virtude* moral, que é a base positiva do caráter. A virtude é considerada uma qualidade ou um estado de ser que, por si só, possibilita o ápice da excelência humana.

Uma crença correlata é de que não há nada verdadeiramente ruim e prejudicial para nós, a não ser o vício moral. Esse vício é, então, considerado um atributo ou um estado de ser que representa o que há de pior na imperfeição humana. A principal escolha na vida, na visão dos estoicos, é entre a virtude e o vício. O restante é secundário. Na verdade, para eles, nada mais importa, exceto o que se a um ou a outro desses opostos morais.

Essa questão é a base de toda a vida. É imprescindível compreender esse princípio fundamental, pois ele esclarecerá muitas outras coisas sobre o pensamento estoico. Neste capítulo, exploraremos a natureza da virtude e o importante papel que ela desempenha no estoicismo. Analisaremos o conceito em si e a maneira como ele foi desenvolvido com o objetivo de preencher o que os filósofos estoicos consideravam ser de extrema importância para ter uma vida boa e feliz.

Virtus e Aretê

Existem muitas palavras comuns que quase todos pensam que entendem, mas, quando questionados sobre o significado de determinada palavra, dificilmente conseguem dar uma boa definição. Uma delas certamente é "virtude". Se você pergunta às pessoas o que significa, talvez elas digam coisas como "decência" ou "modéstia", ou ainda, de maneira um pouco mais ampla, "bondade". Por muito tempo, desde a época de Shakespeare pelo menos, a palavra foi associada a uma atitude de cautela em relação à sexualidade, quase como se fosse um sinônimo de castidade ou até mesmo algo como uma "virgindade hipervigilante". Porém, em nossa época, ela não é usada assim. Em um mundo cheio de incertezas, temos praticamente certeza disso — impossível não dizer, porque há uma estranha conexão entre o virtual e o virtuoso, que explicaremos em um segundo momento.

Virtus

A palavra "virtude" vem do latim antigo *virtus*, que significa força, poder ou proeza. Esse termo, por sua vez, deriva de *vir*, um termo latino mais curto que significava, simplesmente, um homem. A palavra virtude é empregada nessa tradição como a expressão de todas as qualidades que distinguem um homem bom, forte ou íntegro. Mais tarde na história, ela passou a denotar tudo o que é necessário para se tornar um ser humano completo, independentemente do sexo. No entanto, a conotação original tinha a ver com as qualidades requeridas na época, especialmente nos homens, para atingir o máximo de desempenho em desafios como o combate militar. Na guerra, um homem precisava ser honesto consigo mesmo e com seus companheiros sobre suas dificuldades e escolhas, corajoso diante do perigo, justo e correto no tratamento dos outros soldados, e moderado em seus desejos e suas necessidades. Sua virtude geral era o conjunto das qualidades que o tornavam forte.

Ao longo dos séculos, o senso de "desempenho" de uma pessoa em diversas atividades e no enfrentamento de desafios passou a representar uma conotação cada vez mais importante de *virtus* e, no final do século X, isso também se aplicava ao termo derivado do francês *vertu* ou *virtu*. Algo era visto como "virtuoso" se produzisse os resultados necessários. E foi um salto curto até o emprego de uma variação da palavra de origem para nos apresentar os termos "virtual" e "virtualmente". Um presidente eleito que era considerado um "ditador virtual" agiu de modo a produzir os resultados de um ditador, ou autocrata, em seus métodos.

Em nossa época, a forma ideal de "realidade virtual" visa a ter parte do potencial, ou pelo menos muitos dos resultados, de um ambiente físico. Da mesma forma, as "reuniões virtuais" das quais participamos hoje nas plataformas online proporcionam, em princípio, a sensação e os impactos das reuniões presenciais para serem consideradas eficazes. Elas têm esse potencial.

É interessante que, à medida que a palavra "virtude" deixou de ser usada em conversas comuns (exceto, talvez, em um uso ocasional e irreverente, como no caso de quem bebe vinho: "Ah, aproveitar as virtudes da videira!"), outros termos com a mesma etimologia, como "virtual" e "virtualmente", passaram a ser usados com frequência.

Aretê

A palavra grega ainda mais antiga que os romanos posteriormente traduziram como *virtus* e que também costumamos interpretar como "virtude" é o termo de grande importância filosófica *aretê*, que era normalmente utilizado pelos filósofos gregos para se referir ao ideal de excelência humana suprema. *Aretê* também costuma ser descrito como algo que denota um máximo de habilidade ou até uma força superior para a devida ação. Seu significado envolve a excelência em todas as coisas essencialmente humanas, desde os aspectos moral e intelectual até o físico. A referência do termo compreende o conjunto completo de qualidades que se acredita facilitar a forma mais elevada de potencial e realização humanos.

Embora fosse um termo importante na filosofia do mundo antigo, *aretê* estava associado a uma deusa secundária homônima, considerada a divindade do conhecimento e da virtude. É uma combinação adequada, já que os estoicos enxergam a virtude como uma forma de conhecimento e o vício como uma espécie de ignorância ou falha cognitiva. O termo antigo também era empregado para descrever tanto objetos não humanos quanto seres humanos e, nessa acepção, estava sempre associado ao cumprimento de um propósito natural ou pretendido, ou, ainda, a um desempenho de excelência máxima. *Aretê* poderia, portanto, ser usado para descrever um cavalo ou um martelo, de modo a transmitir formas apropriadas de excelência ou desempenho.

Um dos autores deste livro tem um amigo incrível, Brian Johnson, que dissemina sabedoria no mundo e tem a palavra grega ARETÉ [outra grafia da palavra] em letras maiúsculas e grandes tatuada na parte interna de seu antebraço, com 2,5cm de altura e 10cm de largura (veja a Figura 8-1). Todos os dias, ele é lembrado pela tatuagem em negrito da importância fundamental desse conceito para sua vida como fundador e CEO da Heroic Public Benefit Corporation — que ensina práticas antigas e modernas de excelência em nossa vida — e como homem, marido, pai e cidadão produtivo que se preocupa imensamente com os demais. A aretê tem valor. A virtude importa.

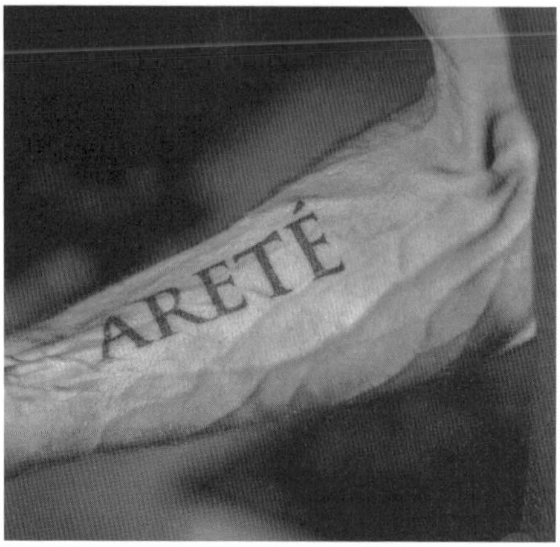

FIGURA 8-1: Um lembrete não tão sutil de que a virtude importa.

Cortesia de Brian Johnson.

A Virtude em Primeiro Plano

Uma rápida caracterização da virtude, também conhecida como "virtude moral", é como o conjunto geral de pontos fortes ou habilidades pessoais que conseguimos aplicar em qualquer situação desafiadora. Outra descrição seria como o conjunto de hábitos ou disposições positivos mais profundos de qualquer ser humano que ajuda a trazer à tona o que há de melhor em nós e nos outros quando interagimos com eles e o mundo ao nosso redor. Pense nas poucas pessoas que você conheceu ao longo do caminho que parecem representar o ideal do que uma pessoa deve ser — amável, gentil, corajosa, criativa, racional, resiliente, generosa e forte, mencionando apenas algumas qualidades superiores. Essas são pessoas virtuosas.

Que a Força esteja com você

Os antigos estoicos consideravam a virtude uma das principais características de Deus, ou Zeus, adequadamente entendido como o Logos ou a Força orientadora e racional do Universo. Portanto, "Que a Força esteja com você" não é, para os estoicos, uma simples expressão de bênção. É a invocação de um poder grandioso para o bem. Os estoicos tradicionais acreditam que, com o emprego adequado da razão, uma espécie de centelha e força divinas implantadas em nós, é possível descobrir que a virtude é o que melhor nos conecta ao funcionamento do Logos, a bondade lógica por trás de todas as coisas, além de nos conectar profunda e adequadamente a todas as outras coisas. A razão também mostrará que somente a virtude nos ajuda a viver de maneira corajosa e adequada neste mundo, que é uma realidade complexa sustentada no nível mais profundo pela razão e pela virtude. Lembre-se da afirmação de que "Caráter é destino". Poderíamos expressar a visão estoica da virtude com uma afirmação semelhante de que "Virtude é vitória". O significado disso ficará claro ao longo de nossa análise.

Devemos ressaltar, sem dúvida, que além de "virtude" no singular, também podemos falar propriamente de "virtudes" no plural, empregando essa palavra para nos referirmos ao conjunto completo de características individuais, como honestidade, imparcialidade, justiça, compaixão e coragem, que são todas formas de virtude, muitas vezes conhecidas como virtudes pessoais e, portanto, cada uma delas é virtuosa para ser incorporada ou mantida. Uma pessoa virtuosa será, então, um indivíduo que tem e pratica todas as virtudes humanas. É isso que os estoicos consideravam praticamente divino.

Os estoicos clássicos também acreditavam no que foi chamado de "a unidade das virtudes", uma crença de que não se pode ter uma virtude específica sem ter todas elas. Portanto, se uma pessoa parece ser corajosa, mas não é também honesta, justa e compassiva, ela não é genuinamente corajosa, apenas exibe uma falsa virtude. Da mesma forma, não é possível ter a virtude da honestidade sem incorporar a coragem, o autocontrole etc. A ideia é que a vida moral, em sua melhor forma, não é uma mistura de características variadas, mas um tecido bem estruturado de qualidades conectadas em essência. Voltaremos a esse ponto de vista intuitivamente fascinante da virtude em outro momento neste livro (Capítulo 17).

Vício: O oposto da virtude

O vício, por sua vez, deve ser compreendido como o oposto da virtude e a fraqueza moral que impede as pessoas envolvidas nele de alcançar qualquer versão completa da excelência humana apropriada. Os vícios seriam, portanto, as qualidades individuais que prejudicam o propósito divinamente pretendido e podem abranger coisas como falsidade, injustiça, crueldade, falta de autocontrole e covardia.

LEMBRE-SE

Os estoicos acreditam que, no final das contas, depende exclusivamente de você ter uma vida de virtude ou vício, e que esse resultado é causado por suas escolhas diárias. A virtude não pode ser concedida ou retirada por nenhum outro poder que não seja a própria alma ou mente, o elemento que governa seu eu mais profundo. É sempre um trabalho interno.

Você pode evoluir em direção à virtude?

O ideal estoico de uma pessoa perfeitamente sábia e virtuosa é um indivíduo conhecido como Sábio. Como acontece com todos os ideais, os primeiros estoicos admitiram que é difícil encontrar um Sábio verdadeiro no mundo. Mas gostavam de supor que, embora essa pessoa seja tão rara quanto a mítica Fênix, um pássaro que, segundo a lenda, é visto apenas uma vez a cada 500 anos, no máximo, ainda é possível ser um Sábio, e é um ideal pelo qual vale a pena se esforçar, apesar de todos os inconvenientes da improbabilidade.

Para as pessoas muito aquém do ideal absoluto imaginado pelos estoicos, há uma garantia de que ainda é possível progredir em sua direção, pensando e fazendo as coisas certas como algo natural. No entanto, qualquer progresso na direção da virtude ideal ou da perfeição nas virtudes não era entendido pelos primeiros estoicos como um aumento no nível de sabedoria, justiça ou coragem, por exemplo, passando de um nível para o outro. Eles não acreditavam que as virtudes específicas tivessem graus ou níveis, mas que eram mais precisamente uma questão do tipo "tudo ou nada". Não é possível ser um pouco corajoso, um pouco justo ou parcialmente moderado. Você é de fato corajoso ou não é. Trata as pessoas com justiça ou não. Encara a vida com temperança ou não.

LEMBRE-SE

Embora não seja possível fazer progresso na virtude de um nível para o outro, isso pode ser feito em direção a ela. Os estoicos com essa visão podem, então, afirmar com sensatez a respeito de alguém: "Bom, ela ainda não é corajosa, mas está no caminho certo". Ou "Ele está progredindo na direção da temperança". E o crescimento na direção de uma virtude mostra que você está no caminho certo.

SINALIZAÇÃO DE VIRTUDE

No espaço público do século XXI, principalmente online, o termo "virtude" ganhou uma nova e surpreendente vida recentemente, mas não de uma forma virtuosa em particular. Temos em mente a expressão "sinalização de virtude". Ela é normalmente definida como "a expressão pública de opiniões ou sentimentos com o objetivo de demonstrar o bom caráter ou a consciência social de uma pessoa, ou a correção moral de sua posição sobre determinada questão". A maioria das definições dá a impressão de que a sinalização de virtude é uma questão de se exibir para os colegas políticos e irritar os adversários fingindo preocupação moral. A expressão é um rótulo que tende a ser usado mais por um lado dos atuais debates políticos do que pelo outro sempre que surgem questões sobre justiça, equidade ou bondade. Em geral, tem o objetivo de minar uma discussão, atribuindo ao outro lado uma forma de falsa "ostentação moral".

Toda atividade ou declaração retratada como sinalização de virtude está sendo caracterizada como uma peça de "arte performática" retórica que visa convencer os outros de que a pessoa que envia o sinal é esclarecida, moralmente astuta, superior e está do lado certo da história. O problema com esse uso de uma palavra ética tão essencial é que qualquer consulta rápida a debates políticos nas redes sociais em que aparecem questões morais controversas revelará que a maioria das tentativas honestas de abordar esses tópicos de maneira sensível é facilmente descartada pela acusação degradante de sinalização de virtude. A alegação geralmente parte de alguém que não gosta de uma posição moral por ser economicamente inconveniente ou pessoalmente perturbadora, mas que, em vez de levantar uma objeção séria, apenas usa essa acusação como uma tática rápida para mudar de assunto, deixando de lado a questão da veracidade de uma posição e passando a analisar se os motivos da pessoa que manifestou a preocupação são dignos.

A verdadeira sinalização de virtude, como uma atividade manipuladora e hipócrita ou desonesta, obviamente não é nada virtuosa e deve ser desencorajada. Mas o perigo em nossa época é que a alegação cada vez mais comum de que alguém tem um comportamento desse tipo é frequentemente empregada de maneira fraudulenta para fins não virtuosos. Seu uso generalizado fez com que muitas pessoas ficassem mais relutantes em discutir questões reais de virtude moral em público. Além disso, em uma ironia ainda maior, aqueles que mais se queixam de sinalização de virtude costumam exibir vícios como raiva, hostilidade e injustiça no próprio discurso retórico, em uma espécie de "sinalização de vício" que estranhamente distorce o cálculo moral típico para incentivar as qualidades mais relacionadas à ruptura social e à "política de poder" do que à busca de verdades morais e políticas sensatas. Os estoicos considerariam isso definitivamente antivirtuoso. Segundo eles, todas as questões de interesse moral devem ser avaliadas de modo racional, com base em seus méritos. Um compromisso real com a virtude é a base do que é necessário para se ter uma vida boa em comunidades prósperas. Quando permitimos que qualquer influência no discurso político público inverta essas coisas, enfrentamos sérios problemas.

Felicidade e Virtude

Virtude é poder. É uma fonte interna de eficiência no mundo externo. De acordo com diversos filósofos antigos, inclusive os estoicos, somente ela nos proporciona a grande dádiva da verdadeira felicidade ou a prosperidade no auge. A palavra grega para essa dádiva era *eudaimonia*. Etimologicamente, a palavra significa um "espírito (*eu*) bom ou florescente (*daimon*)". Na maioria das vezes, é traduzida para o português como "felicidade", mas, dadas as premissas modernas comuns sobre o que é ser feliz, isso pode induzir ao erro.

CUIDADO

Eudaimonia não é apenas uma sensação interna de que está tudo bem com relação à sua alma e ao seu ambiente imediato, nem se trata de sentimentos positivos de prazer ou deleite, ou mesmo de uma alegria temporária. Não requer um sorriso no rosto ou uma leveza no coração, e não é necessariamente manifestada por um tom de voz alegre e um salto de alegria. Alguns tradutores modernos traduzem *eudaimonia* como "bem-estar" e outros como "florescimento" ou até mesmo "bem-aventurança", mas a maioria se atém a "felicidade", e alguns explicam que isso se deve apenas ao fato de haver um adjetivo correlato facilmente disponível, que é, obviamente, "feliz". Para os estoicos, era importante que fôssemos bons e felizes, e eles acreditavam que só a primeira característica poderia garantir a segunda. Mas a tendência do pensamento moderno é um pouco diferente.

DICA

Existem centros de pesquisa sérios, best-sellers, podcasts e sites voltados para a compreensão da felicidade e a identificação de seus componentes e suas causas, ou o que pode contribuir para a felicidade. O conselho dado é amplamente conhecido:

(1) Cultive ótimos relacionamentos; (2) Cultive um senso de significado em sua vida; (3) Exercite-se regularmente; (4) Alimente-se bem; (5) Tenha um sono adequado; (6) Encontre um trabalho com propósito que lhe dê prazer; (7) Passe um tempo de qualidade na natureza; (8) Tenha um pet ou um hobby que ame; (9) Aprenda a relaxar; (10) Tente eliminar a raiva e a preocupação de sua vida;

(11) Mantenha um diário de gratidão ou simplesmente passe algum tempo agradecendo, (12) Busque interesses e metas que sejam adequados para você.

Faça essas coisas e talvez você não precise comprar tantos livros sobre felicidade ou visitar inúmeros sites sobre o tema. Talvez nem precise fazer aquele retiro sobre felicidade que está pensando em fazer. Por outro lado, não custa nada, e talvez seja em um lugar lindo, então não hesite em se inscrever. E nos envie um cartão postal. Ficaremos felizes por você.

Sabemos o que as pessoas felizes tendem a fazer na vida, bem como as coisas que fazem regularmente, e temos motivos para acreditar que essas coisas podem funcionar como causas da felicidade ou como componentes dela. Mas será que conseguimos entender de modo mais geral o que é felicidade? Sim, é possível.

Em primeiro lugar, no entanto, você deve ter notado que a lista de coisas a fazer para ser feliz, a lista que acabamos de apresentar como um esquema de doze passos que resume a maioria das pesquisas e orientações atuais, não menciona coisas como riqueza, fama, status social ou poder. Essas posses relativamente raras são consideradas por aqueles que não as possuem como uma das poucas garantias efetivas de felicidade. Porém, a maioria das pessoas que buscam essas coisas e parecem tê-las não é feliz e, geralmente, confessa em particular sua infelicidade ou até certa miséria.

A maioria das pessoas ricas, famosas, com status e poder, em vez de perceber que estava no caminho errado, se a verdadeira busca era ser feliz e, como consequência, descartar a riqueza, a fama, o status e o poder como causas ou componentes da felicidade, acabará concluindo que ainda não tem o suficiente e, assim, se preparará e começará a obter outras coisas na vida, em um ciclo interminável do que acabará sendo um esforço completamente inútil, uma repetição que não leva a lugar algum.

DINHEIRO, FAMA E FELICIDADE

Os ricos e os famosos não esperaram até agora para descobrir a desconexão entre riqueza, fama, status ou poder, e o verdadeiro objetivo da felicidade. Buscar a primeira para obter a segunda é um erro já compreendido há tempos. Marco Aurélio lembra a si mesmo:

> Até agora, todas as suas andanças em busca da vida boa foram infrutíferas. Ela não se encontrava nas sutilezas da lógica, nem na riqueza, na fama, nos prazeres mundanos ou em qualquer outra coisa. Onde, então, está o segredo? Em fazer o que a natureza busca. Mas como? Adotando princípios rigorosos para regular seus impulsos e ações — princípios sobre o que é bom ou ruim para nós. Por exemplo: a regra de que nada pode ser bom para um ser humano a menos que o ajude a tornar-se justo, disciplinado, corajoso e independente — e que nada pode ser ruim, a menos que produza o efeito contrário. (*Meditações* 8.1)

Talvez o imperador seja a única pessoa na história a buscar a vida boa ou a felicidade "nas complexidades da lógica", e não é surpresa que esse caminho tenha falhado, assim como a riqueza, a fama e o prazer. No final da passagem, ele fala sobre ter percebido a importância de buscar a virtude e evitar o vício. Continuamos buscando as coisas erradas e esperando que elas funcionem, mesmo quando fica claro que não funcionam. Os estoicos queriam nos tirar desse caminho falso e nos colocar no caminho certo da virtude. Em outra passagem de seu diário, Marco Aurélio diz a si mesmo:

> É perfeitamente possível ser semelhante aos deuses, mesmo sem ser reconhecido como tal. Mantenha isso sempre em mente e lembre-se de que as necessidades para uma vida feliz são muito poucas. (*Meditações* 7.67)

Ele acaba concordando com outros estoicos que as exigências de uma vida feliz podem se resumir a uma única coisa. Exploraremos esse aspecto em breve. Mas, primeiro, um panorama geral pode ajudar.

A complexidade aparente da felicidade

Na opinião de muitos filósofos que foram influenciados por fontes clássicas como Aristóteles, a felicidade não é apenas um *sentimento* subjetivo que pode ser resultado de diversos fatores que contribuem para isso, mas também um estado objetivo de estar no mundo que engloba o processo de *fazer* e *se tornar*, acompanhado, talvez, de uma modesta medida de *ter*. Uma forma de analisar a questão dessa maneira seria identificar diferentes componentes da felicidade:

- Contentamento: uma aceitação do presente, sem sentimentos negativos
- Realização: uma efetivação progressiva de seu potencial positivo
- Desfrute: uma experiência contínua e regular de prazer e amor

Então, a ideia é que são condições individualmente necessárias e conjuntamente suficientes para ter felicidade (o que significa que cada uma delas é necessária para a felicidade e, juntas, podem proporcioná-la plenamente) ou que são, no mínimo, condições facilitadoras e componentes normais da felicidade que podem envolver ou ser cultivados pelas diferentes coisas em nossa lista de felicidade em doze passos apresentada anteriormente. Onde está a virtude, afinal? A surpresa é que ela pode estar por trás de cada um.

Contentamento

Nesse breve exemplo de análise em três partes, o contentamento deve ser entendido como um estado interior subjetivo de aceitação do momento presente como o que ele é e que engloba o passado já estabelecido do qual surgiu. O contentamento, no sentido específico pretendido, não requer que se goste do que está acontecendo no presente ou que se deseje que ele continue como está, ou como poderia se desenvolver naturalmente. A aceitação é o simples reconhecimento do presente como sendo o que é, junto com a liberação de todas as emoções negativas e as atitudes resistentes em relação a ele, como irritação, frustração, arrependimento, ressentimento, amargura, decepção, desespero, desânimo, medo, ansiedade ou preocupação.

LEMBRE-SE

Grande parte da sabedoria está em saber o que abraçar e o que deixar de lado. Uma forma de contentamento relevante nesse caso talvez tenha menos a ver com aceitação e mais com liberação. É a liberação da negatividade interior e de qualquer pressão de circunstâncias externas que poderiam resultar em sentimentos ruins. Trata-se de uma atitude que comunica: "Tudo bem. As coisas são assim. Então, tentaremos torná-las o que elas poderiam ser."

Realização

A realização é muito diferente, mas está relacionada. É difícil se sentir realizado como ser humano sem uma base de contentamento. Se o contentamento tem a ver com a liberação, a realização é focada em um abraço. Trata-se de adotar um processo para viver em um mundo que gera resultados positivos. Enquanto o contentamento é totalmente interno e subjetivo, a realização é parcialmente externa e objetiva, e também parcialmente interna e subjetiva. É preciso explicar.

A realização, em seu aspecto objetivo, implica estar envolvido em atividades e relacionamentos externos, tanto no trabalho quanto na vida pessoal, que impliquem uma realização progressiva de seu potencial para o bem, tanto no próprio crescimento quanto na contribuição para o mundo ao redor. Seu trabalho é gratificante? Seus relacionamentos o preenchem? Eles o incentivam e envolvem uma realização progressiva de seu potencial positivo? Se sim, é provável que você também experimente o lado interno e subjetivo do processo, que é basicamente uma sensação ou um sentimento de realização que o acompanha na vida.

Desfrute

Em seguida, vem o desfrute. Podemos pensar que ele envolve primeiro e mais prontamente uma série de prazeres e delícias, desde os mais simples até os mais complexos, sutis e conquistados. Você gosta de seu trabalho? E quanto à sua vida fora do trabalho? Você sente prazer em uma bela manhã ou em um belo pôr do sol? Aprecia algo da rotina diária e sente alegria em pequenas coisas? Esse pode ser um ingrediente importante para ter uma vida feliz. Além disso, a questão mais importante do amor também surgirá nesse aspecto, envolvendo uma forma mais intensa de realização, ligada a uma interação entre o abraço e a liberação, ambos envolvidos no amor genuíno, além de uma vulnerabilidade e uma conquista interior em seu compromisso com o fluxo da vida.

Essa breve, porém complexa, análise da felicidade sugere que, se você experimenta regularmente um contentamento básico no presente e um processo contínuo de realização na vida, enquanto desfruta de uma sensação adequada de prazer e amor ao longo do caminho, você é uma pessoa feliz, próspera e abençoada. É uma análise filosófica relativamente simples de entender. Mas, se ainda parece muito complicado compreender o conceito de felicidade, o estoicismo tem algo muito mais básico a oferecer, o que pode ser uma grande surpresa.

A simplificação estoica de tudo isso

Segundo a análise estoica clássica, a *eudaimonia* requer apenas uma coisa. Um único elemento é necessário e suficiente para alcançar a felicidade. É a virtude. Se você deseja o estado supremo — e tão difícil de alcançar — de pleno florescimento ou bem-estar profundo em sua vida, *aretê* dará conta do recado. Ele será suficiente. De acordo com essa visão, não é possível ser feliz sem ser virtuoso e, se você for mesmo virtuoso, a felicidade será certa. A *eudaimonia se* limita a rastrear o *aretê* e nada mais precisa ser dito. Mas, claro, isso não nos impedirá.

LEMBRE-SE

Você quer ser feliz? Seja bom. Aceite a virtude. Esse é o começo e o fim da história, de acordo com nossos conselheiros estoicos.

A virtude e a felicidade convergem

Talvez seja necessário ir além, pois não é o tipo de receita para a felicidade que a maioria das pessoas acaba descobrindo por conta própria. Pelo menos não é uma fórmula comumente discutida ou recomendada em nossa época. Inicialmente, de fato, ela é surpreendente como resposta. Parece ignorar os Doze Passos revelados por pesquisas recentes e evitar as noções de contentamento, realização e desfrute. Isso parece estranho. E mais, precisamos observar que os estoicos não estão apenas sugerindo que muitas pessoas boas são felizes e que muitas pessoas felizes são virtuosas; portanto, se quiséssemos ser felizes, deveríamos pelo menos tentar uma vida virtuosa. Eles afirmam que a virtude e a felicidade são equivalentes em termos funcionais de uma forma profunda. Ter uma é garantia absoluta da outra, quase como se fossem dois lados de uma mesma moeda espiritual. E o lado que está sempre à vista é a virtude.

O contexto dessa afirmação é interessante. Para os primeiros estoicos, como Zenão, o propósito mais amplo para qualquer forma de vida humana é "viver de acordo com a natureza" e, com essa frase, eles parecem ter se referido a duas coisas. Em primeiro lugar, acreditavam que há uma grande racionalidade e bondade na natureza em seu sentido mais amplo, e que devemos buscar viver de acordo ou em harmonia com isso. No entanto, existe também uma característica própria em cada um de nós, que nos torna seres humanos, uma *natureza humana* mais restrita que deve ser respeitada e harmoniosamente incorporada em nosso modo de vida.

Nossa distinção como seres humanos é o tipo e o nível específicos de razão e relacionamento, conforme será detalhado no Capítulo 13 deste livro. Portanto, viver de acordo com nossa natureza é respeitar e honrar a orientação da razão e os requisitos razoáveis de relacionamentos saudáveis, nos quais podemos prosperar. Acontece que, para os estoicos, razão e virtude estão essencialmente interligadas.

Viver de acordo com a razão é aceitar todas as qualidades conhecidas como virtudes, os diversos pontos fortes disponíveis para o desenvolvimento de uma vida humana distinta. Dessa forma, razão e virtude seguem naturalmente juntas. À medida que envelhecemos, aumentamos nossa capacidade de seguir a liderança da razão e, portanto, da virtude, a menos que algo interfira e bloqueie nosso desenvolvimento. Observe que a virtude como força, como uma série ou um conjunto interligado de forças, tem a ver com o desenvolvimento, ou o bem-estar no mundo, e isso é *eudaimonia* ou felicidade.

Só a virtude é boa e só o vício é ruim

Como mencionado anteriormente, o estoicismo adota um princípio surpreendente de que apenas a virtude é verdadeiramente boa e o vício, genuinamente ruim. O argumento do estoicismo é que tudo o que pode parecer bom em algumas circunstâncias, ou sob determinadas condições, pode parecer o oposto em outras situações. A riqueza pode, sem dúvida, parecer boa. Porém, também pode distorcer os valores das pessoas e arruinar a vida delas, disponibilizando um leque maior de tentações e atraindo os novos ricos para a degradação. Nesse caso, é ruim. O mesmo se aplica à fama. Pode ser um excelente recurso para realizar coisas benéficas. Mas também pode ser uma prisão, uma armadilha e uma força psicológica negativa na vida de uma pessoa. Pesquisas recentes mostram que a sensação de poder e a percepção de status elevado podem ter resultados funcionalmente equivalentes a danos cerebrais limitados, fazendo com que as pessoas se tornem mais impulsivas, menos empáticas, alheias às consequências de longo prazo e mais propensas a assumir riscos irracionais.

Os estoicos defendiam que nada pode ser verdadeiramente bom e genuinamente ruim em diferentes contextos. Assim, a conclusão deles era que somente as coisas que podem ser julgadas boas e nunca ruins podem, de fato, ser boas. E o inverso também é válido. Mas esse é o problema. Os estoicos clássicos parecem dizer que essa garantia de valor estável, sempre o mesmo, vale apenas para coisas internas ou estados mentais internos. Qualquer coisa externa que possa parecer boa em algumas situações também pode parecer ruim em outras. Mas coisas internas como sabedoria sensata, cuidado moral, benevolência, preocupação com a justiça e senso de temperança, bem como coragem real, só podem ser pontos fortes ou bons. Os vícios contrários ou opostos só podem ser ruins. Não existe nenhuma situação em que uma atitude genuinamente injusta seja algo bom. Todas as outras coisas que normalmente consideramos boas ou ruins devem, portanto, ter outro status, muito diferente, que será nosso próximo tópico. Mas, antes, devemos considerar um problema e, depois, unir algumas ideias.

O problema é óbvio. Considere um evento externo, como o assassinato de civis inocentes durante a guerra. Sem dúvida, isso parece ruim em todas as circunstâncias mais amplas possíveis. Então, por que não atribuir a categoria moral de ruim a esse elemento externo? Se o fizermos, nem todo bem e mal moral terá a ver com coisas internas. Os estoicos, no entanto, têm uma resposta sobre o medo da morte, que analisaremos no Capítulo 16. A filosofia estoica rejeita a ideia de que a morte seja algo moralmente ruim. O argumento mais simples é que as coisas ruins devem ser evitadas, e a morte não pode ser evitada, portanto ela não é uma coisa ruim, mas uma parte natural do ciclo de vida no Universo. O assassinato em massa de civis durante a guerra, ou a qualquer momento, envolverá maldade moral, até mesmo o mal verdadeiro, mas nos corações e nas mentes dos perpetradores, em seus vícios, e não nos eventos das mortes em si. Esse é o argumento e a constatação. Analisaremos ambos mais tarde. Por enquanto, voltemos às principais afirmações sobre felicidade e virtude.

LEMBRE-SE

Essa é a linha de pensamento estoica. A felicidade, como algo bom que serve de exemplo, não pode depender essencialmente de coisas ruins. Faria muito pouco sentido considerá-la dependente de coisas que não são nem boas, nem ruins. Então, a felicidade deve depender apenas de outras coisas boas. Entretanto, acabamos de ver que, de acordo com a visão estoica, nada é bom, exceto determinadas questões internas, ou estados da mente ou da alma. Denominamos essas coisas boas internas de virtudes ou, em um sentido coletivo, virtude.

É bem possível que a virtude requerida para a felicidade, aquela que garantidamente produzirá o raro e maravilhoso estado de *eudaimonia*, seja necessária para — bem como cultivada, respaldada ou facilitada por — questões de contentamento, realização e desfrute. Também é possível que seja incentivada por alguns, ou até por todos, os Doze Passos encontrados na literatura moderna sobre felicidade. Na visão estoica, contudo, há uma simplicidade pura por trás dessa complexidade: a virtude sozinha pode garantir a felicidade. Por isso, se você quer ser feliz, não busque esse objetivo nas coisas externas que não podem cumprir a tarefa, mas, sim, trabalhando na virtude interna de sua alma. Esse é o único caminho verdadeiro e confiável.

O Bom, o Ruim e o Indiferente

Se os primeiros estoicos concluíram que só a virtude é boa e só o vício é ruim, isso nos leva a questionar qual seria o status de todo o restante. A resposta a princípio desconcertante ou mesmo chocante é que literalmente todas as outras coisas no mundo merecem o rótulo de "indiferentes". Mas espere. É natural que pensemos que estar vivo e gozar de boa saúde física é bom, que a amizade também o é, que o sucesso na vida, devidamente conquistado, é bom e que uma reputação de confiabilidade tem o mesmo status. Achamos que os filhos são uma bênção e, portanto, são bons. Na verdade, as pessoas rotulam até mesmo "produtos de padaria" como bons, assim como "bens e serviços" publicitários. Dizemos coisas como "Você conseguiu o emprego que queria? Isso é bom, muito bom!"

Consideramos um trabalho relevante como bom, mas também avaliamos como boas aquelas férias agradáveis. Você pode ter um cachorro e um carro bom e confiável. É bom ter encanamento em casa, assim como energia elétrica e máquina de lavar louça, além de micro-ondas e talvez TV de tela grande. Os estoicos franzem a testa e balançam a cabeça neste momento. Segundo eles, não entendemos direito o que é ser bom.

Reflita sobre os aspectos da vida que acreditamos ser ruins e que, naturalmente, procuramos evitar e até eliminar do mundo. Tendemos a considerar que muitas outras coisas, além do vício, são ruins, ou até muito ruins, como pobreza extrema, saúde precária, desemprego compulsório, danos à propriedade causados por tempestades, doenças pandêmicas, acidentes debilitantes e morte prematura. Mas, novamente, os estoicos nos corrigiriam imediatamente, dizendo que estamos errados sobre tudo isso. Nada que não seja virtude ou vício é bom ou ruim, mas se enquadra em uma categoria muito grande e, na verdade, enorme de coisas "indiferentes".

Quando você lê os estoicos pela primeira vez falando sobre esse assunto ou se depara com alguém que faz tal afirmação, é natural suspeitar que a pessoa não pode estar realmente querendo dizer o que parece dizer. Como a doença ou a morte podem ser coisas indiferentes, por si mesmas ou para nós? Em contrapartida, como a boa saúde, uma amizade ou um excelente emprego pode ser indiferente? Será que os estoicos apenas conviviam com muitos cínicos que, curiosamente, pareciam se orgulhar em rejeitar a maioria dos valores comuns? Ou existe algo mais profundo acontecendo?

Talvez possamos entender os motivos e as razões por trás dessa classificação, e o que exatamente os estoicos querem dizer com isso, se analisarmos um pouco mais o que a classe das "coisas indiferentes" parecia significar para eles em suas primeiras reflexões. Atualmente, a palavra "indiferente" é definida de diversas maneiras, ainda que relacionadas. O dicionário especifica um significado que tem a ver com a atitude do ser humano, "marcado pela falta de interesse, entusiasmo ou preocupação com algo: apático". A segunda definição, logo em seguida, é "não ser nem bom nem ruim" e, mais adiante, aparece "caracterizado pela falta de qualidade ativa: neutro". O site vocabulary.com acrescenta "sem importância". Precisamos mencionar outra fonte porque ela é muito boa e confiável (desculpem, estoicos clássicos, persistimos em nosso erro): *The Compact Oxford Dictionary* reforça o significado objetivo de "nem bom nem ruim" [ambos em inglês].

LEMBRE-SE

Claramente, há muitos fatores no mundo, como a quantidade de fios de cabelo em sua cabeça agora é par ou ímpar (um exemplo que até os estoicos curiosamente adoram) ou quantos grãos de areia existem agora nas praias norte-americanas que, como verdadeira realidade, presumivelmente não são nem bons nem ruins, portanto, indiferentes nesse mesmo sentido. Então, da mesma maneira, podemos e provavelmente devemos tomar uma atitude em relação a esses eventos de sermos indiferentes a eles. No entanto, a doença e a morte, assim como a amizade e a saúde, podem parecer muito diferentes da devida indiferença.

O diferente na indiferença estoica

É razoável supor que, quando os primeiros estoicos introduziram a categoria de coisas indiferentes, denominando-as "indiferentes" (*adiaphora*), eles claramente pretendiam, ao fazê-lo, rotular todas as coisas externas à mente como nem boas nem ruins. O termo grego *adiaphoron* e seu plural *adiaphora* vêm do prefixo privativo *a* ("sem") e de *diaphora*, que significava "diferença" ou "diferenciado", no sentido de "não poder ser moralmente diferenciado" ou "não fazer diferença alguma para a felicidade". É evidente que, ao usar o termo, os estoicos estavam falando primeiro das coisas em si e não de nossa atitude em relação a elas. No entanto, as duas categorias de atribuições seguem em paralelo. A atitude deve refletir a realidade.

Se você enxerga algo, um objeto ou uma opção, como indiferente, classificando-o como tal, é exatamente isso que você provavelmente será ou sentirá em resposta. Mas também é possível ir além da indiferença e se interessar muito por algo antes de saber se é bom, ruim ou indiferente.

Suponha que você tenha lido sobre aranhas venenosas em sua região, que tenha encontrado aranhas em seu quarto algumas vezes e que se preocupe com a combinação desses dois fatores. Agora, suponha que esta noite você observe algum tipo de inseto escuro no teto de seu quarto, logo acima de seu travesseiro, na hora de dormir, pouco antes de apagar a luz. Sem dúvida, pode abandonar qualquer atitude de indiferença e se interessar muito por esse pequeno inseto antes de saber se ele é algo que você naturalmente gostaria de considerar bom ou ruim. É uma joaninha fofa que está de passagem ou um aracnídeo perigoso pronto para cair sobre sua cabeça que em breve estará adormecida? Os estoicos acreditam que, em termos de sua paz de espírito, não deveria fazer diferença qual é o inseto. A resposta é indiferente, ou seja, nem bom nem ruim. Cabe a você descartar o inseto de suas preocupações e não se incomodar com o que um olhar mais atento pode revelar. Não há diferença significativa no fato de o inseto ser inofensivo ou nocivo. Mas isso parece errado.

Esta é a chave para entender o que eles queriam dizer: os estoicos tinham em mente que as coisas que eles rotulavam como indiferentes não tinham *valor moral* ou importância em relação às questões fundamentais da felicidade, ou *eudaimonia*, que eles consideravam questões estritamente internas, como coragem e justiça.

É por isso que se diz que todos os fatores e objetos externos não são nem bons nem ruins, porque essas duas categorias de avaliação no pensamento estoico se referem estritamente ao status moral. As coisas são boas se, e somente se, são virtuosas ou se são estados internos que podem ajudá-lo com a virtude, ou ainda se são questões internas que resultam de um exercício de virtude. As coisas são ruins se são viciosas, se são assuntos internos que causam vício ou resultam dele, ou se podem prejudicá-lo em relação a questões de virtude e vício, influenciando negativamente se você é virtuoso. Nenhuma aranha venenosa pode forçá-lo a abandonar a virtude em favor do vício, portanto nada disso é ruim. Essa é a visão estoica. Mas buscar uma maneira segura de levar um inseto para fora é uma questão completamente diferente.

Os preferidos e os não preferidos

É necessário acrescentar uma reviravolta crucial. A maioria dos estoicos antigos chegou a admitir que, independentemente de as questões externas terem algo intrínseca ou essencialmente a ver com a virtude e a felicidade, existem muitas coisas que parecem proteger ou respaldar nossa existência física natural e merecem uma categoria de valor especial. Uma vez que a preocupação adequada com a autopreservação parece ter sido implementada de modo razoável por Deus ou pela natureza em cada criatura viva, e pode ser descoberta por nossa razão como algo valioso nesse sentido, temos um motivo para valorizar e buscar essas coisas que tendem a proporcionar segurança em vez de não nos preocuparmos com elas.

Os estoicos, que reconhecem essa verdade e, portanto, essa categoria adicional de coisas, a qual certamente incluiria questões como saúde e força física, condições de vida seguras e outros recursos que ajudam a preservar a vida, acrescentam uma noção importante de que algumas coisas moralmente indiferentes podem ser consideradas naturalmente "preferidas" e outras como naturalmente "não preferidas" ou "a rejeitar". Uma aranha venenosa parada no teto acima do travesseiro, pronta para cair sobre sua cabeça enquanto você dorme, poderia ser considerada, com razão, um dos muitos "indiferentes não preferidos" em nosso mundo. É perfeitamente razoável se interessar por essas coisas e tentar evitá-las. Ainda assim, embora a frase "indiferentes não preferidos" possa parecer, por si só, um indiferente indesejado que você gostaria muito de rejeitar em vez de usar em seu vocabulário habitual, ela parece reconhecer, junto com sua frase correspondente, um tipo de valor, positivo ou negativo, a ser visto em muitas coisas externas.

DICA

A categoria de um indiferente preferido é ideal para reconhecer um valor positivo para as coisas que sustentam ou melhoram a vida, quer elas se conectem de alguma forma direta com a virtude e o vício, quer sejam estritamente necessárias para a forma elevada de felicidade, ou *eudaimonia*, que os estoicos defendem como o objetivo máximo da vida humana. Portanto, você pode ser um estoico sem sentir que acabaria desprovido de qualquer ferramenta racional de tomada de decisão se lhe fosse oferecida a escolha entre beber um copo de água pura e fria ou um copo de vinho envenenado e mortal. Você não teria que pensar: "Bom, não faz diferença alguma". Certamente é uma coisa boa ou, pelo menos, um indiferente preferido.

Segundo a física estoica — ou sua explicação abrangente do nosso mundo —, fomos feitos para ser seres racionais. É por isso que temos a centelha divina do Logos, ou da Razão Divina, em nós. Fomos criados por Zeus, ou Logos, para sermos igualmente seres sociais, para vivermos juntos em harmonia. O objetivo das categorias avaliativas adicionais do preferido e do não preferido é capturar o valor positivo ou negativo das coisas moralmente indiferentes no mundo que podem ajudar ou atrapalhar nossas experiências, ou um comportamento adequado em relação ao uso da razão e à nossa participação em relacionamentos positivos.

Assim, é adequado buscar coisas como segurança, saúde e boa forma física como indiferentes preferidos para si e para os outros. É racional evitar ferimentos e doenças físicas como indiferentes preferidos.

Todas essas coisas externas, porém, têm uma categoria de valor própria que não é estritamente "boa ou ruim", o que reforça a determinação do pensamento estoico de que elas não são intrinsecamente relevantes ou necessárias para a felicidade, para a qual, de novo, a virtude é considerada suficiente. Os estoicos insistem que é possível ter muitos indiferentes preferidos naturalmente valiosos e, ainda assim, não ser feliz ou existir sem a maioria dessas coisas e, ainda assim, experimentar a felicidade. É possível haver miséria em um palácio e felicidade em uma prisão.

LEMBRE-SE

As pessoas que procuram o exterior em busca da felicidade estão buscando coisas que são literalmente indiferentes e estritamente irrelevantes para seu objetivo. Devemos aprender com a experiência delas, redirecionando nossos esforços para onde eles podem ser importantes, concentrando-nos novamente no tipo de pessoa que somos por dentro, em nosso caráter, nas ideias, nos sentimentos e nas escolhas que contam como exemplos de virtude e não de vício. É nesse ponto que o jogo definitivo da vida é bem ou mal jogado. É aí que nosso estado supremo deve ser descoberto e, curiosamente, também é onde se encontram nossa autonomia e uma forma de autossuficiência.

DICA

Na visão estoica, devemos nos apegar firmemente ao que há de bom dentro de nós, liberar os pensamentos, as emoções ou os impulsos de ação ruins que nos seduzem, e abordar o mundo externo ao nosso redor com um tom mais leve de compromisso e sentimento. Algumas coisas externas podem ser úteis, se usadas adequadamente. Outras podem ser muito inconvenientes, mas mesmo estas podem ser bem utilizadas para testar e aumentar nossa virtude. Sêneca chegou a falar sobre até os aspectos externos mais difíceis: "O desastre é a oportunidade para a virtude". Quando estamos devidamente munidos de uma nova noção do que é mais importante, podemos lidar de maneira produtiva com tudo o que existe no mundo, aumentando nossa proximidade com o ideal de virtude e ajudando os outros a fazer o mesmo, à medida que desfrutamos de uma sensação de libertação, ou seja, livres de preocupações.

Um dos livros mais importantes e quase reverenciados sobre filosofia estoica nas últimas décadas talvez seja *The Inner Citadel*, do falecido Pierre Hadot, um historiador francês de filosofia fascinado pelos estoicos. Em muitos aspectos, é uma leitura acadêmica complexa e clássica da obra *Meditações* de Marco Aurélio, além de alguns filósofos estoicos correlatos. Em um ponto do livro, Hadot escreve algo sobre o conceito de indiferença como algo fundamental do pensamento estoico:

> O princípio de todo o estoicismo é, além disso, justamente a indiferença em relação às coisas indiferentes. Isso significa, em primeiro lugar, que o único valor é o bem moral, que depende da liberdade, e que tudo o que não depende de nossa liberdade — pobreza, riqueza, doença e saúde — não é bom nem ruim e, portanto, é indiferente. (p. 71)

CUIDADO

Nossa única observação sobre essa frase é, de certa forma, uma preocupação semântica, mas que não deve confundir nosso entendimento. Os estoicos não querem dizer exatamente que "o único valor é o bem moral". Eles querem dizer que o bem ou o mal moral — ou seja, a virtude ou o vício e quaisquer estados internos intimamente relacionados a eles — são assuntos tão diferentes ou distintos, em termos de valor e importância única para nós, que não podem ser comparados em valor com quaisquer outros itens no mundo. Por exemplo, podemos dizer que um indiferente preferido tem valor em relação à sobrevivência humana e ao dever social, mas esse tipo de valor não pode ser comparado ao valor muito diferente encontrado nas questões morais de virtude e vício. É por isso que não faz sentido pensar que, se você acumular uma quantidade suficiente de coisas externas no mundo, seu valor cumulativo poderá ser suficiente para derrotar o chamado da virtude ou para justificar qualquer ação baseada no vício.

Virtude e vício

A virtude e o vício estão em uma categoria única e própria:

A. São, em um sentido técnico, estritamente "incomensuráveis" com aspectos externos — os dois assuntos literalmente não podem ser comparados, em termos de mais ou menos na mesma escala de valor;

B. O interno e o externo podem ser comparados, mas apenas em teoria, porque o interno é tão superior ao externo que nenhuma quantidade cumulativa de valores positivos ou negativos no âmbito de coisas externas indiferentes jamais poderia igualar ou superar nosso compromisso mais elevado com o que é realmente bom.

Não está claro qual dessas alternativas os estoicos tradicionais endossariam, mas elas são funcionalmente equivalentes para nossas atitudes e ações. Em ambos os casos, podemos atribuir um tipo de valor de uso racional ou preferência a coisas externas que são rotuladas como "indiferentes". Algumas são úteis e razoáveis de se buscar, outras não.

CUIDADO

Mas Hadot continua falando sobre mais um aspecto que pode causar confusão, e esclarecê-lo pode ser útil. Na frase seguinte, ele escreve:

> Em segundo lugar, isso significa que não devemos fazer nenhuma distinção entre coisas indiferentes; ou seja, devemos amá-las igualmente, uma vez que foram determinadas pela Natureza universal.

Mas é claro que, como acabamos de ver, muitos dos estoicos de fato fizeram uma distinção entre o que eles chamam de coisas indiferentes, classificando-as nas duas categorias de preferidas e não preferidas. Uma coisa que Hadot diz está certa. Os estoicos acreditam que todas as coisas no mundo ao nosso redor, todos os eventos e objetos externos, em algum sentido, vêm da Natureza, do Logos ou da Razão Divina Benevolente e, portanto, devem ser aceitos por nós como partes apropriadas de um Universo que é projetado e guiado pela bondade e para o melhor. Alguns estoicos chegam ao ponto de dizer que todas as coisas que acontecem ou vêm a ser são dignas de serem igualmente amadas por nós, como provenientes de um Deus bom. Detalharemos mais isso posteriormente. Porém, é importante fazer outra distinção que Hadot parece não perceber nessa passagem.

Como reagimos a coisas externas que acontecem fora de nossa vontade ou controle é uma questão; no entanto, o que razoavelmente decidimos buscar ou perseguir é outra questão muito diferente. Talvez possamos aprender a aceitar da mesma forma tudo o que acontece no mundo, em um sentido, sem pensar que tudo deve ser igualmente buscado ou almejado por nós como seres livremente dispostos. A maioria dos estoicos quer distinguir as coisas indiferentes, e justamente porque parece ser uma exigência da razão distinguir entre o que é razoável buscar e o que é mais racional evitar. Quando algo acontece fora de nosso controle e nos causa desânimo, os estoicos nos lembram que não devemos considerar isso ruim, apenas um indiferente não preferido, e que não devemos deixar nossas emoções se exaltarem demais. Precisamos aprender a aceitar o que quer que seja, mesmo que, de maneira razoável, preferíssemos que fosse diferente, e por mais que queiramos melhorar as coisas no futuro de acordo com a escala de valores apropriada para essas questões.

Coisas internas e externas

A visão estoica é que devemos nos preocupar com nosso estado interior e aceitar emocionalmente qualquer coisa externa que possa acontecer. A versão mais radical disso é aceitar e até mesmo amar tudo o que acontece além de nossa livre escolha, como de fato oferecido por Deus para o bem geral do mundo. Portanto, mesmo que alguém lhe dê um soco na cara, você deve aceitar, acolher esse fato e inclusive tentar amar isso, pois foi permitido e, de alguma forma, proporcionado a você pela Força Racional Benevolente por trás de todas as coisas. O soco em si está na categoria de indiferentes não preferidos. Com razão e justiça, você não deveria formar dentro de si intenções ruins em relação à outra pessoa — do tipo que resultariam em um soco desferido por raiva ou repulsa. Porém, uma vez que as intenções moralmente ruins tenham causado um evento externo — um soco na cara —, esse evento é, em relação à sua mente e ao seu julgamento, ou ao de qualquer outra pessoa, um simples indiferente não preferido, e não é, em si, moralmente ruim ou mau. Essa é a visão.

LEMBRE-SE

A maldade moral é caracterizada por uma intenção e uma escolha internas, não por qualquer ato ou evento externo. Quando um ato é praticado no mundo, quando entra no domínio do externo, ele não tem status moral adequado, embora a intenção e o agente por trás dele tenham. Assim, quando naturalmente afirmamos sobre tal ação, "Foi uma atitude ruim", tudo o que queremos dizer, na visão estoica, é que foi o resultado de uma má intenção ou de uma má escolha por parte do agente ou do executor.

Embora os estoicos nunca possam convencê-lo a gostar de um soco na cara, ser insultado, enganado, despejado de seu apartamento ou demitido do emprego, a linha de pensamento deles pode ajudá-lo a se soltar um pouco, a amenizar suas reações emocionais e atitudes em relação a esse tipo de coisa, a não se ressentir ou se preocupar com elas e a não ficar ressentido com elas, conservando, assim, um pouco de paz interior e felicidade mesmo em meio a esses desafios. Só isso já pode ser uma coisa boa. Mas, no final, você terá que decidir se vai até o fim com os estoicos ou se apenas adotará algumas de suas perspectivas de todo o conjunto de conclusões que eles oferecem. Talvez eles estejam expondo algumas verdades chocantes, muito diferentes de nossas perspectivas habituais, ou talvez tenham tido algumas boas ideias que tenham levado longe demais, mas que podem ser úteis se adotamos partes do pensamento deles. Veremos.

LEMBRE-SE

Os estoicos clássicos costumam dizer coisas surpreendentes. Mas, no final das contas, na maioria das vezes eles apenas tentam expressar fragmentos de uma sabedoria mais ampla que também pode ser encontrada em muitas outras tradições filosóficas mundiais. As principais lições são simples. O aspecto interno é mais importante do que o externo. Nunca conseguiremos realizar bem as coisas externas até que primeiro realizemos bem as internas. Não é razoável sacrificar bens internos para obter resultados externos. O acúmulo de coisas externas, por maior que seja, não pode justificar o abandono da virtude e a aceitação do vício em qualquer ocasião, por mais temporário que seja. A felicidade vem de dentro.

Nenhum mal pode atingir uma pessoa boa

Há mais uma questão que deve ser abordada nesse contexto. Entre todos os posicionamentos estoicos mais intrigantes em suas afirmações clássicas, um dos mais surpreendentes em uma primeira leitura, pelo menos para muitas pessoas, pode ser a afirmação de que uma pessoa boa não pode sofrer nenhum mal causado por qualquer outra pessoa ou força no mundo. Outros certamente podem ferir seu corpo, que, na visão estoica, é sua principal posse, ou até mesmo matá-lo, encerrando sua jornada neste mundo ao separá-lo de seu corpo. No entanto, você não é apenas seu corpo atual. Assim, o que fere o corpo não necessariamente fere você.

Você é o eu de controle interior, a vontade ou a determinação inteligente (poder de escolha), que habita e dá vida ao objeto físico orgânico que você considera seu corpo. É evidente que o corpo pode ser ferido por força física, mas você não pode. Isso se deve a uma conclusão que os estoicos chegaram sobre o que é o mal. Mal é a degradação de um objeto em relação ao que ele é por natureza. Fazer mal ao corpo é lesá-lo ou danificá-lo de uma forma física. Para causar um mal à mente, à alma ou ao verdadeiro eu, que é basicamente o ator ou o agente moral, seria necessário prejudicá-lo de alguma forma moral, tirando sua virtude ou forçando-o a praticar algum vício. Mas isso é impossível de ser feito por qualquer fonte externa.

A mente é livre para abraçar a virtude e rejeitar o vício em qualquer circunstância possível. Mesmo em meio a fortes pressões, ameaças e riscos físicos, o eu pode escolher a virtude e permanecer ileso. Outras pessoas podem espalhar boatos horríveis a seu respeito, fazendo com que você perca seu emprego e talvez sua reputação, bem como seu sustento e até seu estilo de vida, mas esses boatos e essas perdas não podem causar mal ao eu essencial que é você. E o que pode? Apenas suas escolhas equivocadas.

LEMBRE-SE

Na visão estoica, o mal causado a uma pessoa, a um eu ou a uma mente, consiste sempre em mover esse eu da virtude para o vício, e nada além de seu livre-arbítrio pode forçá-lo a isso. Ninguém mais tem esse poder. Você pode ser tentado ao vício e atraído para uma conduta ruim que escolhe livremente por não saber o que é melhor, mas ninguém pode causar-lhe nenhum mal ao forçá-lo a fazer o que é moralmente ruim. As tentações, as pressões e as ameaças que aparecem em sua vida não devem ser temidas, pois nada mais são do que indiferentes não preferidos que você pode ignorar ou deixar de lado. Cabe a você decidir como reagir.

Uso e valor

Para os estoicos, o verdadeiro valor da maioria das coisas não reside no que elas são em essência, mas em como as vemos e usamos. Para nós, muitas coisas parecem ser boas ou ruins, mas precisamos aprender a lidar com as aparências, que os estoicos chamam de "impressões". É o "uso das impressões" que constitui a principal força ou fraqueza de nossa existência espiritual. A maioria das pessoas é enganada pelas impressões na maior parte do tempo. Os sábios e os virtuosos não são. As impressões chegam até nós, então julgamos o que fazer com elas.

No *Manual*, Epicteto ficou famoso por ter dito:

> Não são as coisas em si que perturbam os homens, mas seu julgamento sobre essas coisas. (5)

Na mesma passagem, ele continua explicando:

> Por exemplo, a morte não é nada terrível — caso contrário, Sócrates também a teria considerado assim; mas o julgamento de que a morte é terrível — isso, sim, é o que é terrível. Portanto, quando formos impedidos, perturbados ou entristecidos, jamais culpemos ninguém além de nós mesmos — ou seja, nossos próprios julgamentos.

Muitos dos antigos filósofos gregos e romanos, bem como pessoas sábias de outras culturas, parecem ter acreditado que o valor da maioria das coisas no mundo deveria ser avaliado não só de maneira geral, ou mesmo em relação ao seu papel potencial em nossa vida, mas em termos de como elas realmente nos servem. A verdadeira questão acaba sendo não o que as coisas são, mas como escolhemos usá-las, para o bem ou para o mal. Por isso, os estoicos enfatizam a importância de como usamos "as aparências" ou "as impressões". As coisas externas do mundo impressionam nosso sentido e nossa mente. O que faremos com essas impressões? Como devemos julgá-las? Será que confiamos nas primeiras aparências, que é como a maioria das pessoas age, ou desaceleramos e consideramos a questão mais ampla de como elas se relacionam com nossa liberdade, virtude e felicidade?

Cuidado com os julgamentos

A maioria das pessoas se apressa em dizer o seguinte sobre os acontecimentos em sua vida: "Isso é terrível!" ou "É maravilhoso!" O que parece terrível ou maravilhoso pode acabar sendo muito diferente de sua primeira aparência e, no final, depende de como escolhemos usar a coisa ou a situação. Você já deve ter ouvido uma pessoa dizer em algum momento: "Perder o emprego foi a melhor coisa que já me aconteceu". É um julgamento surpreendentemente comum, muitas vezes feito em retrospecto por pessoas que passaram por essa experiência difícil no início. Elas podem ter sentido pânico, medo e desânimo no momento em que souberam da súbita demissão, porém, anos depois, dizem que foi a melhor coisa que já lhes aconteceu. Talvez isso as tenha ajudado a abandonar alguns velhos hábitos ou a se tornarem mais criativas ou corajosas em relação à vida. Pode ter lhes aberto novas oportunidades que, de outra forma, teriam perdido.

Epicteto quer que consideremos como nosso julgamento inicial das coisas, e não as coisas em si, pode nos causar angústia ou até um entusiasmo extasiante. E a agonia ou o êxtase resultante disso pode impedir que a razão funcione adequadamente. Quantos grandes ganhadores de loteria, a princípio entusiasmados com sua "grande sorte", acabaram percebendo cinco ou dez anos depois que, por causa do prêmio e da maneira como lidaram com o dinheiro, perderam o casamento e os amigos, além de estarem completamente falidos? É um fenômeno estranhamente comum. Epicteto, assim como seus colegas estoicos, deseja que respiremos, nos acalmemos e nos libertemos da montanha-russa de emoções que facilmente nos tira de um caminho adequado e razoável. Ele quer nos ajudar a superar as dificuldades do destino imprevisível.

Entretanto, a frase de abertura da seção 5 do *Manual* que acabamos de citar pode indicar o que os filósofos denominam de uma falsa dicotomia. Epicteto diz que não são as coisas em si que nos perturbam ou incomodam, apenas nossos julgamentos sobre elas. Você pode facilmente se perguntar se isso é sempre e exatamente verdade. Considere uma tragédia terrível e imaginária como um teste. Uma pessoa assassina um grande amigo seu e você naturalmente fica perturbado. Será que, como diz Epicteto, não é o assassinato, o evento objetivo em si, mas apenas seu julgamento sobre o evento que o está incomodando? Será que ele está mesmo sugerindo que, se você eliminar sua avaliação negativa sobre o evento, não haverá nada intrinsecamente errado ou negativo sobre o evento em si e, portanto, não haveria motivo nenhum para alguém ter uma reação emocional como consternação? Será? Ou suponha que uma criança pequena seja vítima de lesões intencionais e graves, e que você, naturalmente, sinta repulsa pelo agressor e pelo ato. É apenas seu julgamento que está lhe causando aflição e não o evento em si? Estudiosos afirmam que Epicteto costuma usar hipérboles em sua tentativa retórica de defender um ponto de vista. Nas declarações dele, talvez tenhamos um exemplo importante disso. Mais uma vez, talvez não. Talvez ele esteja falando muito sério e levando o que diz ao pé da letra. Às vezes, ele aparenta ser um personagem muito estranho.

O filósofo afirma que não são as coisas, mas nossos julgamentos sobre as coisas que nos incomodam. Todavia, se a coisa naturalmente causa o julgamento resultante, se o evento tem as características ou as qualidades inerentes que naturalmente geram uma forte opinião negativa dentro de nós, e esse julgamento negativo naturalmente causa uma emoção equivalente, como podemos dizer, com qualquer grau de discernimento, que devemos viver de acordo com a natureza (uma visão estoica fundamental), que é apenas nosso julgamento, e não a coisa em si, que causou a perturbação, e que, portanto, o julgamento intuitivo deve ser rejeitado?

Obter liberdade em relação a questões externas

Quando lemos Epicteto com atenção e cuidado, de fato parece haver algo mais do que mera hipérbole. Um dos motivos pelos quais ele pode nos instigar a classificar todas as coisas externas como "indiferentes", assim como um dos motivos que ele pode ter para nos convencer de que são literalmente nossos julgamentos típicos sobre as coisas, e não as coisas em si, que nos incomodam ou inquietam, é que ele parece apresentar uma filosofia de libertação absoluta, cuja adoção permitirá que nos libertemos completamente da dependência de assuntos externos para nossa virtude e felicidade. Se o problema é apenas nossos julgamentos, então podemos lidar com isso apenas com a mudança deles. Mas se a culpa é das coisas externas, ou seja, coisas e eventos literalmente fora de nosso controle, então não podemos fazer muita coisa a respeito, a menos que diminuamos tanto o valor percebido dessas coisas que não faça mais sentido permitir que elas tenham qualquer influência sobre nossa vida emocional.

De fato, essa preocupação com a ideia de poder está no cerne do próximo capítulo de nossa aventura neste livro (Capítulo 9). Como você verá, Epicteto abordará a questão do poder e do controle de maneira direta e, de acordo com seus predecessores no pensamento estoico, ele nos aconselhará a não nos preocuparmos com coisas fora de nosso controle, e deixará claro que isso se refere a todas as coisas externas. É fundamental que entendamos e avaliemos com senso crítico essa sua famosa afirmação.

Como você viu neste capítulo, ele também nos aconselha, ao que parece independentemente das considerações sobre o que temos controle, que, como as coisas externas não são capazes de proporcionar ou destruir a felicidade, então, por esse motivo específico, não devemos nos preocupar muito com coisas ou eventos externos. Esse raciocínio é claro. Se nossas emoções dependem de coisas externas, não podemos garantir de forma alguma que evitemos emoções perturbadoras, sentimentos que possam obstruir ou desestabilizar nossa razão e, assim, afetar nossa virtude e felicidade. Os estoicos acreditam que a virtude, em última análise, depende da razão. Portanto, Epicteto, entre seus colegas estoicos, quer nos instigar, de mais de uma maneira, a deixar de lado as coisas externas ou a não considerá-las importantes a ponto de nos tornarem reféns de nossa própria felicidade e da liberdade máxima no mundo. Mas, talvez, com um objetivo nobre em mente, ele tenha ido longe demais.

Você já assistiu ao clássico filme feminista *Thelma & Louise*? Na famosa cena final (alerta de spoiler!), as personagens dirigem intencionalmente o carro em alta velocidade até a beira de um penhasco. Os estoicos clássicos às vezes parecem fazer a mesma coisa. Eles têm uma grande ideia, um conceito importante, e nos dão uma visão necessária sobre algo que pode ser muito útil; em seguida, dirigem a ideia em alta velocidade até a beira de um penhasco, levando-a longe demais. Será que é uma simples hipérbole para chamar nossa atenção? Ou há uma falha na própria filosofia, pelo menos em sua versão mais extrema, rigorosa e absolutista? Afinal, os estoicos nos oferecem ferramentas poderosas que podemos utilizar todos os dias ou, ao contrário, alguns padrões impossíveis que não podemos cumprir e que talvez nem devêssemos tentar cumprir? A resposta poderia ser qualquer uma. Ou podemos decidir que a resposta é: ambas as coisas. Para preservar sua liberdade interna de ser o juiz, talvez você queira continuar lendo este livro.

NESTE CAPÍTULO

» **Entendendo a dicotomia do controle**

» **Investigando mais a fundo**

» **Analisando o problema dos objetivos externos**

» **Criando uma estratégia alternativa**

Capítulo 9

Coisas que Podemos Controlar

Você já se sentiu estressado, ansioso ou preocupado? Caso essa pergunta tenha feito você sorrir, mesmo que internamente, talvez não seja necessário perguntar com que frequência se sente assim. Mas nos limitaremos à atividade interna da preocupação por um instante. Presumindo que às vezes você se preocupa com algumas coisas, talvez com mais frequência do que gostaria, considere esta pergunta: Com o que você tende a se preocupar mais? Se perguntasse a mesma coisa a seus amigos, poderia obter muitas respostas diferentes.

O número de coisas que despertam preocupação em nosso íntimo é praticamente incalculável. As pessoas se preocupam com dinheiro, saúde, segurança, futuro, filhos, pais, emprego, amigos, economia, meio ambiente, política, pandemias, conflitos entre as potências mundiais, clima, planos de viagem, picadas de abelha, picadas de cobra, reputação, acidentes, animais de estimação, desafios do envelhecimento, ameaça da IA, possibilidade de roubo de seus pertences favoritos e assim por diante.

O escritor norte-americano Harlan Ellison é muito citado por sua observação espirituosa e atemporal de que as duas coisas mais comuns no Universo são o hidrogênio e a estupidez. A terceira talvez seja a preocupação. A principal coisa que se interpõe entre a maioria das pessoas e alguma medida de paz interior parece ser exatamente isso: preocupação. Sem dúvida, não é uma base para alcançar a felicidade. Acrescente a isso a pressão interna do estresse e o sentimento generalizado de ansiedade indefinida, cada vez mais comum em nossos dias, e você terá uma verdadeira desordem interna. Entretanto, essa não é uma dificuldade exclusiva dos tempos modernos. As pessoas se preocupavam muito na Grécia antiga e em Roma. Os estoicos perceberam isso e quiseram resolver o problema.

Neste capítulo, explicaremos uma das ideias estoicas mais simples e poderosas, que envolve uma distinção que muitos consideram libertadora para considerar e usar na vida. Porém, a forma como a empregamos pode ser um pouco mais complexa e controversa do que a própria ideia. Chegamos a um ponto interessante e útil, talvez até poderoso. Iremos nos aprofundar.

A Dicotomia do Controle

Dicotomia é qualquer distinção ou comparação entre coisas muito diferentes ou até opostas. Uma das principais ideias estoicas, às vezes considerada a principal, é comumente denominada "dicotomia do controle" e, por vezes, chamada de bifurcação estoica, por ser como uma bifurcação no caminho da classificação das coisas no mundo. Em relação a isso, também é uma bifurcação no caminho de possíveis formas de pensar ou atitudes relacionadas ao foco. O caminho de foco é o principal caminho da maioria das pessoas; o outro é o caminho estoico.

Essa ideia, ou afirmação, estabelecerá uma distinção vital que está no cerne do grande valor prático do estoicismo. O famoso e breve *Manual* de provérbios de Epicteto começa com uma passagem memorável que apresenta uma grande ideia como um lembrete essencial de que todos precisamos. Ele diz:

> Algumas coisas estão sob nosso poder, outras não. Sob nosso poder estão a opinião, a motivação, o desejo, a aversão; em suma, tudo que é nossa própria ação; não estão sob nosso poder o corpo, os bens materiais, a reputação, os cargos públicos e, em suma, tudo aquilo que não é fruto da nossa ação.

Ele sugere, ainda, que as coisas rigorosamente sob nosso controle são, por natureza, "livres, desimpedidas e sem obstáculos" por qualquer força externa a nós mesmos, enquanto as que não estão sob nosso controle são vulneráveis a todo tipo de acaso, desventura, interrupção, poder externo e impedimento. Por sua vulnerabilidade a muitas outras forças, as coisas fora de nosso controle podem, assim, desencadear em nós emoções e comportamentos como preocupação, frustração, irritação, ansiedade, medo, raiva, decepção e até tristeza profunda. Elas podem nos perturbar de diversas maneiras.

DICA

Depois, nosso guia sugere que as coisas sob nosso controle são genuinamente nossas, verdadeiras posses, enquanto as coisas fora de nosso controle não são. Mesmo quando as ganhamos ou conquistamos, elas podem ser tiradas de nós. Considere a riqueza, a fama, o status e o poder. Embora venham até nós, podem ser retirados. Podem ocorrer reviravoltas, e nos preocupamos com isso. A própria fragilidade dessas coisas demonstra que elas nunca pertencem totalmente a nós, portanto nosso conselheiro estoico está convencido de que elas não devem ser o foco de nossas emoções e atitudes. Seu conselho é simples. Devemos nos preocupar apenas com as coisas sob nosso controle, enquanto as diversas coisas que não estão não devem reter nossa atenção. Devemos deixá-las de lado.

Em primeiro lugar, precisamos mencionar que essa distinção não é exclusiva de Epicteto, ela é adotada por todos os estoicos tradicionais. É um ponto de partida importante para muito do que ainda está por vir na filosofia deles. Na abertura do *Manual*, nosso conselheiro prossegue dizendo que, quando confundimos essas duas categorias de coisas — as que controlamos e as que não controlamos — ou quando agimos em relação às últimas de modo apropriado para as primeiras, estamos sujeitos a grandes problemas.

LEMBRE-SE

A surpresa para muitos leitores é esta simples percepção: as preocupações, o estresse e talvez até todas as manifestações de ansiedade são resultado do desejo de ter algo que não está sob nosso controle. Se desejássemos apenas as coisas que estão sob controle absoluto, poderíamos cuidar delas sem preocupações, sem estresse e sem ansiedade. As emoções negativas surgem quando desejamos coisas que não temos certeza de poder alcançar ou evitar. Algo além de nosso controle está nessa categoria justamente porque é inerentemente sujeito a forças que podem prejudicá-lo, destruí-lo ou impedir que o alcancemos, ou que o evitemos se não o queremos. Mesmo que tenhamos o que desejamos, seja ter ou evitar, forças externas podem nos tirar isso. Isso tudo é o que nos preocupa e causa estresse.

Suas Necessidades e Seu Poder

Talvez você queira ser o fundador extremamente bem-sucedido de uma startup. Ou deseja ter um ótimo emprego. Você pode desejar ser querido por alguém que conheceu. Pode até almejar um relacionamento amoroso com essa pessoa. Talvez espere que seu podcast seja bem-sucedido e lhe traga dinheiro e fama. É provável que queira evitar doenças mortais e acidentes fatais que acontecem todos os dias. No entanto, nenhuma dessas coisas está totalmente sob seu controle, por isso você pode ficar ansioso em relação a uma ou mais delas, talvez estressado, possivelmente preocupado. Epicteto queria lhe oferecer, e a todos nós, algo melhor. Ele sabia que não estava sob seu controle a possibilidade de aceitarmos a oferta, portanto não se estressou com isso. Ele buscou, contudo, compartilhar seu conselho por precaução. O conselho é simples: precisamos aprender quando desapegar.

Reflita sobre a lista de preocupações comuns no início deste capítulo. Que controle você tem sobre questões como dinheiro, saúde, proteção contra doenças, acidentes, violência, futuro, integridade e sustentabilidade do meio ambiente, possíveis conflitos entre potências as mundiais ou clima? Epicteto quer nos convencer de que essas coisas estão todas fora de nosso controle e que, devido a isso, devemos adotar uma atitude muito diferente em relação a elas do que a que adotamos nas coisas que estão genuína e firmemente sob nosso controle. Como as primeiras são inúmeras e as últimas são poucas, seguir seu conselho simplificaria muito a vida. Como resultado, talvez tenhamos dias mais tranquilos. Se a dicotomia do controle proporcionar uma mudança de perspectiva, talvez nos sintamos completamente diferentes em relação às vicissitudes da vida.

PODER E CONTROLE

Em tempos de incertezas drásticas e turbulências frequentes, as pessoas costumam buscar uma sensação de controle ou poder em suas vidas. Essa necessidade de sentir poder ou controle pode ser inata, concedida pela natureza como meio de sobrevivência no mundo. Os bebês adoram ver e sentir que fazem as coisas acontecerem, por menores que sejam, em decorrência da própria iniciativa ou do poder de ação. Isso parece lhes causar fascínio e, depois, prazer. Ao fazer isso, eles desenvolvem o senso de que são agentes no mundo e não apenas observadores passivos. São as pequenas sementes de uma necessidade de poder que todos sentimos no início da vida. Algumas pessoas parecem ter uma necessidade de poder e controle muito mais forte do que outras. Essa necessidade pode se desenvolver em decorrência de várias formas de privação ou trauma na infância. Uma grande variedade de personalidades pode resultar da maneira como respondemos a essa necessidade inicial. Algumas pessoas ficam loucas por controle, sempre buscando mais poder, e outras parecem desistir dessa busca, optando por seguir o fluxo e permitir que a vida as surpreenda. Mas a maioria fica em algum lugar no meio do caminho.

Vivemos em um mundo que é tanto favorável quanto perigoso. Assim, na maioria das vezes, buscamos intuitivamente saber onde está nosso poder real, entre os diversos talentos e circunstâncias, em busca de pontos em que possamos ter algum controle para dissipar a névoa da incerteza ou a cortina espessa e pesada do desconhecido. É comum que a perda de controle ou de poder provoque ansiedade intensa, preocupações e até diversas formas de medo, além de outros aspectos negativos, como baixa autoestima. Em contrapartida, uma medida saudável de controle sobre nossa vida tende a aliviar o estresse e permitir uma paz interior mais natural.

Alguns filósofos e pensadores religiosos, no entanto, preocupam-se com a necessidade de poder e controle que sentimos. Há quem especule que a necessidade de se sentir no controle possa ser o "pecado original" descrito no início da Bíblia por meio das ações de um primeiro casal de humanos rebeldes que, aparentemente, sentiu a necessidade de ter sua própria autonomia, além do desejo de assumir o controle e exercer o próprio poder, mesmo diante das proibições do Criador.

As pessoas que não se contentam com o poder que lhes é naturalmente dado e que parecem sempre buscar um poder maior sobre os outros e suas circunstâncias, muitas vezes parecem degradar a própria alma, corrompendo sua sensibilidade e se preparando para as consequências da *arrogância*, ou o orgulho excessivo e soberbo geralmente retratado em antigas histórias de prudência, desde a *Epopeia de Gilgamés* até os mitos dos poemas e das peças gregas. Quando os estoicos escrevem sobre controle e poder, eles procuram nos alertar sobre os limites mais básicos que temos no mundo e o que devem significar para a maneira como governamos nossa vida. Eles tinham observado muita *arrogância* ao redor, bem como os resultados perturbadores de achar que temos poder quando não o temos, e queriam nos ajudar a entender as questões mais básicas de poder e controle de maneira libertadora.

A dicotomia do controle, ou bifurcação estoica, a primeira distinção feita entre dois tipos muito diferentes de coisas em nossa vida, é apresentada por muitos filósofos antigos e modernos de diversas maneiras verbalmente distintas, mas com sentido aproximado. Em geral, eles fazem distinções variadas entre as coisas em termos de categorias:

- Coisas que estão sob nosso controle e coisas que não estão
- Coisas que estão sob nosso domínio e coisas que não estão
- Coisas que dependem de nós e coisas que não dependem
- Coisas que são de nossa autoria e coisas que não são
- Coisas das quais podemos nos encarregar totalmente e coisas das quais não podemos

E essa distinção parece seguir o exemplo de outra muito diferente:

- Coisas que estão dentro de nossa mente e coisas que não estão

  Ou
- Coisas que estão ao alcance de nossa escolha e coisas que não estão

A escolha pode ser entendida como a força de vontade ou nossa capacidade de decidir ou escolher livremente, sem restrições ou impedimentos. Quando pensamos em todas as coisas que não estão sob nosso controle ou poder, a lista é sempre longa e envolve coisas externas à mente, questões não totalmente dentro do círculo estreito de nossa liberdade de escolha ou vontade. Por outro lado, a lista do que está sob nosso controle é curta e inclui coisas totalmente dentro da mente, como os exemplos dados por Epicteto de julgamento, escolha, desejo e aversão. Nada pode nos obrigar a julgar como verdadeiro ou bom algo que nos parece falso ou ruim, ou o contrário. Nenhum poder externo a nós pode nos forçar a fazer uma escolha que não decidimos fazer. Segundo os estoicos, temos controle sobre as coisas internas, e não sobre as externas. Mas será que é tão simples assim? Será que eles estão certos?

Explorando o Conceito de Controle

Começaremos a nos aprofundar um pouco mais, primeiro no conceito de controle e, principalmente, na ideia radical de controle absoluto. O que é controle absoluto sobre alguma coisa? Talvez possamos começar a entender essa noção ao especificar que ter controle absoluto sobre algo significa:

- Se você quer, não há nada que possa impedi-lo de obtê-lo.
- Se, ao contrário, você quer evitá-lo, também não há nada que o impeça.
- Esse algo sobre o qual você tem controle absoluto não terá nenhuma característica ou qualidade que você queira que ele não tenha.
- Não lhe faltará nenhuma característica que você prefira que ele tenha.
- Não é algo que esteja sujeito ou vulnerável a qualquer poder ou força fora de seus desejos e suas determinações explícitas.

Ou seja, algo que está sob seu controle absoluto não está sob o controle nem mesmo parcial de outra pessoa ou de qualquer outro tipo de poder independente externo a você. Depende exclusivamente de você e nada pode interferir. É você quem decide. A escolha é sua. Você pode fazer com que aconteça ou não. Isso está totalmente dentro de seu livre-arbítrio e não pode ser alterado contra sua vontade por nenhuma outra força.

Por exemplo, é possível optar por visualizar um tomate vermelho vivo neste exato momento, e nada pode interferir nessa imagem mental. Isso está totalmente sob seu controle. Depende de você. A imagem pode ser grande ou pequena. Você pode imaginar gotas de água na pele do tomate e nada pode mudar o que imaginou em sua mente. Sua imaginação é um território protegido, assim como o círculo completo de seu controle absoluto.

CUIDADO

São padrões elevados para o significado de ter controle sobre algo, mas parecem ser o que Epicteto e outros estoicos esperam quando falam sobre o que está sob seu controle ou depende de você. O resultado da aplicação desses padrões é que pouquíssimas coisas estarão sob seu controle, por isso você precisa saber quais são e usá-las bem.

Ao refletir, você descobrirá rapidamente que, na verdade, nada satisfaz esses padrões rígidos, exceto algumas coisas em sua mente, os itens mentais que dependem exclusivamente de você, como a imagem de um tomate vermelho que você pode ter formado ao ler sobre o assunto, mas que não precisava formar, por mais que as palavras sugerissem isso. Todos somos sugestionáveis, mas os estoicos insistem que somos livres para resistir a qualquer sugestão em nossos pensamentos mais íntimos.

Juízos de valor, desejos e objetivos

Os estoicos também salientaram que nossos julgamentos dependem, basicamente, de nós, ou seja, da interpretação ou do valor que atribuímos às coisas, sejam itens mentais internos, como pensamentos, sejam objetos externos, pessoas ou fatos do mundo. Por exemplo, não podemos controlar o que os outros dizem, mas podemos controlar o que fazemos a respeito. Não podemos controlar o clima, mas decidir como apreciar os dias chuvosos. Um atraso na viagem que irrita ou frustra a maioria das pessoas pode ser considerado pelos estoicos uma oportunidade para meditar, ler ou conversar com um desconhecido. Como já foi dito muitas vezes, não podemos controlar o que acontece conosco, mas nossas reações ao que acontece. Cabe a nós decidir como pensamos sobre as coisas no mundo e reagimos a elas.

Epicteto sugeriu que os desejos também podem depender exclusivamente de você, no sentido de que, sempre que um novo desejo surge em mente, você pode optar por se apegar a ele e buscá-lo ou desapegar e não segui-lo. Ele diz a mesma coisa sobre as aversões ou as tendências de evasão que você pode sentir. É possível perceber que você não gosta de determinadas coisas e, por isso, quer evitá-las. Ao perceber isso, você pode escolher se quer continuar com essas tendências ou esforçar-se para eliminá-las de sua mente. Na primeira vez em que provou café ou cerveja, você pode ter tido uma aversão instantânea ao sabor, como acontece com muitas pessoas, principalmente quando jovens, porém, como muitas delas, mais tarde decidiu superar essa reação ou, então, por meio da exposição repetida, pode ter descoberto que seus gostos mudaram aos poucos e acabou gostando ou desejando ambas as bebidas. Cabe a você decidir o que cultivar ou combater em seus desejos e suas aversões. Ninguém mais pode forçá-lo a continuar ou abandonar um deles.

Alguns estoicos modernos sugerem, ainda, que nossos objetivos, como escolhas definidas, dependem inteiramente de nós, considerando os objetivos pessoais como aquilo que almejamos e pretendemos realizar, as coisas que definimos como meta a ser alcançada por meio de nossos esforços. Nem todos buscamos as mesmas coisas e é evidente que depende de nós quais caminhos na vida decidiremos seguir e quais abandonar. Alguns objetivos podem ser implantados em nós naturalmente, objetivos gerais relacionados às necessidades de sobrevivência, como obter e consumir alimentos e água. Mas, obviamente, há pessoas que fazem greve de fome ou, no final da vida, recusam até mesmo água, anulando uma influência muito forte e nos mostrando toda a extensão da liberdade que temos em relação a essas metas gerais implantadas naturalmente.

Portanto, o consentimento, o valor, o desejo e a escolha de objetivos parecem estar sob seu controle. Mas o que acontece com as coisas que não estão? Como identificá-las? É fácil. Podem ser descritas como "todo o restante", o que significa todas as coisas que existem ou acontecem no mundo fora da liberdade interior da sua mente. Sem dúvida, são muito mais coisas. As implicações dessa enorme desproporcionalidade são extremas porque nossos conselheiros estoicos recomendam que nos concentremos nas coisas que podemos controlar e não nas que não podemos, ou que nos preocupemos apenas com as primeiras. Mas será que devemos mesmo ignorar, de certa forma, tudo o que é externo à nossa mente, só para evitar preocupações, ansiedade ou medo? Parece impossível. Por isso, talvez devêssemos considerar o conselho dos estoicos com um pouco mais de atenção.

Mais opções sobre controle

Alguns estoicos modernos apontaram uma complicação óbvia que parece ter sido ignorada por Epicteto e outros estoicos clássicos: não há somente dois tipos de coisas no mundo em relação ao nosso controle ou poder — apenas algumas coisas sobre as quais temos controle absoluto e outras sobre as quais não temos controle algum. E todas as coisas que parecem estar, pelo menos em parte, sob nosso controle? Talvez precisemos de outras distinções. Dessa forma, alguns filósofos estoicos contemporâneos falam atualmente sobre "A Tricotomia Estoica", que parece um pouco com um procedimento cirúrgico doloroso, mas, ainda assim, podemos distinguir três tipos diferentes de coisas no mundo em relação à questão do controle:

- » Coisas que estão completamente sob nosso controle ou poder
- » Coisas completamente fora de nosso controle ou poder
- » Coisas que estão parcialmente sob nosso controle ou poder

Por fim, aprofundando um pouco mais esse modo de pensar, podemos suspeitar que o que precisamos não é tão simples quanto uma lista tríplice de categorias, mas algo mais parecido com um amplo leque de possibilidades reais, começando em um extremo e terminando no extremo oposto, porém igual. Tudo no mundo pode estar em algum lugar ao longo de um espectro como este, em relação ao seu poder individual:

- » Controle absoluto
- » Controle parcial
- » Influência direta
- » Influência indireta
- » Nenhum controle ou influência

Podemos inclusive imaginar esse espectro como sendo ainda mais sutil e com muito mais nuanças ao longo do caminho, tanto em termos do que é possível quanto do que temos evidências para pensar que é possível:

- » Coisas totalmente sob meu controle
- » Coisas parcialmente sob meu controle
- » Coisas que não posso controlar de maneira alguma, mas que posso afetar de alguma forma
- » Coisas que não posso afetar diretamente, mas influenciar indiretamente
- » Coisas que posso pelo menos tentar fazer e que podem ter uma pequena relevância
- » Coisas que estão totalmente fora de meu controle e das quais eu deveria simplesmente desistir

Talvez existam muitas coisas sobre as quais não temos controle absoluto, apenas uma forma de controle parcial. Os filósofos gostam de exemplos malucos, portanto considere o seguinte. Beto gostaria que fosse verdade que duas pessoas começam a pensar sobre a cor brilhante de sua nova camisa, que é um azul vivo e cintilante. Como ele é uma pessoa e não duas, ele não tem controle absoluto sobre a realização desse desejo. Ele só pode garantir que uma pessoa pensa na cor de sua camisa — ele mesmo. Mas se conseguir persuadir sua amiga Susana a pensar nisso também, ele realizará seu desejo. No entanto, por mais persuasivo e influente que seja, ele não tem controle sobre o que Susana pensa. Ele pode conversar com ela, ressaltar a cor incrível da nova camiseta e tentar realizar seu desejo de que duas pessoas pensem nisso, mas, se a conversa for por telefone ou mensagem de texto e não pessoalmente (a camiseta estaria bem na frente de Susana, devidamente posicionada para receber a atenção desejada), ele não pode garantir esse resultado. E controle absoluto tem a ver com garantias.

No entanto, digamos que Beto queira fazer o que está ao seu alcance e, por isso, ele se esforça para fazer sua mágica com Susana, com todas as suas maneiras astutas de persuasão, ao descrever vividamente a camiseta para ela, convencendo-a a pensar um pouco sobre a cor chamativa, enquanto também pensa. Com isso, ele realizou seu desejo, embora seja uma situação sobre a qual ele não tinha controle absoluto, apenas um controle parcial que precisou ser ampliado por uma influência direta mais fraca. É um bom exemplo de histórias bobas inventadas cujo único valor é ajudar a defender um ponto de vista filosófico.

Existem muitas outras coisas sobre as quais Beto, você e todos nós podemos não ter nenhuma forma de controle, mas uma influência direta ou até mesmo uma forma de influência mais fraca do que essa, uma forma mais indireta, na qual, por exemplo, você tenta convencer seus amigos a persuadir os amigos deles (pessoas que você nem conhece) a comprar um exemplar deste livro na livraria favorita deles. E se você for bem-sucedido, nós, os autores, ficaremos gratos pelo aumento das vendas. É um resultado sobre o qual você literalmente não tem e não pode ter controle, mas pode ter alguma influência sobre o assunto e tentar usá-la, e por isso lhe agradecemos. Para nossa grande satisfação, você pode ter êxito nesse esforço.

LEMBRE-SE

Isso pode servir de exemplo para muitas de nossas ações no mundo. Na verdade, não controlamos muita coisa, mas podemos ter mais influência do que pensamos, pois os outros exercem a própria liberdade para escolher como reagir aos esforços de persuasão e influência, talvez passando a usar os próprios esforços. Todos os dias, atuamos em todo o espectro de controle e influência. Por isso, é importante entender por que os estoicos, como Epicteto, nos aconselham a recuar, a nos retirar e cuidar apenas das poucas coisas que podemos controlar por completo.

Cidadela ou fortaleza interior

Os estoicos querem que tenhamos um estado de paz e poder dentro de nós mesmos, uma fortaleza espiritual ou cidadela interior em nossas almas que não possa ser violada. Na maior parte do mundo, há pouquíssimas certezas reais garantidas — há quem diga que são somente a morte e os impostos, mas há alguns fundadores de tecnologia bilionários do Vale do Silício trabalhando para eliminar até essas certezas. Nossos guias estoicos querem nos ajudar a identificar algumas garantias concretas que nos ajudarão a ter uma vida melhor, mais feliz e, principalmente, uma espécie de conforto e segurança em meio à loucura do destino ou da sorte. Eles adorariam nos convencer de que há um retiro seguro disponível em nosso íntimo, um lugar de paz e poder.

Sem dúvida, essas coisas — paz de espírito e poder interior — são importantes na vida e muito negligenciadas em nosso cotidiano atarefado. São coisas maravilhosas que também podem ser a fonte de muitos outros grandes benefícios, e parecem ser o elemento central de uma vida boa e feliz.

LEMBRE-SE

Todos precisamos de uma sensação de autonomia ou poder pessoal, e de um pouco de paz interior para sentir, fazer e ser o melhor possível. Precisamos encontrar nossa fonte apropriada de poder para o bem e evitar as distrações e as emoções que impediriam que fizéssemos o melhor uso dela. Muitas pessoas parecem estar distraídas com coisas sobre as quais não têm controle ou influência, preocupando-se incessantemente com elas e sendo impedidas de realizar o que realmente poderiam estar fazendo para o próprio benefício e para o bem maior do mundo.

A fixação nos aspectos externos fora de seu controle absoluto pode ser o caminho dos grandes empreendedores e conquistadores do mundo, mas, ironicamente, pode ter efeitos colaterais extremamente incapacitantes. A obsessão por resultados externos pode, na verdade, diminuir sua eficácia e, com frequência, tirar de você um estado mais poderoso e natural de tranquilidade mental e emocional. Por que, de fato, alguém deveria passar tanto tempo se preocupando com o que não consegue fazer? Por que não focar a atenção naquilo que podemos alcançar? Se isso for algo total ou principalmente pessoal, então que assim seja. Iremos nos voltar para dentro de nós e desfrutar de um pouco de tranquilidade enquanto o mundo enlouquece. Mas talvez, apenas talvez, não precisemos chegar a esse extremo para fazer o trabalho.

PREOCUPAÇÃO DESNECESSÁRIA

"Nada nos assuntos do homem vale grande ansiedade." — Platão (*República*, Livro 10)

Um dos coautores deste livro foi convidado para ser o principal orador em uma grande comemoração realizada por uma financeira. Na véspera do evento, no grande auditório onde aconteceriam as comemorações, o CEO da empresa parecia estar em um estado de ansiedade muito grande em relação aos preparativos de última hora em andamento, passando de uma pessoa responsável para outra. Seu tom de voz e sua expressão facial transmitiam grande preocupação. Então, quando ele se aproximou do filósofo que acabara de chegar e agora estava sorrindo para cumprimentá-lo, este disse algumas palavras alegres com a intenção de ajudá-lo a se acalmar, com um sorriso confiante: "Uma coisa com a qual você não precisa se preocupar amanhã é comigo". O CEO respondeu: "Sempre que alguém diz algo assim, eu me preocupo de verdade". Na conversa divertida que se seguiu, esse líder altamente bem-sucedido explicou: "É meu trabalho me preocupar. Assim, tudo é resolvido e corre tudo bem."

Muitas pessoas acreditam na mesma coisa. O trabalho delas é se preocupar. Mas, analisando bem, o que lhes cabe é planejar, preparar, concentrar-se nos detalhes, verificar duas vezes quem são as pessoas e os eventos planejados, talvez verificar três vezes tudo em vez de fazer suposições, certificar-se de que todos os envolvidos entendam o que é necessário fazer e quando deve ser feito, deixar o mínimo possível de chance e supervisionar as coisas à medida que elas acontecem com calma, mas com cuidado. Tudo pode ser feito sem nenhuma preocupação, pois não há nada de positivo nisso. É possível eliminá-la sem perder nada do que é necessário. Será um grande ganho para a pessoa que, de outra forma, estaria preocupada, ao mesmo tempo em que garantirá aos demais que as coisas estão bem e que eles também não precisam se preocupar.

Um recolhimento interior talvez seja o melhor refúgio contra as preocupações. No entanto, convém sermos cautelosos ao nos fechar totalmente em nosso círculo interior de controle. Críticos amistosos dos estoicos, e muitas pessoas que se sentem influenciadas por esses filósofos antigos e profundamente gratas a eles por suas ideias libertadoras, às vezes ainda acham que eles nos trouxeram excelentes perspectivas que eles mesmos tendem a levar longe demais.

Uma coisa é concordar que pensamos demais em coisas fora de nosso controle e talvez até fiquemos obcecados por elas, mas é um pouco exagerado dizer que não deveríamos focar nelas, nem mesmo nos preocupar e, como dizem muitos estoicos antigos, considerá-las "inúteis" ou sem qualquer valor que justifique nossa atenção ou tempo. É uma forma de evitar a preocupação, mas você pode acabar se preocupando, com razão, com o fato de que isso foi longe demais.

Outro espectro

Pode haver outro espectro relevante na reação adequada ao conceito de controle e às ideias relacionadas a ele, em vez de uma dicotomia rígida ou até mesmo uma tricotomia de atitude. Talvez possamos considerar algo como um espectro de tempo em potencial ou mesmo de intensidade para o foco e a preocupação emocional com coisas externas, um espectro representado por uma ampla variedade de gradações cujos principais marcos podem ser tão simples quanto:

- Ficar obcecado e preocupado com algo
- Concentrar-se em muitas coisas
- Dar alguma atenção a algo
- Ignorar completamente

É possível que esse espectro acompanhe de perto o outro de controle e influência, com ainda mais níveis de comprometimento em relação ao tempo e à energia mental. Quanto mais controle ou influência temos em relação a algo, mais isso pode justificar determinada magnitude de tempo e atenção, além de um grau de energia mental dedicado. Não é como um interruptor de luz tradicional de duas posições, liga ou desliga, é mais como um interruptor com dimmer na sala de jantar, em que podemos aumentar ou diminuir a luz para criar um ambiente ideal para um jantar romântico.

A visão estoica padrão é rigorosamente ou/ou: ou algo está sob seu total controle ou não está. Portanto, ou você deve se preocupar com isso ou não deve. Não existem outras opções relevantes.

Os estoicos tinham um motivo específico para justificar essa visão rígida. Se você começar a estender seu foco e sua preocupação a coisas fora de seu controle absoluto, ficará vulnerável a emoções negativas, como decepção e desânimo, que podem estar associadas a esse apego e às expectativas associadas a ele, assim como o jantar romântico para o qual você tinha grandes esperanças e que, infelizmente, foi arruinado, apesar de ter usado com habilidade o dimmer.

LEMBRE-SE

Os estoicos querem nos ajudar a encontrar um estado de invulnerabilidade e segurança total em um mundo tumultuado e frágil. Estão sempre nos afastando de qualquer coisa que possa nos levar a consequências negativas em nosso interior.

O Problema dos Objetivos Externos

Há uma discreta tensão oculta nos princípios do estoicismo que merece ser revelada neste momento. Os estoicos valorizam tanto a paz interior quanto o poder ilimitado que é usado de maneira virtuosa. O conselho deles sobre controle e foco — de que devemos nos concentrar e nos preocupar apenas com as coisas que podemos controlar completamente — parece surgir de um esforço para nos ajudar a usar a dádiva divina da razão de maneira desinibida e imaculada.

Quando nos concentramos em coisas que não podemos controlar completamente, ficamos vulneráveis a forças capazes de nos perturbar com emoções negativas, como irritação, frustração, raiva, medo, decepção e desespero. São justamente essas emoções que mais frequentemente afetam nossa capacidade de usar a razão. Elas nos perturbam e nos induzem a pensamentos, sentimentos, atitudes e ações irracionais. Com o intuito de honrar a razão e manter puro nosso acesso a ela, os estoicos procuram evitar quaisquer forças emocionais desse tipo. Eles percebem que nos estressamos, nos preocupamos ou sentimos ansiedade por coisas sobre as quais não temos controle. Por isso, recomendam que evitemos focar essas coisas, que nos esquivemos das preocupações emocionais com elas e até que as deixemos completamente de lado, pois não passam de distrações de nossa tarefa principal de viver de maneira consistente e de acordo com a razão.

No entanto, o pensamento estoico clássico quer que sigamos a razão de todas as formas e em todas as ocasiões, porque é uma parte fundamental da nossa natureza, e "seguir a natureza" é uma das diretrizes básicas, devidamente compreendida. Acontece que, quando analisamos a fundo a natureza humana, descobrimos que aparentemente todos temos uma medida de razão concedida a nós, uma capacidade de pensar racionalmente, mas que essa não é a verdade sobre nossa essência como seres humanos. Também nascemos com uma relacionalidade inata, uma tendência a responder positivamente a outras pessoas, a fazer amizades e parcerias, e a entrar em modos de interdependência nesses relacionamentos. Os seres humanos só florescem em comunidade com outras pessoas. Abordaremos esse importante tema estoico em seus maravilhosos detalhes no Capítulo 13, mas agora destacaremos um aspecto extremamente relevante para nossa questão atual de controle e preocupação.

CUIDADO

Os estoicos acreditam que as relações entre os seres humanos oferecem oportunidades incríveis e deveres importantes. Os cônjuges têm deveres um para com o outro. Os pais têm deveres para com os filhos, e os filhos têm um conjunto próprio de deveres para com os pais, entre si e para com os amigos, bem como para com outras pessoas em sua comunidade mais ampla. Essas obrigações externas geram uma tensão que pode equivaler a uma estrita inconsistência com a recomendação estoica de se refugiar em uma espécie de fortaleza interna de controle.

Relacionamentos, razão e bem comum

Vivemos bem e florescemos apenas em comunidade uns com os outros. As inúmeras responsabilidades sociais e morais que tecem o tecido de uma comunidade saudável exigem que não nos atenhamos apenas a nossos pensamentos, julgamentos, desejos, aversões e outros aspectos mentais sobre os quais podemos, em princípio, ter controle absoluto, mas que também nos preocupemos e cuidemos uns dos outros, zelando com amor e consideração, na circunstância do amor familiar, do amor ao próximo, da amizade verdadeira ou do amor romântico. Naturalmente, isso significa ir além do que podemos controlar estritamente e nos envolver na confusão evidente das relações humanas. Significa ter objetivos, intenções, esperanças, sonhos e ambições pessoais para nosso relacionamento com os outros. É preciso trabalhar neles e também colaborar em parceria com outras pessoas para atingir os objetivos que compartilhamos.

Não pode haver sociedade saudável ou comunidade real entre as pessoas sem qualquer engajamento em torno de objetivos compartilhados. Os estoicos acreditam, de fato, que temos a obrigação, com base na razão — como toda obrigação moral — de cuidar e de nos preocupar uns com os outros, trabalhar para o que denominamos "bem comum", que depende, em parte, de cada um de nós. Não é de surpreender, portanto, que tantos estoicos antigos fossem ativos em suas comunidades como professores, conselheiros ou oficiais do governo, sendo que um deles chegou a servir como imperador.

Para os estoicos, a razão é o fundamento mais básico para uma vida boa. No entanto, para funcionar bem, ela precisa ser bem empregada. Sendo assim, a razão precisa ser protegida contra forças perturbadoras que nos impediriam de usá-la adequadamente. Por esse motivo, a própria razão parece exigir que prestemos atenção à dicotomia do controle (tricotomia ou espectro) e que escolhamos apenas uma das opções para nos concentrarmos, nos ocuparmos ou nos preocuparmos — as coisas que controlamos por completo —, a fim de evitar emaranhados de preocupações que nos tornariam vulneráveis a todas as forças negativas que degradam, corroem ou contaminam o uso da razão. Ao mesmo tempo, a razão diz que só podemos prosperar e ser felizes e realizados em relações que, para serem saudáveis, exigem que ultrapassemos o círculo estreito de coisas que podemos controlar e nos aventuremos a sair dessa zona segura para atender às necessidades sociais legítimas e importantes que todos temos.

Devemos nos preocupar e cuidar uns dos outros. Isso nos torna vulneráveis a coisas como a decepção e os sentimentos que a acompanham. Então o que devemos fazer? Será que devemos permanecer na zona segura de controle para proteger a razão? Ou nos aventurar além dessa área protegida para obedecer à lógica? Parece que temos um pequeno enigma ou paradoxo em nossas mãos. A razão exige, aparentemente, dois caminhos diferentes, opostos e até contraditórios. Embora os estoicos fossem conhecidos por dizer coisas que soavam paradoxais, não o eram por acreditar ou recomendar ações inconsistentes, pois isso não estaria de acordo com o princípio da razão que eles tanto valorizavam. Assim, temos um problema a resolver.

A estratégia de um estoico moderno

Um elemento essencial para resolver esse problema, que poucos adeptos atuais do estoicismo parecem notar ou sobre o qual nunca falam, é que podemos mudar o foco por um momento e nos concentrar em algo que talvez pode nos levar a ter uma ideia inovadora. Alguns estoicos contemporâneos levaram a sério o antigo conselho de não se concentrar em coisas que não podemos controlar e o aplicaram à importante atividade de buscar objetivos no mundo. William Irvine, por exemplo, um dos mais bem conceituados defensores recentes do estoicismo como uma filosofia de vida útil em nosso tempo, escreveu sobre isso em seu excelente livro *A Guide to the Good Life*. Ele pretende sugerir que os estoicos podem se preocupar com coisas que não conseguem controlar, mas devem ter cuidado com isso.

O jogador de tênis estoico

Irvine usa o exemplo do tênis e pergunta se é aceitável para um estoico querer ganhar um jogo ou uma partida. Ele escreve:

> Acredito que, quando um estoico se preocupa com coisas sobre as quais tem certo controle, mas não absoluto, como vencer uma partida de tênis, ele será muito cuidadoso com os objetivos que estabelece para si mesmo. Particularmente, ele terá o cuidado de estabelecer objetivos *internos* em vez de *externos*. Assim, seu objetivo ao jogar tênis não será vencer uma partida (algo externo, sobre o qual ele tem controle apenas parcial), mas desempenhar o melhor de sua capacidade na partida (algo interno, sobre o qual ele tem controle absoluto). Ao escolher esse objetivo, ele se poupará da frustração ou da decepção caso perca: como não era seu objetivo vencer a partida, ele não terá deixado de atingir o objetivo, desde que tenha dado o melhor de si. Sua tranquilidade não será perturbada. (p. 95)

Isso certamente parece sensato. Irvine prossegue dizendo:

> É importante observar, nesse ponto, que jogar com o máximo de sua capacidade em uma partida de tênis e vencê-la estão ligados de maneira causal. Mais especificamente, qual é a melhor maneira de vencer uma partida de tênis do que jogar com o melhor de sua capacidade? Os estoicos perceberam que os objetivos internos afetam nosso desempenho externo, mas também perceberam que os objetivos que estabelecemos conscientemente para nós mesmos podem ter um impacto significativo em nosso estado emocional subsequente.

Irvine parece ter criado uma forma de um jogador de tênis estoico obter todos os benefícios possíveis. É uma bela raquete: o jogador não estabelece nenhum objetivo externo que não possa ser alcançado e, assim, evita a possibilidade de decepção, frustração ou acessos de raiva como resultado de um fracasso, ou mesmo como reação a qualquer erro cometido ao longo do caminho que possa levar a esse resultado. Esses estados mentais que foram evitados são, obviamente, emoções que podem afetar a capacidade de fazer o uso mais puro e adequado da razão. No entanto, esse jogador de tênis estoico, com os objetivos internos adequados como seus únicos objetivos em quadra, também se engaja na atividade estruturada por objetivos que o colocará em condições de vencer a partida. Claro que, na verdade, ele não deveria se importar, já que vencer não é um de seus objetivos, certo? Observamos isso com um sorriso interno, porque, na verdade, qual é a probabilidade de encontrar um jogador de tênis que esteja tão concentrado em seus objetivos internos a ponto de não ter pelo menos a esperança de vencer? Afinal, é possível jogar nos dois lados da quadra mental dessa maneira? Se você não gostaria de pelo menos ganhar, ou se não quer, no fundo do seu coração, ganhar pelo menos um ponto ou um game, se não um set, então por que é tão importante jogar com o melhor de sua capacidade? Seria apenas amor pelo jogo, cujo resultado externo não deveria ter importância? Talvez sim, mas será necessário dar uma olhada em um segundo exemplo e analisar essa questão novamente.

O marido e a esposa estoicos

Irvine afirma que os estoicos sempre serão cautelosos quanto aos objetivos que estabelecem para si mesmos, e sugere que um estoico não buscará coisas externas, justamente para evitar a possibilidade de decepção que poderia colocar em risco sua tranquilidade e ameaçar sua razão. Em outra passagem, porém, ele parece ter em mente a importância dos relacionamentos dentro da filosofia estoica e admite que acredita que o estoicismo recomendaria que ele, William Irvine, se preocupasse em saber se sua esposa o ama, embora não tenha controle absoluto sobre isso. Na verdade, os estoicos clássicos e rigorosos provavelmente sugeririam que ele se preocupasse mais com as próprias contribuições para o relacionamento, focando o amor que sente pela esposa. A saúde de uma parceira tão íntima parece ser, de fato, um objeto de cuidado para qualquer estoico que valorize adequadamente os relacionamentos. Contudo, a atenção de Irvine no exemplo ainda está voltada para a questão do controle, de modo que ele revela sua opinião de que não deveria estabelecer como objetivo fazer com que a esposa o ame ou continue a amá-lo, mas agir de modo a ser amado, já que com esse objetivo mais modesto ele não se prepara para a decepção e a interrupção de sua paz interior. Ele diz que seu objetivo deve ser apenas interno.

Mas existe um problema. Você já procurou agir de maneira amorosa e amável e, mesmo assim, teve suas ações mal interpretadas? De acordo com a visão estoica rígida, a forma como qualquer pessoa, inclusive o cônjuge, interpreta suas tentativas de ser amoroso não deve ser motivo de preocupação. O objetivo não deve ser fazer com que suas intenções amorosas sejam interpretadas como tais. Portanto, quando seu cônjuge interpreta mal suas melhores intenções, isso não deve ser motivo de decepção ou frustração. Entretanto, isso parece errado. É verdade que não podemos controlar como os outros nos veem ou interpretam nossas ações. Mesmo assim, quando estamos trabalhando duro para expressar e praticar intenções realmente amorosas, o fato de elas serem mal interpretadas e rejeitadas como o oposto do que deveriam ser com certeza deveria ser motivo de cuidado e preocupação. Será que não nos importamos a ponto de querermos nos concentrar na situação com seriedade, descobrir a causa da falta de comunicação e trabalhar com afinco para mudar o fato externo que, reconhecidamente, não está sob nosso controle absoluto?

CUIDADO

Há uma questão ampla nesse ponto. Apesar de sugerir que apoiemos uma tricotomia de controle em vez de uma simples dicotomia, no final, Irvine parece não querer aproveitar a nova categoria de controle parcial. Mas será que ele quer mesmo sugerir que um estoico moderno não deve ter objetivos externos? Se você é estoico, não pode definir como objetivo, em um dia quente, pegar um copo de água fresca? Seu objetivo deve ser apenas tentar fazer o melhor possível para agir de modo que a água esteja disponível para você? Deve simplesmente tentar alinhar desejos, crenças e intenções como faria se tivesse o objetivo externo não permitido de tomar um gole? É como se você estivesse se amarrando em nós mentais para escapar de um problema que talvez tenha uma solução melhor.

O aspirante a escritor estoico

Outro exemplo que pode nos ajudar a encontrar uma saída para o problema reside no fato de que Irwin considera o exemplo de uma jovem escritora que quer ser romancista. Neste, ele parece endossar algumas atitudes que envolvem controle parcial, mas não absoluto. Ele diz que a aspirante a romancista precisará travar duas batalhas: dominar a arte e o ofício da escrita, e lidar com as rejeições, porque é isso que o mundo editorial envolve. Muitas pessoas sofrem uma rejeição e logo desistem, não querendo passar por mais decepções. Mas Irwin acredita que há uma solução. Ele oferece o que considera ser uma estratégia estoica e apresenta uma alternativa ao objetivo externo de ser publicado. O exemplo anterior do jogo de tênis é claramente uma inspiração neste caso, porque ele escreve (na página 98):

> Como a aspirante a romancista pode reduzir o custo psicológico da rejeição e, com isso, aumentar suas chances de sucesso? Internalizando seus objetivos em relação à escrita do romance. Em vez de ter como meta algo externo, sobre o qual ela tem pouco controle, ela deve adotar objetivos internos, sobre os quais tem considerável controle como, por exemplo, o quanto se dedica ao manuscrito ou quantas vezes o submete dentro de determinado período de tempo.

Deixaremos de lado a questão de por que, na visão de Irwin, essa estratégia estoica deveria incluir qualquer preocupação com "a chance externa de sucesso dela" e observaremos apenas que ele admite que, embora essa estratégia de internalização possa não eliminar totalmente o impacto emocional da rejeição e satisfazer a preocupação estoica estrita com uma vida interior completamente tranquila, ela poderia minimizar o sofrimento da decepção e talvez evitar que a autora desista.

Jogos mentais bobos

Irvine é um filósofo experiente e veterano, portanto ele antecipa certa resistência por parte dos leitores, na forma de uma queixa de que essa recomendação equivale a nada mais do que um "jogo mental" de fingir não ter um objetivo externo, de modo a minimizar as consequências emocionais de tal objetivo não ser alcançado.

A primeira resposta dele é que, se o processo de reorientação para dentro for feito com tempo e eficácia suficientes, talvez possamos chegar a um ponto em que não estejamos apenas brincando com a mente e fingindo não ter um objetivo externo relevante, mas em que realmente internalizemos por completo nossas motivações e objetivos e, por isso, não tenhamos foco em resultados objetivos.

Em seguida, ele admite que, se isso não for perfeitamente possível, ainda é legítimo usar um truque mental ou um "jogo mental" para reprimir nossas emoções e nos proteger das decepções que, de outra forma, poderíamos enfrentar. Aliás, ele diz que os estoicos não eram avessos a truques mentais para ressignificar uma situação, mudar de perspectiva, avaliar um desejo ou uma dificuldade com uma medida diferente, ou desviar a atenção das questões problemáticas que enfrentavam para focar outros aspectos da situação. Se buscar internalizar os objetivos e evitar os externos pode funcionar para reduzir ou eliminar o estresse, a preocupação e o desânimo, não há nada de errado nisso, conclui ele.

Mas, então, ele nos surpreende ao fazer uma "confissão" e admitir que encontrou "poucas evidências" de que os antigos estoicos usavam esse truque ou técnica de internalização. Ele afirma que a filosofia estoica foi o motivo da mudança simplesmente porque é a coisa "óbvia" a fazer, em suas palavras, "se alguém deseja, como os estoicos, preocupar-se apenas com as coisas sobre as quais tem controle e se deseja manter a tranquilidade ao empreender esforços que podem falhar (no sentido externo da palavra)."

Suponha que a aspirante a romancista do exemplo de Irvine tenha pensado em uma ótima história e escrito um texto inteiro sem nunca ter estabelecido um objetivo real para concluir um livro ou publicá-lo. Ela está muito empolgada com o trabalho e, em qualquer outra situação, começaria a pesquisar maneiras de enviar o trabalho para editoras com o objetivo de fechar um contrato para a publicação. Se ela tivesse objetivos externos, eles poderiam incluir uma bela impressão da história e o lançamento em todos os tipos de livraria como seu primeiro romance publicado. Esperaria participar de podcasts e receber críticas positivas sobre o livro, e talvez participar de eventos com autores para promover as vendas. É um grande sonho e uma visão poderosa. Porém, ela leu alguns livros dos antigos estoicos e talvez um de William Irvine, então sabe que não deve estabelecer tais objetivos externos, apenas os internos. Ainda assim, com base na descrição de Irvine sobre o que seria bom fazer, ela envia seu manuscrito para agentes ou editoras sem o objetivo externo de que ele seja aceito ou publicado. Quando é recusado, não há problema; ela coloca uma cópia em outro envelope e a envia para outra editora, fazendo isso repetidamente.

Mas por quê? Se ela não tem o objetivo externo de publicar seu manuscrito, por que o envia para editoras? Talvez ela queira apenas que eles leiam e gostem, mesmo sem publicá-lo. Mas talvez ela se sinta decepcionada até com isso. No entanto, se for devidamente cautelosa e muito perspicaz em relação ao estabelecimento de objetivos internos, ela não almejará nem mesmo isso, apenas alinhará seus desejos, suas crenças e intenções como faria se tivesse.

Mas, novamente, precisamos nos perguntar por que ela está passando por tudo isso se não tem sequer o objetivo externo de fazer com que outro ser humano leia a história. Com base nas restrições de Irvine, será que ela poderia ter estabelecido o objetivo simples de digitá-la no computador e depois imprimi-la? Tudo isso são coisas externas também. Ela poderia estabelecer um objetivo minúsculo de levar o manuscrito até a agência dos correios do outro lado da cidade, selá-lo e enviá-lo pelo correio? Outras coisas externas: a impressora pode travar. O pneu pode furar no caminho para os correios e ela pode ficar muito desapontada. Portanto, ela obviamente não poderia ter nem mesmo esses pequenos objetivos externos se a preocupação estoica fosse evitar a possibilidade de qualquer emoção negativa.

Essa estratégia parece um tanto complicada e forçada, e reconhecidamente um pouco boba, não é mesmo? Sem dúvida, um estoico moderno e um pensador criterioso como Irvine não têm essa intenção. É quase como se tivéssemos nos envolvido em uma grande farsa por medo do fracasso e das emoções que qualquer fracasso poderia causar. Para evitar qualquer possibilidade, somos aconselhados a evitar todos os objetivos externos, coisas que não estão sob nosso controle, e focar apenas as coisas sobre as quais temos controle absoluto. Essas coisas, no entanto, são muito raras e totalmente psicológicas, o que nos deixa confusos: por que faríamos esse trabalho interno, a menos que quiséssemos ou esperássemos que ele tivesse os resultados externos óbvios que normalmente almejamos? Se é que sabemos de algo, saberíamos que até as esperanças podem ser frustradas e fracassar, assim como trabalhar com desejo e confiança em direção a um objetivo externo. Portanto, essa parece não ser uma estratégia estoica bem-sucedida. O que resta agora?

Fazendo o Nosso Melhor

Muitas pessoas tiveram pais que foram generosos ao dizer na época da escola: "Você não precisa tirar as melhores notas, só queremos que dê o seu melhor." Isso parece sensato e libertador. O jogador de tênis do exemplo de Irvine resolveu tentar dar o melhor de si, sem o objetivo de vencer. Todos podemos entender isso, se está enraizado em um puro amor pelo jogo. Mas se considerarmos outros exemplos, essa atividade parece menos motivada de modo natural, se é que existe. Mesmo o tenista, ao estabelecer seu modesto objetivo de "ir lá e jogar o meu melhor", pode ficar desapontado, a rigor, uma vez que jogar o seu melhor nem sempre está sob seu controle. Ele pode ter uma câibra tão persistente que o impeça de jogar, uma forte dor de estômago causada por um vírus, pode sofrer exaustão pelo calor ou ter um ataque cardíaco no meio do jogo. Para garantir que ele evite o fracasso e a decepção, ele teria que reduzir seus objetivos apenas a itens mentais, e mesmo esses, conforme indicam nossos exemplos de catástrofes na área médica, podem sofrer interferência de forças que fogem ao seu controle e, assim, acabar fracassando. Parece que precisamos de outra opção.

Irvine está certo ao dizer que, se esperamos grandes conquistas na vida, como vencer uma partida de tênis importante ou publicar um livro, precisamos estabelecer objetivos intermediários e diretos, objetivos menores durante um período mais longo antes desse desafio específico, ou haverá pouca esperança de alcançar o resultado e a decepção será praticamente garantida. Entretanto, isso implica apenas operar em uma faixa ampla do espectro de controle, começando com aquilo sobre o qual temos certo controle, que é o jogo mental, e se estendendo até aquilo sobre o qual temos menos controle, mas que sempre envolve o cultivo de um comportamento habilidoso, ou seja, atividades em que há algum risco presente.

Se conseguíssemos proteger nossas vidas de modo a eliminar todos os riscos, acabaríamos com a necessidade e até com a possibilidade de ter coragem; e a coragem tem sido vista como uma virtude humana primordial desde quase o início da filosofia. Na verdade, ela é uma das quatro virtudes fundamentais reconhecidas pelos estoicos. Ela exige riscos. Porém, há uma estratégia para lidar com o problema das emoções negativas que permite o exercício dessa virtude fundamental diante de um risco real.

Uma Estratégia Alternativa

No início deste livro, sugerimos que metade da sabedoria consiste em saber o que aceitar e o que deixar de lado, e que a maioria das pessoas erra na maior parte do tempo ao aceitar o que deveria deixar de lado e deixar de lado o que deveria aceitar. É possível que possamos satisfazer ambos os elementos do paradoxo de preocupações do estoicismo em relação à razão se abordamos a questão de maneira diferente. A solução talvez não esteja em evitar objetivos externos, mas na forma como os abordamos e pensamos sobre as coisas externas de modo mais geral.

Os estoicos clássicos reconheciam que as emoções negativas podem interferir ou degradar o uso de nosso mais precioso dom, a razão. Eles queriam nos proteger, nos ajudar a defender o uso da razão contra esses obstáculos. Por isso, chamaram nossa atenção para a questão do controle, pois sabiam que, quando nos aventuramos demais nas coisas que não podemos controlar, e o fazemos com um forte desejo ou um comprometimento emocional excessivo em ação, colocamos em risco nossas emoções e nossa capacidade de raciocinar bem.

Conforme vimos, uma possível resposta a esse problema é nos afastarmos das coisas que não podemos controlar e buscar abrigo em nossa cidadela interior, nos sentindo seguros na fortaleza de nossa alma, acolhendo apenas as coisas sobre as quais temos controle absoluto, enquanto nos livramos do restante. Porém, como também observamos, isso parece entrar em conflito com as implicações de outro grande compromisso do estoicismo e com a libertação da própria razão, de que devemos buscar o crescimento contínuo na vida e que, ao usarmos bem a razão, descobrimos que não podemos crescer sem ter relacionamentos saudáveis com outras pessoas, como cônjuges, parceiros de tênis e, eventualmente, editores. Isso só é possível se mantemos responsabilidades e deveres razoáveis com relação a esses relacionamentos. Para tanto, é preciso se aventurar e atuar além da fortaleza interna do controle absoluto, arriscando-se a se engajar em objetivos e atividades variadas e diferentes com outras pessoas, em que a emoção negativa não só é possível, mas talvez inevitável.

No entanto, pode haver uma estratégia atenuante que funcione para conciliar essas duas preocupações e que não envolva jogos mentais complicados de deixar de lado objetivos externos e aceitar apenas processos internos que, então, parecem totalmente sem motivação. Isso não requer nenhum truque e pode ser tão eficaz quanto razoável.

Nossa ligação emocional com os objetivos

Gostaríamos de sugerir que, para um estoico, os objetivos externos podem e devem ser bons o suficiente, desde que nossa relação emocional com eles seja adequada e satisfaça as preocupações legítimas de proteger a integridade da razão. É possível definir objetivos externos, como vencer uma partida de tênis, jogar menos que os adversários no campo de golfe favorito, despertar o amor do cônjuge ou do parceiro, ou publicar seu primeiro romance. Quanto maior e mais desafiador o objetivo, mais seu desejo de alcançá-lo dependerá do início de um processo que envolve objetivos intermediários e mais diretos. Haverá, então, meios para alcançar os objetivos secundários que começarão, em todos os casos, com coisas mais próximas de seu círculo de controle absoluto ou parcial do que os estágios mais remotos que poderão ser necessários para alcançar cada objetivo externo.

Os antigos estoicos estavam preocupados com o fato de que o apego excessivo a coisas externas, ou o tipo errado de apego, pode nos levar a emoções terrivelmente perturbadoras. E não são apenas as emoções ruins que podem perturbar a razão. Quando você se apega demais a um objetivo, considerando-o importante demais, e consegue alcançá-lo, pode ficar tão desequilibrado devido à exuberância irracional ou à alegria extrema quanto alguém que deseja realizar um objetivo de maneira igualmente errada, fracassa e entra em desespero. Em ambos os casos, o problema não é o objetivo, mas o tipo e o nível de apego emocional a ele.

A filosofia oriental, especialmente as tradições budista e hindu, oferece muitos bons conselhos sobre a relação adequada com os objetivos externos. É simples: esses objetivos são bons, mas, ao persegui-los, precisamos aceitar o processo no nível emocional e esquecer os resultados. Se aceitamos o processo bem o suficiente e da maneira correta, começamos a sentir tanta alegria na jornada em si que o fato de alcançarmos o resultado estabelecido não importará tanto. Talvez outro resultado seja igualmente bom. No final das contas, talvez a vida envolva principalmente o processo, a jornada, a aventura em si, guiada por objetivos que nos direcionam, mostrando caminhos para o futuro, mas sem nos manter emocionalmente reféns dos resultados em potencial.

SABEDORIA DO ORIENTE

A filosofia oriental tem uma grande sabedoria a respeito da relação entre nossas ações e os resultados delas, e isso pode servir de base para uma perspectiva estoica. Um texto importante do pensamento hindu, o *Bhagavad Gita*, diz:

> Você tem direito a suas ações, mas nunca ao fruto pretendido de suas ações. (2.47)
>
> O homem sábio deixa de lado os resultados externos, bons ou ruins, e se concentra apenas na ação. (2.48–52)
>
> Foi assim que os antigos que buscavam a liberdade agiram. Preste atenção em seu exemplo: Aja, desprendendo-se dos frutos da ação. (4.12–16)

E no *Dhammapada* budista vemos:

> Quem quer que esteja em contato com o infinito, livre de apego, sem anseios, é o mais elevado entre os homens. (7.8)
>
> Livres tanto da vitória quanto da derrota, as mentes serenas habitam na felicidade. (15.5)
>
> A tristeza nasce do desejo. O medo também. Quem está livre do desejo não conhece nem a tristeza nem o medo. (16.8)

O caminho apropriado para a ação

DICA

Com muita frequência, atribuímos nosso senso de identidade e valor pessoal às coisas externas que realizamos e ao que recebemos em decorrência na forma de recompensas financeiras. Também temos esse mesmo apego a questões de reputação ou status social. Mas nossa identidade e nosso valor como seres humanos não dependem dessas coisas. Esses resultados podem ser valorizados e desejados, porém não nos definem nem determinam nosso valor individual. Podemos libertá-los em nosso coração ou, pelo menos, mantê-los de forma mais leve e solta. Quando aprendemos o segredo de um toque leve ou de um aperto suave, liberamos nossas emoções dos altos e dos baixos que as vicissitudes da vida nos impõem.

LEMBRE-SE

Podemos nos preocupar com coisas externas, mas com uma preocupação moderada, flexível, ágil e resiliente. Ter preocupações externas não precisa, por si só, colocar em risco a nós ou a nossa razão. O modo como assumimos esses compromissos pode fazer toda a diferença. Essa percepção está em consonância com grande parte do pensamento estoico. Como Sêneca escreveu em "Sobre a Tranquilidade da Alma", sobre nossos objetivos: "A dor dos desejos frustrados é necessariamente menos angustiante para a mente se você não tiver prometido a si mesmo uma realização segura." Podemos ser resilientes ao sermos realistas. Podemos controlar nossas emoções com a devida atenção plena. Podemos equilibrar o acolhimento e a liberação.

E se estabelecemos uma meta que consideramos adequada, julgando-a um resultado melhor do que qualquer alternativa disponível, e depois a buscamos com riscos e, por fim, descobrimos que nossos esforços não são suficientes, podemos aprender a simplesmente aceitar o resultado como a vontade de Deus ou do Logos, como melhor ou igual ao que tínhamos em mente. Não somos oniscientes ou infalíveis. Pelo menos aprendemos e talvez cresçamos com isso. Uma técnica comum dos estoicos é estabelecer qualquer meta com a qualificação "se Deus quiser". Adoraria vencer a partida, ter um cônjuge carinhoso ou ter meu livro publicado [...] se Deus quiser.

Uma porta se fecha e outra se abre. Grande parte do estoicismo consiste em aceitar o que não podemos controlar totalmente e concordar com Deus, sem a necessidade de entender o porquê de tudo. Sabedoria não é ficar transtornado por eventos inesperados. É possível transcender a decepção e seguir em frente, até mesmo com um sorriso no rosto.

CUIDADO

Os estoicos gregos e romanos, que foram os criadores dessa filosofia de vida tão poderosa, pareciam acreditar que temos controle absoluto sobre nossas afirmações e negações, nossos juízos de valor, nossos desejos e aversões, e muitos outros estados mentais. Entretanto, a psicologia do século passado ou mais sugeriu com veemência a existência de poderes e forças inconscientes que colocam o domínio mental consciente muito menos sob nosso controle direto do que poderíamos imaginar. Pesquisas ainda mais recentes mostraram que nosso grau de autocontrole pode variar muito, dependendo da hora do dia ou da atividade que esgota os nutrientes disponíveis para o cérebro. Também sabe-se que as questões de autocontrole podem se tornar problemáticas se há consumo excessivo de álcool ou uso de outras substâncias. Portanto, apesar de a distinção entre as coisas que podemos controlar e as que não podemos ser útil, ela pode não ser tão sólida ou precisa como os primeiros estoicos supunham, ou mesmo como alguns de seus adeptos contemporâneos parecem ter como certo. Essa nova percepção pode aprofundar ainda mais nossa cautela em pensar que devemos manter as esperanças, os compromissos e os objetivos dentro do menor círculo de coisas que podemos controlar. Sempre podemos nos aventurar, e de fato o fazemos, fora desse círculo. Mas, ao fazermos isso, precisamos controlar nossas emoções adequadamente.

Quanto mais distante algo estiver do círculo interno previsto de nosso controle aparentemente direto, mais frouxo e leve deverá ser mantido. Imagine novamente um espectro. À medida que nos afastamos do círculo de maior controle, o abraço deve ser mais fácil, gentil e descontraído, até que ele dê lugar à liberação total. É um comportamento habilidoso, caso contrário, todos seriam bons nisso. É preciso praticar diferentes níveis de envolvimento e distanciamento, desde um abraço apertado até braços relaxados. Não precisamos restringir os objetivos e as preocupações a coisas que estão dentro de nossa mente. Porém, precisamos governar adequadamente os desejos, as aversões e as emoções a eles associados, para que os objetivos externos sejam mantidos e bem administrados, as atividades externas melhorem nossa vida em vez de representarem uma ameaça constante, e tenhamos muito espaço para a virtude da coragem, que considera tanto o grande valor quanto os riscos que, às vezes, precisamos enfrentar ao fazer o que é certo.

Acontece que os estoicos têm outros truques na manga de suas túnicas para nos ajudar a lidar com os eventos externos melhor do que costumamos fazer. Analisaremos cada um deles neste livro.

NESTE CAPÍTULO

» Esclarecendo o que é desejo

» Analisando o desejo e a felicidade

» Considerando o papel da esperança

Capítulo 10

Desejo e Vida Feliz

Alguns especialistas sobre a condição humana acreditam que nossa capacidade de ter desejos está entre as melhores coisas da vida. Os desejos nos fazem acordar de manhã e seguir em frente. Eles nos despertam ambição e motivação para fazer e ser. Outros estudiosos consideram que os desejos estão entre as piores coisas. Segundo eles, os desejos nos escravizam para que façamos e obtenhamos mais, e nunca permitem que fiquemos satisfeitos com quem somos ou com o que temos. Quem está certo? O que você acha?

Neste capítulo, exploramos as diferentes e surpreendentes visões estoicas sobre desejo, colocando-as no contexto moderno e analisando a questão em detalhes. Os estoicos têm perspectivas inusitadas para nós nesse aspecto, assim como em outros aspectos de seu pensamento. Para muitos leitores contemporâneos de sua obra, bem como seguidores de suas ideias, o que os torna diferentes é exatamente o que faz com que sejam atraentes para nossa época. Certamente, nosso maior desejo é que você ache útil o que temos a dizer aqui, à medida que se aprofunda no próprio estoicismo e em sua interpretação de vida feliz e realizada que todos buscamos. Por vezes, o estoicismo nos dá respostas. Outras vezes, simplesmente nos ajuda a fazer as perguntas certas. Uma filosofia pode ser útil de qualquer maneira.

Esclarecendo o que É Desejo

Afinal, o que é desejo propriamente dito? Que papel ele normalmente desempenha em sua vida? É um elemento adequado e útil para você? Ou o desejo lhe causa problemas? O que tendemos a desejar e por quê? É claro que esta última pergunta é muito genérica e talvez abstrata demais. No entanto, ao filosofar, descobrimos com frequência que as perguntas genéricas podem nos levar a um caminho de descoberta e nos proporcionar uma nova forma de entendimento muito específica.

Um exemplo filosófico padrão para nossas ações no mundo especifica, grosso modo, que temos crenças, desejos e responsabilidades que, juntos, tendem a conduzir as ações por meio da influência de nossas escolhas. As crenças são convicções sobre como as coisas no mundo são, foram ou serão, inclusive nós mesmos e como nos encaixamos no panorama geral. Os desejos são normalmente classificados como uma forma de emoção positiva e com potencial motivador, ou uma espécie de atitude favorável em relação a algo que se acredita ser valioso, como um objeto, um evento ou um estado de coisas como "casar" ou "abrir um negócio bem-sucedido". Esses exemplos são de coisas que os estoicos classificam como intrinsecamente nem boas nem ruins; logo, como "indiferentes", que podem ter um valor próprio para nós, mas não o tipo relevante para a concepção estoica de felicidade, desenvolvimento pessoal ou bem-estar definitivo (uma visão explorada nos Capítulos 8 e 9).

Compromissos

Se você acredita que determinada coisa é útil ou de valor, ou que seria agradável e, portanto, deve ser preferida em relação às alternativas disponíveis em virtude disso, e assim você sente desejo por ela, geralmente julgamos que isso é suficiente para explicar o fato subsequente de agir para obtê-la. Mas talvez exista mais um elemento que pode estar envolvido, que consideramos um comprometimento. Os compromissos que assumimos incluem as amplas definições de importância que normalmente chamamos de valores básicos, além das diversas promessas que fazemos aos outros e a nós mesmos, e os papéis de responsabilidade que concordamos em desempenhar no mundo, bem como os deveres envolvidos.

Nossos valores básicos, enquanto compromissos, são as abordagens gerais e firmes diante da vida que consideramos importantes para viver bem. Envolvem mentalidade, atitudes ou intenções permanentes, como honestidade e generosidade, justiça e coragem. As promessas são compromissos mais específicos baseados em declarações ou garantias que damos a outras pessoas de que seremos ou faremos determinadas coisas no futuro, ou de que nos absteremos de fazer certas coisas. Podem ser juramentos óbvios ou entendimentos implícitos transmitidos de maneira mais indireta, que geram e respaldam uma expectativa e uma espécie de confiança. As funções de responsabilidade que envolvem os compromissos incluem as de filho ou filha, marido ou esposa, pai ou mãe, cidadão, funcionário, treinador, atleta de equipe, empresário, gerente, membro do governo ou representante da igreja. Os papéis que desempenhamos, bem como as promessas e os valores básicos, têm a função de sugerir e provocar ações idôneas no mundo, bem como de excluir outras pessoas. Ilustraremos o que isso significa.

Suponha que, para fins de exemplo — embora tenhamos certeza de que isso não acontece em sua vida, apenas considere a possibilidade —, você imagine um futuro relacionamento romântico com sua celebridade favorita do cinema ou da música. Em sua fantasia, é um relacionamento maravilhoso que inclui muitas viagens para lugares bonitos, suítes de hotel de luxo, refeições maravilhosas nos melhores restaurantes e um estilo de vida invejável. Porém, suponha que você não acredite de fato que a realização dessa fantasia na vida real seja uma coisa boa. Na verdade, você é inteligente o suficiente para perceber isso. Você já deve ter ouvido falar muito sobre a difícil realidade da vida das celebridades e a maneira como os relacionamentos delas muitas vezes fracassam devido a todas as demandas malucas da vida pública. Você percebe que tem um sonho inofensivo e recorrente, apesar do tempo que passa fascinado pelas fotos online. Sabemos, mas é segredo.

Essa fantasia, por si só, não o levará a agir. Uma fantasia é somente uma bela imagem ou um vídeo mental, ou uma série para assistir em streaming. Ela fica na imaginação. Mas um desejo intenso é diferente. Em geral, é considerado uma inclinação da vontade. Normalmente surge unicamente em relação a certas crenças positivas e à sustentação de valores. Caso passe a acreditar firmemente que seu ídolo da cultura pop é a pessoa certa para você e que, se vocês se conhecessem, isso seria mágico, além de evitar todos os aspectos negativos típicos de um relacionamento assim, você poderia começar a desejá-lo, talvez o suficiente para buscar uma forma de se conhecerem. Você estaria pronto para agir — a menos que já estivesse em um compromisso sério que tornasse isso impossível e, nesse caso, entenderia que precisava se acalmar e desistir do sonho. Em um contexto em que tudo se encaixasse, com crenças fortes de suporte, um intenso desejo e uma série de compromissos que lhe permitissem fazer tudo isso, provavelmente haveria uma forma de ação, mesmo que, infelizmente, terminasse com uma ordem de restrição.

Estamos inclinados a escolher as coisas com as quais as crenças positivas, os desejos adequados e nossos compromissos se alinham. Depois, agimos. É um esboço simples e agradável do que normalmente pensamos estar por trás de nossas ações, mas a verdade é um pouco mais complexa. Nossas crenças, nossos desejos e nossos compromissos não existem de maneira totalmente independente. O que você deseja muito pode afetar o que é capaz de enxergar no mundo, como interpreta aquilo que percebe e as crenças específicas resultantes.

Pensamento, desejo e ação

As emoções racionais podem ajudar em nossas percepções, interpretações e pensamentos, enquanto os sentimentos irracionais tendem a prejudicar o processo. Frequentemente, vemos o último caso ocorrer em grande escala na política e em pequena escala na vida pessoal. Da mesma forma, os diversos compromissos assumidos — envolvendo todos os valores, promessas e funções — podem afetar o que você acredita ser certo e, dessa forma, incentivar ou desestimular o surgimento de um desejo específico relacionado a essa crença em seu coração. Além disso, é claro que suas crenças sobre o que é bom, útil, conveniente, apropriado ou divertido podem influenciar seus desejos e compromissos. É uma interação dinâmica entre esses elementos distintos, porém inseparáveis, dentro de cada um de nós. A complexidade de nossa vida interior pode dificultar a previsão do que outra pessoa fará, a menos que você a conheça bem ou tenha observado a dinâmica do grupo do qual ela normalmente participa.

O estoicismo vê esses elementos distinguíveis, embora interligados, da mente, ou da pessoa que age no mundo, como de importância crucial para a felicidade e o significado pessoais. Em seu livro clássico *A Cidadela Interior*, o filósofo francês Pierre Hadot identifica três disciplinas espirituais como centrais para a filosofia estoica e como necessidades contínuas que temos para viver bem no mundo ao nosso redor. Ele distinguiu as disciplinas conforme mostrado na Tabela 10-1.

TABELA 10-1 Três Disciplinas Espirituais

Pensamento	Desejo	Ação
Em que você acredita	O que você quer	O que você faz
Seus julgamentos	Suas motivações	Suas atitudes
Acreditar racionalmente	Aceitar corretamente	Agir virtuosamente

Nessa perspectiva, os estoicos queriam que acertássemos os pensamentos para que pudéssemos acertar nossos desejos e, depois, também nossas ações. O pensamento é primordial, porque os desejos e as ações surgem do modo como vemos e interpretamos o mundo, ou dos julgamentos mentais que fazemos em decorrência de nossas percepções sensoriais e das representações internas do mundo a que elas dão origem. Por exemplo, você pode sentir sons vindos de outra pessoa em sua direção e sua mente os interpreta como palavras ditas a você. Caso interprete as palavras como insulto, humilhação ou qualquer outra forma de ofensa, isso poderá gerar algumas emoções e respectivos desejos que resultarão em um impulso para agir de determinada maneira. Porém, quando controlamos bem nossos pensamentos, eliminamos a tendência de interpretar determinadas palavras e tons de voz como um ataque pessoal que requer uma reação. Eliminamos a tendência de nos ofender com o que é dito nesses tons ou com essas palavras, bem como de interpretar outras coisas que acontecem ao nosso redor como ruins ou terríveis. Isso possibilita disciplinar melhor nossos desejos e nossas ações que, na maioria das vezes, os acompanham. Essa disciplina evitará a manifestação de desejos doentios e irracionais de retaliação, e ações que se encaixam na mesma descrição.

Ao ter uma disciplina adequada nas três áreas de pensamento, desejo e ação, você estará mais bem preparado para se manter tranquilo por dentro e viver de maneira virtuosa, a despeito do que parece acontecer ao seu redor. Seu eu interior é fortalecido por cada uma dessas disciplinas e pode funcionar com mais independência emocional nos altos e nos baixos do mundo. Você não compartilhará a desnecessária montanha-russa de sentimentos intensos que a maioria das pessoas parece experimentar. Poderá concordar com o falecido psicólogo Richard Carlson de que "a vida não é uma emergência". Você pode ficar mais calmo e em paz para pensar, sentir e agir corretamente.

Controlando os desejos

Da perspectiva estoica, o objetivo ideal para o controle de nossos desejos é que desejemos apenas que as coisas sejam exatamente como são em determinado momento, como o momento presente. Epicteto, por exemplo, aderiu ao pensamento de seus colegas mais antigos de que a paz interior, a tranquilidade ou a serenidade são necessárias para o uso pleno e irrestrito da razão em nossa vida. Ele diz:

> Em vez de desejar que as coisas aconteçam como você gostaria, deseje que aconteçam como de fato acontecem — e assim você estará em paz. (*Manual*, 8)

A preocupação dele era que, se desejássemos algo diferente do que já está acontecendo, existe ou nos pertence, ficaríamos vulneráveis à insatisfação, ao desapontamento e a outras atitudes negativas em relação a qualquer fracasso do mundo ou de Deus em satisfazer esse desejo, e essa seria uma atitude contrária à virtude, na verdade um ato de impiedade para com os deuses, o que sempre deve ser evitado.

Cabe aqui uma ressalva e uma exceção. De acordo com Epicteto, somos livres para desejar coisas internas que ainda não são verdadeiras, como ser moralmente melhor, porque, afinal, isso depende apenas de nós, está sob nosso controle, portanto não é suscetível a forças ou interferências externas nem ao tipo de decepção que poderia nos levar a culpar Deus. As lacunas internas podem ser preenchidas com o desejo, mas não as lacunas em questões externas fora do nosso controle total.

O que tiver que ser será

Na visão de mundo estoica, tudo o que acontece é direta ou indiretamente resultado de Logos, Deus, "deuses", Zeus, Providência ou Natureza Benevolente, que planejaram, antes ou durante o nascimento dessa ordem universal, o que deveria ser e será o melhor. Por isso, tudo o que acontece no mundo ocorre para o melhor, independentemente de podermos ver isso em nossa perspectiva limitada e julgamentos particulares ou não. Pelos primeiros princípios sobre o governo de Deus sobre tudo, simplesmente sabemos que deve ser assim. De acordo com essa teoria, não faria sentido conceber o desejo como uma vontade ou um anseio que atravessa uma ponte entre o que é e o que não é — ou ainda não é e pode vir a ser.

O raciocínio é o seguinte. Suponha que você deseje algo, como ganhar um grande prêmio na loteria. Você ganhará esse prêmio ou não. Qualquer que seja o resultado, é o melhor para o Universo e também, pelo menos indiretamente, para você como parte do todo. Caso ganhe, o mesmo se aplica ao momento. O próximo ano será melhor do que amanhã. Ou daqui a 20 anos poderá ser melhor. Portanto, não há uma lacuna infeliz entre o que é e o que deveria ser. O que deve ser será, da melhor maneira e no melhor momento. Tudo está no lugar certo para o desdobramento adequado dos eventos cósmicos e mundanos, e é assim que deve ser. Por esse motivo, a emoção do desejo não tem utilidade para avançar, não precisa preencher lacunas. Não faz sentido desejar algo que não é ou que provavelmente não será, algo possivelmente superior ao que é e ao que será, porque isso não pode existir.

Desejando somente o que é verdadeiro

Se o desejo por algo externo à mente tem um papel na vida humana, na visão de mundo estoica, deve ser como um abraço emocional do que exatamente é, foi ou será. Uma pessoa sábia e virtuosa deseja tudo o que vem pelas mãos de Deus, o que resulta do Logos, o que a Natureza oferece e nada mais. Assim, devemos desejar todos os aspectos de nossas circunstâncias atuais, por mais agradáveis, difíceis ou até mesmo desastrosas que possam parecer. Devemos aceitar tudo o que é verdadeiro no mundo e não desejar nada diferente do que é, ou do que deve ser, porque isso seria sugerir que Deus errou, o que seria ímpio e moralmente ruim, além de inevitavelmente falso.

LEMBRE-SE

Além disso, desejar algo diferente do que é ou irá acontecer nos tornaria suscetíveis a emoções e atitudes negativas, como preocupação, medo, raiva, irritação, ressentimento, amargura e decepção com a vida e seu criador, todos estados internos que são tão difíceis para nós quanto contrários à vontade de Deus. Esse é o ponto de vista estoico clássico.

Pense um pouco. Se você conseguisse acolher emocionalmente tudo o que existe, aceitando completamente e não desejando que fosse diferente, sua vida seria muito mais fácil, tranquila e pacífica. Você evitaria o desânimo interno e a turbulência da negatividade. Poderia ter um sorriso no rosto e um brilho no coração o tempo todo, confiando que o máximo que pode acontecer é o que você realmente precisa, exatamente quando precisa. Você viveria em um paraíso de atitudes positivas. No entanto, há um grande problema aqui.

Pense nas coisas que nos cercam neste momento e que parecem ser as mais horríveis — o caos e a carnificina da guerra, os acidentes terríveis que mutilam ou matam as pessoas, o surgimento repentino de doenças debilitantes ou fatais, as ações moralmente horríveis de pessoas perturbadas contra vítimas inocentes, a injustiça racial, a opressão entre gêneros, a violência sexual e assim por diante. O estoicismo considera que essas coisas são, de alguma forma, provenientes dos planos abrangentes de longo prazo do Logos moralmente perfeito, ou Deus, e que, portanto, fazem parte da trama cósmica que, no final das contas, será melhor para o cosmos e, dessa forma, para todos nós como parte dele. Então, se tivéssemos uma aversão repulsiva em vez de um desejo de aceitar qualquer uma dessas coisas aparentemente terríveis, estaríamos julgando que Deus está errado e que o fluxo racional dos eventos é grosseiramente falho e insuficiente. Estaríamos nos isolando impiedosamente da razão divina que está por trás de tudo, separando-nos perigosamente do corpo universal que inclui o Logos, ao qual pertencemos com razão como membros valiosos.

A rigidez da visão estoica do desejo resulta de sua determinação de que, para sermos pessoas virtuosas, devemos aceitar — e não apenas com uma forma de tolerância, mas de amor real — o que quer que seja neste momento e em todos os momentos anteriores, bem como englobar tudo o que será no que é agora e no futuro. Ainda podemos trabalhar em prol do que consideramos um bom futuro, buscando aliviar o sofrimento das pessoas ao nosso redor em momentos futuros, ou o mais rápido possível, e ajudar a tornar o mundo o lugar que é capaz de ser, como parte de nossas intenções virtuosas e impulsos para agir, mas, ao mesmo tempo, permanecendo capazes de aceitar e amar o que quer que aconteça, devido ou apesar de nossas ações.

O problema do mal

Isso é muito difícil de entender. E nos leva ao que chamamos de "o problema do mal" em relação à crença em um Deus bom e poderoso como o criador final do Universo físico ou multiverso no qual nós, seres criados, existimos. No Capítulo 7 deste livro, falamos muito mais sobre isso. A questão levantada em torno dessa crença é como ou por que um Deus perfeitamente bom e poderoso pode ter criado um mundo em que há tanto mal — fatos ou eventos que envolvem dor e sofrimento em grande escala. Para os estoicos, claro, nenhum evento externo é verdadeiramente maligno. O mal, assim como o verdadeiro bem, ocorre apenas nos pensamentos e nas escolhas do coração ou da mente humana. É sempre um trabalho interno. O pior que se pode dizer da guerra, da doença, do desastre, das mortes aparentemente prematuras e de todo sofrimento físico infligido intencionalmente a pessoas inocentes é que, do ponto de vista humano em geral, são todos "indiferentes não preferidos" que Deus, ou Logos, permite para o benefício geral do esquema cósmico. Talvez Deus saiba que alguém responderá de maneira extremamente virtuosa a uma ação cruel ou a um caso de sofrimento terrível, a reação superando a dor e tornando-a justificada dentro de um bem maior. Mas o suposto dever moral de "amar" essas coisas, embora permaneça livre para preferir suas alternativas, parece ser uma exigência psicologicamente difícil de atender, se é que é possível.

Como podemos amar o que existe, como sendo de alguma forma o melhor, e ainda assim determinar racionalmente o trabalho para eliminar ou atenuar o que existe agora para o que virá depois? Se valorizarmos o oposto de grande parte do que acontece no mundo — paz em vez de guerra, bondade em vez de ódio, segurança em vez de ferimentos — como podemos valorizar igualmente ou ainda mais tudo o que acontece?

LEMBRE-SE

Contudo, a filosofia estoica insistirá que um amor genuíno pelo que é, uma aceitação do momento realizado, se pudermos alcançá-lo, é totalmente compatível com a preferência por modificar as coisas no momento seguinte, ou na maioria dos momentos futuros. Essa preferência, no entanto, deve ser sempre voltada apenas para o futuro e evaporar como neblina no sol da manhã à medida que o que era futuro se torna presente, e só então pode avançar novamente para o que ainda é futuro, se for uma preferência virtuosa, à medida que vemos, no presente que se desenrola, quais eventos Logos decretou que abraçássemos em vez de qualquer alternativa que tivéssemos em mente.

Os estoicos estão certos ao afirmar que seremos mais felizes e provavelmente mais fortes, com mais autonomia para fazer coisas boas, se não estivermos presos a emoções e atitudes negativas em relação ao mundo ou às nossas circunstâncias atuais e se, em vez disso, pudermos de alguma forma aceitar o presente como o que ele é. Mas será que isso requer *amar* tudo o que está acontecendo atualmente em nossa vida ou no mundo de maneira mais ampla? Será que temos que concordar com a filosofia estoica de que Deus escolheu *tudo* o que acontece e, portanto, ser negativo em relação a qualquer coisa é rebelar-se contra o criador e sua origem? Ou será que a força criativa por trás disso tudo colocou em movimento o melhor que era inicialmente possível para um Universo físico e isso inclui alguns deslizes, lacunas e um amplo espaço para nos ocuparmos e ajudarmos? Será que os estoicos clássicos têm alguns insights aqui e, mais uma vez, jogaram tudo para o alto por serem extremos demais ao aplicá-los?

Desejo e Felicidade

No pensamento estoico clássico, o absolutismo idealista, ou idealismo absolutista, está por trás de grande parte do que lemos, por exemplo, em Epicteto sobre desejo e ação. O filósofo quer nos libertar de tudo o que acorrenta nossa alma. Entre as coisas das quais ele busca nos libertar, para proteger nossa paz ou serenidade interior, estão as frustrações e as decepções que sofremos. Ele não deseja, nem para si mesmo nem para nós, qualquer coisa que não possamos ter ou obter das mãos de Deus, e assume essa postura como uma proteção absoluta contra o desânimo e a mágoa, sendo que esta última poderia muito bem ser descrita como o combustível da atual política distópica.

Ele também espera que não evitemos nada e acabemos enfrentando isso. Ele sabe muito bem que não há ninguém que tenha o superpoder de fazer com que o mundo se adapte a seus desejos de todas as formas e em todos os momentos, por isso nos aconselha a buscar em vez de adaptar nossos desejos ao mundo. Ao assumir essa postura, ele diverge drasticamente do que podemos chamar de visão dominante do desejo e da felicidade, embora compartilhe uma versão da suposição que está por trás dela. Explicaremos, o que queremos fazer agora, para sua satisfação.

Visão da Felicidade como Satisfação dos Desejos

Uma hipótese muito difundida em nossa época, assim como no passado, na maioria das vezes inconsciente, mas que está presente na superfície de diversas concepções de mundo, pode ser decomposta em duas equações simples:

> Infelicidade = Desejos Não Satisfeitos
>
> Felicidade = Desejos Satisfeitos

Chamaremos isso de "Visão da Felicidade como Satisfação dos Desejos". Também poderia ser chamada de "Visão da Felicidade da Criança Mimada". Mas não iremos prejulgar. Podemos ilustrar essa perspectiva comum de maneira simples e direta. Como mostrado na Figura 10-1, imagine uma fileira de copos em uma mesa, todos do mesmo tamanho, lado a lado. O tamanho ou a capacidade do copo representa o número de desejos que você tem. Estão incluídos todos os seus desejos: o desejo por coisas como determinado nível de sucesso, dinheiro, status, respeito, poder, amor, conforto, aventura, um estoque constante de sorvete de pistache, um carro ou um cônjuge que chame a atenção e desperte admiração — ou um que seja apenas ótimo, bom, divertido e confiável —, uma bebida gelada neste momento, uma semana na praia, um bom filme para ver esta noite ou qualquer outra coisa que você gostaria de conquistar, ter ou experimentar.

A medida em que um copo individual fica cheio ou vazio representará o nível em que seus desejos estão sendo satisfeitos ou não, no momento atual, em um período de sua vida ou em todos os anos até agora. Em qualquer momento, sua vida será representada por algum desses copos de desejos, com sua proporção geral de capacidade e conteúdo.

FIGURA 10-1: Os copos representam se seus desejos são satisfeitos ou não.

Copo vazio

Visualize o primeiro copo à esquerda completamente vazio. Ele representará a condição teoricamente possível de uma pessoa cujos inúmeros desejos não foram satisfeitos, um infeliz totalmente miserável levando uma vida bem vazia. Essa pobre alma está doente em mais aspectos do que poderíamos imaginar. Ele sonha desesperadamente em ter dinheiro e fama, mas não tem esperança de conseguir nada disso. Sem emprego e sem perspectivas. Não tem um lar e vive completamente sozinho, sem amigos. Outros detalhes podem ser acrescentados. Mas você entendeu o cenário: miséria total e nenhum vislumbre de felicidade.

Copo um quarto cheio

O próximo em nosso espectro é um copo com um quarto dos desejos satisfeitos. Esse segundo copo representa a situação de vida de uma pessoa que tem apenas alguns de seus desejos satisfeitos, alguém muito infeliz, com três quartos de frustração, mas não total e absolutamente derrotada. Ela está extremamente frustrada e nem um pouco feliz. Mais uma vez, é possível acrescentar outros detalhes, conforme desejado, ou simplesmente seguir em frente. A pessoa cuja vida é representada por esse copo quase vazio tem um longo caminho pela frente antes de experimentar, do ponto de vista que analisamos, algo remotamente parecido com a maioria dos cenários comuns em termos de felicidade.

Copo meio vazio

Agora, visualize o terceiro copo meio vazio ou, claro, meio cheio. Para nosso propósito, isso representa a vida de uma pessoa muito mais adiante na escala de satisfação de desejos. Não se sabe se essa pessoa estaria inclinada ao pessimismo ou ao otimismo, e se ela se sente muito bem com sua vida em geral ou se está muito descontente. Isso varia de acordo com a personalidade e as escolhas que temos sempre a liberdade de fazer em relação às atitudes que adotamos, independentemente das circunstâncias. Porém, abstraindo de qualquer heroísmo interior ou prazer em pequenas coisas que esteja totalmente fora dos limites da concepção de felicidade que analisamos neste momento, é possível imaginar essa vida muito bem. Ela tem um emprego decente e colegas de trabalho agradáveis, uma casa relativamente confortável, alguns amigos e um relacionamento conjugal satisfatório dia sim, dia não, ou pelo menos a cada duas semanas. Ela sente uma satisfação expressiva, mas também tem preocupações e sonhos não realizados. Além disso, tem cerca de metade do dinheiro que gostaria de ter. Para cada objetivo que alcançou, há outro fora de seu alcance. Às vezes, ela pensa em suas frustrações, mas, em outros momentos, comemora suas bênçãos. Claramente não é uma alma miserável. Mas também não é exatamente o ideal de pessoa feliz e realizada.

Copo três quartos cheio

O quarto copo, mais à direita do centro, estará com três quartos de sua capacidade preenchidos, o que representa a pessoa que realizou a maioria de seus desejos na vida. Tem um bom casamento, filhos maravilhosos, um bom emprego e uma carreira interessante, e desfruta de uma vida profissional gratificante. Os filhos vão bem na escola e em outras atividades, e têm bons amigos. Ela está em boa forma física e vive bem na maioria dos aspectos. Sua renda poderia ser maior, a casa poderia ser maior, mas ela mora em um bairro agradável e até dirige o carro elegante que sempre quis. A maioria de seus desejos é atendida. Ela se sente muito sortuda. Na concepção comum de felicidade que consideramos, é uma vida realmente muito feliz. Quem poderia se queixar com razão?

Entretanto, há algumas pessoas nessa situação, cuja consciência perturbadora de que existem outras coisas boas que elas não têm e cuja preocupação de que talvez algumas delas estejam simplesmente fora do alcance as impedem de aproveitar o que têm tanto quanto deveriam. Talvez você conheça alguém assim. Ou talvez você seja essa pessoa. Pessoas assim são invejadas por muitos, mas, por sua vez, invejam pelo menos a imagem da terceira pessoa que parece ter tudo.

Copo cheio

O quinto copo, o extremo positivo do nosso espectro, estará cheio até a borda, representando, na visão considerada, uma pessoa extremamente feliz, um ser humano idealmente feliz cujos desejos foram completamente satisfeitos. Ela tem um companheiro perfeito que é amado, admirado e respeitado por todos que o conhecem, e ele a adora. Ela também tem uma carreira fantástica, desfruta da companhia de amigos maravilhosos, generosos e talentosos, mantém uma aparência física impecável, tem um rosto perfeito, um intelecto aguçado, um coração de ouro, uma casa que causa inveja a todos e filhos bem-sucedidos, porém equilibrados, gentis e amorosos que a consideram sua melhor amiga e confidente, tendo o pai em segundo lugar. Dirige o carro dos sonhos, administra uma carteira de investimentos que impressiona até mesmo seus principais consultores financeiros e tem feito um bem extraordinário à comunidade. Conseguiu estudar e dominar todos os assuntos de seu interesse. É até faixa preta em três artes marciais. Já mencionamos que suas roupas e acessórios são perfeitos? Além disso, sua pele brilha de forma saudável, com uma jovialidade sobrenatural, um tipo de beleza que parece emanar de dentro e, ainda assim, ter uma expressão perfeita do lado de fora. A lista é longa, mas não deveria. Você entendeu a ideia.

Não há nada que essa pessoa abençoada deseja e que ainda não tenha. Os catálogos de venda vão direto para a lixeira estilosa de sua cozinha, que é de tirar o fôlego. As promoções anunciadas não são um atrativo. Ela tem tudo. Além disso, não há nada que ela queira realizar que já não tenha conseguido. Não existe um lugar no mundo que ela queira visitar que já não tenha ido. Sua satisfação é total e completa. Seu sorriso radiante e sua tranquilidade zen quase sobrenatural dizem tudo.

Quem não odeia essa pessoa? É claro que estamos brincando, porque não a conhecemos e provavelmente não a conheceremos tão cedo. A maioria das pessoas não quer conhecê-la. Mas a simples ideia de isso acontecer já é suficiente para causar angústia, desconforto e muito ciúme em algumas pessoas. O fato de que teoricamente possa existir uma pessoa assim pode ser interpretado como um julgamento sobre as pessoas que não estão à altura. A idealização dessa pessoa tipifica o máximo teórico de felicidade que as premissas mais comuns sobre felicidade parecem implicar. Para nossa sorte, essa visão de felicidade apresenta um sério problema. Ela é completamente falsa.

As verdadeiras falhas aqui

Há pelo menos dois problemas sérios, ou falhas graves, na crença de que a felicidade, idealmente, é uma questão de ter todos os seus desejos satisfeitos.

O que você deseja importa

Primeiro é importante conhecer seus desejos. Qualquer satisfação de desejos inadequados o afastará da verdadeira felicidade. Assim escreveu Sêneca:

> Sempre que quiser saber o que deve ser evitado ou buscado, considere sua relação com o Bem Supremo, com o propósito da sua vida como um todo. Tudo o que fazemos deve estar em harmonia com esta verdade: ninguém organiza os detalhes corretamente se antes não tiver fixado em sua mente o propósito principal da vida. (*Cartas* 71, 2)

Em outra ocasião, ele faz esta observação sobre ter desejos inadequados:

> Alguns objetos são supérfluos e outros não valem o que custam. (*Ensaios Morais* 1, 281)

No século IV, Santo Agostinho escreveu uma série de diálogos sobre felicidade que ele teve com um grupo de bons amigos e parentes. Em determinado momento, ele perguntou ao grupo se eles achavam que todos que têm tudo o que querem são felizes. Ele escreve sobre o que aconteceu em seguida:

> A essa altura, nossa mãe disse: "Se uma pessoa deseja e possui coisas boas, ela é feliz; mas se ela deseja coisas ruins — não importa quantas delas ela possua — ela é infeliz."
>
> Eu sorri para ela e disse alegremente: "Mãe, a senhora realmente conseguiu dominar a fortaleza da filosofia. Pois, sem dúvida, quis se expressar como Túlio

> [também conhecido como Cícero], que se debruçou sobre esse assunto. Em seu livro *Hortênsio*, escrito em defesa da filosofia, ele disse: 'Eis que não os filósofos, mas apenas as pessoas que gostam de debater, afirmam que são felizes todos os que vivem de acordo com os próprios desejos. É claro que isso não é verdade, pois desejar o que não é adequado é o pior tipo de infelicidade. E não é tão deplorável deixar de alcançar o que desejamos, como é desejar alcançar o que não é adequado.'"

Sob essa perspectiva, um fracasso nobre é lamentável, mas não é tão ruim quanto buscar uma maneira inadequada de alcançar êxito. Segundo Agostinho, há pessoas que querem todas as coisas certas e não as obtêm, e outras que almejam as coisas erradas e as alcançam. É destas últimas que devemos nos compadecer mais. Não se trata apenas de uma questão do que é bom e do que é mau, para usar os termos de Agostinho, mas do que é certo ou errado para uma pessoa em particular. Pode ser uma questão do que é ou não adequado, considerando os atributos, a personalidade, os interesses, o potencial e as circunstâncias de cada pessoa. Nem todos os desejos são dignos de serem perseguidos e realizados, e nem todos os desejos normalmente aceitáveis são adequados para todas as pessoas. Se a satisfação de um desejo o aproximará ou o afastará de uma vida boa e feliz, de acordo com essa visão, dependerá basicamente de qual é o desejo e de como ele se encaixa na pessoa que você é. O ponto é que a felicidade não pode ser uma simples questão de obter tudo o que você deseja, independentemente de quais sejam seus desejos. Alguns deles devem ser perseguidos e realizados, enquanto outros devem ser deixados de lado. Alguns podem trazer o prazer esperado; outros podem provocar dor inesperada. É importante saber quais são seus desejos.

A lacuna entre desejo e satisfação

Mas essa não é a única dificuldade com o que chamamos de "Visão da Felicidade como Satisfação dos Desejos", a alegação de que a felicidade consiste em conseguir o que se almeja na vida. O segundo problema dessa visão usual é igualmente interessante e instrutivo. Mesmo entre um desejo adequado e sua realização, a existência de uma lacuna nem sempre é um aspecto negativo prejudicial à felicidade. A visão usual que analisamos pressupõe o contrário. E ela está novamente errada. Podemos ir ainda mais longe e dizer que uma lacuna entre desejo e satisfação pode ser um elemento muito positivo, saudável e importante na vida. Em vez de enfraquecer ou eliminar a felicidade, pode até ser essencial para ela, um ingrediente secreto ou um tempero necessário para o ensopado.

Primeiro, e essa é basicamente uma questão menor, mas ainda assim é importante ressaltar: muitas vezes, somos salvos de grandes equívocos por um intervalo de tempo entre a formação de um desejo dentro de nós que pretendemos perseguir e sua possível realização. Esse intervalo nos dá a chance de refletir mais, ter novas percepções, mudar de ideia e ficar muito felizes por não termos conseguido o que queríamos imediatamente. Às vezes, como acabamos de ver, desejamos as coisas erradas, que seriam ruins para nós e provavelmente desastrosas para as pessoas ao nosso redor. Mas podemos não perceber isso em um primeiro momento. Um intervalo de tempo entre o desejo e a satisfação, um território de desejo não satisfeito, pode nos salvar da desgraça com mais frequência do que imaginamos. Assim, em vez de ser algo ruim, uma lacuna entre desejo e satisfação pode ser muito boa e nos proteger.

No entanto, há um motivo muito mais importante e profundo para que a lacuna entre a manifestação e a satisfação de um desejo não seja uma coisa ruim, mas talvez uma necessidade. É algo que precisa ficar claro. Talvez o fato de manter uma lacuna entre o que queremos e o que alcançamos seja uma das melhores coisas do ser humano. O perspicaz romancista americano John Steinbeck comentou certa vez:

> Dizem que os seres humanos nunca estão satisfeitos, que você lhes dá uma coisa e eles querem algo mais. Isso é dito de modo depreciativo, embora seja um dos maiores talentos que a espécie tem e que a tornou superior aos animais que estão satisfeitos com o que têm.

Talvez qualquer pessoa que tenha, em teoria, tido todos os desejos satisfeitos, não possua algo vital que deveria ter desejado e que a deixaria infeliz — a grande oportunidade de ter esperança.

Uma Oportunidade para a Esperança

Pensemos um pouco sobre uma afirmação que é essencial para a visão comum de felicidade. Será que é verdade que estaríamos em melhor situação, plenamente realizados e felizes, se não tivéssemos nenhum desejo não satisfeito, se já tivéssemos alcançado tudo o que desejamos? Iremos chamar essa suposição de *Axioma da Satisfação Perfeita* e afirmá-la de modo simples:

> A felicidade plena requer que todos os desejos sejam satisfeitos.

Suponhamos, por um momento, que todos os nossos desejos sejam bons e adequados. Dessa forma, em teoria, evitamos entrar em conflito com a questão levantada anteriormente pela mãe de Santo Agostinho. Entretanto, ainda há pelo menos dois problemas decisivos nesse axioma. Primeiro, ele pode pressupor uma impossibilidade literal. Talvez seja simplesmente impossível satisfazer todos os desejos. Um novo dia pode necessariamente trazer novos desejos — um novo desejo por um bom café da manhã, pela boa palavra de um amigo um dia desses, e assim por diante. Além disso, e esse é um ponto crucial, quanto mais vivemos e aprendemos, conhecemos o que está disponível na vida, mais começamos a desejar. Novos conhecimentos geram novos desejos.

Depois de provar uma marca de chocolate fino, donuts gourmet ou aquela pizza crocante incrível, você instantaneamente, e talvez permanentemente, teve um novo desejo, um desejo por mais daquela sensação específica. O resultado de uma nova experiência foi um novo desejo ou uma nova categoria de desejos. É assim que os luxos se tornam necessidades perceptíveis. As experiências que temos podem criar novos desejos e necessidades na medida em que nos surpreendem por completo e fazem com que nossa vida, antes satisfatória, pareça não ter o que precisamos para atingir o auge da felicidade. É uma dinâmica constante da vida no mundo.

Enquanto vivermos, existe a constante possibilidade de termos novas experiências, novos aprendizados e, junto com eles, o surgimento de novos desejos. Como não existe um mecanismo mágico para que os desejos sejam satisfeitos instantaneamente, apesar do que alguns gurus populares sobre o sucesso possam afirmar em contrário, novos desejos implicarão novas lacunas de satisfação geradas pelo fato de que eles ainda não foram satisfeitos. Podemos concluir que o que necessariamente acontece quando vivemos e aprendemos é uma tragédia e nos impede de sermos completamente felizes? Isso levaria à conclusão paradoxal de que experimentar grandes novidades — que poderiam e deveriam, presumivelmente, contribuir, pelo menos de alguma forma, para nossa felicidade (desculpem, estoicos) — são, ao contrário, experiências que acabam nos roubando a possibilidade de felicidade, instigando em nós novos desejos ainda não satisfeitos. É isso que os filósofos gostam de chamar de absurdo.

Pode ser que a lacuna entre nossos desejos e a satisfação deles não desapareça por ser um fato inevitável da vida. Como as abstrações de um geômetra de uma esfera perfeitamente redonda ou de uma linha retilínea, uma vida de satisfação total dos desejos pode ser um "ideal" logicamente descritível que não é possível realizar no mundo real. Por outro lado, pode ser que não seja tão ideal assim. Esse é o ponto importante: como Baltasar Gracián, um filósofo do século XVII, escreveu certa vez: "Creso era rico, mas não sábio; Diógenes, sábio, mas não rico. Quem já teve tudo? No dia em que alguém não tiver mais nada para desejar, essa pessoa será infeliz." O famoso filósofo do século XX, Bertrand Russell, chegou a dizer: "Ser privado de algumas das coisas que você deseja é parte indispensável da felicidade." E pode haver uma compreensão mais profunda escondida nessas palavras que parecem paradoxais.

LEMBRE-SE

A maioria das pessoas passou pela experiência inesperada de que a procura pode ser mais agradável do que a descoberta, a esperança de ter pode ser ainda mais empolgante do que ter e a ambição pode ser mais prazerosa do que a conquista de fato. A esperança em si é uma alegria que nada mais, inclusive a própria realização, poderia reproduzir. O ensaísta e poeta inglês do século XVIII, Joseph Addison, comentou certa vez que, em sua visão, "os grandes elementos essenciais para a felicidade nesta vida são algo para fazer, algo para amar e algo para ter esperança".

A lacuna é algo bom

Portanto, suponha que resolvemos o problema de Agostinho e que temos apenas desejos relevantes. Inclusive, suponha, contra todas as evidências que temos em contrário, que é possível satisfazer todos os desejos. Ainda resta um grande problema que, por si só, demonstra que a visão comum de felicidade e seu axioma são falsos. Se, de alguma forma, conseguíssemos nos colocar no estado de ter absolutamente tudo o que sempre desejamos e desejaremos, surpreendentemente nos encontraríamos em uma condição sufocante e estagnada. É quase como se, quando refletimos, a vida fosse concebida tanto para a busca quanto para a conquista, tanto para a esperança quanto para a posse.

Fomos criados para enfrentar uma dinâmica maior de desafios do que apenas ter e manter algo perfeitamente. George Bernard Shaw certa vez colocou isso de maneira clara quando expressou o sentimento de que "Enquanto eu tiver um desejo, terei um motivo para viver". Ele ainda acrescentou a essa filosofia a sentença de que "Satisfação é morte". É claro que isso pode ser um pouco forte. Ou talvez, pelo menos para o tipo de satisfação total de que falamos aqui, a plena realização de todos os desejos sem deixar nada para trás, Shaw estivesse certo. É falso e até perigoso pensar que ter todos os nossos desejos satisfeitos seria a felicidade plena. Existem bons motivos para pensar que somos seres essencialmente esperançosos e sonhadores, esforçados e realizadores, e que estar engajado nessa busca é uma parte vital de todo o objetivo da aventura. Parece que fomos feitos para viajar, e não apenas para chegar.

Assim, ter uma lacuna entre nossos desejos e sua satisfação talvez não seja lamentável; é bem saudável. Além disso, é genuinamente necessário para a verdadeira felicidade. Uma lacuna não é uma fórmula para a frustração ou a amargura em relação a Deus por permitir que nos decepcionemos vez ou outra, ou mesmo com frequência; é um amplo espaço e uma base para a esperança. A lacuna é algo bom. Todos precisamos de algo que nos impulsione para a frente. Precisamos de possibilidades não realizadas, sonhos que ainda não se concretizaram, objetivos a serem alcançados. E os objetivos estão sempre enraizados em desejos ainda não realizados. Como diz o autor de best-sellers Paulo Coelho: "É a possibilidade de realizar um sonho que torna a vida interessante."

Claro, a mãe de Agostinho estava certa, como as mães geralmente estão. Parece que não precisamos apenas de desejos e objetivos; precisamos que sejam os corretos. O desejo é importante na vida. Faz parte de uma vida feliz ter desejos adequados. Os desejos certos o levarão adiante em suas melhores aventuras pelo mundo. Você está na Terra para crescer, desenvolver-se e fazer a diferença. Todos estamos. Estamos neste mundo em busca de talentos para criar o bem para outras pessoas e para nós mesmos. Não estamos aqui para atingir um ponto em que apenas nos recostamos e balançamos na rede definitiva do desejo perfeitamente satisfeito. Isso seria a morte para o espírito e o oposto da vida boa e feliz de que precisamos. O desejo que não foi satisfeito mantém o fogo aceso dentro de nós, é a base da esperança e nos impulsiona como nada mais poderia fazer. Portanto, concluímos que a popular Visão da Felicidade como Satisfação dos Desejos é falsa, e até mesmo dramática.

Você consegue se livrar dos desejos?

Há mais um aspecto que devemos mencionar. A visão comum da felicidade, que agora sabemos ser falsa, mas que, no entanto, mantém o controle sobre muitas pessoas, afirma que qualquer lacuna entre desejo e satisfação gera infelicidade e, portanto, se você quer ser feliz, deve eliminá-la. Mas quando olhamos o mundo, vemos as pessoas agindo de maneiras muito diferentes em resposta a esse julgamento. E existe um motivo importante para isso. A princípio, há duas maneiras muito diferentes de se livrar de qualquer lacuna entre seus desejos e a satisfação deles. Uma delas é, obviamente, a tentativa da qual falamos — satisfazer todos os seus desejos. A outra é igualmente radical e talvez impossível. Trata-se de se livrar de todos os seus desejos, extingui-los, erradicá-los, simplesmente deixar de desejar qualquer coisa. Se você não tivesse nenhum desejo, então não haveria desejos não satisfeitos. Não haveria lacuna entre desejo e satisfação, portanto não haveria decepção na vida.

As pessoas costumam entender que algumas vertentes do budismo recomendam isso. O conceito budista de vida, como é comumente interpretado, é de que a vida é sofrimento. Em seguida, afirma-se que o sofrimento é resultado de um desejo não satisfeito ou frustrado. Devemos eliminar todo o sofrimento que pudermos. De modo geral, é mais fácil desistir dos desejos do que garantir que sejam satisfeitos. No caso de um desejo específico, isso parece estar ao nosso alcance, pelo menos em princípio. Portanto, devemos eliminar cada um deles, incluindo, por fim, até o desejo de participar desse processo de eliminação.

Os problemas filosóficos desse entendimento do budismo são, curiosamente, os mesmos que levantamos contra a recomendação mais ocidental de lidar com a suposta conexão entre felicidade e satisfação. Muito sofrimento surge do desejo inadequado. Parte do sofrimento surge com relação ao desejo natural e adequado. Não significa que todo sofrimento seja decorrente do desejo ou que o sofrimento seja decorrente de todo desejo. Importa a forma que o sofrimento assume e quais são os desejos, bem como a maneira como você os mantém e os encara.

Enquanto escrevemos este livro, podemos dizer com certeza que até Dalai Lama deseja há tempos um Tibete livre. Talvez ele esteja livre de um excesso de desejo desnecessário em relação a esse objetivo, mas claramente é algo que ele quer ver acontecer. Os bons budistas atingiram um nível de desapego emocional com relação a muitas coisas exatamente porque desejaram e se propuseram a atingir esse fim, o desapego. Muitas pessoas desejam espalhar a palavra, caso contrário não escreveriam livros e dariam palestras sobre as virtudes do caminho que seguiram na vida. Então, talvez em um ponto entre satisfazer todos os desejos e eliminá-los exista um meio-termo entre ter desejos adequados e mantê-los livremente, com uma medida sábia de desapego e esperança.

É muito provável que seja impossível eliminar todos os nossos desejos, mesmo que isso fosse conveniente. No entanto, um julgamento mais perspicaz parece indicar que não seria útil fazer isso, mesmo que pudéssemos. O desejo alimenta a vida. Sem desejo, morremos espiritualmente. Depois, morremos fisicamente. Os desejos adequados, mantidos da maneira correta, podem dar origem à esperança e à atitude positiva. Essas duas coisas parecem ser partes importantes de uma vida boa e feliz. Se nossos desejos são adequados e mantidos com delicadeza, com certo distanciamento ou leveza, eles podem ser saudáveis e contribuir para uma vida feliz.

O desejo pode estar entre os sentimentos internos mais fortes que experimentamos. Parece ser uma inclinação dos sentimentos inerentemente prospectiva ou direcionada a um objetivo. Recorrendo a uma antiga palavra grega, *telos*, que significa orientação para um propósito ou um objetivo geral, parece que fomos programados para uma iniciativa teleológica. Parece que fomos concebidos para uma aventura constante de desejar objetivos não concretizados e buscar alcançá-los em diversas dimensões da vida. Não temos a intenção de chegar a uma conclusão estável de satisfação perfeita enquanto estivermos neste mundo. Parece equivocado supor o contrário.

As múltiplas facetas da felicidade

Os antigos consideravam a felicidade um estado de ser. As pessoas modernas tendem a concebê-la como um estado de sentir. Aqueles que não pensaram o suficiente sobre o assunto o interpretam de maneira equivocada como um estado de ter. Em vez disso, ela pode ser mais parecida com um processo de tornar-se. É um estado dinâmico e progressivo que envolve definição, busca e realização sequencial e episódica de objetivos, ou alternativas inesperadas a esses objetivos que são descobertas apenas durante a busca e que são adequadas para você e para as pessoas ao redor, de modo a permitir seu desenvolvimento e o desfrute do processo ao longo do caminho. É um esforço prolongado que permanece em andamento enquanto você estiver vivo. Envolve não só satisfazer seus desejos, mas também se livrar de alguns deles, superar outros, aprofundar alguns, buscar aqueles que são adequados para você com coragem e esperança e, durante o processo, encontrar novos desejos que você nunca teve antes. Contudo, em meio a tudo isso, é um processo de agir, adaptar-se, descobrir e tornar-se.

A felicidade não é algo fácil e contínuo. Parece ter sido construída com base no contentamento, na satisfação, no prazer e no amor. Ela é profunda, complexa, rica e está sempre se transformando em sua incorporação específica na vida. Mas existem aspectos básicos que são universais. Você pode ser feliz com ou sem muito dinheiro. A felicidade pode acontecer com ou sem muita saúde. Mas você não pode ser feliz sem qualquer nível de virtude, satisfação ou esperança. E, assim como a virtude e a satisfação, a esperança tem diversas formas. A vida é uma aventura ou, melhor ainda, uma série de aventuras, sendo que cada uma o prepara para a próxima e, muitas vezes, de maneiras inimagináveis. Quando compreendemos essa percepção, ficamos mais perto de entender a vida boa e feliz de que precisamos.

Desejo por aquilo que é

É nesse ponto que voltamos aos estoicos e aos detalhes de sua visão, que nunca deixamos de lado, embora tenhamos nos aventurado muito para colocá-los em perspectiva. Epicteto parece concordar, até certo ponto, com as suposições por trás da visão comum de que "Felicidade = Desejos Satisfeitos" e "Infelicidade = Desejos Não Satisfeitos", pelo menos na medida em que sustenta que qualquer forma estável de felicidade *envolve* desejos satisfeitos, e a infelicidade, o oposto. Ele parece aceitar ou pressupor o Axioma da Satisfação Perfeita, mas depois o trata de uma forma totalmente surpreendente.

É claro que Epicteto considerava a felicidade pelas lentes da virtude como algo necessário e suficiente para essa condição desejada. Segundo ele, é a virtude que exige que não fiquemos insatisfeitos com nossa sorte na vida como ela é atualmente, ou com qualquer coisa sobre este mundo, cujos detalhes vêm de Deus ou Logos. No entanto, ele queria evitar a estratégia generalizada de satisfação por meio da qual nos esforçamos para atender aos nossos desejos tomando posse de muitas coisas externas que preferimos obter ou alcançar, coisas que considerava "indiferentes" e que, na opinião dele, parece que favorecemos com muita frequência e em demasia. Ainda assim, ele evitava a abordagem filosófica muito diferente, pela qual buscamos eliminar qualquer lacuna entre nossos desejos e a realidade simplesmente extinguindo nossos desejos.

Ao que parece, ele considerava alguns desejos como emoções adequadas, mas também acreditava que todos os desejos externos, por qualquer coisa fora de um estado mental futuro, deveriam estar vinculados ao que de fato é, se quisermos nos libertar completamente da busca perturbadora pelo que não é, bem como de qualquer decepção ou amargura em nosso coração pelo que caracteriza o mundo de uma forma conflitante com os desejos contrários. Por isso, ele nos orientou a desejar uma e somente uma coisa externa: *aquilo que é.* Não busque satisfazer esse desejo, não elimine todo o desejo, mas transforme o desejo externo no que ele deve ser: *um acolhimento de tudo o que é.*

É uma grande reviravolta. Os estoicos clássicos, como Epicteto, exigem de nós um exercício de equilíbrio complexo. Precisamos desejar, aceitar e abraçar — até mesmo amar — tudo o que existe, como um ato de piedade para com os deuses que nos trouxeram tudo isso. No entanto, também devemos viver de acordo com a natureza em um sentido adicional de que, natural e corretamente, acreditamos que certas coisas são preferíveis para nossa existência como seres em um mundo físico que prosperam apenas em relacionamentos saudáveis e positivos. Mas o que é preferir se, de certa forma, não é desejar?

LEMBRE-SE

Parece que, do ponto de vista estoico, podemos, em certo sentido, desejar e esperar por quaisquer indiferentes preferidos relevantes, e que, consequentemente, não só temos impulsos adequados para agir em busca dessas coisas que ainda não são reais nem existentes para nós, mas que também nos envolvemos apropriadamente em ações adequadas decorrentes dessas preferências, à medida que buscamos obter indiferentes valiosos para nós mesmos e para outras pessoas, e que podemos desejar com razão ter tais impulsos à medida que os experimentamos. Além disso, devemos desejar quaisquer resultados das ações que os deuses também determinam, parecendo satisfações bem-sucedidas de nossos impulsos e ações ou não. Podemos desejar ou aceitar o que é verdadeiro agora, ao mesmo tempo em que podemos nos esforçar, com razão, por algo diferente que desejamos *em seguida*, sempre mantendo um desejo geral pelo *que quer que aconteça*, independentemente de estar de acordo com nosso próprio senso de indiferentes preferidos ou não.

Há um velho hino cristão cuja letra diz: "Confie e obedeça, pois não há caminho melhor." Essas palavras podem muito bem resumir a atitude estoica. Devemos confiar em tudo o que acontece como ordenado por Logos para o bem maior do todo do qual somos partes, e devemos obedecer às exigências da razão e da virtude para agir de modo a alcançar o que quer que consideremos, a qualquer momento, como sendo para o bem do todo, na medida em que conseguirmos discernir o que isso pode ser. No entanto, quaisquer que sejam nossos desejos em relação ao nosso aprimoramento moral e aos indiferentes preferidos que possam ou não entrar em nossa vida, devemos voltar, sempre e em qualquer lugar, ao desejo fundamental e inabalável por aquilo que já é.

A felicidade vem de dentro

A grande surpresa que os estoicos nos reservam é sua alegação característica de que as diversas coisas externas ou exteriores, os indiferentes preferidos, que desejamos e até mesmo buscamos alcançar para nosso desenvolvimento físico e social — como certa medida de saúde, riqueza e prestígio — nada têm a ver com o fato de alcançarmos ou não a felicidade. A visão deles é que a felicidade é determinada exclusivamente por nós e no âmbito de nosso elemento governante, nossa liberdade de buscar a virtude. Se escolhermos a virtude em suas diversas formas, comprometendo-nos com a sabedoria, a coragem, a justiça e o autocontrole, a felicidade nos acompanhará, como um bom cão em nosso encalço, independentemente dos aspectos externos da vida.

O estoicismo se mantém consistente com algo como o axioma por trás da visão convencional da felicidade ao sustentar que qualquer lacuna deve ser eliminada entre o desejo e sua realização. Para os estoicos, o propósito da eliminação é preservar a paz interior de qualquer negatividade em potencial que uma lacuna possa despertar e, assim, permitir que a felicidade tenha um lugar seguro em nossa alma. E eles buscam assegurar essa eliminação por meio da recomendação de que desejemos apenas o verdadeiro caminho do que é, do que foi e do que será. Dessa forma, não há lacuna de satisfação. Entretanto, nesse cenário, também parece não haver espaço para a esperança e seus benefícios específicos. Ainda assim, os estoicos permanecem firmes, aparentemente divididos entre a estranha esperança de que o restante da população compreenda o poder de sua visão e a aceitação de que a maioria das pessoas não compreenderá.

LEMBRE-SE

Os estoicos estão convencidos disto: se conseguirmos desejar tudo o que acontece, se formos capazes de aceitar e amar o fluxo de eventos que recebemos, não importa o que aparentem, estaremos preparados para receber a felicidade ao longo da vida. Mas ela só virá como resultado de nossa virtude interior.

A verdadeira questão é: será que estamos convencidos dessa premissa estoica? Será que precisamos aceitar, acolher e amar tudo o que acontece no mundo, desejando que seja exatamente como é, apenas para garantir um lugar para a felicidade virtuosa em nosso coração? Ou será que é suficiente ter mais leveza em relação a muitos desejos contrários, buscando melhorar o mundo ao nosso redor e a nós mesmos, mas sem sentir um apego indevido a eles ou um desejo profundo de que qualquer um deles seja satisfeito no tempo e da maneira que preferimos, continuando a seguir em frente com o elemento essencial da esperança em nosso coração, um elemento que os estoicos clássicos parecem não ter percebido ou reconhecido ser importante para uma vida feliz? É uma pergunta que eles nunca fizeram. Mas deveríamos fazer.

NESTE CAPÍTULO

» **Entendendo a atração epicurista pelo prazer**

» **Analisando prazer e dor nos estoicos**

» **Usando sensações e situações**

Capítulo 11

Prazer e Dor

É com grande prazer que lhe apresentamos este capítulo, o qual esperamos que não seja, de modo algum, uma leitura difícil. Se conseguirmos fazer desse tema uma jornada agradável, ele poderá irritar alguns dos verdadeiros estoicos entre os leitores que buscam evitar prazeres desnecessários, mesmo aqueles provocados pelas próprias ideias. Também não gostarão de ser incomodados, já que essa não é uma emoção que eles endossam.

Neste capítulo, analisamos os pontos de vista dos estoicos sobre uma característica básica da vida que deve ser abordada em toda filosofia prática. Algumas coisas nos proporcionam prazer, outras nos causam dor, e muitas delas fazem ambas as coisas. O que devemos fazer com esses fatos fundamentais? Como você reage, ou deveria reagir, ao prazer e à dor em sua tentativa de construir uma vida que valha a pena ser vivida? Qual é a melhor maneira de pensar nessas forças poderosas que nos puxam e nos empurram?

A Atração Epicurista do Prazer

No mundo antigo, os estoicos consideravam os epicuristas como seus principais rivais. Não se tratava exatamente de uma luta de artes marciais mistas, mas era uma competição acirrada e duradoura por corações e mentes. Os estudiosos acreditam que Epicuro construiu seu retiro no jardim para conversas filosóficas nos arredores de Atenas alguns anos depois que Zenão começou a reunir seguidores estoicos no coração da cidade. Os homens compartilhavam algumas ideias em comum, porém discordavam vigorosamente em outras.

A visão de mundo epicurista era bastante simples e clara, conforme desenvolvida pelo próprio Epicuro e, mais tarde, elaborada pelo poeta romano Lucrécio, entre outros. Esses pensadores acreditavam que a realidade em que vivemos é infinita, eterna e composta de nada além de átomos físicos indivisíveis e irredutíveis, e o vazio que envolve essas minúsculas partículas de matéria. Os átomos se combinaram de maneira aleatória para formar tudo o que existe atualmente. Não há lógica ou propósito por trás de nada, nenhum Deus determinando, criando ou conduzindo tudo isso. Qualquer significado ou propósito depende exclusivamente de nós, de nossas escolhas, nossos esforços e nossos atos. É possível criar um significado, mas nunca o encontraremos à nossa espera. A morte é nosso fim.

LEMBRE-SE

Para os epicuristas, ética é uma questão de regras construídas pelo homem para facilitar a vida. Nossas concepções de bem e mal, bem como de certo e errado, não correspondem a uma realidade definitiva entrelaçada em um tecido oculto por trás das aparências do mundo físico. São apenas ferramentas úteis que criamos para nossa conveniência. A moralidade, assim como a política e o direito, consiste apenas em facilitar o fluxo das interações humanas e articular regras de trânsito que não estão mais profundamente enraizadas na natureza do que, por exemplo, normas de estacionamento ou exigências governamentais sobre bancos e parques de diversões.

Epicuro sobre o prazer

Os epicuristas tinham pontos de vista distintos sobre o tema relacionado ao prazer que eram dignos de menção em sua época e lhes deram uma reputação equivocada em nossos dias. O fundador deles, Epicuro, estava convencido de que o prazer é o bem supremo para os seres humanos e que também é e deve ser o motivo central de todas as nossas ações. Ele disse:

> O prazer é o nosso primeiro e mais afim bem. É o ponto de partida de toda escolha e de toda aversão — e é a ele que retornamos, ao fazermos do sentimento o critério pelo qual julgamos tudo o que é bom. (Diógenes Laércio, *Vidas e Doutrinas dos Filósofos Ilustres*, 10:129)

Em outro momento, ele diz que não saberia o que pensar sobre a bondade ou "o bem" sem todos os prazeres, como do paladar, da audição, da visão e do sexo. Mas para que não interpretemos erroneamente sua filosofia do prazer como sendo uma filosofia de indulgência extrema e irracional, ou até mesmo de uma folia opulenta e sibarítica, devemos mencionar que ele acrescenta uma nota explicativa ou de advertência a essa afirmação, dizendo:

> É impossível ter uma vida agradável sem viver de maneira prudente, honrada e justa, e é impossível ter uma vida prudente, honrada e justa sem viver de maneira agradável. (*Doutrinas Principais*, ER 32)

Para esse filósofo do prazer, este é e deve ser nosso objetivo central na vida, sendo até mesmo o propósito orientador de tudo o que fazemos. Mas há uma reviravolta. Para Epicuro, não se tratava de uma busca do prazer puramente egoísta. Pelo contrário, em sua opinião, o melhor a fazer é buscar não só o próprio prazer, mas o prazer em um sentido mais geral, buscando aumentar a quantidade total dele encontrada no mundo — quanto mais, melhor — e, assim, tentar expandir a quantidade a ser experimentada por outras pessoas, bem como por nós mesmos, desde que seja coerente com nossa necessidade de ter uma vida agradável. Por isso, a busca pelo prazer não deve ser considerada um caminho egoísta e egocêntrico. Esse foco do epicurismo em aumentar o prazer de todos influenciou profundamente as teorias éticas europeias posteriores, como o utilitarismo.

DICA

Para muitas pessoas, é uma surpresa descobrir que Epicuro considerava a paz interior, ou a tranquilidade da alma que resulta da ausência de dor, sofrimento e turbulência emocional, como o maior e mais elevado dos prazeres, e que pode ser desfrutado por longos períodos, em princípio até mesmo de maneira ilimitada durante nossa estada na Terra, embora seja imune ao excesso ou à saciedade. A verdadeira paz interior não tem data de validade e não exige pausa. Não há tranquilidade demais em sua essência.

Ele acreditava, ainda, que, embora todos os prazeres sejam bons em si mesmos, nem todos são igualmente dignos de ser apreciados e escolhidos em determinado momento ou qualquer situação. É necessário discernimento. O filósofo chegou a considerar os prazeres da mente mais valiosos do que os do corpo, embora aprovasse de coração os prazeres secundários. Ele também preferia os prazeres simples àqueles que podem ser considerados luxos e afirmava com orgulho que vivia a pão e água, às vezes acrescentando um pequeno recipiente de queijo. Ele acreditava que, entre nossas necessidades para atividades prazerosas, algumas são naturais e necessárias, como comer pão e beber água; outras são naturais, porém não necessárias, como um banho quente para alguns ou sexo frequente para outros; e que muitas de nossas necessidades não são naturais nem necessárias, como se banquetear com alimentos ricos e raros em grandes quantidades ou colecionar casas e jardins luxuosos para desfrutar de experiências mais sofisticadas.

Claro, acreditava-se que essa categorização tríplice trazia consigo uma medida útil para julgar os possíveis prazeres. A natureza torna mais facilmente disponível aquilo de que precisamos mais naturalmente, e mais difícil aquilo que não é natural ou necessário. Epicuro apontou, ainda, que alguns prazeres trazem consigo sofrimentos maiores e, por isso, não devem ser escolhidos, assim como alguns sofrimentos geram a possibilidade de prazeres maiores, portanto devem ser aceitos. Pense nas dificuldades e nas provações a que nos submetemos na academia para treinar visando a conquistas que podem nos trazer um grande prazer que, de outra forma, seria inatingível sem os esforços e as dores que o tornaram possível.

LEMBRE-SE

Portanto, o ideal epicurista não é de modo algum o hedonista debochado e desatento, mas uma pessoa prudente e sábia que encontra e desfruta de prazeres mais elevados, bem como dos prazeres inferiores adequados, com equilíbrio de experiências ao longo do caminho que permitem, de modo geral, uma vida relativamente pacífica.

Objeções estoicas ao epicurismo

É fácil ver por que o epicurismo, compreendido de maneira sensata, era uma imagem atraente para muitas pessoas no mundo antigo, bem como em épocas posteriores. Obviamente, ele exerce um forte fascínio em nossos dias. Os estoicos, no entanto, consideravam-no errado e perigoso como visão de mundo e orientação de vida.

Primeiro, os estoicos se opunham à física epicurista, ou a descrição geral da natureza em sua filosofia como um reino sem propósito governado apenas pelo acaso arbitrário. Os epicuristas compartilhavam com os estoicos um relato materialista ou fisicalista da realidade suprema, em que não se acreditava na existência de almas, espíritos ou deuses não físicos além das coisas materiais existentes. Para eles, as mentes, as almas ou as divindades eram consideradas plenamente físicas, embora talvez fossem compostas de uma matéria mais simples ou sutil do que a maioria. Para os epicuristas, os deuses da Antiguidade, se é que existiram, podem ter sido seres incríveis, mas não foram nossos criadores, governantes ou mesmo nossos guias. Na verdade, eles não intervinham em nossa vida e não podiam oferecer nenhum propósito ou valor maior para nossa existência. Eram tão governados pelo acaso, pelos poderes sem sentido e pelas debilidades inerentes aos átomos e ao espaço quanto o restante de nós. Portanto, estamos por conta própria com nossos prazeres e nossas dores.

O universo estoico, embora inteiramente físico e, portanto, um reino completamente material como o dos epicuristas, era, ainda assim, em aspectos importantes, radicalmente diferente da visão epicurista, sendo permeado de inteligência, significado, racionalidade e bondade de uma fonte e uma dimensão divina que governa e decide tudo. No mundo do estoicismo, banhado por Deus, as partes divinas da razão e da virtude são nossos atributos mais elevados, grandiosos e motivadores. Os estoicos acreditavam que a virtude, e não o prazer, é o bem supremo para os seres humanos e que ela é e deve ser o motivo central de todas as nossas ações.

ANÁLISES FILOSÓFICAS DO PRAZER

As opiniões dos analistas sobre nossa condição em relação ao prazer são muito diferentes. Um exemplo mostra isso claramente:

> O prazer é o maior incentivo para o mal. — Platão, em *Vida de Catão, o Censor*, de Plutarco
>
> O prazer pode nos aperfeiçoar tão verdadeiramente quanto a oração. — W. E. Channing, *Notebook: Joy*
>
> O prazer é um incitador da vileza. — Cicero, *De Legibus*
>
> O prazer é a única coisa pela qual se deve viver, nada envelhece como a felicidade. — Oscar Wilde
>
> Aquele que ama o prazer deve sucumbir ao prazer. — Christopher Marlowe, *A Trágica História do Doutor Fausto*

O debate sobre prazer continua em nossa época. Ele é maravilhoso ou perigoso? Melhora nossa vida ou nos distrai do que é mais importante? Há quem pense que ele pode seguir em qualquer direção, dependendo de como o usamos. Essa, muito mais do que uma simples rejeição do prazer, seria uma visão mais estoica. Seu valor depende de nós e do uso que fazemos dele.

Para os estoicos, o fato de os epicuristas sugerirem que o prazer, mesmo com uma visão esclarecida e relativamente sutil do que isso significa, lidera o caminho, era uma aberração e uma inversão da ordem correta entre as coisas. A virtude como centro da vida é agradável, prazerosa e traz alegria quando vivida e incorporada de modo adequado. Mas não é por isso que ela é tão valiosa a ponto de ser o item mais importante e digno de escolha de todos. O prazer não lidera o caminho e concede à virtude sua bondade; ao contrário, a virtude é a única coisa que pode tornar o prazer adequado e valioso de alguma forma. Por si só, o prazer é um perigo.

LEMBRE-SE

O estoicismo insiste que o prazer é, na melhor das hipóteses, um efeito colateral da vida virtuosa e nunca deve ser priorizado em nosso pensamento. A virtude pode nos dar prazer, mas o prazer não pode nos dar virtude. Para os estoicos, o prazer, na verdade, costuma ser bastante traiçoeiro e mantê-lo perto de nós é um pouco como ter um tigre selvagem como animal de estimação.

O Prazer e a Dor segundo os Estoicos

É com grande prazer que citamos os estoicos clássicos aqui para que você tenha uma noção da amplitude e da abrangência de seus comentários sobre o prazer, em primeiro lugar, e depois, por consequência, sobre a dor, que é abordada com menos frequência em nossas fontes de informação, mas que também era importante para eles. Nossas citações se baseiam em traduções conhecidas, mas também são atualizadas, usando os idiomas originais, para que você não seja prejudicado por frases obscuras de outros tempos que nos foram transmitidas como herança.

Epicteto tem sua opinião

Há lugares em que os estoicos dão conselhos bastante razoáveis sobre os prazeres do mundo e os inúmeros desejos que tendemos a ter por eles, às vezes até com certa intensidade. Epicteto diz algo memorável e de senso comum no livro *Discursos*, quando fala sobre pessoas que já desfrutam de grandes posses que lhes proporcionam prazer e, ainda assim, nunca estão satisfeitas, sempre buscando e se agarrando a novos prazeres:

> A mesma coisa acontece com as crianças que colocam a mão em um pote de gargalo estreito tentando pegar figos e nozes — se enchem demais a mão, não conseguem tirá-la e, então, choram. Solte alguns e a mão sairá. Da mesma forma, você também deve abrir mão dos seus desejos. Não fixe seu coração em muitas coisas, e assim terá aquilo de que precisa. (*Discursos* 3.9.22)

Pode parecer um conselho sensato de moderação em relação ao desejo por prazeres. Se não somos muito gananciosos, podemos conseguir o que queremos. Mas é claro que vivemos em uma época em que poucas pessoas parecem ter um senso prático do que é suficiente. A ganância é mais difundida do que imaginamos, até mesmo em nosso coração. Epicteto também viveu em uma época assim. Essa história marcante sobre crianças com um pote de figos e nozes ilustra como até mesmo um autocontrole moderado pode evitar problemas e gerar resultados positivos. Nesse ponto, Epicteto se aproxima um pouco de Epicuro. Mas essa imagem simples de comedimento pode esconder uma visão mais profunda e extrema, visível em outros momentos, como quando o filósofo estoico diz isso de maneira bastante clara sobre nosso desejo comum de ter e desfrutar cada vez de mais coisas, além dos prazeres que elas podem proporcionar:

> A liberdade não é adquirida com a satisfação do desejo, mas com sua supressão. (*Discursos* 9.1.175)

Alguns tradutores preferem "destruição" a "supressão". É claro que não se trata de largar alguns figos e nozes, mas de eliminar qualquer desejo forte de ter figos, nozes ou outra coisa, e tirar a mão de qualquer pote. Portanto, em uma passagem, aparentemente somos aconselhados à moderação em relação a qualquer desejo de deleite ou prazer e, em outra, à abstinência.

No *Manual*, Epicteto diz a seus alunos e a nós:

> Sempre que a ideia de um prazer surgir, vigie a si mesmo — assim como faria com qualquer outra ideia — para não se deixar levar por ela. Deixe-a esperar. Faça uma pausa. Depois, pense em dois momentos: o primeiro, quando você sentirá o prazer; e o segundo, mais tarde, quando se arrependerá e se criticará por isso. Compare ambos com a satisfação e o contentamento interior que sentirá ao se abster completamente. Mas, se você achar que chegou a hora de se permitir o prazer, então tome cuidado para não ser dominado por seu atrativo e encanto. Pese tudo isso contra o pensamento de como seria muito melhor a consciência de ter conquistado uma vitória sobre ele. (34)

Será que nosso guia quer insinuar que todos os prazeres são, de certa forma, lamentáveis e que, em consequência disso, provocam uma autocrítica e até uma medida de autorrecriminação? Será que ele também acredita que recusar ou evitar um prazer disponível nunca causará arrependimento e remorso? Se for esse o caso, ele parece encarar a psicologia com o próprio viés de confirmação. Muitas vezes, lamentamos o caminho que não seguimos, seja um caminho de prazer, seja de resistência à tentação. Não há uma justificativa clara para nenhuma das suposições que ele faz nesse caso. Mas talvez encontremos os motivos subjacentes a esse pensamento em outras passagens.

DICA

Para dar uma dica do que está por vir, talvez Epicteto esteja preocupado nesse trecho não só com o prazer em si, mas com as situações em que vislumbramos um prazer futuro em potencial que provavelmente será experimentado se nos envolvermos em determinado comportamento, mas que ainda não estamos experimentando, e precisamos escolher se vamos persegui-lo. Ele não quer que nos deixemos "levar" por essa perspectiva. Mas talvez ainda não se importe com os prazeres que surgem no caminho sem nenhuma escolha explícita ou busca por eles. É o que veremos.

Mais adiante no *Manual*, Epicteto diz o seguinte sobre certas atividades físicas que, presumivelmente, ele acha que muitas pessoas consideram prazerosas, embora inclua um exemplo estranho:

> É sinal de grosseria dedicar muito tempo às funções corporais, como exercitar-se, comer, beber, defecar e copular. Essas são atividades que devem ser feitas apenas de passagem, enquanto sua atenção plena está voltada para a mente. (41)

Boa sorte ao explicar isso para seu amigo ou cônjuge durante o jantar. "Desculpe, minha atenção está voltada para o estoicismo. O quê? Espere. Não vá embora." Ou seja, Epicteto está dizendo que as funções corporais básicas, e mesmo aquelas associadas a sensações prazerosas, podem ser realizadas de maneira adequada, desde que não seja com toda sua atenção. Apesar de serem ações normais e muitas vezes necessárias, você não pode permitir que elas o desviem do foco em questões de caráter mais intelectual, como refletir ou ler um livro como este.

Por mais que queiramos reconhecer e incentivar os prazeres da reflexão, bem como da leitura, pelo menos neste livro, devemos salientar que essas recomendações claramente não vêm de um homem que aprecia a realidade da corporificação, incluindo as atividades e as sensações físicas, ou o que às vezes é chamado de "prazeres inferiores" dos sentidos. Por quê? Talvez ele se preocupe com o fato de que qualquer tipo de sensação física tende a nos desviar do nosso foco espiritual na razão e na virtude e, por isso, está convencido de que quanto menos dermos atenção a essas sensações, mais segurança teremos para nos ater às nossas preocupações.

LEMBRE-SE

Como ex-escravo, Epicteto está sempre interessado em libertar as pessoas de qualquer coisa que possa escravizá-las, mesmo que de maneira metafórica e genuína. Ele valoriza a liberdade e a autonomia pessoal. Não quer que nada nos prenda ou nos acorrente. E se preocupa com o fato de que a armadilha do prazer ou da dor parece ser muito utilizada para escravizar as pessoas de diferentes formas.

Ele parece argumentar que, se a porta é aberta demais para qualquer foco no aspecto físico, nossa experiência com o corpo pode rapidamente se sobrepor ao lado mental de quem somos em nosso âmago. Se deixamos a porta de nossa vida interior descuidadamente aberta para o desfrute, os prazeres da carne podem assumir o controle, desviando-nos da razão, do dever e da virtude. Essa é a preocupação do filósofo, supostamente baseada em evidências tão abundantes como as que observamos ao nosso redor. Além disso, a dor pode nos acorrentar de diferentes maneiras — por meio do medo ou da preocupação e até mesmo da aversão, do ressentimento ou do ódio à sua presença e ao seu lugar em nossa vida.

CUIDADO

Portanto, o prazer pode nos afastar dos deuses e a dor pode nos voltar contra eles. Essa é a conclusão. Epicteto está especialmente preocupado com o fato de que aqueles que passam a maior parte de seu tempo acordado buscando o prazer e fugindo da dor não são capazes de ser sábios, corajosos, justos e ter autocontrole. Essas pessoas se acorrentaram a si mesmas, o que rapidamente se torna difícil de romper, e por isso abriram mão da autonomia que lhes é de direito por natureza.

Marco Aurélio pondera

O imperador Marco Aurélio, que foi muito influenciado pelas conversas e inquietações registradas desse antigo escravo, parece concordar com Epicteto e escreve no próprio diário:

> A alma humana se degrada [...] quando é dominada pelo prazer ou pela dor. (*Meditações* 2.16)

Algumas linhas após essa declaração, ele questiona:

> O que, então, é capaz de nos oferecer uma orientação? Somente a filosofia. O que significa que o poder dentro de nós permanece seguro e livre de ataques, superior ao prazer e à dor.

Existe, nesse ponto, a mesma percepção de que tanto o prazer quanto a dor são ameaças ao funcionamento adequado do maior poder interior da alma. Em outra passagem, ao mencionar as diversas belezas ocultas que podem ser vistas nos animais e na natureza em geral, Marco Aurélio diz em um tom mais positivo:

> Qualquer pessoa com um sentimento pela natureza — uma sensibilidade mais profunda — encontrará prazer em tudo isso. (*Meditações* 3.2)

Essa afirmação claramente não é um aviso sobre o perigo que pode ser encontrado na natureza, mas, sim, um lembrete para se aproximar da natureza com o coração e a mente abertos para perceber suas maravilhas e experiências que proporcionarão um prazer saudável. Marco Aurélio não parece acreditar que esse tipo de prazer seja uma ameaça. Nenhuma palavra de advertência é acrescentada à sua observação e nenhuma preocupação é manifestada sobre como esse prazer pode perturbar a razão ou a virtude, ou a liberdade interior.

No entanto, logo em seguida, ele se instrui sobre como devem ser seus pensamentos comuns ao longo do dia, de modo que, se alguém perguntar: "Em que você está pensando?", ele poderá responder com sinceridade, sem hesitação ou vergonha. Ele reflete sobre o que deveria acontecer se controlasse bem sua mente, e os pensamentos relatados seriam adequados do ponto de vista estoico. Ele diz a si mesmo no comentário (a ênfase é nossa, tanto aqui quanto a seguir):

> E logo ficaria evidente, pela sua resposta, que seus pensamentos eram honestos e ponderados — os pensamentos de uma pessoa altruísta, *indiferente aos prazeres* e aos deleites sensuais em geral, às discussões, à calúnia e à inveja, ou a qualquer outra coisa da qual você se envergonharia se fosse flagrado pensando. (*Meditações* 3.4)

Perceba que ele coloca os prazeres em uma categoria com a calúnia e a inveja. Nas linhas seguintes, ele continua se motivando a ser mais profundamente filosófico em suas abordagens aos desafios diários da vida e se lembra dos pontos fortes a serem alcançados por qualquer pessoa que aplique rigorosamente um ponto de vista estoico sábio a cada momento presente em todos os pensamentos:

> Alguém assim — que se recusa a adiar a fazer parte do grupo dos eleitos — é uma espécie de sacerdote, um servo dos deuses, em sintonia com o que há dentro de si, e com aquilo que mantém a pessoa *imaculada pelos prazeres, invulnerável a qualquer dor*, intocada pela arrogância, imune à mesquinhez — um atleta no maior de todos os combates: a luta para não ser dominado por nada do que acontece. (ibidem)

Mais tarde, na mesma passagem, ele escreve novamente, como sempre, dirigindo-se a si mesmo:

> A mente é a governante da alma. Deve permanecer imperturbável pelas *agitações da carne*, suaves ou intensas. Não se misturar a elas, mas manter-se à parte, colocando esses sentimentos em seu devido lugar. Quando eles chegarem aos seus pensamentos, por meio da conexão simpática entre mente e corpo, não tente resistir à sensação. Ela é natural. Apenas não permita que a mente se envolva emitindo juízos, chamando-a de "boa" ou "má". (*Meditações* 5.26.)

Nas palavras finais dessa reflexão, Marco Aurélio se refere a uma passagem inicial nos ditos registrados de Musônio Rufo, o professor de Epicteto bastante respeitado por Marco Aurélio. Musônio está considerando o papel dos argumentos ou das "provas" na vida, dizendo que muitas coisas não precisam de provas porque são óbvias para nós, como tudo é para os deuses. Mas, então, ressalta que, quando não são óbvias, muitas vezes é necessário construir uma prova ou um argumento que parta do que é claro para o que, de outra forma, seria obscuro, esclarecendo o que poderia ser uma verdade oculta. Em seguida, ele ilustra como isso funciona, usando o exemplo de uma afirmação estoica muito conhecida sobre o prazer:

> Tomemos como exemplo a afirmação de que o prazer não é um bem. À primeira vista, não a reconhecemos como verdadeira, já que, de fato, o prazer costuma nos atrair como um bem. Porém, partindo da premissa normalmente aceita de que todo bem é desejável e acrescentando a ela uma segunda afirmação igualmente aceita de que alguns prazeres não são desejáveis, conseguimos provar que o prazer não é um bem. Ou seja, provamos o que de outra forma era desconhecido ou não reconhecido por meio do conhecido ou do reconhecido. (Da palestra "That There is No Need of Giving Many Proofs for One Problem".)

Embora nessa passagem Musônio esteja apenas tentando estabelecer algo sobre como funcionam os argumentos úteis, seu exemplo mostra um raciocínio estoico clássico sobre o prazer, que podemos resumir em três medidas simples:

1. Todo bem é desejável (ou seja, em todos os momentos e todas as circunstâncias),
2. O prazer muitas vezes não é desejável (em virtude de suas circunstâncias), portanto
3. O prazer não é um bem (apesar do que muitas vezes parece).

LEMBRE-SE

Do ponto de vista estoico, ainda é possível que, nas circunstâncias certas, o prazer possa ser classificado como um indiferente preferido. Mas ele nunca deve ser considerado um bem verdadeiro. Tampouco a dor deve ser considerada um mal. E um argumento ou uma prova paralela pode ser desenvolvida para essa importante avaliação estoica.

No entanto, temos um longo caminho a percorrer para compreender melhor esses pontos de vista. Além disso, o que dissemos até agora sobre o raciocínio de Musônio deixa em aberto a possibilidade teórica de que, no pensamento estoico, o prazer deve ser considerado, na maioria dos casos, perigoso ou geralmente um "indiferente não preferido". Mas voltemos a Marco Aurélio.

Certa noite, Marco Aurélio faz uma rápida retrospectiva da vida, primeiro perguntando a si mesmo como se comportou em relação aos deuses e, depois, às pessoas mais importantes de sua vida; em seguida, ele diz, refletindo sobre o fim de sua vida terrena:

> Considere tudo o que você viveu, tudo a que sobreviveu, e que a história de sua vida está concluída, sua missão cumprida. Quantas coisas boas você presenciou? A quanta dor e prazer você resistiu? Quantas honras você recusou? A quantas pessoas cruéis você respondeu com gentileza? (*Meditações* 8.31)

Nessa reflexão, ele coloca a resistência à dor e ao prazer em um nível moral, assim como ser gentil com os rudes, o que certamente é uma conquista louvável. Mais tarde, ele se mostra impaciente com a maneira como usa o pouco tempo que lhe resta, dizendo:

> Não há tempo para leituras. Para controlar a arrogância, sim. Para superar a dor e o prazer, sim. Para não sentir raiva de pessoas tolas e desagradáveis, e até se importar com elas, para isso, sim. (*Meditações* 8.8)

Até agora, vimos o imperador falar sobre não se preocupar com os prazeres, não se deixar contaminar por eles, proteger a mente para que ela não seja perturbada pelos "movimentos da carne", manter essas sensações ou sentimentos inalterados, "resistir" à dor e ao prazer, e "superar" ambos. No entanto, também o vimos falar positivamente sobre os prazeres que podem ser encontrados no reconhecimento da beleza da natureza. De fato, essa não foi uma simples anomalia em suas reflexões. De outra forma, ele nem sempre é negativo em relação ao prazer. Em outra passagem posterior, ele diz:

> As pessoas encontram prazer de diferentes formas. Eu o encontro mantendo minha mente clara. (*Meditações* 8.43)

Esse certamente é um prazer mental, mas um prazer que ele parece endossar. Mas há uma complicação. Marco Aurélio inicia o Livro IX do que tem sido chamado de "exercícios espirituais", lembrando-se de que qualquer injustiça é uma forma de blasfêmia contra Deus, que nos criou para termos relações melhores e mais éticas uns com os outros. Em seguida, ele descreve a mentira como outra forma de blasfêmia, uma espécie de cuspir no rosto do que é real e providenciado para nós por Deus. Mesmo tropeçando na falsidade sem saber, seremos afastados do que é — e do que é pretendido por Deus. Então, ele escreve algo muito revelador para nosso tema atual:

> E considerar o prazer como um bem e fugir da dor como um mal — isso também é uma blasfêmia. Quem age assim acaba inevitavelmente censurando a natureza, reclamando que ela não trata os bons e os maus como merecem, mas frequentemente permite que os maus desfrutem do prazer e das coisas que o proporcionam, enquanto faz com que os bons sofram a dor e tudo que a acompanha. E até mesmo temer a dor é rejeitar algo inevitável, dado o mundo como ele é — o que, mais uma vez, é blasfêmia. Além disso, ao buscar o prazer, é quase impossível não cometer injustiças — o que, evidentemente, também é blasfêmia. (*Meditações* 9.1)

No final da passagem, ele continua lembrando que a natureza parece indiferente a certas coisas e que, se quisermos segui-la, como recomenda a filosofia estoica, precisamos ser indiferentes a essas mesmas coisas, adotando a postura da natureza. Assim, ele conclui:

> Preferir o prazer à dor, a vida à morte, a fama ao anonimato — isso é, claramente, uma blasfêmia. (ibidem)

LEMBRE-SE

Talvez o ponto crucial dessa passagem esteja no conceito de aceitar. Talvez não haja problema em sentir prazer e até mesmo preferi-lo à dor, porém, aceitá-lo é agarrá-lo e segurá-lo com firmeza como uma preferência forte e, provavelmente, com força inadequada em nossa resposta à diversidade do que Deus nos oferece.

Entender o que ele quer dizer com isso é um pouco complicado, já que a maioria dos estoicos clássicos reconheceu, de certa forma, um sentido natural adequado no qual coisas contrastantes, como o prazer em detrimento da dor, a vida em detrimento da morte, a saúde em detrimento da doença, a riqueza moderada em detrimento da pobreza e talvez até a fama em detrimento do anonimato, podem ser vistas como indiferentes preferidos — não como intrínseca ou moralmente boas, ou contínua e essencialmente benéficas, mas como recursos potenciais para os papéis positivos que devemos desempenhar no mundo, conforme nos foram dados por Logos, ou Deus. No entanto, é como se Marco Aurélio nos considerasse muito comuns indo além de uma preferência sábia e modesta nessas questões, buscando essas coisas ou aceitando-as com firmeza, em vez de ceder a tudo o que Deus ou a natureza possa ter reservado para nós.

O equilíbrio é o seguinte: se estamos doentes ou pobres hoje, podemos buscar saúde ou mais recursos amanhã, talvez como parceiros do Logos; mas desobedeceríamos a Deus se ficássemos amargurados ou ressentidos com nossa condição atual. Podemos ter preferências sábias e naturais ao fazermos as próprias escolhas para o futuro, mas nunca devemos preferir uma realidade contrária em determinado momento em detrimento do que Deus nos proporcionou naquele momento.

É o que Marco Aurélio entende como blasfêmia ou impiedade. E pode ser uma pista para a visão estoica plena sobre prazer e dor. Ainda não chegamos lá, mas estamos nos aproximando.

No último trecho de suas meditações em que o tema do prazer aparece, Marco Aurélio faz uma autoanálise e lembra que:

> Você nunca deixará de reclamar até sentir o mesmo prazer que o hedonista obtém com a autoindulgência — apenas fazendo o que é próprio dos seres humanos, na medida em que as circunstâncias, inerentes ou fortuitas, permitem. Desfrutar significa fazer o máximo possível do que sua natureza exige. E você pode fazer isso em qualquer lugar. (*Meditações* 10.33)

Parece que temos uma aceitação do prazer adequado, da satisfação ou do estado de sentir-se bem, em essência, como um efeito colateral em potencial de agir corretamente e viver bem, o que significa agir e viver de acordo com a natureza ou com virtude. O hedonista sente uma grande necessidade de prazer e erroneamente o persegue. O estoico o aceita cordialmente sempre que ele aparece como uma característica secundária comum, porém desnecessária, de fazer a coisa certa.

Apresentamos todas essas passagens do imperador para mostrar duas coisas: a frequência com que as questões relacionadas ao prazer e à dor aparecem em suas reflexões sobre a vida, as aspirações e as dificuldades; e a variedade de pensamentos e sentimentos que ele tem sobre o papel dessas sensações na vida em geral.

LEMBRE-SE

Talvez seja útil fazer uma breve recapitulação para não perdermos a linha de raciocínio. Marco Aurélio falou que a alma se "degrada" quando se deixa "vencer" pelo prazer ou pela dor. Referiu-se ao poder dentro de nós como "superior ao prazer e à dor". Propôs um ideal de ser "despreocupado" com relação a essas sensações, "imaculado" pelos prazeres, "invulnerável a qualquer dor" e afirmou que essa postura é importante para o que ele considera "a competição da vida" na qual estamos engajados. Falou sobre ser "instigado" por essas coisas, "resistir" e "superá-las". Chamou a busca pelo prazer e a fuga da dor de "blasfêmia" contra Deus. No entanto, encontra prazer na natureza e em manter a mente lúcida, e considera o prazer um efeito colateral natural da virtude.

O que devemos concluir disso tudo? Talvez seja útil voltar alguns anos antes de Marco Aurélio escrever e conferir o que o estoico Sêneca disse sobre essas coisas. Ele é muitas vezes considerado mais moderado do que Epicteto, mais seguro do que Marco Aurélio, portanto mais direto em seus pontos de vista.

Sêneca entra na disputa

Um aspecto que notamos repetidas vezes nos escritos de Sêneca é que ele faz questão de distinguir o prazer do que ele considera ser um tipo de experiência humana mais profunda e resistente, que chamamos de alegria. Em uma carta para seu amigo Lucílio, *Cartas* 59, "Sobre Prazer e Alegria", encontramos uma declaração extensa sobre isso. Iremos citá-la aqui em três partes, fazendo alguns comentários ao longo do texto. Sêneca começa com uma frase que, esperamos, tenha provocado gargalhada ou pelo menos um sorriso no rosto de seu colega:

> Agora devo mostrar-lhe como saber se você ainda não é sábio. O sábio é alegre, feliz, sereno, imperturbável; vive em um plano igual ao dos deuses. Pergunte-se, então: você nunca se sente abatido? Sua mente está livre de temores, sem antecipar ansiosamente o futuro? Sua alma segue dia e noite por um caminho equilibrado, reto, satisfeita consigo mesma? Se for assim, você alcançou o maior bem que um mortal pode possuir. Mas, se você persegue prazeres de todos os tipos em todas as direções, precisa reconhecer que está tão longe da sabedoria quanto está da verdadeira alegria. A alegria é o que você procura, mas se desvia do caminho quando espera alcançá-la entre riquezas e cargos públicos — em outras palavras, quando a busca em meio a um mar de preocupações. Essas coisas que você persegue com tanto fervor, como se pudessem lhe trazer felicidade e prazer, são apenas fontes de sofrimento. (*Cartas* 59.14)

Ele segue detalhando as diversas formas pelas quais as pessoas buscam o prazer, no fundo esperando a alegria e, em vez disso, encontram o perigo ou o mal:

> Pense no seguinte: o efeito da sabedoria é uma alegria contínua e ininterrupta. A mente do sábio é como a região além da lua — nela reina uma calma eterna. Aí está, portanto, uma razão para desejar a sabedoria: o sábio jamais é privado da alegria. Essa alegria nasce apenas do conhecimento de que se possui as virtudes. Somente os corajosos, os justos e os autocontrolados podem experimentar a verdadeira alegria. (*Cartas* 59.16)

Em seguida, nosso conselheiro estoico imagina seu colega, ou outro interlocutor cético, rebatendo e dizendo: "O que você quer dizer? Não se alegram os tolos e os ímpios?" Ele responde que não, que eles nunca experimentam a verdadeira alegria, apenas muitas sensações inquietantes que acabam por deixá-los cansados, em suas palavras, "quando os prazeres que têm amontoado sobre um corpo que é pequeno demais para segurá-los começam a apodrecer". Ele acrescenta:

> Os amantes do prazer passam cada noite entre brilhosas alegrias falsas, como se fosse a última. Mas a alegria que alcança os deuses — e aqueles que os imitam — jamais é interrompida. Ela não cessa. E certamente chegaria ao fim se viesse de fora, emprestada do exterior. (*Cartas* 59.18)

Em outra carta, novamente endereçada a Lucílio, Sêneca escreve:

> Alcançamos as alturas quando sabemos onde encontrar a verdadeira alegria — e quando não colocamos nossa felicidade sob o controle das coisas externas. (*Cartas* 23.2)

As coisas externas podem nos proporcionar muito prazer, mas somente as internas nos trazem alegria, um presente muito mais estável, duradouro e edificante para a alma, com uma característica subjacente profundamente positiva para nossa experiência. Sêneca diz mais adiante, na mesma carta, que a verdadeira alegria não é uma sensação superficial, animadora e brilhante, fácil de ser colhida na superfície das coisas, é mais como um rico veio de minério bem no fundo de uma mina, que precisa ser explorado para obter seus "abundantes retornos", a sensibilidade mais profunda e o senso de bondade que perduram em qualquer situação, por mais desafiadora que seja. Ele aconselha seu amigo a evitar as superfícies brilhantes cheias de prazeres efêmeros que atraem a maioria das pessoas para o mal em vez da felicidade. Ele resume:

> Isso é o que quero dizer: o prazer, a menos que tenha sido mantido dentro dos limites, tende a nos precipitar no abismo da tristeza. (*Cartas* 23.6)

O importante é como ela funciona em nossa vida. Em outra carta, no entanto, Sêneca insiste, como sempre faz, na importância de adotar a virtude e evitar o vício em todas as suas formas, depois escreve estas palavras que soam mais extremas:

> Acima de tudo, afaste os prazeres da sua vista. Evite-os mais do que qualquer outra coisa, pois são como os bandidos que os egípcios chamam de "amantes": abraçam-nos apenas para nos estrangular. (*Cartas* 51.13)

É uma imagem vívida que retrata os prazeres como se estivessem prontos para nos agarrar no que erroneamente consideramos ser um abraço amoroso, mas que tem a intenção de nos imobilizar para que possamos ser abatidos e roubados de qualquer coisa valiosa. Em outra carta, ele vai ainda mais longe nessa mesma direção, dizendo o seguinte sobre nossa tendência comum quando nos desviamos com os prazeres mundanos e perdemos o controle:

> Entregamos nossas almas ao prazer, cujo serviço é a fonte de todo o mal. (*Cartas* 110.10)

Em uma linguagem muito semelhante à que frequentemente vemos em Epicteto, evidenciando o cativeiro da escravidão, Sêneca menciona o fato de estar preso ao prazer e viver a serviço dele. A mensagem parece ser que, se buscamos o prazer para uma autoindulgência confortável e desejada, ele se transforma e se torna um senhor severo e caprichoso que nos leva na direção oposta ao caminho que devemos seguir. Novamente lemos:

> A alma é o nosso rei. Se estiver segura, as outras funções permanecem em serviço e servem com obediência, mas a menor falta de equilíbrio na alma faz com que elas vacilem junto. E quando a alma cede ao prazer, suas funções e ações se tornam fracas, e qualquer empreendimento vem de uma fonte sem energia e instável. (*Cartas* 114.23)

As "outras funções" mencionadas provavelmente incluirão coisas como nossa capacidade de formar crenças ou julgamentos, de ter emoções e reações adequadas sobre atitudes e ações com base em nossos pensamentos, nossa imaginação e os acontecimentos do mundo. Quando a alma, nossa força orientadora, cede ou dá lugar aos atrativos do prazer, todas as funções internas são prejudicadas e deixam de ser confiáveis. Essa é a alegação.

Então Sêneca nos surpreende. Entre todas essas terríveis recomendações sobre o prazer e seus efeitos prejudiciais em potencial, podemos nos deparar com uma passagem como esta, que parece ter sido soprada por uma brisa de outro lugar:

> As pessoas impõem um limite estreito aos seus prazeres se encontram alegria apenas no presente. Tanto o futuro quanto o passado podem servir ao nosso deleite — o futuro, por meio da antecipação; o passado, pelas lembranças. Mas o futuro é incerto e pode não se realizar, enquanto o passado está fixado. (*Cartas* 99.5)

Essa é uma dupla surpresa, já que filósofos como os estoicos muitas vezes nos aconselham a focar o presente em vez do passado e do futuro, e Sêneca deseja que aproveitemos os três momentos. Ele recomenda o prazer e o deleite, não como iscas a qualquer tipo de escravidão, mas como algo que deve ser experimentado.

Ao longo dessas muitas e diferentes declarações sobre o prazer, surge uma lição que pode ser aplicada tanto a ele quanto à sua contraparte, a dor. Não se trata apenas de uma orientação que envolve a moderação ou a liberação de algumas nozes em um pote.

Usando Sensações e Situações

Em uma passagem clássica e emblemática, Sêneca escreve sabiamente sobre o que é necessário para alcançar a verdadeira felicidade:

> A natureza quis que não precisássemos de grandes recursos para viver felizes. Cada um de nós pode construir a própria felicidade. As coisas externas têm pouca importância e não exercem grande influência em nenhum dos sentidos. A prosperidade não exalta o homem sábio, nem a adversidade o abate, pois ele sempre se esforçou por depender inteiramente de si mesmo, por extrair

> toda a sua alegria de dentro de si. (*Ensaios Morais II*, "Consolação a Minha Mãe Hélvia" 4.1)

Sêneca acredita que as "coisas externas" não têm quase nenhuma importância em si para a felicidade ou seu oposto em nossa vida. Por externas, ele quer dizer qualquer coisa fora do controle absoluto da vontade, da capacidade de livre escolha e da própria razão. Portanto, o prazer, até mesmo seu aspecto interior, talvez surpreendentemente, seria classificado, em sua maior parte, se não inteiramente, como algo externo que vem até nós. O mesmo poderia ser feito com a dor, embora ela também seja sentida na mente. Ainda assim, como um evento de ocorrência, ela deve ser considerada fora ou externa à vontade, a parte de nós conhecida como a sede do vício ou da virtude, o circuito povoado apenas por pensamentos, emoções, atitudes e impulsos de ação que escolhemos. Qualquer coisa fora da vontade e seus resultados de virtude ou vício têm, nas palavras de Sêneca, "pouca importância" para nós. Quando formos sábios, as coisas externas agradáveis não nos elevarão e as difíceis não nos derrubarão. Tampouco os sentimentos que existem na mente. Em vez disso, permaneceremos tranquilos, estáveis e livres.

Alguns estoicos afirmam esporadicamente que os elementos externos não são "nada para nós", como se nunca possuíssem qualquer valor. Mas mesmo estes costumam reconhecer, em outros contextos, um uso instrumental das coisas externas, um emprego delas pela vontade que, se bem utilizadas, podem ter um valor derivado no cumprimento de nossos papéis e deveres no mundo.

Em *Discursos*, Epicteto diz:

> As coisas materiais são indiferentes, mas o uso deles não é indiferente. (*Discursos* 2.5.1)

Em seguida, ele dá um exemplo de que, em um jogo de bola entre jogadores habilidosos, a bola em si é, de certa forma, neutra ou indiferente — desde que tenha as qualidades básicas necessárias para o jogo, não importa qual bola é usada — o que importa são os métodos que os jogadores escolhem habilmente para recebê-la e lançá-la. Consideramos um lançamento ou uma recepção bons quando eles usam bem a bola. Seria estranho, no meio de um jogo, ver um ótimo lançamento e gritar: "Um chute muito preferido, mas indiferente!" Um simples " Bom chute!" seria suficiente.

É claro que podemos usar coisas externas, como uma bola em um jogo. Devemos e precisamos. Isso é parte do motivo de estarmos em um mundo físico. Parece que devemos utilizar as coisas externas para nosso autodesenvolvimento e outros fins, como ajudar outras pessoas. Portanto, a maneira como as usamos pode ser importante.

DICA

Há um princípio filosófico na comunidade aqui. Não apenas os estoicos, mas muitos outros filósofos ao longo da história e em diferentes culturas concordaram que pouquíssimas coisas na vida são intrinsecamente boas ou ruins, ou fundamentalmente valiosas ou inúteis, não importando como nos relacionamos com elas. O valor da maioria das coisas reside em como elas funcionam em nossa vida, em como as colocamos em prática. Aliás, chamaremos isso de *Princípio da Funcionalidade*: o valor da maioria das coisas depende de como as empregamos, de como elas funcionam para nós.

Uma pessoa sábia utiliza bem todas as coisas. Ela não anseia nem busca avidamente riqueza ou fama, poder, status ou prazer. Uma alma sábia não persegue e aceita o prazer, nem teme e foge da dor, mas usa bem qualquer uma dessas sensações sempre que surgem. Para Sêneca, o objetivo não parece ser recusar todo o prazer, mas acompanhar de perto como pensamos nele e o empregamos. Não devemos buscá-lo avidamente nem investir nele com toda a sinceridade. Em determinados momentos e estados de vulnerabilidade, talvez tenhamos que bani-lo de nossa vida na medida do possível, afastando-o como um obstáculo. No entanto, para os estoicos, a dor, ao contrário, é algo que nunca devemos afastar quando a vivenciamos. Devemos aceitá-la quando ela vem, sem medo ou fuga. Depois, certamente podemos tentar aliviá-la e até eliminá-la no momento seguinte, buscando evitar suas prováveis causas no futuro. Porém, a atitude estoica é que, no momento em que a sentimos, devemos aceitá-la como se nos fosse devidamente concedida no momento de sua presença, como se viesse dos deuses ou de Logos, que saberiam melhor todas as coisas.

LEMBRE-SE

Para os estoicos clássicos, tudo no mundo deve ser aceito como uma dádiva de Deus, dos deuses, de Logos ou da Natureza. Mas, quando tomamos atitudes fortes, a favor ou contra, em relação a qualquer coisa que não seja a virtude e o vício, colocamos em risco nossa paz interior e nosso serviço obediente ou piedade em relação à razão e à benevolência divinas por trás de tudo o que acontece neste mundo. A única coisa que deve ser sempre aclamada, buscada e adotada é a virtude, e a única coisa que deve ser sempre condenada, evitada e rejeitada é o vício. Sem o foco na virtude como objetivo principal, ficamos vulneráveis à fraqueza, à corrupção e a um colapso interno que nos torna incapazes de servir a Deus e cumprir nosso dever adequado neste mundo durante toda a nossa existência. Quando vivemos de maneira sábia e virtuosa, de acordo com nossa verdadeira natureza, usando bem as impressões e procurando agir com bondade em todas as coisas, os prazeres podem nos acompanhar, assim como as dores podem nos atingir, mas também é possível encontrar uma profunda alegria interior que nos ajuda a lidar e administrar ambas as coisas. Podemos aproveitar bem tudo o que surge em nosso caminho. Sem essa sabedoria, estamos perdidos. Quando a incorporamos de modo consistente, podemos viver, de certa forma, acima da turbulência e em paz.

DICA

A ideia mais fundamental do estoicismo talvez seja sobre como usamos as impressões — as sensações, as percepções e as ideias que surgem ao longo de nossa vida neste mundo. Epicteto inclusive emprega essa ideia de uso ou utilização em nossa relação com Deus, pois oferece estas palavras ao aconselhar um estudante sobre como ser obediente ao divino:

> Seja ousado o bastante para levantar os olhos a Deus e dizer: "De agora em diante, usa-me como quiseres. Estou de acordo contigo. Sou teu. O que decidires está bem para mim. Leva-me para onde quiseres. Veste-me como quiseres. Queres que eu ocupe um cargo público ou que me afaste da política? Preferes que eu fique aqui ou vá para outro lugar, que seja pobre ou rico? Tudo o que fizeres, eu explicarei às pessoas. Mostrarei a elas a verdadeira natureza de tudo o que acontece." (*Discursos* 2.16.42)

Em seguida, ele comenta, como se estivesse fazendo uma retrospectiva da vida, imaginando o fim da própria jornada neste mundo, enquanto encara sua partida:

> Falando por mim, espero ser surpreendido pela morte num momento em que minha atenção esteja voltada exclusivamente para a minha vontade — quando eu estiver tentando mantê-la livre de paixões, sem impedimentos, sem constrangimentos, e livre. É com isso que eu gostaria de estar ocupado, porque então poderei dizer a Deus: "Alguma vez desobedeci às tuas ordens? Já usei os recursos que me deste para fins desnecessários? Já abusei dos meus sentidos ou de minhas preconcepções? Alguma vez te acusei de injustiça? Já critiquei tua forma de governar o mundo? Adoeci quando tu quiseste — como outros também adoecem —, mas o fiz de boa vontade. Empobreci porque tu quiseste, e aceitei isso com alegria. Não ocupei nenhum cargo público porque tu não o quiseste, e nunca senti falta disso. Já me viste abatido por causa disso? Não estive sempre diante de ti com um semblante alegre, pronto para o que quer que decidisses ou ordenasses? Agora queres que eu deixe a festa, e saio dela cheio de gratidão por teres me julgado digno de compartilhar a celebração contigo, de ter visto tuas obras e compreendido tua governança." (*Discursos* 3.5.7–10)

Epicteto pensava que ele próprio havia sido bem utilizado por Deus e que usava bem tudo o que Deus escolhia para ele. Esse é o caminho estoico, usar bem o que quer que apareça em nosso caminho. Isso se aplica tanto ao prazer e à dor quanto a todas as coisas externas mais óbvias. Epicteto diz sobre o uso da adversidade:

> O valor de uma pessoa se revela nas dificuldades e, por isso, quando um desafio surgir, pense nela como se Deus o estivesse colocando diante de um parceiro de treino difícil. "Para quê?", alguém poderia perguntar. Para ajudá-lo a tornar-se um campeão olímpico — o que exige esforço e suor. De todo modo, me parece que ninguém jamais teve uma dificuldade melhor do que a que você enfrenta agora, se estiver disposto a usá-la como um atleta usa seu parceiro de treino. (*Discursos*, 1.24.1)

Em uma de suas breves palavras que chegaram até nós, ele nos diz:

> Qualquer um que esteja insatisfeito com as circunstâncias que lhe foram atribuídas pela sorte não é hábil na arte de viver, ao passo que qualquer um que nobremente

suporta suas circunstâncias e faz uso razoável do que elas têm a oferecer merece ser chamado de uma boa pessoa. (*Epicteto: As Obras Completas, Fragmento* 2)

DICA

Tudo o que surge em nosso caminho é uma ferramenta em potencial para ser usada no desenvolvimento pessoal e melhorar o mundo. Mas depende de nós que essas coisas funcionem como ferramentas e sejam bem empregadas. Sêneca escreve:

> As ferramentas permanecem inúteis a menos que o trabalhador as use para realizar sua tarefa. (*Sobre os Benefícios*, 5.25.6)

LEMBRE-SE

O que importa é como usamos as coisas que acontecem em nossa vida. Sêneca tem uma imagem magnífica, uma metáfora inflamada de como podemos aproveitar nossos problemas, sejam dores, sofrimentos, contratempos, obstáculos, sejam prazeres extremamente tentadores que ameaçam nos desviar do caminho certo na vida. Ele diz:

> Quando está em harmonia com a natureza, o poder que nos governa se mantém firme e pronto para se ajustar a cada desafio, aproveitando cada nova oportunidade. Está preparado para tudo, persegue seus próprios fins e acolhe tudo o que encontra pelo caminho, encontrando proveito até na oposição. Nesse sentido, é como o fogo: enquanto uma chama pequena pode ser apagada pelo lixo jogado sobre ela, um fogo grande simplesmente consome tudo o que é lançado sobre ele. Quanto mais se joga sobre ele, mais alto se eleva e mais intensamente arde. (*Meditações*, 4.1)

Para uma pessoa sábia e forte, tudo é apenas combustível para o fogo interior. Portanto, para os estoicos, não buscamos o prazer nem fugimos da dor; em vez disso, desenvolvemos sabiamente nossa capacidade de usá-los bem quando eles surgem em nossa vida. E, como uma chama forte, crescemos, prosperamos e nos elevamos diante de tudo o que enfrentamos.

NESTE CAPÍTULO

» **Apresentando a ideia de uma lei moral básica enraizada na natureza**

» **Comparando os estoicismos antigo e moderno sobre a lei natural**

» **Compreendendo como as ideias modernas sobre direitos humanos são baseadas na lei natural estoica**

» **Identificando os prós e os contras da lei natural**

Capítulo 12

Lei Natural

Vivemos em uma era de incertezas. Muitas ideias que antes eram vistas como verdades sólidas como uma rocha hoje são amplamente questionadas ou desacreditadas. Vemos isso nas esferas religiosa, política, econômica, social e, principalmente, na ética e nos valores.

Atualmente, muitas pessoas negam que existem verdades morais objetivas, absolutas ou universais. Elas acreditam que não há nenhuma verdade moral ou, se há, são baseadas apenas em sentimentos, opiniões ou normas culturais que variam de sociedade para sociedade. Para essas pessoas, a moralidade é subjetiva, uma invenção puramente humana.

Os antigos estoicos rejeitavam essa forma de ceticismo moral ou subjetivismo. Eles acreditavam que existem verdades moralmente concretas que são "objetivas" (ou seja, não se baseiam em mera opinião ou gosto) e estão enraizadas em características básicas e imutáveis da realidade. Eles chamavam essa realidade moral objetiva de *lei natural*. Pensadores posteriores desenvolveram essa ideia estoica e a tornaram a base das crenças modernas sobre direitos humanos universais, dignidade humana e princípios básicos do direito internacional. Dessa forma, a ideia da lei natural provou ser um dos legados mais resistentes do estoicismo.

O que É Lei Natural?

O conceito estoico de lei natural tem origem no pensamento grego antigo sobre a lei divina ou superior. As primeiras formas de lei grega (*nomos*) baseavam-se no costume ou na tradição. Mais tarde, essas leis tradicionais foram codificadas, complementadas ou substituídas por leis escritas. Cada cidade-estado grega tinha seu próprio conjunto de leis consuetudinárias ou escritas; elas constituíam o conjunto de leis "civis" ou "positivas" que se aplicavam em determinada cidade-estado (*polis*), variando de estado para estado. Mas, em geral, os gregos eram um povo religioso e acreditavam que todas as leis básicas e a moralidade deveriam, em última instância, vir de uma fonte divina. Daí a ideia de uma "lei superior" que deriva dos deuses, sempre correta e justa, e se aplica a todas as nações e todos os estados.

Os primeiros indícios da ideia grega de lei superior podem ser encontrados na afirmação de Heráclito de que "todas as leis humanas são nutridas por uma lei divina" e na frase do poeta Píndaro de que "a lei é o rei de todos, tanto dos mortais quanto dos imortais". Mas um relato ainda mais famoso é encontrado na peça clássica de Sófocles, *Antígona* (c. 442 a.C.). Nela, Antígona, a filha de Édipo, desafia o decreto do rei Creonte de que o corpo de seu irmão Polinices deve permanecer sem ser enterrado. Antígona enterra o corpo e justifica sua ação invocando os eternos "estatutos não escritos e infalíveis do céu" que se sobrepõem a todas as leis ou decretos humanos que possam entrar em conflito com eles. Em seu julgamento, Sócrates mais tarde expressaria uma visão semelhante sobre a lei superior, declarando: "Homens de Atenas, eu os honro e amo, mas obedecerei a Deus e não a vocês." Aristóteles ensinou que, além das leis escritas, que são mutáveis, há uma "lei universal", a lei da natureza, que é inalterável e sempre justa e equitativa.

Além de pensadores como Heráclito e Sócrates, o ensino estoico sobre a lei natural foi muito influenciado pelos cínicos. Conforme vimos, os cínicos hostilizavam a civilização e faziam uma distinção nítida entre o que existe por costume ou por convenção (*nomos*), e o que existe por natureza (*physis*). Eles defendiam que a natureza é o padrão adequado de comportamento humano. Em sua opinião, "natureza" significa basicamente o que é primitivo, primordial e animalesco, em oposição ao que é artificial ou baseado em convenções e criações humanas. Assim, eles rejeitavam todos os adereços e valores da civilização, incluindo leis, tribunais, escolas, templos e costumes criados pelo homem com relação a casamento, sexo e criação de filhos.

LEMBRE-SE

De acordo com o que vimos no Capítulo 2, os estoicos concordavam com os cínicos que "seguir a natureza" é a regra mais básica de moralidade. Porém, a visão dos estoicos sobre natureza era muito diferente. Para eles, "seguir a natureza" significava "seguir a razão", o que equivalia a seguir a vontade racionalmente detectável do Logos que guia e permeia tudo na natureza. Então, para os estoicos, a lei superior significa a lei de Deus, ou os ditames divinos da razão que se aplicam a todos os seres racionais, inclusive a nós.

Tanto Zenão quanto Crisipo parecem ter escrito muito sobre a lei, mas infelizmente suas obras se perderam, exceto por alguns fragmentos de citações. Nossa principal referência sobre as visões estoicas da lei natural ou superior é Cícero, que em obras como *Sobre as Leis* e a *República* fornece um panorama claro dos ensinamentos estoicos sobre a lei.

Cícero sobre a lei natural

De acordo com Cícero, os estoicos definiam "lei" como a "razão correta em harmonia com a natureza", que convoca as pessoas "ao dever por meio de seus comandos" e as impede "de cometer erros por meio de suas proibições".

Por "razão correta", Cícero quer dizer usar a mente ou o intelecto adequadamente, como foram concebidos para serem usados. Por "em harmonia com a natureza", ele quer dizer tanto "de acordo com a natureza humana", como animais racionais e sociáveis com necessidades, inclinações e vulnerabilidades distintas de base biológica, quanto "de acordo com a natureza cósmica", ou seja, o Universo como um todo, concebido, como faziam os estoicos, como uma hierarquia racional, proposital e divinamente ordenada, direcionada para o bem do Todo.

CUIDADO

Ao que parece, os estoicos não acreditavam que os princípios da lei natural devessem ser "autoevidentes" ou totalmente óbvios e sem necessidade de prova, conforme afirmaram muitos pensadores da lei natural posteriores. Tampouco pensavam que a lei natural se aplica apenas aos seres humanos; ela também se aplica aos outros integrantes da cosmópolis ou cidade cósmica, os deuses. Marco Aurélio afirma que, como integrante da raça humana, ele é "um ser vivo dotado de inteligência, que vive em comunidade e sujeito a uma lei que é igual àquela a qual o deus está sujeito" (*Meditações* 8.2). Será que essa "lei única" — lei natural ou razão correta — se aplica exatamente da mesma forma aos humanos e aos deuses? Isso parece absurdo porque os humanos e os deuses têm naturezas muito diferentes, portanto, presumivelmente, virtudes e deveres morais distintos. (Ao contrário dos humanos, por exemplo, os deuses não têm o dever de nutrir e educar seus filhos, porque eles não têm filhos e não precisam de cuidados.) Segundo Cícero, os seres humanos e os seres divinos, como aqueles que os estoicos acreditavam que dirigiam as estrelas, compartilham a mesma lei — a lei da razão correta — porque "possuem a mesma faculdade racional", uma faculdade que "recomenda o que é certo e rejeita o que é errado", e determina valores básicos como companheirismo e harmonia cívica e as virtudes necessárias para sustentar esses bens (*Sobre a Natureza dos Deuses* 2.79). Seria complicado tentar explicar, do ponto de vista estoico, quais deveres éticos e virtudes os seres humanos e os deuses têm em comum. E é provavelmente por isso que a maioria dos pensadores da lei natural limita essa lei aos seres humanos, restringindo "a lei da natureza" à natureza *humana*.

Em uma passagem bem conhecida, Cícero diz o seguinte sobre a lei natural:

> Está espalhada por toda a comunidade humana, imutável e eterna [...] Essa lei não pode ser revogada, nem modificada de forma alguma, nem totalmente anulada. Nenhum decreto do Senado ou do povo pode nos isentar dela; tampouco precisamos de qualquer outra coisa para explicá-la ou interpretá-la. Não haverá uma lei em Roma e outra em Atenas, uma agora e outra no futuro, mas todos os povos, em todos os tempos, estarão sob uma única lei — eterna e imutável; e haverá, por assim dizer, um único senhor e mestre de todos nós: o deus que é o autor, proponente e intérprete dessa lei. (Cícero, *Da República* 3.17)

Portanto, de acordo com os estoicos, a lei natural é um conjunto de mandamentos e proibições morais racionalmente conhecidos, emitidos por Deus, que é eterno, imutável e obrigatório em todo o mundo. É a "razão certa" (razão correta) sobre os deveres éticos e as proibições que emanam de Deus e se aplicam a todos os seres racionais e sociáveis com o tipo de mente, corpo e constituição natural que possuímos. O que torna "natural" a lei natural? O fato de que ela se baseia em características básicas da natureza humana e pode ser compreendida por meio da razão natural. A lei natural se aplica a *todos* os seres humanos em *todas* as sociedades porque não é algo que precisa ser ensinado; basta que usemos nosso intelecto da maneira correta para descobri-la, ou seja, pela "razão correta". Como, por definição, a lei natural é naturalmente identificável, ela difere da "lei divina", que pode se basear tanto na revelação quanto na razão sem auxílio. Assim, quando Marco Aurélio agradece aos deuses pela ajuda que lhe deram por meio de sonhos e oráculos (*Meditações* 1.17.9), esse talvez seja um caso de aprendizado sobre a lei "divina" ou "superior", mas não sobre a lei natural, uma vez que ela não pode ser aprendida apenas pelo uso da razão natural.

LEMBRE-SE

A ideia básica da lei natural é: aquilo que é bom para uma coisa depende de que tipo de coisa é. O que é bom para uma bolota é crescer e se tornar um grande e viçoso carvalho; o que é bom para um filhote de leão é crescer e se tornar um leão adulto grande e saudável, com uma vida plenamente leonina. Para os estoicos, o que é bom para o ser humano depende de nossa natureza como animais racionais, sociáveis e morais.

Quais são nossas necessidades, nossos impulsos e nossas inclinações humanas básicos? Quais são nossos modos distintos de prosperidade ou excelência (*aretê*)? Assim como Aristóteles, os estoicos acreditavam que o que conta como vida boa para um ser humano deve estar relacionado a características fundamentais de nossa natureza. Se os seres humanos tivessem corpos e mentes muito diferentes — por exemplo, formas totalmente diferentes de reproduzir a espécie e criar os filhos —, teríamos direitos e deveres distintos, diferentes maneiras de prosperar ou de ter um bem-estar ideal.

Elementos básicos da lei natural

Nesse ponto, é natural que surja uma pergunta: Quais são os comandos e as proibições básicas da lei natural? E há algo interessante, já que a lei natural está sendo apresentada como muito importante para nós: nem Cícero nem os estoicos parecem tentar apresentar algo como uma lista completa dos preceitos da lei natural. Mas Cícero dá alguns detalhes úteis, o que é bom, porque, como o famoso arquiteto do século XX Ludwig Mies van der Rohe é frequentemente citado por ter dito, em relação a quase tudo, "Deus está nos detalhes". E assim deve ser a lei de Deus ou a lei natural.

Autopreservação

Um impulso humano básico, observaram os estoicos, é a autopreservação. Muito do que fazemos diariamente — comer, beber, manter-se aquecido, não entrar na frente de um ônibus e assim por diante — é feito para nos mantermos vivos, saudáveis e sem sofrimento. Assim, um princípio básico da lei natural envolverá um dever de autocuidado, uma obrigação de buscar o próprio bem, viver com moderação e preservar a própria vida e a saúde.

Sociabilidade

Outro impulso humano básico é a sociabilidade. Os seres humanos são animais naturalmente sociais e, em geral, só prosperam se estão em família e comunidade saudáveis. Os pais naturalmente amam seus filhos e buscam proporcionar-lhes felicidade e bem-estar. Desses fatos fundamentais, decorrem os princípios básicos da lei natural, como "evite prejudicar aqueles entre os quais você deve viver", "aja com justiça", "diga a verdade", "alimente e cuide de seus filhos".

Assim como Aristóteles, os estoicos acreditavam que, como seres humanos, nossa maior e mais distinta capacidade é a inteligência e a habilidade de raciocinar. Isso é o que mais nos diferencia dos animais não humanos, além das roupas da moda. Os seres humanos têm um impulso natural de buscar a verdade, raciocinar bem e buscar o entendimento. Portanto, outros comandos básicos da lei natural envolverão o uso adequado da mente, como "buscar a verdade", "evitar o erro", "pensar logicamente" e "viver racionalmente".

O ideal estoico de "viver em harmonia com a natureza" parece muito vago, mas os estoicos acreditavam que se pode aprender muito sobre a conduta moral adequada ao refletir sobre nossos papéis e responsabilidades sociais naturais ou convencionais. Como Epicteto observa, "os deveres são amplamente definidos pelos papéis sociais" (*Manual* 30). Um pai, um filho, um professor, um médico ou um policial têm certas responsabilidades que decorrem desses papéis sociais específicos. Epicteto é conhecido por comparar a vida com a atuação em uma peça de teatro:

> Lembra-te de que és um ator em uma peça teatral, conforme o autor quer que ela seja. Se ele quiser que seja breve, será breve; se quiser que seja longa, será longa. Se ele quiser que representes o papel de mendigo, então cabe a ti interpretar esse papel com habilidade. E o mesmo vale se ele quiser que sejas coxo, magistrado ou um homem comum. Pois isso é o que te pertence: representar bem o papel que te foi atribuído — escolhê-lo, porém, cabe a outro. (*Manual* 17)

Em *Sobre os Deveres*, de Cícero, a discussão mais detalhada sobre a ética estoica que ainda existe desde os tempos antigos, a importância dos papéis sociais na vida ética, é enfatizada diversas vezes. É claro que esses papéis diferem ao longo do tempo e entre as sociedades. Isso torna a ética estoica "relativa"? Na verdade, não, porque é razoável que as sociedades tenham diferentes papéis sociais (por exemplo, agricultores e professores) e que estes variem ao longo do tempo e entre culturas distintas. Portanto, a "razão correta" determina que os papéis e as responsabilidades sociais razoáveis e legítimos sejam desempenhados, e bem desempenhados. Como o estoico contemporâneo Ryan Holiday gosta de dizer: "Faça seu trabalho. Faça-o direito."

Para os estoicos, viver em harmonia com a natureza significa não apenas viver de maneira virtuosa, que é o único bem verdadeiro, mas também desempenhar o que eles chamavam de "ações apropriadas" ou "funções adequadas" (*kathekonta*). São atividades que "condizem" com a natureza de um ser vivo, como crescer em direção à luz condiz com um girassol e construir um ninho para criar os filhotes condiz com um pássaro. As ações apropriadas para os seres humanos incluem tanto as ações virtuosas ou moralmente corretas (que somente os Sábios são capazes de realizar, pois somente eles possuem a motivação adequada), como também, em circunstâncias apropriadas, atos que visam os "indiferentes preferidos", como vida, saúde, amizade e evitar a dor. A natureza implantou em nós instintos para coisas como autopreservação, sociabilidade e curiosidade. Portanto, é racional e está de acordo com a natureza preferirmos a vida à morte, a amizade à solidão e o conhecimento à ignorância. Embora os indiferentes preferidos não sejam estritamente bons segundo o pensamento estoico, eles têm valor, portanto podem ser adequadamente buscados, a menos que entrem em conflito com a virtude.

Lembre-se de que os estoicos acreditavam que existem quatro excelências morais básicas: sabedoria, justiça, coragem e disciplina. De acordo com Cícero, todos os deveres específicos decorrem dessas quatro virtudes gerais. Por isso, elas são fundamentais para os relatos estoicos sobre lei natural. Portanto, "devolver bens emprestados", por exemplo, é um preceito da lei natural porque é um ditame racionalmente conhecido da virtude cardeal da justiça.

Aceitação

Outra virtude estoica essencial da lei natural é a aceitação, que os estoicos consideravam uma forma de piedade. De acordo com Epicteto, os deuses colocaram os seres humanos na Terra "com um propósito: obedecê-los e aceitar o que quer que aconteça, com a convicção de que é o produto da mais alta inteligência". Obedecer aos deuses e acolher o que acontece constituem nosso propósito justamente porque, ao aceitar o que quer que aconteça, obedecemos aos deuses que decretaram essas coisas para o bem maior. Devemos querer o que eles quiserem e "tentar nos assemelhar a eles tanto quanto possível" (*Discursos* 2.14.12). Os estoicos enxergavam esse alinhamento de nossa vontade com a vontade dos deuses como um comando primário da razão correta e o caminho para a paz interior e a verdadeira liberdade.

Lei comum e cidadania

Conforme vimos, os estoicos falam, ainda, da lei natural como uma "lei comum" que é compartilhada não só com todos os seres humanos, mas até com os deuses. Essa lei comum é a lei da razão. A razão compartilhada proporciona um vínculo comum e uma cidadania compartilhada entre humanos e deuses. Por isso, Marco Aurélio escreve em *Meditações* 4.4:

> Se a mente é comum a todos nós, então também temos em comum a razão — aquilo que nos torna seres racionais. Sendo assim, então também nos é comum a razão que dita o que devemos ou não devemos fazer. Sendo assim, a lei também é comum a todos nós. E, se há uma lei comum, então somos cidadãos. Se somos cidadãos, então partilhamos de uma constituição. E, nesse caso, o universo é uma espécie de comunidade [...] É dessa cidade comum, portanto, que tiramos nossa própria mente, nossa razão, nossa lei [...]

Observe a repetição da frase "sendo assim", que significa como Marco Aurélio e outros estoicos inferem ou argumentam partindo de uma verdade para outra, para chegar ao que pode ter sido uma conclusão surpreendente para muitos — que compartilhamos a cidadania, não apenas com todos os seres humanos, mas com Deus ou deuses. Para os estoicos, a lei natural é, dessa forma, a base para uma visão de mundo de cosmopolitismo, a noção de que todos os seres humanos são parentes e membros de uma família e de uma comunidade.

Se a verdadeira lei, como afirmam os estoicos, é a razão correta e, assim, invariavelmente, racional e justa, o que devemos dizer das leis e dos sistemas jurídicos que são gravemente opressivos ou discriminatórios? Cícero argumentou que "inerente ao próprio nome da lei está o sentido e a ideia de escolher o que é justo e correto". Portanto, leis injustas não são leis verdadeiras, mas exercícios de força disfarçados de lei. Essa ideia de que "*lex injusta non est lex*" ("uma lei injusta não é lei") seria mais tarde popularizada por grandes pensadores cristãos como Santo Agostinho e Tomás de Aquino e, nos tempos modernos, seria repetida por críticos das leis nazistas e na filosofia de resistência não violenta de Martin Luther King Jr., expressa em sua famosa "Carta de uma Prisão em Birmingham".

Lei Natural no Direito Romano

As ideias estoicas sobre a lei natural não eram apenas teorizações inúteis. Elas foram incorporadas à lei romana e, mais tarde, aos sistemas jurídicos europeus e a outros sistemas jurídicos baseados na lei romana.

A lei romana fazia distinção entre as leis que se aplicavam somente aos cidadãos romanos (a lei civil) e a lei das nações (*jus gentium*), que se aplicava a estrangeiros ou a estrangeiros e cidadãos, e que mais tarde evoluiu para o que denominamos lei internacional. Depois de Cícero, alguns advogados romanos passaram a considerar a lei das nações e a lei natural. Por exemplo, o jurista do século II, Gaio, descreveu a lei das nações como "a lei que a razão natural estabelece para toda a humanidade". Entretanto, outro influente advogado romano, Ulpiano (c. 190 d.C.), diferenciou a lei natural da *jus gentium*, sustentando que a lei natural é "o que a natureza ensina a todos os animais", como o instinto de autopreservação e procriação. Essa confusão entre a lei das nações e a lei da natureza persistiu nos tempos medievais e modernos.

A LEI NATURAL NA DECLARAÇÃO DE INDEPENDÊNCIA

As ideias sobre a lei natural e os direitos naturais eram amplamente aceitas na época em que os Estados Unidos foram estabelecidos. Isso se reflete em diversos pontos da Declaração de Independência dos Estados Unidos (1776). Após discorrer sobre o status soberano distinto e igual ao qual "as Leis da Natureza e do Deus da Natureza" conferem o direito a uma comunidade do país, a Declaração afirma: "Consideramos essas verdades evidentes por si mesmas, que todos os homens são nascidos iguais, dotados por seu Criador de determinados direitos inalienáveis, entre os quais estão a vida, a liberdade e a busca da felicidade." Ao escolher esses termos, Thomas Jefferson, o principal autor da Declaração, disse não expressar uma ideia nova, mas "colocar diante da humanidade o senso comum sobre o assunto, em termos tão claros e sólidos que exigiriam seu consentimento". Jefferson estava falando a linguagem da lei natural que era conhecida por quase todos os norte-americanos nos textos de pensadores como Cícero, John Locke e William Blackstone.

Os advogados romanos que faziam distinção entre a lei natural e a lei das nações reconheceram que as duas poderiam entrar em conflito. Repetindo a afirmação de Epicteto, Ulpiano declarou que "pela lei da natureza, todos os homens são iguais" e que a escravidão era, portanto, inerentemente injusta. A única base legal que permitia a escravidão sob a lei romana era a lei criada pelo homem, que não era considerada invalidada por seu conflito com a lei natural. Até onde sabemos, nenhum estoico da Antiguidade argumentou que a escravidão é *legalmente* inválida porque viola a lei natural ou superior.

O Estoicismo Moderno e a Lei Natural

Como mencionamos na Introdução, as últimas décadas foram marcadas por um grande renascimento do estoicismo. Porém, veremos que as versões atuais dessa filosofia diferem em grande parte do estoicismo antigo. Uma grande diferença envolve a lei natural. Quase todos os principais estoicos modernos ignoram ou rejeitam discretamente a lei natural, e muitos afirmam que a ética é uma invenção puramente humana, que não responde a nenhuma lei natural ou superior.

No estoicismo antigo, a fonte da lei natural é a razão e a vontade de Logos. Acreditava-se que seus princípios tinham força de lei porque eram ordens de um sábio e bom Legislador e Governante do Universo. Muitos estoicos modernos rejeitam o conceito de lei natural porque negam a existência de um Deus ou de qualquer tipo de poder superior. Assim, Lawrence E. Becker, autor de *A New Stoicism* (ed. rev. 2017), defende uma forma completamente secular de estoicismo que rejeita toda a cosmologia e a teologia estoicas antigas, e coloca a ética em uma base puramente humanista. William B. Irvine, autor de *A Guide to the Good Life* (2009), oferece uma versão "modernizada" do estoicismo baseada na ciência evolucionária, não na religião. Em *Manual para uma Vida Feliz* (2020), Massimo Pigliucci propõe uma versão do estoicismo que ele chama de estoicismo 2.0, que rejeita qualquer noção de Deus e considera a ética uma invenção humana.

Há vantagens em abandonar todo o discurso sobre Deus e a lei natural do estoicismo. Ele tem um apelo mais amplo se pode ser formulado de uma maneira que possa ser aceita tanto por crentes religiosos quanto por céticos. Além disso, a ideia de lei natural é controversa, tanto porque pressupõe a existência de Deus quanto porque, conforme veremos em breve, há problemas em tratar a "natureza" como um padrão moral. Mas sem Deus, muitas das principais ideias estoicas, como providência, destino, aceitação radical, vida após a morte, lei moral universal, parentesco e cidadania cosmopolitas baseados em uma "divindade interior" compartilhada, parecem não ter fundamento. O que surge parece ser um estoicismo bastante limitado, com um sabor muito diferente.

Lei natural: Prós e contras

O conceito de lei natural foi amplamente aceito desde os tempos helenístico-romanos até por volta de 1800. Desde então, a ideia ficou muito menos popular, embora continue a ter um papel importante na ética católica romana e no pensamento de muitos conservadores no nível cultural. Um motivo para o declínio da ética da lei natural é a diminuição da crença em Deus. Porém, dois outros fatores devem ser observados. Um deles é a incerteza sobre a possibilidade de a ética se basear em fatos sobre a natureza ou o mundo, como a ética da lei natural aparentemente procura fazer. O segundo envolve ambiguidades com relação à ideia de "natureza".

A ética pode ser baseada em fatos?

À primeira vista, a ética da lei natural parece inferir ou derivar alguns valores (que devemos nos preocupar com nossa saúde, por exemplo) de supostos fatos sobre a natureza (que natural ou instintivamente desejamos ter boa saúde, por exemplo). Muitos especialistas em ética modernos questionam esse tipo de inferência. Pela lógica, não parece que "devemos fazer X" com base no fato de que "temos um desejo natural de fazer X". De modo geral, muitos eticistas modernos afirmam que nenhum "deve" pode ser derivado de um "é", ou seja, nenhuma declaração de valor pode ser inferida por quaisquer afirmações que falam só de fatos, não de valores. Uma crítica comum ao estoicismo é que comete a falácia de derivar o "deve ser" do "ser" (também chamada de falácia naturalista). Essa crítica é válida?

Há duas maneiras de os estoicos evitarem essa acusação. Uma delas é que eles não inferem valores como vida, saúde e conhecimento com base em quaisquer fatos sobre a natureza humana, apenas os tomam como "dados", ou seja, verdades óbvias que não requerem sustentação racional. O valor da saúde, por exemplo, pode ser simplesmente "intuído", não derivado de nenhum conhecimento prévio da natureza humana. Por outro lado, os estoicos podem evitar toda tentativa ilegítima de inferir um "deve ser" de um "ser" ao simplesmente construir um princípio plausível de "deve ser" em seu raciocínio. Por exemplo, eles podem raciocinar da seguinte forma:

1. Logos é um Criador onisciente e bom. (declaração factual e conceitual)
2. Qualquer instinto básico que um Criador onisciente e bom implanta em suas criaturas tem valor. (declaração de valor, não derivada de (1), porém tomada como "básica", conceitual e intuitivamente óbvia)
3. Logos implementou um instinto básico nos seres humanos de amar e cuidar de seus filhos. (declaração factual)
4. Portanto, é valioso para os seres humanos amar e cuidar de seus filhos. (declaração de valor)

Nesse caso, não há tentativa de inferir uma declaração de valor com base em fatos que não fazem referência a valores. Em vez disso, uma declaração de valor (proposição 4) é inferida de um conjunto de declarações factuais, conceituais *e* de valor. Nenhum "deve ser" é inferido de um mero "ser" factual.

Um problema mais grave com a ética da lei natural está na noção bastante vaga de agir "em harmonia com a natureza". Para os antigos estoicos, "natureza" significa tanto a natureza cósmica quanto a natureza humana. Ambos os sentidos são problemáticos. Os estoicos sustentavam que os seres humanos deveriam seguir a natureza cósmica porque o cosmos é ordenado, harmonioso, benéfico, providencial e extremamente racional. A ciência moderna, entretanto, parece não apoiar essa visão cor-de-rosa. Charles Darwin, que descobriu a evolução, descreveu o processo evolutivo como "esbanjador, desajeitado, baixo e cruel". Embora a natureza possa parecer benevolente nos climas amenos e ensolarados do sul da Europa, nos trópicos, segundo Aldous Huxley, "a vida daquelas vastas massas de vegetação pulsante" parece ser "estranha, terrível, básica e inimiga do homem intruso". Como o filósofo John Stuart Mill escreveu sobre "seguir a natureza":

> Na verdade, quase tudo aquilo pelo qual os homens são enforcados ou presos por fazerem uns aos outros são atos cotidianos da própria natureza. Matar — o ato mais criminoso segundo as leis humanas — é algo que a natureza pratica com cada ser vivo; e, em muitos casos, após torturas prolongadas, como apenas os mais terríveis monstros já infligiram deliberadamente a seus semelhantes em vida [...] A natureza apunhala os homens, quebra-os como se estivessem em uma engrenagem, os lança para serem devorados por feras selvagens, os queima até a morte, os esmaga com pedras como ao primeiro mártir cristão, os mata de fome, os congela até a morte, os envenena com venenos rápidos ou lentos vindos de suas emanações, e reserva ainda centenas de outras mortes horrendas [...] Tudo isso a natureza faz com o mais arrogante desrespeito à misericórdia e à justiça, lançando suas flechas sobre os melhores e mais nobres, indiferentemente dos piores e mais mesquinhos [...] Assim são as relações da natureza com a vida.

Que pena. Então, se voltamos nosso olhar da vida na Terra para o Universo como um todo, a astronomia moderna revela um Universo escuro e frio, no qual estrelas enormes explodem, asteroides bombardeiam planetas, buracos negros sugam sistemas estelares inteiros, planetas esfriam e morrem, e a segunda lei da termodinâmica trabalha incansavelmente para gerar mais desorganização e desordem. A natureza, em seu aspecto mais amplo, não transmite uma mensagem clara: "Você é ótimo. Deus o abençoe. Tenha um bom dia."

O que é natural?

A ideia de viver de acordo com a natureza humana também gera problemas. O que é o comportamento humano "natural"? Em diversos momentos, a escravidão, a subordinação das mulheres, a poligamia, a supremacia racial, a dominação da natureza e a subordinação econômica dos pobres pelos ricos foram defendidos por estarem de acordo com a natureza. Atualmente, na ética católica romana, o suicídio, o comportamento homossexual, o sexo fora do casamento, o casamento entre pessoas do mesmo sexo, as operações de mudança de sexo, a inseminação artificial e o controle de natalidade são considerados contrários à natureza, portanto contrários à vontade de Deus e, consequentemente, imorais. De acordo com a ética estoica, emoções fortes, como tristeza, medo, desejo sexual apaixonado, empatia, piedade, euforia e raiva, são condenadas como antirracionais, então contrárias à natureza humana, apesar de serem respostas psicológicas adaptativas supostamente incutidas em nós pela evolução ou pela natureza. Em resumo, a natureza humana parece ser uma referência vaga e duvidosa para o bom comportamento moral. Em muitos casos, a "natureza" parece ser algo que devemos tentar superar, em vez de seguir.

Ao mesmo tempo, há atrativos indiscutíveis na ideia da lei natural. Ela afirma a realidade da verdade moral fundamental e dos padrões morais objetivos, evitando, assim, inúmeros problemas do ceticismo moral e do subjetivismo. Ela reconhece uma fonte de valores morais acima e além do que você ou nós pensamos em determinado momento e diferente do que nossa cultura endossa. Reconhece corretamente que a moralidade deve estar alicerçada, em algum sentido, em características básicas da natureza humana, como inclinações e vulnerabilidades naturais. E a lei natural, como uma forma de lei superior, apresenta um padrão, em princípio independente e objetivo, para criticar leis humanas ou comportamentos generalizados que sejam injustos ou moralmente falhos. Do ponto de vista histórico, a ideia de lei natural sem dúvida ajudou a aprimorar os sistemas jurídicos ao insistir que as leis verdadeiras devem ser equitativas, racionais e justas.

Em resumo, é provável que existam bons motivos para descartar a ideia de lei natural das versões modernas do estoicismo. A maioria dos atrativos da lei natural, incluindo a objetividade moral e a fundamentação da ética na natureza humana, pode ser alcançada sem optar por uma ética totalmente baseada na lei natural. Os principais objetivos estoicos de maior resiliência emocional, paz interior e uma vida mais racional e virtuosa não parecem depender de nenhum tipo de ética da lei natural, como defendem os estoicos modernos como William Irvine e Massimo Pigliucci, que rejeitam a ética da lei natural.

Enquadrar o estoicismo de uma perspectiva que não exija a crença em Deus ou em algum tipo de poder superior aumentará seu apelo em um mundo cada vez mais secular, independentemente de qual seja a grande verdade sobre essas questões. No entanto, ao mesmo tempo, podemos entender a atração que a lei natural exerce sobre os estoicos religiosos, como Zenão, Sêneca, Epicteto e Marco Aurélio. A sensação de que existe uma lei obrigatória, estabelecida por um legislador sábio e bom, que nos direciona para o bem próprio e o fim último, é um poderoso pano de fundo e incentivo para uma vida com propósito e significado. Parece dizer claramente que nosso desejo de justiça, equidade e bondade não são apenas protestos vazios e inúteis em um Universo sombrio e indiferente. Então o estoicismo é melhor com ou sem um compromisso com a lei natural? A decisão é sua.

REPÚBLICA SELVAGEM E LOUCA DE ZENÃO

Os filósofos que endossam as ideias estoicas de "seguir a natureza" e a ideia da lei natural ainda podem discordar bastante sobre as implicações dessas duas coisas em nossa conduta real. Mesmo que você acredite que a natureza tenha embutido em si uma demanda por sabedoria e justiça, por exemplo, ainda assim surge a pergunta: Como seria um estado genuinamente sábio e justo? Platão apresenta uma resposta em seu livro *A República*, amplamente considerado uma das maiores obras de filosofia já escritas. No entanto, como muitas grandes obras da filosofia, ela é tão polêmica quanto estimulante. Graças a essa grandeza, Platão teve muitos imitadores. Diógenes, o cínico, escreveu sua *República*. Assim como Crisipo e, mais tarde, Cícero. E também Zenão, fundador do estoicismo e de seu surgimento. Em seu estudo oficial, *Os Filósofos Helenísticos*, Long e Sedley o denominam "o livro mais reconhecido escrito por um estoico". Seu conteúdo é um exemplo fascinante de como pode ser difícil determinar como seria uma vida ideal "de acordo com a natureza" e as leis da natureza.

Em sua *República*, Zenão argumenta que não haveria necessidade de nenhum tipo de instrução de caráter geral em um estado ideal, que seria povoado por sábios, que seriam raros. A natureza determina que a virtude é o único bem, portanto não há necessidade de estudar matemática, poesia ou qualquer outra coisa que não contribua diretamente para uma vida simples e autossuficiente de retidão moral. É claro que percebemos como é perigoso relatar isso, pois podemos levar à conversão de inúmeras pessoas a uma versão original do estoicismo pelos motivos errados. "Não tem matemática? Quero participar." Mas espere. Tem mais. Também não haveria casamento, nem o que conhecemos como uma versão clássica e comum da vida familiar. Todos seriam livres para dormir com quem quisessem (inclusive adolescentes, em qualquer fase, de acordo com os estoicos originais) e as crianças seriam criadas por toda a comunidade. Até mesmo o incesto e o canibalismo seriam permitidos, já que esses tabus comuns envolvem indiferentes que, aparentemente, na visão de Zenão, não interferem de modo algum na virtude, o único bem. No entanto, não é como se, caso Zenão o convidasse para jantar, você tivesse que se preocupar em voltar vivo para casa. Mas se você sofresse um acidente trágico no caminho até a casa dele, ele poderia ter dito: "Bom, a grelha ainda está quente." Afinal de contas, a proteína é, naturalmente, a necessidade nutricional mais importante e, convenhamos, você carrega muita proteína para onde quer que vá.

De acordo com Zenão, em uma sociedade ideal, todos usariam roupas unissex, mas nenhuma parte do corpo poderia ser completamente escondida (sim, inclusive aquelas partes), o que, segundo ele, facilitaria a escolha dos parceiros que mais lhe agradam. E não, não estamos inventando isso. Também não haveria dinheiro, nem polícia, nem tribunais, o que provavelmente faria com que outros estoicos da época respirassem mais aliviados, tendo em vista outros aspectos.

(Continua)

(Continuação)

Tudo isso parece "ideal" ou "natural" para você? Segundo consta, Zenão foi muito criticado em sua época por propor essas ideias não convencionais, obviamente influenciado pelo pensamento cínico, embora o brilhante Crisipo pareça tê-las defendido. Claramente, Zenão e seu sucessor mais talentoso acreditavam que "seguir a natureza" pode levar a alguns destinos muito aventureiros. Um estoico moderno pode valorizar a lei natural e seguir a natureza sem imitar as conclusões desses influentes estoicos iniciais sobre o que isso implica.

NESTE CAPÍTULO

» Consultando filósofos sobre sociabilidade

» Entendendo o impulso humano para formar comunidades

» Desmascarando Platão e Aristóteles nos bastidores

» Usando círculos concêntricos para explicar tudo

Capítulo 13

Construindo Comunidades Fortes

Ao longo da história, todas as formas de comunidade humana foram desafiadas e, muitas vezes, destruídas tanto por ameaças externas quanto por perturbações internas. A situação atual não é diferente, exceto pelo fato de que, em todas as escalas, nossas comunidades podem enfrentar mais tipos de perigo e em um nível de gravidade maior do que nunca.

Os estoicos têm percepções importantes sobre família, amizade, comunidade e o papel adequado da política na vida que podem ser extremamente úteis hoje. A sabedoria deles sobre esses tópicos pode lhe trazer perspectivas novas e essenciais para a sociabilidade e a comunidade, e para um tipo mais saudável de política. Neste capítulo, apresentamos alguns dos pensamentos e sugestões inovadores deles para criar comunidades incríveis e aproveitar ao máximo a vida em comum.

Filósofos como Conselheiros Sociais

No início, você pode se surpreender com a ideia de recorrer a filósofos para ter insights sobre como ser sociável e criar uma comunidade. Afinal, a representação visual mais célebre da filosofia é provavelmente a escultura *O Pensador*, de August Rodin, que representa um homem sentado sozinho em uma pedra, olhando para o vazio, presumivelmente refletindo sobre a mais profunda verdade. Caso você nunca tenha notado, ele está completamente nu. Não é exatamente um retrato do convívio social, mas, de um homem que precisa de um pouco de solidão. E calças.

Você também pode ser uma das muitas pessoas que cursaram filosofia em algum momento com um professor que era o tipo de pessoa estranha que, se você passasse por ele no corredor no início do dia e cometesse o erro de dizer "Bom dia", ele poderia ter feito uma careta e parado para provar que você estava errado, discutindo sobre seu sentimento de alegria por tempo suficiente para convencê-lo de que, sim, talvez você tivesse sido um pouco precipitado em sua conclusão. Os filósofos não são particularmente conhecidos por serem calorosos e sociáveis, pelo contrário, são vistos com muita frequência como resmungões inconvenientes, prontos para dizer que você apresentou um argumento ruim para defender uma posição indefensável e que qualquer coisa que tenha acabado de dizer em voz alta na presença deles é simples e imperdoavelmente falso. Mas fique tranquilo, não é só com você. Na história da filosofia, todos os pensadores mais famosos parecem ter acreditado que a maioria das outras grandes mentes antes deles e em sua época estavam total, lamentável e ridiculamente erradas sobre a maioria das coisas. Os cães latem. Os filósofos discordam.

De fato, foi o filósofo britânico Thomas Hobbes que afirmou que, em nossa condição mais natural, o que ele via como "o estado de natureza", os seres humanos são todos inimigos uns dos outros e estão em guerra. O existencialista francês Jean-Paul Sartre é inclusive conhecido pela ousada declaração de que "o inferno são as outras pessoas". Porém, do outro lado da questão, pode haver alguma evidência positiva de sociabilidade filosófica a ser considerada.

Há alguns anos, o *New York Times* fez um estudo para determinar o local mais popular em Manhattan para ficar com alguém ou conhecer uma pessoa nova, e marcar um encontro com possibilidades românticas em mente, e o jornal surpreendeu o mundo ao declarar que o local de encontro número 1 era, sem dúvida, uma grande livraria no centro da cidade e, em especial, que o maior número de ações sociais era observado na área exata da loja, na seção de filosofia e arredores. É verdade. Mas, por outro lado, talvez isso se deva ao fato de que as pessoas que encontramos lá provavelmente não estão fazendo nada no sábado à noite, na sexta à noite ou em qualquer outra noite. Isso pode não ser uma evidência que relaciona filosofia e sociabilidade. Ainda assim, os filósofos estoicos, em particular, parecem ter sido decentemente amigáveis com outras pessoas e tiveram, também, algumas das maiores e mais duradouras percepções sobre relacionamentos e comunidades.

Em todos os lugares do mundo, neste momento, vemos um anseio por comunidade e pertencimento. Psicólogos e sociólogos falam de "uma epidemia de solidão" e de uma "recessão permanente" de amizades íntimas e conexões sociais estimulantes. Muitas das fontes tradicionais de vínculo e inclusão social e comunitária — família, trabalho, vizinhança, escola, governos locais e nacionais — parecem, hoje, estar se desgastando e se fragmentando. Em cubículos, salas de Zoom e vivendo cada vez mais uma vida digital, nos sentimos como átomos sociais em casulos solitários. Ouvimos muito sobre direitos e prerrogativas individuais, mas muito pouco sobre responsabilidades sociais, comunidades saudáveis e sacrifício por algo maior do que o próprio eu.

Os estoicos estavam muito cientes dos perigos do isolamento e da fragmentação social. Conforme observamos nos primeiros capítulos deste livro, os primeiros estoicos viveram quando a cidade-estado grega (a *polis*), a base de toda a vida comunitária grega e da autodeterminação política, foi destruída e devorada à força por novos e enormes impérios estrangeiros (primeiro o macedônio, depois o romano). A partir dessa perda devastadora da autodeterminação e da identidade cultural, os estoicos criaram novas e poderosas ideias para a construção de comunidades e para lidar com problemas políticos e fatores de estresse que estão além do nosso controle pessoal. Será proveitoso mergulhar em suas perspectivas.

As Duas Bases da Comunidade

DICA

Desde os primórdios do estoicismo, seus proeminentes pensadores pioneiros afirmaram que as duas características mais importantes e peculiares dos seres humanos, que nos diferenciam e nos definem, são a razão e a relacionalidade.

» **Razão** é nossa capacidade de viver com clareza e continuidade de pensamento lógico. Ao que tudo indica, somos capazes de pensar de modo mais complexo do que qualquer outra criatura da natureza na Terra, respondendo em diferentes níveis a coisas como evidências e lógica, descobrindo novas ideias, testando-as e estabelecendo suas conexões, enquanto avaliamos sua utilidade e verdade. Descobrimos a matemática, e o uso que fizemos da razão deu origem à ciência. Nossa capacidade de raciocinar, ou ter a importante atividade de raciocínio disponível em quase todos os momentos, é um de nossos principais pontos fortes.

» **Relacionalidade** é um atributo humano igualmente importante. Parece que temos uma disposição natural para viver em comunidade, prosperando melhor no relacionamento com os outros. A razão inata, bem ou mal utilizada, dá origem à mentalidade e ao caráter, e nossa capacidade de se relacionar produz uma reciprocidade natural com outras pessoas capaz de criar uma forma de comunidade saudável.

Refletimos e nos conectamos. Ambas as habilidades essenciais para quem somos.

Razão e relacionalidade

PAPO DE ESPECIALISTA

A razão é o que nos permite ver todos os tipos de estruturas, padrões e conexões entre conceitos, comportamentos, declarações, pessoas, eventos e coisas. Ela nos ajuda a entender, avaliar e discernir questões como harmonia e desarmonia no mundo ao nosso redor. A capacidade de raciocínio é necessária para que nossa disposição para relacionamentos nos sirva bem. E nossa tendência inata de ver e buscar a conexão adequada na comunidade pode nos ajudar a raciocinar melhor. Muitas vezes, pensamos de maneira mais criativa juntos do que sozinhos. Nossas propensões à razão e ao relacionamento funcionam melhor quando servem e apoiam umas às outras.

É claro que, de acordo com os estoicos, e também com outros grupos de filósofos ao longo da história, uma das verdades fundamentais da existência é que, em última análise, tudo se conecta de certa forma com tudo mais. Todos os aspectos da vida estão interconectados de maneiras vitais e surpreendentes. Não são apenas os seres humanos que têm um impulso e uma tendência a se unir e interagir uns com os outros. As interconexões entre árvores e outras plantas sob o solo da floresta podem ser surpreendentes. Tudo no ambiente da Terra parece estar conectado em interações surpreendentes. Os animais se relacionam uns com os outros e dependem uns dos outros, bem como de seu ambiente, de diversas maneiras. Os seres humanos, no entanto, se conectam e se unem com uma complexidade e um nível de abrangência não vistos de outra forma na natureza.

Construímos casas para nossas famílias, bairros residenciais, cidades com muitos bairros e grandes cidades, estados e nações em expansão. Conectamos as diferentes nações por meio de organizações internacionais políticas, econômicas e de saúde. Criamos empresas e outras estruturas para reunir pessoas, além de redes de amigos, parceiros e pessoas com ideias semelhantes que podem se espalhar por todo o mundo. Essa abrangência e complexidade da comunidade criada intencionalmente não são vistas em nenhum outro lugar da natureza. Nossa capacidade de raciocínio está profundamente relacionada a essa imensa variedade de relacionamentos. Na verdade, os estoicos consideravam nossa extraordinária razão não apenas como uma dádiva de Deus, mas também como um pouco da divindade plantada dentro de nós. Seu poder criativo é muito especial.

Um tipo específico de motivo e um certo nível de raciocínio permitem essa sofisticação e alcance no desejo humano de se conectar. De fato, a razão e a relacionalidade estão, elas próprias, conectadas internamente. Primeiro aprendemos a linguagem e o pensamento, como raciocinar com palavras e ideias, com nossos pais ou responsáveis adultos, com os primeiros professores e outras pessoas ao redor e, de diversas maneiras, com a complexa estrutura de instituições sociais e outros relacionamentos que alimentam nosso mundo. A própria razão, por sua vez, estrutura nossos relacionamentos por meio de crenças, atitudes, planos, promessas, normas, costumes, expectativas e leis, de modo que as relações que mantemos com outras pessoas provavelmente serão mais seguras e saudáveis para nós. Viemos ao mundo graças aos relacionamentos e aprendemos e crescemos por meio deles, tornando-nos capazes de deixar nossa marca pessoal na vida com diferentes tipos de conexão com outras pessoas.

LEMBRE-SE

Os relacionamentos movem o mundo. Nossa capacidade de raciocínio nos permite descobrir como criar ótimos relacionamentos. Também nos ajuda a formar parcerias com outras pessoas para fazermos juntos coisas que nunca conseguiríamos fazer sozinhos.

O eu e a sociedade

Em uma época em que o egoísmo parece mais difundido do que nunca e somos todos incentivados a nos concentrar nos direitos, nas oportunidades, nas conquistas e nas recompensas materiais possíveis para o indivíduo, os estoicos nos dão bons conselhos para equilibrar nosso interesse próprio natural e saudável com preocupações sociais mais amplas. Eles reconhecem que todos chegamos ao mundo com uma forte tendência para cuidar de nossa segurança individual, saúde e florescimento. Aparentemente, somos programados para colocar o autocuidado no centro das nossas vontades e motivações. Mas os estoicos também acreditam que, quando nos damos conta de que não precisamos competir constantemente com os outros por dinheiro, poder, fama, status ou qualquer outra coisa externa para nos sentirmos realizados e felizes (os motivos deles são apresentados no Capítulo 10), quando percebemos que as outras pessoas podem ser nossas amigas e não são necessariamente inimigas ou rivais naquilo que é mais importante, podemos nos libertar de uma espécie de preocupação generalizada e nos sentir livres para contribuir positivamente com a sociedade, em vez de sermos apenas usuários egoístas e manipuladores de outras pessoas.

O imperador Marco Aurélio inicia seu agora famoso diário pessoal de meditações com declarações de gratidão aos membros da família, professores e amigos que lhe proporcionaram inúmeros benefícios ao longo dos anos de crescimento e amadurecimento, bem como na idade adulta. Sua menção a esses muitos presentes de outras pessoas lembra um pouco os agradecimentos de um autor no final de um livro, que agradece a todos que o ajudaram. Porém, as meditações privadas do imperador nunca foram destinadas a ser um livro, e esses agradecimentos estão no início, e não no final de seu trabalho. É como se ele estivesse apenas se lembrando, para o próprio bem, dos inúmeros benefícios que recebeu de outras pessoas ao longo da vida e que fizesse isso para aumentar o próprio agradecimento, ou gratidão, pelos muitos presentes que recebeu de outras pessoas. Agora, suas palavras de agradecimento podem nos lembrar do que também devemos aos outros.

Sua frase inicial é "De meu avô Vero, herdei o bom caráter e a serenidade". Em seguida, ele menciona outros dons de temperamento e percepção de seu pai, sua mãe, seu bisavô e diversos professores, mentores e assistentes ao longo do caminho, agradecendo, por fim, aos céus por sua esposa e até mesmo pelos tutores que instruíram seus filhos. Nesse momento, ele se lembra da importância de outras pessoas na própria vida e na vida em geral. Vivemos e nos desenvolvemos melhor em comunidade. Se ele estivesse de fato escrevendo um livro intencionalmente para nós, leitores posteriores, é quase como se estivesse aqui para nos lembrar de começar tudo o que fazemos com pensamentos positivos sobre os outros e gratidão pelas coisas boas que essas pessoas trouxeram para nossa vida. Assim, estaremos mais bem posicionados para fazer o mesmo por elas.

Em um extenso ensaio intitulado "Sobre os Benefícios", o filósofo estoico Sêneca, anos antes, descreveu os atos de ajuda que muitas vezes fazemos uns para os outros devido a uma atitude de boa vontade e os presentes que oferecemos a eles como "o principal vínculo da sociedade humana". Muito mais próximo de nossa época, o famoso apresentador de televisão infantil Fred Rogers, identificado no programa como "Mister Rogers", certa vez refletiu sobre a infância e disse que, quando menino, via coisas assustadoras no noticiário — desastres, acidentes ou cenas de guerra —, e sua mãe o confortava dizendo: "Procure quem ajuda. Você sempre encontrará pessoas que ajudam." Desde os tempos antigos até hoje, os ajudantes beneficiam a todos nós. Ao nos lembrarmos de nossos ajudantes, somos incentivados a nos tornar ajudantes de outras pessoas ao longo do caminho.

DICA

Para os estoicos como Marco Aurélio e Sêneca, todos nós devemos nos inspirar nos ajudantes entre nós para nos juntarmos a eles e sermos ajudantes em todos os momentos, bons ou ruins. Além disso, outras pessoas em nossa vida já nos ajudaram a desempenhar esse papel, se as mantivermos na memória e respondermos adequadamente a seus melhores exemplos. Essa é uma expressão natural da conectividade inata com que nascemos e que trazemos conosco para o mundo como parte de nossa herança natural.

O imperador não tinha dúvidas sobre os seres humanos. Ele não pensava em todos como um benfeitor positivo. Ele identificava rapidamente a virtude, mas era igualmente realista em relação às falhas e aos vícios de muitas pessoas ao redor. Ele inicia o Livro II de suas reflexões com um conselho muito útil para si mesmo, e do qual todos nós podemos nos beneficiar, baseado nesse realismo. Ele escreve:

> Acolhe a alvorada já dizendo, antecipadamente, para ti mesmo: vou topar com o indiscreto, com o ingrato, com o insolente, com o pérfido, com o invejoso, com o insociável. Todas essas qualidades negativas lhes ocorrem por conta de sua ignorância do bem e do mal. (*Meditações* 2.1)

Em seguida, ele expressa sua visão estoica de que as pessoas que certamente falarão mal dele ou o tratarão mal ainda são, apesar de tudo, irmãos da razão e membros de sua família dentro do esquema divino das coisas, e que os erros delas sobre o que é verdadeiramente bom e mau não podem feri-lo em sua alma ou degradá-lo de maneira alguma. Ele não precisa e não deve reagir com irritação, raiva ou fúria a qualquer um deles.

LEMBRE-SE

Nessa visão geral da vida que Marco Aurélio tinha como filósofo, somos criados e destinados a trabalhar juntos, e ele está convencido de que deve fazer sua parte para facilitar isso, independentemente do que os outros possam fazer na direção oposta. Em suas reflexões matinais sobre o que ele espera encontrar ao longo do dia, Marco Aurélio usa a razão para se preparar para ter o melhor relacionamento com as pessoas que elas permitirem e, talvez, além do que elas possam esperar. Ele não viverá reativamente e fará às pessoas o que elas fizerem com ele, mas as tratará com base nos abundantes recursos positivos de seu caráter forte. Ele compreende a importância da boa razão e da relação saudável, e que o caráter moral é a raiz de qualquer comunidade sólida e vibrante.

Platão e Aristóteles por Trás de Tudo

Os estoicos apontaram com razão que toda comunidade começa com a pequena unidade original da família. Todo bebê saudável vem ao mundo precisando de amor e pronto para recebê-lo, buscando conexão, amparo e se beneficiando de tudo o que é oferecido. As afiliações, os afetos e os deveres naturais que se desenvolvem em um ambiente familiar servem para nos preparar para a vida em comunidades mais amplas. Quando temos dificuldades na pequena escala da unidade familiar, provavelmente temos em contextos comunitários mais amplos. E mais, é natural que busquemos, além de nossa família biológica ou outras circunstâncias iniciais de criação, diferentes comunidades de afiliação e reciprocidade nas quais tenhamos um senso de contribuição e pertencimento, onde somos valorizados e, por sua vez, valorizamos os outros. Não viemos ao mundo para sermos solitários.

Nossa necessidade de pertencimento

CASOS E CAUSOS

Há alguns anos, o *Los Angeles Times* fez uma reportagem sobre o motivo pelo qual as pessoas se juntam a gangues de rua, muitas vezes violentas. Os repórteres descobriram que o motivo principal não era o acesso a drogas ou dinheiro, nem a proteção física em ambientes perigosos, mas, sim, a necessidade de se sentir pertencente, uma necessidade inata e profunda que não estava sendo atendida em nenhum outro lugar da vida.

CUIDADO

Todos precisamos nos sentir necessários. Todos queremos fazer a diferença e ser apreciados por outras pessoas por esse esforço. Quando essa necessidade é atendida de maneira positiva, surgem grandes grupos, equipes, organizações e comunidades. Quando não acontece, as pessoas podem se afastar e se juntar a qualquer gangue, clube, célula ou facção política que as aceite, por mais insalubre e até perigosamente tóxica que seja. Esse é o poder e a necessidade que temos da relacionalidade.

Portanto, assim como nossa necessidade de relacionamento, ou comunidade, tem grande poder para o bem, ela também pode ter resultados opostos, conforme demonstrado pelo exemplo das gangues violentas. Parece haver um princípio cósmico em ação no mundo ao nosso redor, algo que podemos chamar de Princípio do Duplo Poder: praticamente qualquer coisa com poder positivo para o bem tem um poder igual e oposto para o mal; cabe a nós decidir como usá-la. Por exemplo, a tecnologia tem um grande poder para o bem, como é utilizada nos negócios e na medicina moderna, e um grande poder para o mal, como se vê no armamento moderno e como é mal utilizada para outras formas de dano nas redes sociais. A ciência nuclear faz um enorme bem na medicina nuclear e na energia limpa, e ameaça desastres na guerra. Da mesma forma, a razão humana pode ser usada bem ou mal, para criar ou destruir. O mesmo se pode dizer de nossa relacionalidade. Se bem utilizada, ela é o impulso por trás de todas as grandes coisas que fazemos juntos. Se mal direcionada, resulta em violência coletiva, ódio político e sectarismo prejudicial de diversas formas. Uma gangue de rua pode destruir um bairro. Um culto político pode derrubar uma nação.

Aristóteles sobre o potencial da parceria

Antes de Zenão lançar o que logo veio a ser conhecido como estoicismo, Aristóteles havia proclamado: "O homem é um animal social." Na verdade, o estoicismo teve seu início não apenas porque um homem sozinho em uma sala começou a desenvolver uma filosofia por si mesmo, mas porque Zenão visitou outros filósofos e suas escolas e, em seguida, começou a ter as próprias conversas independentes com outras pessoas para discutir ideias com elas no famoso "Pórtico Pintado", ou a colunata pública conhecida como Stoa, no movimentado mercado central de Atenas. Foi preciso que todos os amigos e companheiros de Zenão formassem uma comunidade para lançar o estoicismo no mundo. Isso é algo que as empresas modernas ainda tentam aprender. Comunidade é essencial. Parceria é poder.

DICA

É uma verdade fundamental. A comunidade é essencial para quase tudo o que você deseja fazer. Quando você tem uma ideia nova e excelente, deve começar a formar uma comunidade em torno dela se quer que ela faça a diferença no mundo. Podemos fazer muito mais juntos do que jamais conseguiríamos sozinhos.

LEMBRE-SE

Em seu excelente livro, conhecido como *Política*, Aristóteles explora a relevância dos relacionamentos para a realização humana e articula muitas dicas para esboçar uma ideia poderosa que pode ser resumida e declarada de modo bem simples. Os pontos altos da realização humana, os picos de criatividade, inovação e excelência no mundo parecem surgir desta fórmula básica:

> Pessoas em Parceria por um Propósito compartilhado.

O segredo aqui são as pessoas (no plural) em determinado tipo de relacionamento (uma parceria) guiadas por algo que têm em comum (um senso de propósito específico). Esse é o caldeirão da grandeza humana. Em um ponto de seu livro, Aristóteles pergunta o que é uma cidade. A palavra grega é, novamente, *polis*, um nome para a unidade mais fundamental da comunidade na Grécia antiga e, claro, a origem de nossa palavra "política". Ele conclui que uma cidade não é apenas uma estrutura de estradas e edifícios ou um conjunto de pessoas que vivem próximas umas das outras, mas que é, idealmente e em essência, "uma parceria para viver bem".

Refletindo melhor, parece que essa descrição pode servir como uma análise mais ampla para qualquer forma saudável de comunidade humana: família, vilarejo, empresa, organização voluntária ou nação. Tudo deve ser visto como parcerias para viver bem. Se algum grupo ou comunidade esquecer essa ideia ou se desviar de seu caminho, as coisas começarão a dar errado. Estamos no nosso melhor e fazemos o melhor juntos quando trabalhamos de maneira útil em parceria com outras pessoas para um propósito compartilhado que será, em um nível geral, sempre o objetivo de viver bem, quaisquer que sejam nossas intenções específicas.

Os estoicos parecem ser os herdeiros apropriados das visões de Aristóteles sobre comunidade, entre as muitas outras perspectivas do grande pensador que podem nos ajudar a retornar a formas mais saudáveis de ação e participação na esfera política. Os primeiros estoicos nem sempre concordavam com Aristóteles em outras coisas, nem mesmo consideravam abertamente seus pontos de vista, mas parecem ter se beneficiado de muitas de suas ideias que talvez estivessem em voga na época. E nós também podemos.

ARISTÓTELES SOBRE POLÍTICA EM NOVA YORK

Há alguns anos, um dos autores (Tom) estava sentado em uma bela sala de conferências de um grande hotel na parte baixa de Manhattan, tomando café da manhã com um grupo de executivos de uma grande empresa global de tecnologia. No dia anterior, ele havia falado para esse grupo de diretores de informática e de tecnologia dos maiores clientes da empresa sobre a sabedoria filosófica que existe para a grandeza corporativa. As paredes de vidro do chão ao teto da sala davam vista para a Estátua da Liberdade, que brilhava sob o sol da manhã. A conversa logo refletiu a vista e se voltou para a política.

Em determinado momento, Tom citou a opinião de Aristóteles sobre como a política deve ser um empreendimento nobre sobre a melhor maneira de vivermos bem em conjunto. Toda a mesa soltou uma gargalhada espontânea, inesperada e estrondosa, e alguns dos presentes quase se engasgaram com a comida, completamente surpresos com essa declaração inesperada. Então, passado um momento de silêncio e algumas poucas exclamações, um dos executivos bem-sucedidos olhou ao redor da mesa, voltou-se para o filósofo e, lentamente, disse: "Como foi que chegamos tão longe?" De fato. Uma discussão incrível foi iniciada, sob a mira da tocha flamejante da Senhora Liberdade.

Perspectivas platônicas

Os estoicos não costumam citar ou se referir a Aristóteles como alguém que forneceu insights para apoiar os próprios pontos de vista. Em geral, eles ficavam mais impressionados com seu professor Platão e, principalmente, com os fascinantes diálogos escritos de Platão com seu professor, Sócrates. Se fosse possível dizer que o estoicismo tem um santo padroeiro, ele seria o igualmente urbano Sócrates, que andava descalço pelas ruas de Atenas, puxando conversa com amigos e desconhecidos sobre o que realmente importa na vida, analisando crenças comuns e desfazendo as ilusões que afastam as pessoas do que realmente importa.

Em determinado momento em seus escritos, Platão representa Sócrates andando por aí e basicamente gritando para as pessoas algo como "Homem de Atenas! Você é um cidadão da maior cidade da história do mundo. Por que parece que você só se preocupa com dinheiro e fama? Você nunca dá atenção ao estado da própria alma". Como se vê, ele não tinha nenhum problema real com dinheiro ou fama, mas se preocupava com as pessoas que buscavam coisas externas sem antes construir uma base interna adequada na própria alma. A visão dele parecia ser de que, se você não fizer bem as coisas internas, também não fará bem as externas. Qualquer coisa no mundo que você buscar e conseguir alcançar sem sabedoria interior pode se tornar apenas um novo problema ou um fardo, e não o prazer esperado.

CUIDADO

Acontece que o tipo de comunidade considerada importante por Platão, Aristóteles e os estoicos é frequentemente ameaçada por pessoas que tendem a se comportar como o proverbial "touro em uma loja de porcelana". Esses indivíduos com cabeça de touro agem com base em falsas crenças e emoções pouco saudáveis, jogando seu peso para todos os lados e atrapalhando parcerias promissoras com versões de negatividade e danos que muitas vezes não sabem que carregam consigo aonde quer que vão.

Compreendendo como é importante para todos nós nos livrarmos dessa bagagem interior destrutiva, Sócrates pediu que seus colegas atenienses criassem o hábito de se envolver no trabalho de conhecimento de um autoexame implacável, dizendo a famosa frase: "A vida não examinada não vale a pena ser vivida." Ele insistia para que seus companheiros examinassem suas crenças, seus valores e suas atitudes e, além disso, que se engajassem nessa reflexão de maneira honesta e frequente. É claro que, em resposta, eles insistiam para que ele bebesse veneno e morresse. Portanto, a recomendação que ele repetia com frequência não era muito popular na época. E ele também não era, mas estava certo. Embora aparentemente fosse visto por muitos como um incômodo para a cidade e tenha sido executado por decisão do povo, o curso da história humana prova que ele era profundamente sábio sobre a importância vital da tarefa de autorreflexão que recomendava a seus concidadãos. Almas boas criam sociedades boas. E criar almas boas dá trabalho.

CASOS E CAUSOS

Na *República* de Platão, Sócrates retrata uma comunidade política em que todos têm um papel adequado e fazem sua parte em harmonia com os demais, considerando todos os concidadãos como membros de uma grande família. Em seguida, ele acrescenta que os líderes de qualquer comunidade ou governo ideal devem ser filósofos, pessoas que, no pensamento estoico posterior, podem ser bem descritas como aquelas mais bem treinadas para entender e usar corretamente tanto a razão quanto a relacionalidade.

Platão descreve Sócrates dizendo a seu amigo e parceiro de conversa Glauco: "A menos que as comunidades tenham filósofos como reis ou que as pessoas que atualmente são chamadas de reis e governantes pratiquem a filosofia com bastante integridade [...] não haverá fim para os problemas políticos, meu caro Glauco, ou para os problemas humanos em geral." Glauco imediatamente prediz uma má recepção para essa ideia de reis filósofos e brinca dizendo que qualquer pessoa que ouvisse isso começaria a jogar coisas em Sócrates em sinal de indignação. E, infelizmente, ele estava certo, apesar da sabedoria que Sócrates tinha em discernir o que seria necessário para alguém realmente liderar bem outras pessoas.

Virtudes políticas e comunitárias

As muitas virtudes ou formas de excelência humana discutidas com destaque por Platão e Aristóteles, e mais tarde afirmadas por muitos outros filósofos na tradição ocidental que eles lançaram, qualidades ideais como sabedoria prática, justiça, coragem e autocontrole, parecem ser cruciais para o estabelecimento e a manutenção de comunidades saudáveis — para o empreendimento de viver bem juntos. Seguindo seus predecessores filosóficos, os estoicos passaram a nomear e discutir a importância de muitas outras qualidades de emoção, atitude e caráter que também são necessárias para a convivência harmoniosa em qualquer formato de sociedade. Eles mencionam coisas como benevolência, gratidão, perdão, aceitação, paciência, honestidade, discrição, modéstia, afeto, cortesia, tolerância, dignidade, diligência, consideração, bondade, compaixão, ajuda, simpatia, misericórdia e muitas outras características positivas de que precisamos para cultivar relacionamentos prósperos com familiares, amigos e colegas, bem como para um espírito comunitário positivo em geral. É uma lista que nos serviria muito bem para ser usada como modelo e teste para a seleção de líderes comunitários e representantes políticos em todos os níveis. A ausência dessas virtudes é sempre um problema, e não apenas para aqueles que não as possuem, mas para suas comunidades.

LEMBRE-SE

Tudo isso remonta a Platão e a seu professor Sócrates: Se não fizermos o trabalho sábio de usar nossa capacidade de raciocínio para uma autoanálise regular e um autodesenvolvimento adequado das virtudes em nossa própria alma, nosso coração e nossa mente, nunca poderemos ter os melhores relacionamentos com outras pessoas ou o tipo de vida em comunidade em que, sozinhos, podemos nos sentir melhor, fazer o melhor e ser o melhor. O aspecto interno é a única base adequada para o externo. As crenças que temos, as atitudes que adotamos e as emoções que sentimos determinarão a forma como agimos no mundo e se estamos construindo ou corroendo a comunidade à medida que avançamos ao longo dos dias e dos anos.

Círculos Comunitários e de Assistência

Uma das ideias mais inovadoras e de grande utilidade sobre a comunidade positiva e nossa vida política como um todo vem de um filósofo estoico romano do século II, relativamente desconhecido, chamado Hiérocles. Não sabemos muito sobre a vida dele, mas algumas de suas ideias nos foram transmitidas por meio de citações e menções que outros fizeram de seu trabalho nos próprios documentos que sobreviveram aos séculos. Sua ideia mais útil sobre comunidade pode ser explicada de maneira muito simples. É uma imagem de nossa vida à medida que a vivemos em diferentes níveis e, como um mapa das diversas comunidades ao nosso redor, pode ser explicada ou articulada de muitas maneiras. Embora nos atenhamos aos principais conceitos do próprio Hiérocles, ficaremos à vontade para expor sua ideia principal da maneira mais adequada à nossa época.

Os anéis em nossa vida

Imagine que sua vida acontece em meio a um conjunto de círculos concêntricos invisíveis, retratados como faixas de cores contrastantes em um alvo de arco e flecha tradicional, com círculos ou faixas circulares amplas que podem ser mapeadas ao seu redor como o ponto de partida, localizado precisamente no centro do alvo. O círculo mais interno da vida é simplesmente sua própria alma, ou seja, seu coração e sua mente.

DICA

O primeiro trabalho que você tem na vida é, como Sócrates sugeriu, cultivar e administrar adequadamente os próprios pensamentos e sentimentos de maneira saudável — suas crenças, atitudes e várias disposições — e realizar bem essa atividade interna. Uma mente saudável ajuda a criar um corpo saudável, e o corpo retribui o favor e apoia a clareza e as atividades da mente. Esse círculo interno é onde tudo começa. Ao fazer bem o trabalho interno, você pode contribuir de maneira positiva e saudável com o próximo círculo, que envolve sua casa e os membros da família mais próximos. Como diziam alguns dos antigos, se você se cuidar bem, poderá cuidar melhor de sua casa ou, pelo menos, contribuir com a parte que lhe cabe em qualquer fase da vida nesse contexto. Pessoas boas formam boas famílias.

Talvez o próximo círculo possa ser entendido como seus amigos e vizinhos, e talvez os colegas de universidade, caso você esteja na universidade, ou seus colegas de trabalho, caso esteja em um estágio mais avançado da vida. Hiérocles não deixa totalmente claro se esses círculos devem ser distinguidos e definidos com base na proximidade física, na intimidade do conhecimento ou na atividade compartilhada, ou por alguma outra medida intimamente relacionada a essas, como tempo de convivência ou conhecimento mútuo.

Mas, extrapolando com naturalidade para além dos bons amigos que você vê com frequência, talvez até diariamente, e talvez também seus vizinhos próximos e colegas de trabalho, o próximo círculo provavelmente será sua cidade ou município, depois seu estado, sua região geográfica mais ampla, sua nação e, por fim, o mundo.

É claro que você pode desenhar os círculos de maneira especificamente cívica e, então, elaborar outro conjunto paralelo relacionado ao trabalho, em que seu escritório particular seja um círculo fechado e os círculos se estendam para seu setor, em nível regional, nacional ou global. Em última análise, Hiérocles gostaria que você enxergasse o panorama geral do contexto de sua comunidade em todos os níveis e de todas as formas. Estamos todos posicionados em círculos dentro de círculos, e todos eles devem ser importantes para o modo como pensamos sobre nossa vida e nossas ações no mundo. O contexto importa.

LEMBRE-SE

A ideia por trás dos círculos concêntricos começa com o que poderíamos chamar de "localismo contributivo". Nossa primeira tarefa é contribuir com o que pudermos para tornar nossos círculos locais mais próximos tão bons, saudáveis e harmoniosos quanto possível. Em seguida, é procurar contribuir com o que pudermos para tornar cada círculo maior melhor ainda, até onde nossos esforços permitirem.

Um coração e uma mente bons contribuem para uma família boa, que contribui para criar uma vizinhança melhor, que, então, se torna parte de uma cidade melhor, e assim por diante. Nosso dever mais imediato é prestar atenção ao que é necessário para tornar nossos círculos mais próximos melhores, mais saudáveis e fortes, de modo que possam contribuir positivamente para cada um de nossos círculos externos. Quando operamos em qualquer um desses círculos mais distantes, nosso trabalho é ajudar a garantir que os círculos externos se estendam de volta e apoiem os círculos internos mais saudáveis para nós e para outras pessoas.

Os deveres e os trabalhos de outras pessoas que vivem e trabalham no que consideramos nossos círculos externos são, portanto, os mesmos que nossas obrigações comuns: trabalhar bem dentro das próprias áreas concêntricas de responsabilidade, começando com os próprios corações e mentes, e contribuir para os círculos externos de modo a apoiar os círculos internos de outras pessoas e também os próprios. É uma imagem e tanto. Hiérocles não vai tão longe em suas elaborações do ponto de vista básico, mas sua lógica interna permite que possamos e devamos pensar em todas essas implicações em nossa época amplamente interconectada e interdependente. Precisamos cuidar de cada círculo de maneira positiva, na medida do possível.

Tirando o máximo de nossos círculos

Hiérocles nos oferece um retrato de como trabalhar bem onde estamos e cuidar dos contextos mais amplos que nos cercam e nos apoiam. É uma representação das diversas comunidades em que vivemos e que podem afetar a maneira como prosperamos juntos.

CUIDADO

Surge um problema comum na vida que também pode ser perfeitamente diagnosticado por essa imagem de círculos. Em um esforço equivocado para apoiar e fortalecer um ou mais de seus círculos internos, no nível familiar, de vizinhança ou de vilarejo, ou até mesmo em uma comunidade política de pessoas com a mesma opinião, embora dispersas, muitas pessoas se tornam divisivas e tribalistas de uma forma muito contraditória. Elas começam a pensar que tudo se trata de "nós contra eles". Quando você se deixa levar por essa mentalidade, é você e os seus lutando contra o mundo. E é sempre uma receita para problemas.

Alguns dos estoicos têm uma imagem vívida desse tribalismo divisivo. Marco Aurélio foi um imperador que não governou apenas do palácio, mas também acampou nas piores zonas de guerra para liderar na linha de frente e dar uma mãozinha. Muitas vezes, ele viu de perto os horrores do combate e suas consequências, incluindo a visão perturbadora de partes do corpo decepadas deixadas no campo de batalha. Em seus escritos, ele compara qualquer pessoa ou grupo que se separa do restante da humanidade de maneira egoísta, defensiva ou adversária a esses membros decepados, que, é claro, rapidamente definham e morrem separados do corpo ao qual pertencem por direito, já que o próprio corpo é gravemente ferido e, muitas vezes, mortalmente devido à sua remoção.

É uma metáfora para o individualismo antagônico e o espírito partidário agressivo que faz com que as pessoas se afastem de seus semelhantes, passando a considerar estranhos e inimigos. Essa atitude e o consequente comportamento que tanto vemos ao nosso redor atualmente destroem qualquer unidade mais ampla e tornam a comunidade saudável cada vez mais difícil ou impossível. Ao buscar preservar, proteger e fortalecer seus círculos íntimos, as pessoas com esse espírito divisivo ironicamente enfraquecem os grupos que desejam ajudar, bem como o contexto mais amplo de que precisam para prosperar.

LEMBRE-SE

Para os estoicos, nossa relacionalidade é muito importante, assim como nossa razão. Estamos aqui para cooperar e estabelecer parcerias positivas uns com os outros. Quando nos isolamos da comunidade humana mais ampla, todos sofrem.

Hiérocles oferece outra imagem interessante relacionada a esses círculos concêntricos invisíveis que nos rodeiam e mapeiam nossa vida. Ele sugeriu que a perspectiva moral ou ética é estender a mão para abraçar os círculos mais amplos e puxá-los para dentro, de forma imaginária, para algo que pelo menos se aproxime do nível de cuidado e afeto que devemos e normalmente demonstramos a outras pessoas em nossos círculos mais próximos. Perto ou longe, somos todos membros da família humana, com uma centelha de razão na alma semelhante à divina, um pedacinho da divindade dentro de nós. Somos todos primos do espírito. E devemos buscar respeitar e honrar todos os membros dessa família mais ampla, da maneira como pudermos, onde quer que estejam e por mais diferentes que possam parecer de nós. Caso contrário, nossa unidade vital e maior será quebrada e não conseguiremos prosperar como gostaríamos ou deveríamos.

Os Quatro Fundamentos

Há uma perspectiva que perpassa grande parte da filosofia antiga e é compartilhada de diversas maneiras, pelo menos implicitamente, pelos estoicos. Ela pode ser descrita da seguinte forma: desde o momento em que acorda pela manhã até a hora em que vai dormir à noite, você se depara com o mundo em quatro dimensões diferentes, cada uma delas com um objetivo ou uma meta ideal. Podemos chamá-las de "As Quatro Dimensões da Experiência" e seus objetivos de "Os Quatro Fundamentos da Grandeza". São a base para a excelência em nossa vida e em nossos relacionamentos. Comunidades saudáveis exigem que respeitemos e nutramos:

A Dimensão Intelectual que visa a Verdade

A Dimensão Estética que visa a Beleza

A Dimensão Moral que visa a Bondade

A Dimensão Espiritual que visa a Unidade

DICA

Precisamos de Verdade, Beleza, Bondade e Unidade em nossa vida, da mesma forma como precisamos de ar, comida e água. Sem essas coisas, não podemos florescer como indivíduos ou em comunidade com outras pessoas. Quando Hiérocles fala sobre puxar os círculos externos de nossa vida para dentro, ele pode ser interpretado como se estivesse insinuando que devemos pensar nas pessoas, sentir em relação a elas e agir de modo a tratá-las — em nossa família, na vizinhança, em todo o país ou mesmo em partes remotas do mundo — de acordo com esses quatro ideais, conhecidos como transcendentais, já que a importância deles transcende qualquer circunstância específica e, em princípio, deve ser aplicada a todos.

De fato, a maneira como empregamos e aplicamos cada um desses quatro ideais deve ser determinada pelo respeito aos outros três. Há pessoas que dizem a verdade de maneira feia e violando o que é necessário para a bondade, tornando quase impossível qualquer forma de unidade saudável. O primeiro escritor cristão conhecido como o Apóstolo Paulo tinha uma frase poderosa: "falar a verdade em amor". Para uma mente iluminada, tudo deveria ser, de certa forma, responsável pelo amor. O amor é simplesmente estar comprometido com outras pessoas em termos intelectuais, estéticos, morais e espirituais, buscando honrá-las com a Verdade, a Beleza, a Bondade e a Unidade de todas as formas possíveis. O resultado pode ser uma comunidade harmoniosa.

As exigências do amor

O filósofo do século XX, Bertrand Russell, certa vez refletiu as ideias estoicas sobre tudo isso de uma forma moderna, em uma entrevista à BBC em 1959:

> O amor é sábio, o ódio é tolo. Neste mundo tão interconectado, precisamos aprender a tolerar uns aos outros. Precisamos aprender a suportar o fato de que algumas pessoas dizem coisas de que não gostamos. Só poderemos viver juntos se aprendermos a caridade e a tolerância, que são essenciais para a continuidade da vida humana neste planeta.

LEMBRE-SE

Algumas pessoas ficam surpresas quando ouvem pela primeira vez que os estoicos falavam sobre o amor e o valorizavam. Um equívoco comum sobre o estoicismo é que se trata de uma visão completamente antiemocional que busca nos libertar de qualquer envolvimento que possa resultar em uma vulnerabilidade pessoal. As pessoas com conhecimento apenas superficial sobre os estoicos parecem pensar que eles valorizavam o bem e o que era certo, mas raramente associam seu pensamento ao amor. No entanto, conforme mostraremos mais adiante (no Capítulo 15), eles valorizavam a emoção positiva, porém consideravam o amor mais do que uma emoção e um compromisso firme da vontade com o bem das outras pessoas e seu bem-estar. Marco Aurélio escreve o seguinte:

> A alegria do ser humano consiste em fazer o que é característico do ser humano. Característicos do ser humano são a benevolência no trato com aqueles que são de sua espécie [...] o discernimento no que toca às ideias dignas de crédito e a observação da natureza do universo e dos acontecimentos que são determinados por ela. (8.26)

Ele também contempla a importância relacionada à unidade, no nível fundamental da conexão humana possibilitada pelo amor:

> Como és uma parte que ajuda a tornar um sistema social completo, faz toda ação tua ser plenamente integrada da vida em sociedade. Assim, qualquer ação tua que não tenha referência imediata ou remotamente ao fim social produz em tua vida uma ruptura violenta, impedindo que seja íntegra, e é de caráter sedicioso, como em uma assembleia popular, quando alguém age isoladamente e se distancia e se separa do consenso geral. (9.23)

Em uma carta, o conselheiro político estoico Sêneca esclarece algo sobre a importância da unidade que somente o amor é capaz de alcançar e manter. Ele escreve:

> Posso estabelecer para a humanidade uma regra simples sobre nossos deveres nas relações humanas: tudo o que abrange o divino e o humano é uma só coisa — somos partes de um mesmo grande corpo. A natureza nos fez ligados uns aos

outros, pois nos criou a partir da mesma origem e para o mesmo fim. Ela plantou em nós o afeto mútuo e nos inclinou à amizade. Estabeleceu a equidade e a justiça [...] Nossas relações uns com os outros são como um arco de pedra — que desabaria se as pedras não se apoiassem mutuamente, e que se mantém firme justamente por esse apoio recíproco. (*Cartas* 95.51-52)

Afeto, amizade, equidade, justiça e amparo são mencionados em apenas uma passagem como importantes para a saúde e a força da comunidade humana.

O IMPERADOR SOBRE A COMUNIDADE

Ao refletir sobre o fato de que vivemos em um Universo inter-relacionado e interconectado, Marco Aurélio escreveu o seguinte em suas *Meditações*:

> Por estar ligado às outras partes que são como eu, não buscarei minha vantagem às custas delas, mas me empenharei em conhecer qual é nosso bem comum e farei todo esforço para promovê-lo — e para convencer os outros a não agir contra ele. Se eu for bem-sucedido nisso, minha vida há de fluir com serenidade, como se espera daquele cidadão zeloso que sempre cuida dos outros e acolhe com alegria qualquer tarefa que sua comunidade lhe confia. (10.6)
>
> A natureza universal constituiu os animais racionais para a assistência mútua em consonância com os méritos, mas não para se prejudicar mutuamente. (9.1)
>
> Mas, o que quer que eu faça — sozinho ou com outra pessoa — meu único objetivo será este, e apenas este: beneficiar e viver em harmonia com a comunidade. (7.5)
>
> A primeira lei do ser humano, portanto, é seu senso de parentesco. (7.55)
>
> Agi de forma altruísta? Se o fiz então fui beneficiado. Agarre-se a esse pensamento — e continue com o bom trabalho. (11.4)
>
> Prepara-te para a ação com dois pensamentos: primeiro, faz apenas aquilo que tua razão legisladora e governante te disser ser para o bem dos outros; segundo, não hesites em mudar de rumo se alguém for capaz de te mostrar onde estás errado ou te indicar um caminho melhor. Mas deixa-te convencer apenas por argumentos fundamentados na justiça e no bem comum — nunca por aquilo que agrada ao teu gosto por prazer ou popularidade. (4.12)
>
> Um galho cortado de outro galho está, por necessidade, separado da árvore inteira. Da mesma forma, um homem que se afasta de outro homem se separa do restante da humanidade. Mas, enquanto um galho é cortado por alguém, o homem se aparta dos outros por sua própria hostilidade ou negligência — sem perceber que, ao fazer isso, está também se desligando de toda a sociedade civilizada. (11.8)

Cidadãos do mundo

Em outra breve passagem de seu diário, Marco Aurélio escreve para si mesmo este lembrete: "Esteja você numa cidade ou no deserto, és um cidadão do mundo." (*Meditações* 10.15) Esse era um conceito importante no pensamento estoico. Como Hiérocles nos mostrou, os círculos de nossa vida vão muito além da vizinhança e das nações, e se estendem por todo o globo. Se algum dia descobrirmos que outros seres racionais vivem em outros planetas, esses círculos também se estenderão a eles e a esses locais distantes. Somos cidadãos do mundo e do Universo, em comunidade com todas as criaturas racionais que possam existir além de nossa espécie precisa e, de preferência, em qualquer parte de um vasto multiverso que contenha ou esteja separado de nossa vizinhança cósmica.

Esse conceito de amplo pertencimento, ou de cidadania cósmica, uma visão frequentemente conhecida como cosmopolitismo, é atribuído a Diógenes de Sinope, outro personagem amado pelos estoicos, também chamado de "Diógenes, o Cínico", porque se dizia que ele parecia e vivia como um cão vadio (em grego, *kunikos* ou "semelhante a um cão"). Conta-se que ele teria dito sobre si mesmo: "Sou um cidadão do mundo." Mas a ideia de cidadania em uma comunidade mais ampla possível parece ter sido anterior a Diógenes e é atribuída pelos próprios estoicos a Sócrates. Em *Discursos*, Epicteto comenta:

> Se for verdade o que dizem os filósofos sobre o parentesco entre Deus e os homens, que outro caminho nos resta senão o que tomou Sócrates, quando, ao ser perguntado de que pátria era, respondeu que jamais se deveria dizer "Sou ateniense" ou "Sou coríntio", mas sim, "Sou cidadão do universo?" (I.9)

Apesar dessa citação de Sócrates por Epicteto, a maioria dos estoicos parece ter buscado em Diógenes sua inspiração cosmopolita. Em muitos aspectos, Diógenes era um estranho exemplo a ser seguido, pois era um cínico radical, muitas vezes parecendo sair de seu caminho para ostentar um comportamento que não era socialmente aceito em sua época ou em qualquer época. Ele era filiado a uma escola ou tradição filosófica independente do estoicismo, que valorizava a simplicidade e a pobreza acima de tudo, incentivando a exclusão de coisas desnecessárias e a rejeição de todas as convenções sociais artificiais.

CASOS E CAUSOS

Conta-se que Diógenes vivia dentro de um barril, frequentemente era visto andando nu e teria doado todos os seus pertences, exceto uma tigela de barro para beber água. Dizem que um dia ele viu um escravo bebendo água com as mãos em forma de concha e, então, ofereceu sua tigela. Ele disse: "Aquele que tem mais é o que está mais satisfeito com o mínimo." Mas ele não era, de modo algum, uma pessoa que aceitava e buscava construir uma comunidade. Em um excelente texto acadêmico, *The Stoic Idea of the City*, o filósofo Malcolm Schofield diz que, quando Diógenes se caracterizou como cidadão do mundo, ou melhor, do cosmos, "ele deu a entender que não se sentia em casa em nenhum outro lugar — exceto no próprio Universo". E Schofield provavelmente está certo nessa interpretação. Quando Diógenes disse que era um cidadão do mais amplo contexto que conhecia, provavelmente era porque não se sentia inserido em nenhum círculo menor da comunidade. A maioria dos estoicos, no entanto, teria adotado a visão do cosmopolitismo por um motivo muito diferente: eles tinham o mais amplo senso de cidadania possível justamente porque, ao contrário de Diógenes, sentiam-se à vontade em todos os círculos da humanidade, em todos os níveis, e queriam endossar uma visão de mundo que estendesse seu status de cidadãos da maneira mais ampla possível.

Diógenes pode não ter tido um senso de cidadania local por não se encaixar, mas, principalmente, porque desprezava os costumes locais e não queria se encaixar. Para ele, sua vizinhança ou sua cidade não contribuía para o que ele valorizava, nem o beneficiava em particular. Porém, a visão estoica padrão parece ser muito diferente. Sentimos a afinidade da comunidade com um lugar ou um grupo de pessoas não primariamente porque pensamos que esse lugar ou esse grupo nos beneficia ou contribui para nosso crescimento pessoal, embora isso certamente aconteça. Sentimos afinidade porque consideramos esse lugar e essas pessoas uma oportunidade de contribuirmos com nossa atenção, cuidado e ação. Para nós, isso constitui um cenário no qual podemos criar, ou participar, parcerias adequadas para viver bem, na concepção de Aristóteles, ou no qual podemos ter um papel individual fundamental, como talvez se reflita na *República* de Platão.

Os estoicos enxergavam todas as pessoas como partes apropriadas da comunidade, apesar de sua infeliz e anômala aceitação da escravidão, uma forma de serviço e servidão que, na época, não refletia raça ou etnia, mas, sim, as vicissitudes da guerra e da conquista. No entanto, nenhum filósofo ou grupo de pensadores jamais esteve certo a respeito de tudo. Apreciamos qualquer um de seus avanços sempre que descobrem uma nova verdade ou apontam algo que deveria ser óbvio para nós, apesar de seus erros em outros aspectos. E podemos aprender com suas percepções, evitando suas falhas.

Algo que aprendemos com Marco Aurélio, se prestarmos bastante atenção, é que o que mais destrói as comunidades e atrapalha a política em nossa época é o fato de termos esquecido as qualidades que o imperador elogiou no início de *Meditações*, as características de "cortesia e serenidade de temperamento". Com esses atributos de cura, podemos fazer bastante coisa em nossos círculos da comunidade e da vida.

AS CINCO REGRAS DO COSMOPOLITISMO

Uma abordagem contemporânea sobre os ciclos concêntricos estoicos, a serviço de um cosmopolitismo mais amplo, poderia ser considerada um incentivo para que você:

1. Comece de onde está.
2. Use o que tem.
3. Faça o que puder.
4. Sirva a quem puder.
5. Ame sem limites.

Deve-se notar, também, que a maioria dos estoicos parecia considerar as mulheres colaboradoras, em termos gerais ou absolutos, iguais aos homens na formação e na composição da comunidade. Isso fica mais claro nas reflexões registradas de Musônio Rufo, o professor de Epicteto. Ele acreditava que as mulheres tinham, obviamente, a mesma capacidade de raciocínio e, portanto, de sabedoria e virtude, que os homens e que, por isso, a educação deveria ser oferecida igualmente a ambos os sexos. Embora essa percepção esteja devidamente difundida atualmente, apesar de sua lamentável falta de aceitação universal, foi uma ideia bastante revolucionária na Grécia e na Roma antigas. Nisso, como em outras coisas, os estoicos muitas vezes lideraram o caminho.

4

Paixões e Emoções

NESTA PARTE...

Explore a noção estoica de apatia muito mal compreendida — caso você se importe.

Mergulhe nas visões estoicas sobre amizade e amor.

Entenda por que os estoicos não temiam a morte.

NESTE CAPÍTULO

» Diferenciando dois conceitos de apatia

» Entendendo o papel das emoções

» Encontrando paz interior

Capítulo 14

Apatia Estoica: Por que Se Importar

Por muito tempo, a palavra "estoico", com "e" minúsculo, foi usada para rotular alguém que não demonstra nenhuma emoção ou parece não sentir nada em situações em que a emoção poderia ser natural e até mesmo saudável. O estoico em nosso meio parece não ser afetado por coisas que fazem com que outras pessoas se exaltem visivelmente. Enquanto todos parecem estar emocionalmente envolvidos de maneira positiva ou negativa com o que quer que esteja acontecendo, o indivíduo considerado estoico permanece indiferente e segue seu caminho normalmente, sem ser perturbado. Os observadores podem discordar quanto ao fato de isso ser admirável ou apenas estranho.

Neste capítulo, exploramos uma ideia importante do pensamento estoico que pode ter dado às pessoas a ideia de que essa atitude de distanciamento é apropriadamente chamada de estoica. Iremos nos aprofundar para entender o que costuma ser chamado de "apatia estoica", que acaba sendo uma mentalidade muito distinta e diferente do que a maioria das pessoas pensa quando ouve a palavra "apatia". Em seguida, procuramos saber o que exatamente a apatia estoica pretende ser e realizar. E acabamos nos perguntando se os estoicos clássicos e seus seguidores modernos conseguiram acertar o que pretendiam alcançar com esse conceito.

Duas Ideias sobre Apatia

CASOS E CAUSOS

É uma piada antiga. Mas, para um dos coautores, ela veio acompanhada de uma história de vida real. Seu guia atual, ao digitar estas palavras, ministrava um Seminário de Verão para Professores Escolares patrocinado pelo National Endowment for the Humanities, que reuniu alguns dos melhores professores dos ensinos fundamental e médio dos EUA para um mês de exploração da intelecção, conversas descontraídas e incentivo filosófico. Muitos participantes haviam recebido o título de "Professor Estadual do Ano" em suas diversas localidades, e todos estavam ansiosos para falar sobre filosofia e vida em seu mês juntos. Uma professora do 7º ano contou ao grupo sobre outra colega do ensino médio que tinha uma turma cheia de alunos rebeldes e com baixo desempenho. Ela fez o melhor que pôde com eles nas primeiras semanas do ano, porém nada parecia funcionar. Um dia, ela entrou na sala de aula, foi até a lousa, pegou o giz e escreveu duas palavras em letras grandes:

Ignorância

Indiferença

Em seguida, ela se voltou para o líder dos jovens rebeldes, aparentemente preguiçosos e, ainda assim, barulhentos, e disse: "Bob, qual a diferença entre ignorância e indiferença?" E você já sabe a resposta, certo? Em um tom sarcástico, Bob respondeu: "Eu não sei e não me importo." A professora *replicou*: "Sim! É isso mesmo, Bob; perfeitamente correto. Está vendo o que você pode fazer quando se dedica?" Qualquer professor é capaz de lidar com o "eu não sei". Nós fornecemos informações. O "não me importo" que é muito mais difícil de alcançar.

Dois problemas graves

CUIDADO

Talvez os dois maiores problemas da vida moderna sejam o fato de que, em relação aos diversos problemas terríveis que nos ameaçam global e localmente, e que precisam ser resolvidos, muitas pessoas não sabem ou não se importam em saber quais são exatamente os problemas e qual é a melhor maneira de enfrentá-los. Portanto, as dificuldades se agravam em decorrência da desatenção ou da intervenção insuficiente. A ignorância e a indiferença podem ser um grande problema na vida, mas a desconexão apática da indiferença pode ser, de fato, a mais difícil de resolver. Quando existe uma apatia real, sobretudo se é grave, ela parece quase intocável e obstinadamente resistente a mudanças. Infelizmente, vemos isso ao nosso redor no mundo atual. Quando a situação parece esmagadora, muitas pessoas desistem, se desligam e se desconectam. Mas isso só piora as coisas.

Uma ideia antiga e uma tradução moderna

Este é o problema: pesquise no Google a frase "apatia estoica" e provavelmente obterá mais de 720 mil resultados. É um conceito comum, muitas vezes considerado uma característica central de como qualquer pessoa que segue um estilo de vida estoico se mostra ao mundo e lida com as coisas que surgem no caminho. Mas o estoicismo trata, na verdade, do desenvolvimento da sabedoria e do uso do poder interior para fazer escolhas e agir de maneira virtuosa no mundo. Assim, qualquer aplicação do conceito comum de apatia ou indiferença ao estoicismo pode ser um pouco confusa para quem está iniciando o conhecimento sobre a filosofia de vida estoica.

O estoicismo é conhecido por promover uma atitude ou uma mentalidade transmitida por um antigo conceito que, em grego, é expresso pela palavra *apatheia*. É um termo mais frequentemente traduzido para o português como apatia — não apenas pela sonoridade semelhante. O português também vem do grego. Mas essa tradução pode dar aos leitores modernos uma falsa ideia do que os estoicos valorizavam e recomendavam. É nossa tarefa reexaminar a noção estoica de apatia. Ao terminar este capítulo, esperamos que, se um dia lhe perguntarem o que pensa sobre esse conceito, você nunca dirá que não sabe e não se importa.

Definições e Imagens no Cinema

Procure a palavra "apatia" no *Dicionário Aurélio Online* e obterá os seguintes resultados: (1) Condição de quem não se comove, não demonstra sentimentos nem interesses (insensibilidade); (2) Falta de motivação, de vigor físico, de entusiasmo; prostração (indiferença). Outra pesquisa rápida no Google resulta em "estado emocional em que a pessoa perde o interesse por atividades e acontecimentos, e se sente *indiferente*". A Cleveland Clinic inclusive apresenta uma definição médica como "falta de atividade direcionada a um objetivo", acrescentando a sintomatologia que "se apresenta como falta de expressão emocional".

Houve um período na história do cinema norte-americano em que uma imagem popular surgiu de diferentes formas e foi reproduzida em todo o mundo em outras culturas. Era o Caubói do Velho Oeste que Resolve Tudo ou, em outra versão, um detetive particular lacônico ou um soldado heroico, um cara que salvava o dia de maneira decisiva, agindo sem emoção evidente. Ele simplesmente fazia seu trabalho, realizava o que era necessário e partia em direção ao pôr do sol sem nenhum alarde. A palavra "estoico" passou a ser empregada para descrever esse tipo de protagonista, cujo comportamento era frequentemente admirado pelos cinéfilos, que se conheciam bem o suficiente para perceber que provavelmente não conseguiriam reunir tamanha tranquilidade, determinação e ação eficaz sob a pressão de um grande perigo iminente.

O ator norte-americano John Wayne, por exemplo, era conhecido por sua interpretação desses personagens — forte e decidido diante do mal, mas também taciturno e quase sem expressão. O personagem do superespião James Bond, interpretado por diversos atores renomados, reforçou praticamente a mesma imagem ao longo de décadas de sucesso cinematográfico, dando um toque de modernidade e inteligência à mistura. Muitos outros protagonistas, de Sylvester Stallone e Arnold Schwarzenegger a Matt Damon, Liam Neeson e outros, retrataram versões desse salvador dos inocentes, dos fracos e dos necessitados, libertando-os das garras de predadores malignos em circunstâncias aparentemente impossíveis. É o cara que você quer ter ao seu lado, o herói estoico. Talvez seja até a pessoa que você quer ser, encarnando o que veio a ser conhecido como "o tipo forte e calado".

CUIDADO

Parecia ser uma imagem excelente e nobre até que os psicólogos modernos começaram a trabalhar nela e nos ajudaram a perceber que esses traços ostensivos de personalidade poderiam ser uma manifestação de trauma emocional profundo, não uma força interior. O herói talvez tenha problemas psicológicos de longo prazo que fizeram com que seus sentimentos naturais ficassem contidos ou fortemente reprimidos de uma maneira que não era saudável para ele e possivelmente também para as pessoas mais próximas. É claro que ele poderia ir à cidade e resolver um problema, ou saltar de parapente em um resort exótico e derrotar o vilão, mas você não desejaria conviver com alguém assim em casa diariamente nem se reportar a essa pessoa no trabalho.

E há outra manifestação problemática para a falta de emoção. São tantas as notícias ruins que chegam de todos os lados que algumas pessoas se sentem sobrecarregadas e acabam ficando emocional e motivacionalmente anestesiadas, acabando por se desligar. Essa situação pode levar ao diagnóstico médico de apatia. Seu extremo é conhecido como "avolição", uma completa falta de motivação ou energia para realizar tarefas comuns. Também pode resultar de um TEPT ou um derrame, ou de diversas doenças, e pode ser um sinal precoce de demência ou Alzheimer. Não é, de modo algum, o que os filósofos estoicos recomendavam que procurássemos alcançar em nossa vida.

Aprofundando-se na Apatia Estoica

Zenão, o fundador do estoicismo, aparentemente elogiou e incentivou a sabedoria de determinado tipo de atitude, muitas vezes chamada de "apatia", que deveria estar no centro de uma mentalidade estoica adequada. E isso pode ser confuso para um estudante moderno do estoicismo. Mas um pouco mais de história da linguagem pode ser útil.

A etimologia da palavra "apatia" em português deriva da partícula privativa grega *a*, que era usada em palavras compostas para significar "não" ou "sem", e do termo *pathe*, que significava, grosso modo, "paixão". Portanto, "apatia", de acordo com suas raízes históricas, significa simplesmente "sem paixão". Mas isso pode confundir bastante a sensibilidade moderna que normalmente usa o termo "paixão" para transmitir um entusiasmo valorizado ou uma medida positiva de energia emocional que parece ser uma condição facilitadora da obtenção de sucesso nos esforços mais difíceis. Os líderes corporativos querem contratar pessoas apaixonadas devido à sua energia e ao seu comprometimento. Além disso, claro, os românticos celebram a paixão como um entusiasmo pela vida. A paixão parece caracterizar os idealizadores e os campeões do mundo. Então, por que alguém nos incitaria a viver sem ela?

LEMBRE-SE

Os estoicos empregavam o termo *pathe*, que traduzimos como "paixão", de maneira completamente diferente de suas associações modernas. Com exceção do que eles chamavam de "as boas paixões" da alegria, da cautela e do desejo, eles consideravam a paixão um impulso inquietante e perturbador da alma, um sentimento irracional de ação baseado em um falso julgamento de que algo é bom ou ruim, mas que não é, e cuja força pode interferir em nossa capacidade de raciocinar bem e fazer a coisa certa. Preservamos indícios desse significado até hoje na expressão comum "crime passional". Um crime passional não é resultado de um entusiasmo admirável ou de uma energia positiva. A frase tem o objetivo de distinguir o ato assim descrito de um crime que é resultado de premeditação e deliberação, ou de um ato planejado. Um crime passional, ao contrário, é cometido em decorrência de um turbilhão de emoções ascendentes, na pressão momentânea em que impulsos intensos superam a prudência, o bom senso e os valores morais básicos para provocar, como resultado e quase sem pensar, um ato hediondo que jamais poderia resultar de uma reflexão ponderada. A paixão, nesse sentido, destrói a prudência.

Com essa ideia estoica sobre paixão — um impulso exagerado e irracional associado a um forte sentimento ou a uma atitude falsa, seja de medo, raiva, ódio, repulsa, ganância, luxúria, desejo, dor intensa, seja de prazer imenso —, a ideia contrária de apatia é uma forma de libertação dessa compulsividade. É uma forma de liberdade para pensar e agir racionalmente e bem. Isso é muito diferente de Bob e da turma preguiçosa do ensino médio, ou da pessoa afetada, incapaz de traçar objetivos ou agir de acordo com eles, que é diagnosticada na Cleveland Clinic. Nesse sentido específico do estoicismo, a apatia não enfraquece a pessoa, pelo contrário, ela proporciona uma força que não está disponível sob a escravidão de impulsos e emoções perturbadoras.

LEMBRE-SE

No sentido moderno comum de apatia que significa não se importar com nada, os estoicos não são apáticos. Eles se preocupam profundamente com a virtude e o vício, com a razão e os relacionamentos, bem como com os diferentes papéis sociais e morais que naturalmente desempenhamos nesses relacionamentos. Eles também se preocupam em viver de acordo com a natureza e Deus, e em se libertar de qualquer coisa que possa escravizar sua capacidade de comando ou fonte interna de orientação, o eu racional interior que pode ser a sede da volição ou da vontade inteligente.

A Disciplina de que Precisamos

Platão acreditava que a alma tinha diferentes áreas que poderiam se opor umas às outras. Os estoicos tinham uma visão diferente, acreditavam que a alma é unificada. Na visão deles, nenhuma área conflitante do eu pode permanecer sob tensão. No entanto, nossa alma, que é única, tem funções diferentes que precisam ser treinadas. Há a função de julgamento, outra de desejo e outra de ação. Da mesma maneira, estoicos como Epicteto e Marco Aurélio acreditavam que uma disciplina interna deveria ser aplicada a cada uma delas: aos julgamentos que fazemos das impressões que se formam em nossa mente, aos desejos que se baseiam nesses julgamentos e aos impulsos para a ação que vêm de ambos. Em uma passagem de *Discursos*, Epicteto explica que precisamos ser treinados em todas essas áreas e diz o seguinte:

> A mais importante e urgente dessas áreas é a que tem a ver com as paixões. Uma paixão é sempre o resultado de um desejo frustrado ou de uma evitação ineficaz. Essa é a área que envolve perturbação mental, confusão, infortúnio, miséria, tristeza, pesar e medo, e que nos deixa com inveja e ciúme, que são paixões que tornam impossível ouvir a razão. A segunda área tem a ver com a conduta adequada, porque não devo ser insensível como uma estátua, mas devo manter meus relacionamentos naturais e conquistados com deuses, pai, irmãos, filhos e concidadãos. A terceira área é relevante para aqueles que já estão fazendo progresso. Ela tem a ver com a obtenção de confiabilidade inquestionável nas outras duas áreas, de modo que, mesmo quando estiver dormindo, bêbado ou deprimido, nenhuma impressão não testada passe despercebida. (*Discursos* 3.2.1-5)

Observe como Epicteto adverte contra as paixões no sentido antigo adequado e sobre seus perigos, ao mesmo tempo em que distingue a mentalidade desejada de *apatheia* da natureza totalmente insensível de uma estátua. Como estoico, ele não nos incentivava a eliminar todos os desejos ou sentimentos, mas a discipliná-los. Ele fala de autocontrole e parece entender sua importância não apenas para nossas ações, mas também para nossos pensamentos e emoções. Muitas pessoas parecem ser controladas por suas emoções e seus impulsos. A perspectiva estoica básica é que sempre devemos manter o controle sobre eles. E isso requer que sejamos cuidadosos com os julgamentos que fazemos, com as crenças que nos permitimos formar ou com as interpretações que damos às nossas impressões.

CUIDADO

Para Epicteto, o problema das paixões perturbadoras sempre começa com os julgamentos. Em uma passagem muito conhecida e frequentemente citada com apreço, ele diz:

> Não são as coisas em si que perturbam os homens, mas seus julgamentos sobre essas coisas. (*Manual* 5)

É o exemplo clássico de uma falsa dicotomia, pois a verdade parece ser que algumas coisas nos perturbam, mesmo com um controle adequado sobre nossos julgamentos, e ainda assim somos lembrados de que muitas outras coisas nos incomodam apenas por causa de julgamentos errôneos. Portanto, essa afirmação ainda nos mostra como a verdadeira batalha contra as emoções e os impulsos perturbadores começa com um forte controle racional sobre os julgamentos que fazemos com base nas primeiras impressões. O estoicismo nunca pede que não sintamos ou expressemos emoções, apenas deseja que não soframos por experimentar paixões desnecessárias e extremamente difíceis.

LEMBRE-SE

Para os estoicos, tudo começa com as impressões mentais internas que resultam de nossas sensações e percepções, e como as usamos. Se formos devidamente treinados, daremos nosso consentimento apenas a impressões confiáveis, e não a impressões enganosas, e nunca a interpretações distorcidas ou extensões falsas de impressões que são basicamente verdadeiras e fiéis. Da mesma forma, aprendemos a disciplinar os desejos e os impulsos que surgem da interpretação das impressões que temos. Buscamos coisas que parecem benéficas e evitamos as que parecem prejudiciais. Tendemos a errar quando valorizamos as coisas erradas, confundindo o que não é de nosso real interesse com o que é. Se formos devidamente treinados, passaremos a desejar apenas o que Logos, ou Deus, deseja para nós, ou seja, tudo o que é predeterminado e o que podemos alcançar em virtude. Essa é a visão estoica. O pensamento e o sentimento adequados geralmente levam a impulsos adequados de ação e a uma conduta racional em nossa vida.

A Natureza das Emoções

Então, onde exatamente coisas como emoções, desejos e paixões se encaixam na visão estoica de como atuamos no mundo? Parece que os estoicos clássicos veem as emoções como resultado de nossos pensamentos, em especial de nossos julgamentos, e talvez, guiados por nossos desejos, quando esses sentimentos se fortalecem o suficiente para resultar em movimentos da alma, eles podem se transformar em paixões indisciplinadas que são consideradas impulsos perigosamente perturbadores para a ação. Mas há uma reviravolta nesse quadro que pode se encaixar em pesquisas modernas mais recentes sobre nosso passado evolutivo e seu impacto sobre o sentimento e o pensamento.

As emoções intensas podem desencadear desejos, impulsos e ações viscerais e imediatas. Parece que as partes mais primitivas de nosso cérebro codificam inúmeras tendências de reação emocional que têm sido conectadas positivamente com o valor da sobrevivência física desde nosso passado pré-histórico. Quando nos deparamos com algo que pode ferir nosso corpo ou nos matar, reagimos natural e instintivamente com medo, susto, preocupação, repulsa ou nojo, entre outras emoções de cautela e resistência. Ao que parece, isso acontece independentemente ou antes de qualquer informação detalhada que ponderamos conscientemente sobre a ameaça em potencial e seu perigo. Nossos ancestrais que reagiam a objetos desse tipo de ameaça com emoções e atitudes de cautela ou evitação tendiam a sobreviver e a transmitir essa tendência a seus descendentes, e aqueles que não o faziam geralmente tinham a vida abreviada, sem transmitir esses hábitos contrários e descuidados.

PAPO DE ESPECIALISTA

Nossas emoções podem codificar informações de diversas maneiras, certo conhecimento antes de pensar que, expresso como uma forma de sentimento, nos faz agir rapidamente. Esses sentimentos respondem às informações quando estão manifestamente disponíveis. Isso faz parte do que torna uma emoção adequada ou não à situação. Esses fatos, entre outros, levaram muitos filósofos a falar sobre a "natureza cognitiva da emoção" ou "cognitividade emocional". As próprias emoções parecem conter ou pressupor julgamentos cognitivos sobre o que é verdadeiro e real, o que é valioso ou problemático, bem como o que é seguro ou perigoso. E com nossa estrutura neurológica, essas codificações podem desencadear ações mais rapidamente do que qualquer processo de pensamento consciente. Pode até acontecer de o corpo, ao se deparar com um perigo evidente, reagir antes mesmo de qualquer emoção explícita com o aumento da frequência cardíaca, uma descarga de adrenalina e outras manifestações como transpiração, e uma tensão geral ou tremor dos músculos. Em seguida, isso é interpretado pelo inconsciente como uma sensação de perigo iminente e é codificado por uma resposta emocional à fisiologia já em andamento. Esse processo parece surgir como uma tendência previamente programada ou um dom natural com valor de sobrevivência a longo prazo. Assim, naturalmente, os estoicos poderiam considerá-la outra função da razão incorporada, bem como uma função sobre a qual poderíamos ter controle quando entendêssemos o mecanismo.

Os estoicos consideravam as emoções, assim como os impulsos, resultando inteiramente de um uso adequado ou inadequado da razão. Portanto, de acordo com as suposições estoicas, todas as emoções e impulsos podem, em princípio, ser governados pela razão, ou seja, por nós, em nossa liberdade de resposta.

DICA

A maioria das coisas com poder para o bem parece ter poder igual e oposto para o mal. As emoções e os impulsos que elas geram, que os estoicos chamavam de paixões, podem obviamente distorcer a percepção em muitas situações de exploração, descoberta e avaliação. Como vimos repetidamente nos debates políticos do início do século XXI e nas discussões públicas e privadas sobre assuntos que se tornaram politizados, as paixões acaloradas podem deixar as pessoas cegas para fatos evidentes e até mesmo fazer com que muitas vejam coisas que não existem. As paixões, no sentido estritamente antigo, podem ser perigosas. Mas nossas emoções também podem nos ajudar na busca da verdade.

As pessoas que se importam em encontrar a solução para um problema, que são profundamente motivadas pela compaixão que sentem por aqueles que sofrem com o problema, geralmente persistem em uma investigação determinada sobre a questão por mais tempo do que aquelas que não têm interesse emocional nela. Muitas vezes, como acabamos de ver, as emoções podem nos alertar sobre um perigo potencial ou uma necessidade extrema antes que a função racional da mente tenha tido a chance de avaliar a situação em que nos encontramos. Um estoico pode nos advertir contra paixões perturbadoras e, ao mesmo tempo, reconhecer os papéis positivos da emoção.

LEMBRE-SE

Na introdução deste livro, começamos nossa aventura com os estoicos sugerindo que grande parte da sabedoria consiste em saber o que aceitar e o que deixar de lado. Sugerimos, também, que é comum errarmos, pois parece que frequentemente abraçamos o que deveria ser liberado e liberamos o que deveria ser abraçado. Os estoicos querem que façamos isso da maneira correta. Eles querem nos ajudar a liberar as falsas emoções, atitudes e impulsos que nos impedem de pensar, sentir, ser e agir da melhor forma possível no mundo, de acordo com a natureza, que eles consideram impregnada da sabedoria e da virtude de Logos, ou a racionalidade divina benevolente que estrutura tudo.

Apatia e Ataraxia

O objetivo da *apatheia*, a mentalidade particular e específica conhecida propriamente como apatia estoica, um estado mental e emocional de ser sem a agitação de paixões impróprias, é proporcionar certa liberdade interior que os estoicos consideram indisponível de outra forma. Essa liberdade, então, permite uma condição da alma conhecida pelos gregos como *ataraxia*, que geralmente é traduzida como tranquilidade ou paz interior. Da perspectiva estoica, os tolos são movidos por emoções, desejos e paixões indisciplinados, enquanto os sábios têm equanimidade interior ou uma alma imperturbável. Imagine a superfície de um lago em um dia sem vento. Isso reflete a alma do sábio. É algo que podemos e devemos nos esforçar para alcançar.

Em uma carta, Sêneca caracteriza o oposto da sabedoria nessa questão com palavras fortes:

> A estupidez é vil, abjeta, má, servil e exposta a muitas das paixões mais cruéis. Essas paixões, que são severas capatazes, às vezes governam em turnos e às vezes juntas, porém podem ser banidas de você pela sabedoria, que é a única liberdade real. (*Cartas* 37.4)

Mas como a sabedoria realiza esse exílio das paixões cruéis? Ao nos mostrar que, em todos os casos, a perturbação é o resultado de julgamentos falsos ou de um uso inadequado das impressões. Saltamos do que vemos para o que tememos ou desejamos porque pensamos que algo é ruim quando não é ou bom quando não é. Quando percebemos o erro, naturalmente nos ajustamos internamente, e as paixões intimidadoras desaparecem junto com o vento falso que as soprou.

Você provavelmente conhece pessoas que quase sempre estão preocupadas com alguma coisa e, às vezes, parecem se preocupar com tudo ao mesmo tempo. Ao ouvi-las contar suas histórias de desgraça ou exuberância, você provavelmente percebeu que elas estavam superestimando uma coisa e, provavelmente, subestimando outra, indo além das evidências disponíveis ou dando um valor extremo a uma mera possibilidade que não parecia merecer, a favor ou contra. Talvez você quisesse mandar que se acalmassem, mas se adquiriu alguma sabedoria ao longo dos anos, sabe que quase nunca funciona. Podemos dizer a nós mesmos para nos acalmarmos, e às vezes com sucesso. Mas, quando sugerimos isso a outra pessoa, sobretudo a um adolescente ou um adulto, o efeito pode ser o oposto. Mandar alguém se acalmar só faz com que a pessoa fique mais agitada. Isso tende a deixar uma pessoa irritada do jeito errado, agravando a situação, como se, ao tentar apagar um incêndio, cometêssemos o grande erro de jogar mais combustível nele.

O estoicismo tem recomendações antecipadas que nos ajudam a lidar com as situações da vida tão bem que elas raramente ou nunca provocam o surgimento de paixões distorcidas em nós. Os estoicos nos lembram de que, em sua filosofia, somente a vontade e seus usos são bons ou ruins. As coisas externas nunca podem se elevar a esse nível tão alto. Nenhum evento externo pode ser considerado exclusivamente mau ou admirável, realmente assustador ou incrível. Sêneca tem um ótimo ensaio sobre isso, intitulado "Sobre a Tranquilidade", em que ele enumera todas as maneiras pelas quais nos preocupamos de modo totalmente desnecessário. Não se trata apenas de que precisamos nos libertar de todas as emoções extremas, como o medo extremo e o entusiasmo delirante, mas que, como meio de alcançar essa liberdade, precisamos nos libertar das muitas preocupações que nos sobrecarregam e nos impedem de ter a paz interior que deveria ser nosso dom natural.

Serenidade estoica

Imagine a *ataraxia*, ou serenidade estoica, não como um vazio de emoções, desejos ou impulsos, um estado do coração e da mente totalmente desprovido dessas coisas, mas, sim, como um estado em que brisas suaves de emoções, desejos e impulsos naturais e adequados podem tocar a superfície da mente sem perturbar sua paz ou equanimidade. Você pode empinar uma pipa pequena e leve com essas brisas, mas não planeje voar de parapente. Não há absolutamente nenhuma tempestade no horizonte, nenhuma grande rajada ou explosão interna que possa alterar a razão ou deixá-la fora de si. A alma estoica não permite que ventos tão fortes se formem e se precipitem em suas entranhas. Sua configuração padrão nunca é a flutuação perturbadora da agitação, do delírio ou da indignação, mas o fluxo suave e confiável de uma paz interior constante.

CUIDADO

Agora, é claro que alguns estoicos levam essa necessidade de paz interior ao extremo. Epicteto parece ser um exemplo. Ao que tudo indica, ele parece usar a simples distinção entre as coisas que podemos controlar e as que não podemos, a fim de que vivamos com nossa atenção totalmente voltada para as primeiras, enquanto negligenciamos ou somos apáticos em relação às últimas. Mas, conforme vimos no Capítulo 9 sobre controle, a ideia do que depende totalmente de nós ou está totalmente sob nosso controle é, por si só, uma ideia extrema e limitada, abrangendo poucas coisas, e todas são questões internas da mente. Em seguida, excluir todo o restante como literalmente "sem utilidade" ou "sem valor" e indigno de preocupação, que é o que Epicteto faz com frequência, é ainda mais extremo. O ex-escravo quer evidentemente nos tornar invulneráveis a qualquer perturbação, a qualquer emoção de medo ou preocupação, decepção ou perda, bem como a qualquer paixão perturbadora. Mas, pensando bem, esse resultado parece impossível. Mesmo na tentativa de atingir os níveis ideais aos quais esse estoico nos chama, é provável que tropecemos muito e sintamos uma nova decepção e a preocupação de que nunca conseguiremos. Assim, ele inadvertidamente gera preocupações extras para nós, em vez de eliminar as que já temos.

O ensaio que Sêneca escreveu, chamado "Sobre a Tranquilidade", foi inspirado por uma carta de seu amigo Sereno, um oficial da lei que fazia a guarda noturna no palácio do imperador Nero, tentando, sob grande pressão, ter uma vida estoica. No entanto, ele se sentia constantemente frustrado e preocupado por não conseguir fazer isso bem. Ele ficava aquém das próprias expectativas e decepcionado consigo mesmo. Sêneca escreve o ensaio para ajudar o amigo a se orientar e se acalmar um pouco, assegurando-lhe que está experimentando o caminho do crescimento estoico de maneira natural. Não passamos de um estado cheio de problemas internos para um totalmente livre deles. Mas, se Sêneca estiver certo, e ele parece estar, o projeto extremo que Epicteto tem em mente é desnecessário e será autodestrutivo em sua aplicação efetiva. À medida que nos esforçamos para adotar uma mentalidade de total liberdade de emoções negativas, experimentaremos novas emoções negativas devido aos inevitáveis fracassos e deficiências ao longo do caminho rumo a esse objetivo difícil e talvez duvidoso. O filósofo terá nos proporcionado fardos adicionais de emoções, somados aos que já temos.

Os extremos de Epicteto

Epicteto insiste em que concentremos nossa atenção apenas nas coisas sobre as quais temos total controle, porque é a única esfera em que podemos evitar totalmente os obstáculos e as decepções. As coisas fora desse nível de controle devem ser deixadas como estão. Esse é o conselho dele. Em uma passagem, ele diz:

> Não procure fazer com que tudo o que acontece saia como você deseja, mas deseje que tudo saia como de fato acontece, e sua vida será serena. (*Manual* 8)

Portanto, com relação à extrema pobreza, ao crime, ao ódio, à incompreensão, à violência e à injustiça no mundo, esse filósofo diz: Aceite. Abrace. Não, de fato. Deseje que tudo seja exatamente como é e você não será incomodado por nenhuma disparidade entre seus desejos e a realidade que vê ao redor. Mas parece ser um preço muito alto a ser pago pela paz interior, se é que isso é possível para uma pessoa com sensibilidade moral comum.

CUIDADO

O que Epicteto nos pede parece ser a fórmula para uma passividade de total consentimento e alguma forma aceitar o inaceitável. Não há uma maneira melhor de estabelecer um pouco de paz interior? Afinal, será que precisamos de total paz interior, paz perfeita, para funcionar bem e com sabedoria como seres razoáveis?

Ou não seria suficiente apenas evitar as mais fortes emoções, desejos e impulsos que nos derrubam e nos atrapalham? Na verdade, é possível sugerir que a invulnerabilidade emocional seja um objetivo egoísta e míope. Talvez, para experimentar as profundezas e toda a riqueza da vida, e fazer uma boa contribuição para ela, precisemos estar abertos e vulneráveis, sentindo tudo, mas sem ser completamente dominados por esses sentimentos. Podemos relativizar as coisas e aceitar que existem dificuldades no mundo que, se tivermos um pouco de tranquilidade interior, poderemos lidar e atenuar com mais eficiência, à medida que evoluímos no processo de nos tornarmos, sermos e fazermos o que é melhor.

Talvez não se trate de chamar uma estrada esburacada de plana ou fingir que ela é, mas construir algo como o equivalente emocional de amortecedores internos, para que, ao nos depararmos com os buracos reais e profundos na estrada da vida, não sejamos emocionalmente destruídos e incapacitados por eles. Na verdade, talvez seja necessária uma lacuna entre o desejo e a realidade para nosso crescimento em direção a uma sensibilidade espiritual mais profunda e elevada. Talvez somente quando vivenciarmos as profundezas é que poderemos apreciar as alturas por completo. E talvez uma experiência de ambos seja necessária para o verdadeiro crescimento e fortalecimento pessoal.

Um pouco de serenidade é muito bom, e os filósofos estoicos têm muitas técnicas úteis para nos ajudar a alcançá-la, mas talvez não seja tão importante ter serenidade perfeita a ponto de justificar que nos isolemos dentro de uma bolha impenetrável de preocupação apenas com nossa vida interior, deixando o mundo ser o que é sem nenhuma oposição ou resistência de nossa parte. Em vez disso, seria melhor aprendermos a controlar as emoções, os desejos e as paixões, em vez de tentarmos eliminar tudo o que possa nos perturbar minimamente.

CUIDADO

Epicteto é um retórico tão bom quanto um filósofo. Suas palavras podem ser tão estimulantes a ponto de nos impedir de registrar integralmente suas implicações. Por exemplo, considere esta série de afirmações dispersas em uma palestra registrada em *Discursos*, na qual ele nos incita a ter uma mentalidade invulnerável:

> Lembre-se apenas de seus princípios gerais: "O que é meu? O que não é meu? O que me foi dado?" (*Discursos* 4.4.29)

Sim, é importante lembrar o que depende de mim ou não e, nesse sentido, o que é realmente meu ou não. Mas isso significa que devemos deixar de nos importar com a maioria dos fatos do mundo ao nosso redor ou que devemos aceitá-los integralmente como são? Devemos pensar neles como se fossem literalmente sem valor ou sem importância, como Epicteto às vezes diz, e é melhor deixá-los de lado, ou eles têm algum valor sagrado como se fossem de Logos? Epicteto diz:

> Agora chegou a hora de você descobrir se é um dos atletas que merecem vencer ou se pertence à multidão daqueles que viajam pelo mundo e são derrotados em todos os lugares. (*Discursos* 4.4.30–31)

A ideia é que, se nos preocupamos com as coisas que estão fora do nosso controle e queremos que elas sejam diferentes, muitas vezes somos derrotados por nossos desejos. Mas, se aceitamos tudo, vencemos. Porém, como "vencer" é desejável se requer não só estar invicto, mas também não ter nenhum desejo que possa ser desapontado ou não realizado? Os verdadeiros atletas que ele evoca aqui estão sempre preocupados com uma forma mais comum de vitória, não em circunstâncias em que perder se tornou impossível, mas em que eles se esforçam para alcançar o desejo de chegar em primeiro lugar, apesar da possibilidade de ficarem aquém, atrás de outros. Essa alternativa em potencial é exatamente o que torna uma vitória tão agradável. E a "multidão" de pessoas mencionadas, "que viajam pelo mundo e são derrotadas em todos os lugares", não são perdedoras eternas devido à fraqueza, portanto, dignas de pena, mas são apenas aquelas que, como a maioria de nós, têm desejos, vontades, esperanças e sonhos que não podem ser garantidos e que, muitas vezes, ficam desapontadas de maneiras pequenas ou grandes. Epicteto quer que desejemos apenas que aconteça o que acontecer, para que não possamos "perder" ou "falhar" em alcançar o que queremos. Mas isso é mais como desistir, fazendo parecer uma vitória.

Em seguida, nosso sábio astuto enumera diversas emoções negativas que as pessoas que vivem normalmente no mundo podem ter, com sonhos e desejos do que poderia ser — estabelecendo objetivos, buscando alcançá-los e, às vezes, preocupando-se com a possibilidade de não conseguir, ou sentindo o impacto do fracasso com emoções como tristeza, pesar e inveja. Ele diz, de maneira atraente, porém tipicamente extrema:

> Você não deseja se libertar de tudo isso? "E como vou me libertar?" Você não ouviu repetidamente que deve erradicar completamente o desejo, direcionar sua aversão para as coisas que estão dentro de sua esfera moral e somente para elas, que deve abrir mão de tudo — seu corpo, sua propriedade, sua reputação, livros, tumulto, ofício e liberdade de ofício? Pois caso se desvie desse caminho, você se tornará um escravo, um súdito, vulnerável a impedimentos e compulsões, totalmente sob o controle de outros. (*Discursos* 4.4.33–34)

CUIDADO

Essa passagem acaba com uma conclusão muito estranha e, na verdade, paradoxal, de que, se quisermos algo que está literalmente fora de nosso controle (conseguir aquele emprego, ganhar uma promoção, fazer as pazes com um membro da família ou fazer posts nas redes sociais que ajudem os outros), nos colocamos "inteiramente sob o controle dos outros", cuja cooperação é necessária para que nossos desejos sejam alcançados. Porém, em certo nível, isso só seria verdade se não pudéssemos tolerar ou permitir que nossos desejos fossem frustrados e, portanto, estivéssemos "servilmente" dispostos a fazer tudo o que os outros exigissem ou solicitassem para satisfazer nossos desejos. Se estivermos dispostos a ficar aquém, falhar e ficar moderadamente desapontados, então não estaremos sob o controle de ninguém. No entanto, em um nível mais profundo — e observe isso com atenção —, se concordarmos com Epicteto de que as coisas externas à nossa mente estão completamente fora de nosso controle, então como ter desejos em relação a essas coisas externas poderia nos colocar "totalmente sob o controle dos outros", uma vez que, *segundo ele*, somos externos à mente dessas outras pessoas e, portanto, estamos literal e necessariamente *fora do controle delas* também? Há uma inconsistência gritante aqui, uma contradição lógica, portanto nem todas essas crenças de Epicteto poderiam ser verdadeiras juntas, o que geralmente acontece quando até boas ideias são levadas longe demais. Alguns defensores de Epicteto podem dizer que ele está exagerando para chamar a atenção de seus alunos e que isso não passa de uma hipérbole pedagógica característica dele. Mas ele não é um comerciante ou um político que brinca com a verdade. Supõe-se que seja um amante da sabedoria, um filósofo que busca usar e obedecer à razão para nos trazer a verdade que nos libertará. Assim, suas palavras são passíveis de crítica lógica e rejeição por serem inconsistentes.

Encontrando a Paz Sensata

Sêneca parece ter uma abordagem mais sensata e lógica para alcançar a paz interior ou a tranquilidade de que precisamos para funcionar bem como seres razoáveis e virtuosos que desejam experimentar a felicidade. Primeiro, ele não parece achar que precisamos de perfeita serenidade em nossa alma. Ele pode até perceber que isso é impossível, apesar do que outros na tradição estoica possam supor. E ele parece entender que somos plenamente capazes de agir de maneira racional, mesmo quando enfrentamos os altos e os baixos da vida, aqueles obstáculos na estrada que são reais. Só precisamos atenuar ou administrar seus efeitos emocionais sobre nós.

DICA

Os conselhos práticos de Sêneca para seu amigo estressado e desanimado são muitos: Não se deixe ficar muito ocupado ou entediado. Não assuma projetos que sejam de mais ou de menos para você. Qualquer um desses caminhos trará desânimo e decepção. Não se comprometa de mais ou de menos, mas envolva-se em um nível de atividade que seja adequado à sua personalidade. Cultive amizades com pessoas boas, cuja resiliência interior o ajudará na sua. Não se deixe levar pelo desejo ou pelo acúmulo irracional de dinheiro, propriedades, cargos, status ou reputação. Todas essas coisas trazem mais preocupações do que você imagina. Pratique não ficar excessivamente preocupado com as coisas que acontecem. E não tenha medo de calamidade ou pobreza. Podemos suportar ambas.

Esse filósofo sensato prossegue, dizendo ao amigo que as pessoas que se veem mergulhadas em circunstâncias inicialmente muito difíceis podem se acostumar a elas e, na maioria das vezes, o fazem pelo poder do hábito, e essas condições começam a parecer menos pesadas ao longo do tempo, tornando-se menos problemáticas. Ao observar isso, Sêneca inventa o conceito de "A Esteira Hedônica Reversa", antecipando uma reviravolta no conceito de "esteira hedônica" popularizada por psicólogos e pesquisadores recentes sobre felicidade. De acordo com as extensas descobertas modernas, os seres humanos são constituídos de tal forma que todo benefício ou felicidade que desejamos tem a característica inesperada de que, quando os obtemos, rapidamente nos adaptamos a eles, então eles começam a perder o encanto que pensávamos que sempre teriam, permitindo que voltemos à antiga linha de base da felicidade sentida ou ao seu oposto que teríamos relatado antes do grande benefício. Como em uma esteira na academia, nunca fazemos um progresso real. Por meio desse processo de adaptação hedônica, nos acostumamos a quase todas as coisas boas ou quase todas as coisas ruins, portanto devemos nos acalmar em relação à natureza inconstante e imprevisível deste mundo.

Sêneca prossegue: Em vez de perseguir os maiores e mais loucos sonhos o tempo todo, devemos nos acostumar a nutrir desejos e estabelecer objetivos que estejam mais próximos do nosso nível de capacidade, habilidade, talento e circunstâncias atuais. Podemos fazer um progresso significativo em coisas razoáveis, o que pode nos preparar para questões mais ousadas e coisas ainda maiores; porém, ao moderar nossos esforços em cada nível, ficamos menos vulneráveis aos grandes fracassos repetidos que podem levar a emoções negativas. Também devemos nos lembrar regularmente do tipo de mundo em que vivemos, que é um lugar cheio de dificuldades, doenças e a inevitabilidade da morte em algum momento. Quanto mais refletirmos sobre essas eventualidades, menos abalados ficaremos com elas.

Devemos nos tornar flexíveis e adaptáveis em nossas atitudes e ações, sabendo que tudo está sempre em fluxo e envolto em incertezas, não nos permitindo, portanto, exigir emocionalmente uma estabilidade ou uma clareza que não está disponível no mundo. Devemos aprender a enquadrar ou interpretar as situações para nos fortalecer, para nos dar possibilidades positivas para o que está por vir e a energia para chegarmos lá. Precisamos aprender a rir quando possível. Devemos viver com autenticidade, e não com os disfarces grosseiros de uma falsa superioridade que tememos que seja revelada, com uma humilhação ameaçadora.

LEMBRE-SE

Sêneca diz que, para equilibrar sociedade e solidão, devemos nos recolher, buscar nossos recursos internos, nos revigorar para enfrentar o mundo e voltar à sociedade com novas forças. Um pouco de vinho de vez em quando também não faz mal, pelo menos para a maioria das pessoas. Essas são as recomendações pragmáticas que recebemos do sábio e mundano Sêneca, e não as exigências severas e pouco intuitivas que um Epicteto mais extremista nos imporia. Marco Aurélio é igualmente prático. Em *Meditações*, ele diz: "Executa poucas coisas, se pretendes atingir a alegria." (4.24) E esses três romanos são estoicos. Qual deles você escolherá seguir nessa questão? Você tem uma escolha, como todos os estoicos costumam nos lembrar. E isso é claramente uma coisa boa. *Apatheia*? É claro. *Ataraxia*? Muito bom. Mas há mais de uma maneira de enxergar cada um deles, de buscá-los e de decidir quando você tem o suficiente de cada um para uma vida boa e feliz. Talvez a moderação seja o segredo quase universal.

A maioria das pessoas parece esperar demais de si mesma ou muito pouco. Como Epicteto, vamos aos extremos. É por isso que alguns leitores gostam de sua hipérbole impetuosa e buscam seguir seu exemplo sem pensar em todas as implicações, consequências e suposições ocultas que estão aceitando. Ele é um professor cativante e um pouco como o Flautista de Hamelin. Mas, muitas vezes, o melhor aprendizado que temos com um guia carismático não é segui-lo até o fim, mas sermos instigados por ele a pensar sobre as coisas com mais cuidado, adotando algumas de suas recomendações, porém deixando outras de lado, e aceitando com moderação algumas das sugestões mais exageradas que ele faz.

Há uma maneira de buscar mais serenidade em nossa vida que não exige medidas desesperadas ou extremas. Requer apenas uma mudança de foco de atenção, de ênfase e das emoções, dos desejos e dos impulsos que naturalmente acompanharão essa mudança. Podemos evitar os extremos sem sermos extremos.

Considerações Finais sobre Apatia

Talvez tenhamos uma única grande missão neste mundo. Ela tem a ver com nosso esforço. Trata-se de dar o melhor de nós para sermos e fazermos o bem, independentemente do que isso significa em determinado momento. É o esforço que conta, muito mais do que os resultados desse esforço. Apenas dê o seu melhor e deixe o restante para lá. É uma ideia que pode funcionar.

DICA

Existe um meme de empreendedorismo no estilo Yoda que é muito popular no mundo da autoajuda e do crescimento pessoal. Ele nos aconselha: "Não tente, faça." Mas é na tentativa e em nenhum outro lugar que o fazer começa. A tentativa está ao nosso alcance. Quem a agarra e a abraça segue o caminho nobre. Não é algo totalmente imune ao fracasso e à decepção — podemos perceber que não estamos realmente dando o nosso melhor, embora pensássemos que sim, e ficamos desapontados ao perceber que realmente não estamos. No entanto, voltar ao caminho certo não requer nada mais do que um esforço redobrado, em vez de amplos recursos externos ou a ajuda de muitas outras pessoas, que podem ou não estar interessadas em oferecer essa ajuda. Depende exclusivamente de nós, e esse fato faria até Epicteto sorrir.

Os filósofos mais profundos nos têm redirecionado repetidamente para o esforço, o processo, a tentativa fiel, para o lugar em que o jogo da vida é de fato jogado. Não precisamos amar e aceitar todas e quaisquer dificuldades do mundo, apenas aceitar que elas existem para nos desafiar e nos fortalecer. Com essa atitude ou perspectiva de vida, é possível desenvolver a paz de que precisamos em nosso interior para sermos os melhores e darmos o máximo no mundo. Isso nos libertará das paixões mais destrutivas que a apatia estoica pretende atingir.

NESTE CAPÍTULO

» **Identificando duas grandes ideias por trás da amizade e do amor**

» **Consultando a análise clássica da amizade**

» **Localizando a virtude na combinação**

» **Ampliando e expandindo no amor**

Capítulo 15

Amor e Amizade

Na Grécia e na Roma antigas, o amor estava sempre no ar. E essa orientação tão humana também era considerada com profundidade e amplitude. O mesmo acontecia com a amizade. As duas coisas eram consideradas fundamentais para a experiência humana. Cada uma poderia ser um suporte e até um elemento essencial para uma vida feliz. Os estoicos se debruçaram sobre os dois conceitos para entendê-los melhor e aplicá-los bem em sua vida.

O que é amizade? Qual é o papel apropriado que ela pode exercer em uma vida bem vivida? Como podemos vivenciar melhor e mais intensamente o amor em nossas aventuras diárias? Os filósofos estoicos tinham perspectivas interessantes sobre essas questões e queriam ajudar todos nós a nos tornarmos melhores amigos e amantes de nossos semelhantes. Neste capítulo, iremos nos unir a eles nesse esforço. Primeiro, exploraremos as ideias deles sobre amizade e, em seguida, passaremos para as águas mais profundas do amor.

Duas Grandes Ideias sobre Amizade e Amor

Os sentimentos de vínculo, diversão e confiança geralmente nos levam a amizades e, é claro, a relacionamentos amorosos. Nossos sentimentos podem ser uma importante fonte de informação e orientação na vida. Mas eles também podem nos levar a coisas muito erradas. Como saber a diferença? A experiência ajuda. O discernimento da sabedoria é a verdadeira resposta. Porém, o discernimento não é um algoritmo ou o resultado de uma regra simples de definir e fácil de aplicar. Ainda assim, uma filosofia de vida consistente ajuda a dar a perspectiva necessária para esse discernimento. Muitas pessoas em nossa época estão encontrando essa filosofia no estoicismo. Talvez os estoicos possam nos orientar sobre a amizade e o amor. Para entender melhor os fundamentos mais profundos do ponto de vista deles, analisaremos primeiro duas outras ideias fundamentais de sua filosofia.

A ideia estoica de concordância

Segundo fontes antigas, Zenão, o fundador do estoicismo, declarou que o objetivo da vida era, simplesmente, a "concordância". Seu sucessor como líder da escola de pensamento estoica, Cleantes, achou que essa resposta estava incompleta e ampliou a especificação do objetivo como "concordância com a natureza", para explicitar o que ele tinha certeza que Zenão queria dizer. O próximo líder concordou com isso, e a ideia de "viver de acordo com a natureza" desde então tem sido um dos principais lemas da filosofia estoica sobre como devemos conduzir nossa vida. Nosso trabalho é viver de acordo com a natureza. O resultado natural disso será virtude e felicidade.

Zenão parece ter tido uma intuição natural que estava, apropriadamente, de acordo com outras grandes tradições de sabedoria que também colocavam conceitos como harmonia, consenso, unidade, simpatia, cooperação ou acordo no centro das diversas visões de mundo como um ideal fundamental para a vida humana. Precisamos incorporar a harmonia interna e externa. Desfrutar de um consenso ou uma unidade em nossa mente e nosso coração, em nossas palavras e ações e, depois, de maneira profunda com outras pessoas e a natureza. A harmonia deve permear tudo o que somos, sentimos e fazemos. Quando estamos em desarmonia, não ficamos felizes nem atingimos nosso auge.

A condição definitiva para a vida humana não é estar desconectado ou alienado, dividido ou em desacordo, mas conectar-se e interagir com o que há de mais profundo e melhor no mundo, em nossa própria natureza e entre nós. Zenão acreditava que uma pessoa sábia e virtuosa vive em concordância em todos os níveis, com a natureza, com Logos ou a inteligência racional que permeia o mundo, também chamado de Deus, bem como consigo mesma e com os outros, à medida que buscamos uma vida melhor.

É interessante observar que o ideal estoico de viver em concordância não tem como objetivo negar a legitimidade da discordância intelectual entre pesquisadores, descobridores e exploradores da realidade. Os historiadores antigos nos contam que os primeiros estoicos, muitas vezes, tinham opiniões diferentes sobre um assunto. O estoicismo, como qualquer outra escola filosófica ou ponto de vista relevante, não é uniforme em todos os seus pontos de vista. O mesmo acontece com a ciência. Nem todos os teóricos quânticos concordam em tudo. Nem todos os biólogos estão totalmente de acordo nos limites de sua área, nem virologistas ou antropólogos. As tradições religiosas e as escolas de economia admitem discordâncias e diferenças teóricas tanto nos fundamentos quanto nos limites do seu pensamento. De maneira semelhante, os estoicos podem divergir entre si sobre a melhor maneira de viver de acordo com a natureza.

Mas, por trás das discordâncias intelectuais ou teóricas, sempre haverá o ideal e a realidade de determinado acordo fundamental sobre as percepções, as orientações e os elementos básicos que mais importam. Viver de acordo com a natureza não exige que tenhamos pensamentos idênticos sobre todas as coisas, mas que nos unamos sobre certos fundamentos, enquanto outros assuntos podem ser debatidos. O yin necessita sempre de seu yang.

LEMBRE-SE

O ponto e o objetivo das divergências na filosofia e na vida é sempre o resultado ideal de um consenso final com a verdade da realidade em que vivemos.

Portanto, a ideia fundamental de concordância, tão inserida como está na visão de mundo estoica e na origem do pensamento estoico, deve ser decisiva para a compreensão das visões estoicas sobre amizade e amor. Cada um desses conceitos será ou manifestará uma forma profunda de consenso ou unidade.

Há, ainda, uma segunda ideia que devemos analisar se queremos entender melhor o que está por vir. Não é tão conhecida, mas é igualmente importante.

A ideia de apropriação

Os estoicos tinham uma ideia fascinante transmitida pela palavra *oikeiosis*, que é frequentemente traduzida como "apropriação". A ideia é basicamente a seguinte: quando você nasce, vem ao mundo com pelo menos a semente de algo como um senso natural de si mesmo como um ser distinto ou um eu, um núcleo de percepção e pensamento com uma necessidade de autocuidado e proteção. Isso parece ser universal. Mas, à medida que você cresce, começa a entender, em um nível inconsciente e, aos poucos, de maneira mais consciente, que sua segurança, sua saúde e seu desenvolvimento dependem e estão envolvidos com a segurança, a saúde e o desenvolvimento das pessoas mais próximas a você. Então, você tende a se "apropriar" emocional e moralmente dessas outras pessoas no círculo de preocupação centralizado em você mesmo. Você as traz para si. Elas passam a ser reconhecidas como importantes. Você começa a se preocupar com elas.

LEMBRE-SE

No processo de *oikeiosis* ou apropriação, sua orientação inata e natural para o autocuidado aumenta e passa a envolver, também, o cuidado com as pessoas próximas, à medida que você passa a intuir e a compreender mais plenamente suas diversas dependências, que, na primeira infância, são simples e fortemente unidirecionais, mas que, depois, começam a se tornar mais complexas e mútuas.

Em seguida, se você se desenvolver de modo psicologicamente saudável, aos poucos começará a ir além desse primeiro círculo interno familiar e começará a se apropriar de outras pessoas em seus compromissos naturais de cuidado. Seu interesse contínuo e saudável no crescimento ou na força de seu eu interior, bem como na segurança e no florescimento de seu corpo físico e seu contexto mais imediato, é considerado não como algo oposto, mas entrelaçado a um cuidado concomitante com outras pessoas de modo mais abrangente. Você começa a acolher amigos e vizinhos na comunidade.

Esse conceito de apropriação é importante para a compreensão de toda a gama do pensamento político estoico, e é crucial para uma compreensão mais profunda da ideia estoica de amizade. Os amigos se reúnem por causa e em torno de diversas formas de acordo, e se unem por causa da apropriação mútua uns dos outros em seus círculos individuais de cuidado. Conforme mencionado no capítulo sobre comunidade (Capítulo 13), o estoico romano Hiérocles descreveu um conjunto imaginário de círculos concêntricos em torno de cada um de nós, mapeando as pessoas em nossa vida, próximas e distantes, e nos dando uma noção do alcance final adequado de nosso cuidado. Ele acreditava que deveríamos estender a mão para aqueles que estão em nossos círculos mais distantes e puxá-los para dentro, incorporando-os aos nossos projetos pessoais de crescimento, ao mesmo tempo considerando os interesses deles como idealmente harmoniosos com os nossos.

DICA

Para entender as visões estoicas sobre amizade e amor, devemos ter em mente essa ideia de apropriação, e terminaremos fazendo uma pergunta profunda e fascinante sobre se, no nível mais profundo, precisamos nos engajar em um processo muito diferente, porém paralelo, à apropriação, para que a amizade e o amor mais íntimos tenham uma chance real de se tornarem o que são capazes de ser. Mas, primeiro, nos aprofundaremos nos conceitos básicos de amizade e amor, bem como nas realidades confusas e magníficas associadas.

Amizade Verdadeira

Há muito tempo, celebramos a importância da amizade na vida. A cultura popular aderiu a esse reconhecimento por meio de programas de televisão de sucesso que exibem imagens de amizades ideais, músicas no topo das paradas de sucesso sobre amizade e representações de grandes e inesquecíveis amizades em livros e filmes. Portanto, é um pouco irônico o fato de que, com todo esse reconhecimento popular generalizado do papel da amizade na vida, muitas vezes se diga que vivemos hoje uma epidemia de solidão. A ironia é agravada pelo fato de que temos mais ferramentas do que nunca para aproximar as pessoas e, ainda assim, de alguma forma, esses mesmos instrumentos nos afastaram.

Precisamos, mais do que nunca, de um senso de união e comunidade, de uma política positiva e saudável, e de interações sociais mais harmoniosas. Há 2 mil anos, os filósofos consideravam que isso exigia amizade e amor de modo crucial.

Aristóteles sobre amizade

O antigo historiador Diógenes Laércio nos conta que, certa vez, perguntaram a Aristóteles "O que é um amigo?" e ele relata que o filósofo respondeu, de maneira bastante sucinta e provocativa: "Uma alma que vive em dois corpos." Ao longo de sua obra, Aristóteles usou a frase "outro eu" uma meia dúzia de vezes para caracterizar o status de um amigo. Cícero repetiu esse conceito séculos depois, porém com uma pequena diferença, ao escrever em seu ensaio "Sobre a Amizade" que o ser humano, por natureza, "ama a si mesmo e busca outro cuja mente possa se misturar com a sua a ponto de *quase* fazer uma mente a partir de duas". Ambos os filósofos fizeram uma afirmação surpreendente sobre a amizade. Um amigo é claramente algo especial. Embora não se pense que os estoicos tenham sido fortemente influenciados por Aristóteles, até mesmo o austero Epicteto faz alusão a essa visão de uma mente compartilhada por dois amigos, embora provavelmente metaforicamente e não para propô-la, em *Discursos* (2.22-24; tradução de Oldfather).

Aristóteles iniciou uma famosa discussão sobre amizade no Livro VIII de sua obra *Ética a Nicômaco* ao dizer: "Sem amigos, ninguém escolheria viver, ainda que tivesse todos os outros bens." Estranhamente, o mundo moderno parece ter invertido essa análise, promovendo tanto a busca por riquezas externas e todos os sinais de luxo que caracterizam a riqueza que pode parecer natural e bom que, para obter todos os outros bens, seja necessário ficar sem amigos.

Aristóteles também fez uma análise sobre a amizade que tem ecoado através dos tempos. Ele fez uma distinção entre três tipos de relacionamentos entre pessoas que costumamos chamar de amigos, considerando as partes de diversas maneiras: (1) amigos por utilidade, (2) amigos por prazer ou (3) amigos completos. Também podemos chamá-los de amigos prestativos, amigos divertidos e amigos verdadeiros. É fácil fazer as distinções relevantes como diferenças que vemos em nossa vida e nossos relacionamentos.

» **Amizade por utilidade ou prestativa** é um relacionamento entre duas pessoas que proporcionam benefícios úteis uma para a outra. Isso geralmente é observado em um contexto profissional ou nas situações de educação formal. Colegas de trabalho ou profissionais podem se ajudar mutuamente, oferecendo conhecimento ou conexões que beneficiam o outro, e recebendo favores em troca. Colegas de escola estudam juntos, ajudando um ao outro a se preparar para uma prova. Os vizinhos podem oferecer ajuda mútua. Amigos prestativos se unem pelos benefícios que criam seu relacionamento e, se esses benefícios diminuem, a amizade também pode diminuir.

» **Amigo por prazer ou divertido** é uma pessoa com quem você simplesmente gosta de estar, e o sentimento é praticamente mútuo. Aristóteles diz que esse tipo de amizade é comum entre os jovens, que se divertem e gostam de sair e rir. Amigos divertidos costumam se relacionar em torno de interesses comuns e, quando os interesses mudam ou a diversão acaba por qualquer motivo, a amizade também pode enfraquecer.

» **Amigos completos**, por outro lado, não são atraídos só pela utilidade ou pelo prazer, mas acabam valorizando uns aos outros como pessoas virtuosas que são, tanto por seu caráter quanto por sua personalidade, bondade, confiabilidade e segurança. Os amigos verdadeiros se preocupam com o desenvolvimento do outro e ajudam a proporcionar e contribuir com esse desenvolvimento, e não apenas pelos benefícios ou pelos prazeres que possam obter em troca. Mas, ironicamente, as amizades sólidas podem ser as que mais geram benefícios confiáveis de ajuda e diversão em ambas as direções ao longo do tempo.

Aristóteles parece enxergar a amizade completa como a única forma autêntica ou literal, e os outros relacionamentos que se baseiam na utilidade ou no prazer como apenas parcialmente análogos e, portanto, como "amizades" apenas superficialmente. Os filósofos estoicos posteriores não pareciam aprovar essa flexibilidade de se referir a relacionamentos construídos com base na ajuda mútua ou na diversão como amizades; portanto, a própria exploração e utilização do conceito por eles é mais rigorosa e se assemelha melhor ao que Aristóteles considerava uma amizade completa.

LEMBRE-SE

Aristóteles acreditava que uma amizade verdadeira exige e está enraizada na virtude. As pessoas que não procuram viver de maneira virtuosa — ou seja, cujos pensamentos, sentimentos, atitudes e ações tendem a ser corruptos ou egoístas, amorais ou antiéticos — não podem ser amigos verdadeiros. Uma amizade completa depende do caráter virtuoso de cada lado. Os verdadeiros amigos se preocupam profundamente um com o outro e estão dispostos a sacrificar a conveniência ou o conforto pelo bem do outro.

Aqueles que não incorporam a virtude podem estabelecer relações de conveniência em torno da utilidade ou da diversão, mas, para os estoicos, essas conexões aparentemente não merecem nem mesmo um uso estendido ou análogo do conceito de amizade. São vistas como vínculos mais tênues e frágeis entre as pessoas, que não só são pouco confiáveis e duradouros, como podem ser previstos com segurança que não durarão.

Amigos estoicos

Há uma passagem em que Sêneca fala sobre a importância do cuidado que devemos ter ao escolher as pessoas com as quais convivemos regularmente e como precisamos ser cautelosos para não nos aproximarmos demais das pessoas erradas, aquelas que podem dificultar uma vida de virtude e prosperidade. Ele enfatiza como pode ser difícil, porém vital, tomar bem tais decisões e, como resultado, encontrar amigos verdadeiros com quem compartilhar a vida:

> Mas nada se compara aos prazeres da amizade fiel e baseada em afinidades. Como é bom ter corações abertos como repositórios seguros de todos os seus segredos — cuja guarda das confidências inspira menos temor que a sua própria —, cuja conversa acalma a ansiedade, cujos conselhos o ajudam em seus planos, cuja alegria dissipa a tristeza, cuja simples presença eleva o espírito! Mas devemos escolher amigos que estejam, na medida do possível, livres de desejos perturbadores. Os vícios são contagiosos; espalham-se para os mais próximos e infectam os outros pelo contato. Durante uma peste, é preciso tomar cuidado para não se sentar perto de pessoas doentes e febris, pois estaríamos nos expondo ao perigo e aspirando veneno com a respiração. Do mesmo modo, ao escolher amigos, devemos prestar atenção no caráter e optar por aqueles menos contaminados. ("Sobre a Tranquilidade" 7.3)

Observe que Sêneca não exige que escolhamos apenas os perfeitamente sábios e virtuosos como parceiros e amigos. Ele é sempre mais realista em relação a isso. Somente recomenda que façamos o melhor que pudermos com o que temos disponível e "escolhamos os menos contaminados" por tolices e vícios. Assim, sempre que um estoico como Sêneca faz amizade com você, é justificável que você se sinta orgulhoso por ser considerado, aparentemente, um dos "menos contaminados" entre as opções disponíveis. Agora imagine um pedido de casamento de um estoico: "Você é a menos contaminada de todas!"

PESSOAS PRÓXIMAS A VOCÊ

Um dos coautores estava em um voo cruzando o país anos atrás e iniciou uma conversa com o companheiro de poltrona, que acabou por ser o fundador de uma empresa de tecnologia, um homem muito inteligente que havia se dado bem na vida até o momento da conversa a mais de 10 mil metros de altitude. Quando ele soube que seu companheiro de viagem naquele dia era um filósofo conhecido, interessado no impacto prático da sabedoria, ficou bastante animado e falou sobre como um novo terapeuta, há alguns anos, o apresentara a algumas pesquisas em psicologia social sobre a importância dos amigos para a própria trajetória de vida. Ele vasculhou a mochila do computador, pegou papel e caneta, e começou a desenhar colunas verticais na página. Então explicou: "Você vai gostar. É superlegal e meio que alucinante."

Ele continuou: "Escute o que o terapeuta me disse: 'Primeiro, escreva em uma coluna, no lado esquerdo do papel, o nome das cinco pessoas mais próximas de você, as pessoas com quem você passa mais tempo, em uma lista. Não podem ser somente pessoas do trabalho. Depois, acrescente colunas ao lado com títulos no topo, como Financeiro, Físico, Psicológico, Social e Espiritual. Avalie rapidamente como cada pessoa se sai em cada categoria e atribua uma nota de 0 a 10 em cada quesito.'"

(Continua)

O colega de poltrona continuou: "Depois, o cara saiu da sala e me deixou fazendo o exercício, voltando após alguns minutos. Ele sorriu para mim, apontou para o papel e disse algo como: 'Agora você está olhando para seu futuro.' E eu perguntei: "O que você quer dizer com isso? Ele me explicou que ficamos parecidos com as pessoas que nos cercam, por isso é importante passar tempo apenas com pessoas que realmente admiramos e que gostaríamos de reproduzir em nossa vida."

O homem que estava contando essa história sorriu. E o filósofo disse: "Uau, isso é interessante. O que aconteceu depois desse exercício?" As próximas palavras que o homem disse não poderiam ter sido mais inesperadas: "Bom, o divórcio foi fácil. Mas desvendar o negócio com meus sócios foi muito mais complicado." É uma história real. E é claro que não há problema se você quiser parar de ler agora mesmo e buscar papel e caneta. Mas prossiga com cautela.

O nobre versus o vil

Ao falar dos sábios e dos tolos, foi feita uma distinção clássica entre os bons e os nobres, por um lado, e "os vis" ou imprudentes, por outro, sendo que a vileza era considerada uma tolice grosseira no pensamento e na conduta, resultante da ignorância do bem e da insensibilidade ao seu chamado. Com base nesse conceito, Diógenes Laércio recorre ao trabalho de Zenão, Crisipo e do influente estoico Posidônio (135–51 a.C.) para resumir algumas visões estoicas do início e do meio do período sobre a amizade, relatando:

> E dizem que a amizade só existe entre homens virtuosos, por causa de sua semelhança. Dizem que é uma partilha, ou uma comunidade, das coisas necessárias à vida, já que tratamos nossos amigos como a nós mesmos. Afirmam que o amigo deve ser escolhido por ele mesmo, por seu próprio valor, e que ter muitos amigos é algo bom. Acrescentam ainda que não há amizade entre homens vis, e que nenhum homem vil tem um amigo. (*Vidas e Doutrinas dos Filósofos Ilustres* 7.101.124)

Cerca de dois séculos depois, Joannes Stobaeus, ou Estobeu, também conhecido como "João Estobeu", um compilador do século V de trechos de autores gregos mais antigos e uma fonte valiosa de informações sobre as primeiras visões estoicas, escreve sucintamente sobre o conceito de amizade dos estoicos, dizendo que:

> A amizade é uma comunidade de vida. (*Antologia* 102.5l)

Ele também confirma o relato de Diógenes de que os primeiros estoicos acreditam que só os virtuosos podem ser e ter amigos verdadeiros, e fundamenta isso em uma relação ainda mais profunda entre os imprudentes e a força que guia o Universo:

> Mais uma vez, também sustentam que todo homem imprudente é um inimigo dos deuses. Pois a hostilidade é uma falta de consonância e concordância com as preocupações da vida, assim como a amizade é consonância e concordância. (*Antologia* 102.11k)

A ideia é que aqueles que, em seu estado atual, são incapazes de ter uma harmonia essencial com os deuses, são igualmente incapazes de tê-la com outros seres humanos e, uma vez que a amizade exige esse "consenso" ou harmonia essencial, aqueles descritos como vis são incapazes de ter uma amizade verdadeira.

Estobeu continua a desenvolver o contraste um pouco mais. Ele escreve:

> Como o homem virtuoso é agradável na conversa, charmoso, encorajador e propenso a buscar a boa vontade e a amizade por meio de suas palavras, ele se encaixa da melhor forma possível com a maioria das pessoas; e é por isso que ele é adorável, gracioso e persuasivo, e também lisonjeiro, astuto, oportuno, perspicaz, descontraído, descomplicado, direto e autêntico. E o homem comum está sujeito a ter todas as características opostas. (*Antologia* 102.11m)

Em seguida, ele resume a visão estoica da seguinte maneira:

> Dizem que a amizade só existe entre os sábios, pois é somente entre eles que há concordância sobre os temas relacionados à vida, e a concordância é um conhecimento de bens comuns. Pois é impossível ter uma amizade genuína, diferente de uma amizade falsa, sem confiança e confiabilidade. Mas, como os vis são indignos de confiança, inconstantes e alimentam opiniões hostis, não há amizade entre eles — embora existam certos tipos de associação e junção que se mantêm unidos exteriormente por necessidade e conveniência de opiniões. E os estoicos dizem que o afeto, o acolhimento e o amor pertencem apenas aos virtuosos. (ibidem)

A menos que desistamos da visão extrema defendida por muitos estoicos clássicos de que quase nenhum de nós é sábio, porque, para ser realmente sábio, você teria que ser perfeitamente sábio, ou um Sábio, e que tal pessoa só existe uma vez a cada poucas centenas de anos, isso significa que nenhum de nós tem amigos. Não sabemos quanto a você, mas a probabilidade de isso acontecer é grande. E parece muito extremo. Pobre Sábio. Quem *ele* deveria ter como amigo? Você percebe o absurdo dessa visão extrema. Ao nos apropriarmos das crenças estoicas clássicas, precisaremos recuar no padrão de perfeição selvagem para ser sábio e virtuoso ou teremos que permitir a amizade para os "quase sábios e virtuosos". Tudo indica que teremos que nos afastar da tendência estoica clássica de tratar conceitos como sabedoria e virtude de modo absolutista, e aplicá-los de modo mais razoável e aspiracional se quisermos tê-los como mais do que ideais não realizados.

Ao descrever a visão estoica de que a amizade verdadeira só pode ser vivenciada pelos virtuosos, Estobeu sintetiza, também, uma crença estoica mais geral que dá um contexto mais amplo à natureza especial da amizade. Ele escreve o seguinte sobre os filósofos estoicos:

> Mais uma vez, eles consideram importante entender que a natureza fez com que os filhos fossem amados por seus pais. Desse ponto de partida, podemos acompanhar o desenvolvimento da sociedade compartilhada que une a humanidade. (*Antologia* 103.62)

E continua:

> A partir disso, desenvolve-se naturalmente a ideia de que existe entre os seres humanos uma afinidade comum e natural das pessoas umas com as outras, o que faz com que seja correto que elas sintam que os outros seres humanos, pelo simples fato de serem humanos, não lhes são estranhos. [...] Assim, somos naturalmente inclinados à convivência, aos agrupamentos e às comunidades políticas. (ibidem)

As pessoas caracterizadas pelos filósofos clássicos como vis ou imprudentes, portanto, são aquelas que, apesar de qualquer resquício de sentimento natural de companheirismo que ainda possam ter na alma, permitem que o egoísmo domine sua vida e desenvolvem uma constante desconfiança em relação às pessoas, bem como um espírito fortemente competitivo ou combativo ao suspeitar que elas lhes causarão danos devido ao próprio egoísmo.

No entanto, Estobeu representa os principais pensadores estoicos com confiança suficiente nas afinidades humanas naturais, presumivelmente com base no processo inato de apropriação resumido no início deste capítulo, de modo que eles são pelo menos moderadamente otimistas sobre nossas perspectivas sociais e políticas gerais, apesar de quaisquer desafios que possamos enfrentar ao longo do caminho. E parece que eles acreditam que as amizades entre os virtuosos desempenharão um papel fundamental ao lidarmos com os desafios sociais e políticos. Assim, os amigos são uma grande e necessária fonte de poder social e político, além de serem parte importante de uma vida pessoal saudável e próspera.

O positivo e o negativo

De acordo com Diógenes Laércio, os estoicos identificaram três grandes emoções positivas que podem desempenhar um papel importante na vida de uma pessoa sábia e virtuosa: alegria, cautela e um estado de querer bem. Ele também identifica as "formas primárias" deste último estado, o de desejar o bem, como "boa vontade, amabilidade, aceitação e contentamento" (*Vidas* 7.101.116). Obviamente, todas essas qualidades são necessárias para uma amizade verdadeira.

Para termos uma ideia, Estobeu descreve os estoicos como aqueles que definiam o desejo doentio como "paixões como estas: raiva e suas formas (agressão, irritabilidade, ira, rancor, amargura e coisas do gênero), desejo sexual intenso, desejo e ânsia, amor ao prazer, à riqueza, à reputação e coisas semelhantes" (*Antologia* 102.10.b). Obviamente, essas coisas tornarão impossível qualquer amizade verdadeira. E são qualidades que descrevem aqueles a quem os filósofos chamam de vis, imprudentes, insensatos ou simplesmente tolos.

LEMBRE-SE

Não é de surpreender que os estoicos concordem que as emoções internas positivas e saudáveis podem nos unir, enquanto as negativas e doentias apenas dividem.

Os primeiros estoicos nos dão uma noção do que é a amizade, na tradição do sentido mais estrito do termo de Aristóteles, e o que ela exige, embora, como já observamos, eles a tratassem como um ideal quase inatingível, um passo que não precisamos dar. Quando entendemos a amizade da maneira correta, percebemos que se trata de algo muito mais profundo e rico do que a maioria das pessoas em nossa época parece saber. Não é um relacionamento superficial ou estático; ele se desenvolve e se aprofunda ou, então, enfraquece.

Em certo sentido, Aristóteles considerava que o compromisso de amizade por parte de qualquer amigo, a *philia*, ou a forma de amor que o torna possível, envolvia uma emoção ou um conjunto de emoções, mas, em um sentido mais profundo, ele o considerava uma virtude ou um estado de disposição. E essa disposição é uma tendência básica do caráter para determinados pensamentos, emoções, atitudes e ações.

Enfim, a amizade é um pouco como um empreendimento, um esforço de pensamento, de emoção, de atitude e de ação, sendo que esta última é o ápice de todos os anteriores. Ser amigo, nesse sentido, não é como ser grego, ou semelhante, ou mesmo primo distante. Não se trata de uma relação basicamente passiva, mas de um relacionamento ativo e dinâmico que se desenvolve ao longo do tempo, em que ambos os amigos se preocupam com o outro e trabalham para o bem deles por si mesmos, sem buscar nenhum benefício, embora saibam que os benefícios podem ser abundantes, já que a outra parte da amizade faz as mesmas coisas.

Unidade Interpenetrante das Almas

Você já teve um amigo tão íntimo e bom, tão bem sintonizado com seu modo de pensar, que poderia terminar uma frase para você, e não de uma forma banal, mas com um pensamento que poderia surpreender um observador, o mesmo pensamento que você estava prestes a expressar? Muitas vezes, suas ideias estimularam as dele, e o mesmo processo ocorreu em sentido contrário. Na verdade, talvez vocês tenham chegado a um lugar e a um tipo de fluxo em que ambos não estavam pensando sobre algo apenas, no sentido de que cada um pensava individualmente e compartilhava o suficiente desses pensamentos individuais para influenciar o que o outro poderia pensar em seguida, mas, em um sentido mais profundo e interligado, um único processo de pensamento parecia acontecer com ambos, um único pensamento, de uma forma que não poderia ser duplicada pela soma total dos dois separadamente refletindo sobre o assunto e, mais tarde, relatando os resultados de maneira independente.

Você já deve ter ouvido falar de irmãos ou de pessoas casadas que, a distância, de repente souberam que o outro estava correndo algum perigo ou que tinha acabado de morrer. Talvez até tenha lido histórias de gêmeos idênticos, separados no nascimento e criados por famílias de diferentes partes do país, sem saberem da existência um do outro, que se encontraram pela primeira vez na idade adulta e descobriram, para grande surpresa, que estudaram as mesmas coisas na faculdade, exerceram a mesma profissão e se casaram com pessoas com o mesmo nome, que até nasceram no mesmo dia. É assustador. Não temos nenhuma boa explicação científica para isso. No entanto, algo estranho que une mentes em torno de pensamentos, atitudes, emoções ou escolhas idênticas foi relatado em condições muito diferentes ao longo da história. Será que Aristóteles chegou perto disso em sua imagem de uma alma em dois corpos?

O eu é uma fortaleza murada?

Tendemos a pensar no eu humano, ou na mente consciente do eu, como uma fortaleza murada, aberta ao mundo por apenas alguns portais que conhecemos como sentidos. Mas há fenômenos estranhos, como a "descoberta independente" na ciência, em que pesquisadores de diferentes partes do mundo que não estiveram em contato chegam à mesma ideia nova e ao mesmo tempo. E há um processo de inspiração artística em que os antigos falavam da Musa, e os artistas modernos frequentemente falam como se fossem receptores passivos de canções, poemas ou histórias que vieram de algum modo além deles mesmos, mas não através dos portais que chamamos de sentidos físicos.

Elizabeth Gilbert escreveu um livro fascinante sobre isso intitulado *Grande Magia*. Um de seus coautores teve esse tipo de experiência que durou mais de cinco anos, em que uma importante história de ficção chegou até ele em todos os detalhes sobre um lugar e uma época da história que ele não conhecia muito bem, resultando em oito romances de mais de um milhão de palavras com uma precisão cultural impressionante. Ou, de uma forma muito diferente, várias pessoas relatam que estão pensando em um velho amigo pela primeira vez em anos e, então, o telefone toca e é essa pessoa que está ligando. Coincidência é um conceito cômodo e usado em demasia, que se estende demais para cobrir a verdade sobre algumas coisas que vivenciamos e admitimos não entender. Mas, ao longo da jornada humana, convivemos com muitas coisas que não compreendemos totalmente.

O modelo de fortaleza murada do eu talvez precise ser repensado no sentido de que tem mais acesso às realidades mais amplas além dele do que nossa típica imagem dele permitiria. É possível que haja um porão do inconsciente debaixo do piso do castelo, acessado por um alçapão que pode ser aberto para permitir a entrada de coisas na consciência que não chegam por meio dos sentidos conhecidos. Imagine o porão como se estivesse debaixo d'água ou se tivesse um riacho passando por ele, e sem estar fechado, mas cercado por algo mais parecido com paredes porosas, uma espécie de grade ou até mesmo uma cerca de arame que permite a entrada de coisas que podem se infiltrar no consciente, o qual consideramos como o próprio castelo. Talvez essa seja uma representação vívida do que o magnífico psicólogo do século XX, Carl Jung, chamou de inconsciente coletivo. Há mais coisas acessíveis à mente do que somente o que chega através dos sentidos. Talvez seja uma versão do que pode acontecer entre grandes amigos e começamos a ter o que Cícero considerou ser algo *próximo de* uma mente em dois corpos, ou que Aristóteles simplesmente descreveu como uma alma habitando dois corpos.

Cognição distribuída

Talvez a atividade mental possa ocorrer em parte além da própria identidade individual e da neurofisiologia do cérebro que a personifica. Em um livro fascinante intitulado *Distributed Cognition in Classical Antiquity*, um grupo de acadêmicos ilustres explora diversas formas desse fenômeno no mundo antigo. Em um artigo acadêmico particularmente fascinante, "One Soul in Two Bodies: Distributed Cognition and Ancient Greek Friendship", David Konstan, professor de clássicos da Universidade de Nova York, analisa como um modelo de pensamento que o representa como algo que ocorre além dos limites de um único cérebro e corpo pode esclarecer as visões de Aristóteles e de outros na Antiguidade sobre o fenômeno da amizade.

A ideia de cognição distribuída é, em sua essência, muito simples. Temos uma visão moderna comum de que o pensamento só ocorre no cérebro. Mas considere uma menina contando com os dedos, o físico calculando em um quadro negro com giz ou o imunologista usando um programa de computador para ajudar a resolver um problema. Todos estão pensando usando algo além dos neurônios do cérebro, sejam outras partes do corpo, como os dedos, sejam objetos independentes, como giz, lousa e computadores.

O próximo passo é considerar a possibilidade de que duas ou mais pessoas possam pensar juntas e que isso seja distribuído entre elas de uma forma não apenas puramente individual e complementar, mas um fenômeno distinto por si só. É o que alguns dos antigos podem ter reconhecido como possível e como um elemento das amizades mais íntimas.

Uma virtude única

David Konstan, assim como as filósofas contemporâneas Martha Nussbaum e Zena Hitz, acredita que Aristóteles considera a amizade não só como uma emoção ou um estado de sentimento dentro de cada um desses dois indivíduos, mas como algo que transcende o indivíduo como uma "forma de vida" ou uma "colaboração". Existe, inclusive, uma sugestão de que, em vez de ser uma emoção, para Aristóteles a amizade deveria ser vista como uma virtude ou um estado de disposição moralmente bom, naturalmente expresso em ação, como coragem ou generosidade. E, como outras virtudes padrão, poderia ser vista como um ponto médio entre os extremos de excesso e deficiência.

A coragem, por exemplo, na presença do perigo, é o ponto médio entre a extrema deficiência da covardia e o extremo excesso da imprudência. A generosidade diante da necessidade é o ponto médio entre a deficiência da avareza e o excesso da libertinagem. A amizade, portanto, assim como a coragem ou a generosidade, seria uma resposta de disposição a algo, nesse caso outra pessoa, uma alma virtuosa, que é uma resposta em um ponto intermediário entre extremos como a bajulação e a grosseria, ou a bajulação e a inimizade. Porém, ao contrário da coragem e da generosidade, seria um tipo único de virtude, uma virtude transpessoal, basicamente diádica, um estado disposicional vinculado a um par que abrange duas pessoas e não apenas localizado dentro de cada uma das duas almas totalmente separadas.

Virtude ou vulnerabilidade?

Essa possibilidade é um desafio para a maneira como os estoicos clássicos veem as virtudes, como pertencentes a cada eu, individualmente, como o conteúdo do poder e do controle individual dentro da fortaleza inexpugnável do eu. Na visão estoica, o fato de uma pessoa ter ou não virtude depende exclusivamente dela. Ninguém pode lhe dar uma virtude ou impedir que você a tenha. Ninguém pode torná-lo corajoso ou generoso, ou impedi-lo de ter qualquer um desses estados emocionais e mentais. No estoicismo, as virtudes dependem exclusivamente de você, estão sob seu total controle. Elas pertencem a você como posses, inteiramente suas. Mas se a amizade é uma virtude, ela não depende exclusivamente de você, não está totalmente sob seu controle, porque envolve outra pessoa que faz escolhas junto com as suas para uma colaboração única. E isso é um problema para o estoico clássico.

O motivo pelo qual os antigos estoicos querem que cada ingrediente do bem moral, e tudo o que é necessário e suficiente para a felicidade ou o bem-estar máximo, esteja sob nosso controle individual é que isso é o que, em princípio, torna a alma menos vulnerável a ameaças externas, decepções e desânimo. Isso faz do eu uma fortaleza. Os estoicos não são fãs da vulnerabilidade, mas a amizade parece nos levar diretamente ao reino do vulnerável. Duas pessoas não podem se tornar verdadeiras amigas sem serem mutuamente vulneráveis. Mas para os estoicos clássicos, é uma precariedade que não deve ser tolerada; deve ser sempre evitada.

No entanto, conforme vimos, o estoicismo considera a amizade, no mínimo, uma indiferença preferida, se não implicitamente uma virtude secundária real, decorrente das virtudes primárias quando duas ou mais pessoas boas se encontram e se conhecem muito bem. É uma comunidade de almas, pelo menos segundo os próprios estoicos. Mas qual é o limite dessa comunhão? Afinal, cada alma é um castelo isolado, inviolável e murado? Ou os estoicos não reconhecem explicitamente que todos temos em nós a razão, que é em si uma centelha ou parte do divino? E se compartilhamos a mesma centelha, ou várias centelhas do mesmo Logos, não seria esse um fundamento para uma comunhão ou uma unidade que vai além de almas isoladas a distância, meramente reconhecendo-se com apreço e cuidando umas das outras? Se for assim, parece ser uma possibilidade que os próprios estoicos clássicos nunca identificaram como tal.

Até onde sabemos, não existe nenhum texto estoico clássico que adote a concepção aristotélica de amizade plena, envolvendo, mesmo que metaforicamente, ou no sentido ciceroniano de "próximo de", uma alma em dois corpos. Essa pode ser uma lacuna que decorre de uma versão extrema dos princípios estoicos que os primeiros pensadores não precisavam ter adotado e que nós, como seus alunos, podemos evitar ao tomar emprestado o melhor de suas ideias. Também é uma visão da amizade que nos aproxima de uma visão do amor, que pode estar mais próxima da prática estoica na Antiguidade do que a própria compreensão teórica do amor poderia permitir.

Estoicos Apaixonados e Assumidos

Na capa deste livro, um de seus coautores é identificado como "guitarrista estoico". É uma denominação que ele aprecia, devido à visão estoica de que todas as coisas externas à nossa mente são "indiferentes" e, portanto, literalmente nem boas nem ruins. Por isso, qualquer estoico de verdade teria, em princípio, que avaliar a maneira como esse filósofo toca guitarra como "Nada mal!" É claro que devemos ignorar o que mais pode ser dito.

Os estoicos têm uma fama duvidosa em relação ao amor, talvez em grande parte não merecida, mas nós entendemos. A doutrina dos indiferentes, por si só, é problemática para qualquer relato robusto sobre o amor, uma vez que, para nós, todas as outras coisas no mundo, externas à nossa mente, se enquadram nessa categoria, inclusive outras pessoas. Seus pais ou filhos? Indiferentes. Seu cônjuge? Indiferente, embora talvez seja o preferido na categoria. Então, até que ponto você pode se irritar? Epicteto não facilita as coisas em passagens como esta, usando o exemplo do que talvez seja um item doméstico valioso e até amado:

> Diante de qualquer coisa atraente, útil ou que você ama, lembre-se de dizer a si mesmo que tipo de coisa é. Comece pelas menos importantes. Se for uma jarra de que você gosta, diga: "Gosto de uma jarra", pois assim não ficará perturbado se ela se quebrar. Se você beija seu filho ou sua esposa, diga a si mesmo que está

beijando um ser humano — pois assim não ficará abalado se eles morrerem. (*Manual* 3)

Portanto, não se trata apenas de itens domésticos. Devemos redescrever para nós mesmos as pessoas mais importantes de nossa vida da maneira mais genérica possível, para que "não fiquemos chateados se elas morrerem". E espere, fica pior. Epicteto diz a seus alunos, e este deve ser O Sentimento Expresso no Cartão de Felicitações de Todos os Tempos:

> Ao beijar seu filho, pode haver algum mal em murmurar em voz baixa: "Amanhã você vai morrer"? (*Discursos* 3.24.88)

Sim. Sim, pode haver algum mal. Com certeza parece prejudicial, pelo menos do ponto de vista de seu filho ou qualquer outra pessoa que o ouça ligar para a emergência. Em ambas as passagens, parece que somos confrontados com uma rigidez ou um distanciamento do que naturalmente pensamos ser os laços emocionais do amor e as implicações inevitáveis do luto quando uma pessoa amada ou até um objeto precioso é perdido. Mas, em uma passagem anterior à última citada, Epicteto nos dá uma ideia do que ele realmente está fazendo com essas declarações controversas:

> Se você beija seu filho, irmão ou amigo, nunca deixe que o sentimento se descontrole. Não permita que ele se expanda como quiser, mas contenha-o. Recolha-o da mesma forma que aqueles que ficam atrás dos generais durante uma celebração de vitória e lhes recordam que são humanos. Da mesma forma, você também deve se lembrar de que o que você ama é mortal. Não é algo que lhe pertence — foi dado a você temporariamente, não como algo inamovível ou permanente. É como um figo ou uvas que aparecem em determinada época do ano, e seria tolice querer tê-los no inverno. Portanto, se você deseja seu filho ou amigo em um momento em que eles não lhe são dados, você está desejando um figo no inverno. (*Discursos* 3.24.85–87)

O filósofo não tenta afastar seus alunos de uma experiência completa de amor. Ele só não quer que o amor autêntico se transforme em uma ilusão sobre a permanência neste mundo ou em um desejo de controle que não pode ser encontrado. Ele espera ajudar a evitar que algo saudável se transforme em algo doentio e irreal. Ele não quer ser um desmancha-prazeres; pelo contrário, tenta desencorajar uma mentalidade que interfere na alegria ao nos preparar para o choque e o desânimo. Ele incentivaria apenas o amor realista.

Epicteto não é cego quanto à importância do amor. Ele ama a virtude. Mas devemos ressaltar que temos um problema à espreita. No Livro II, Capítulo 22 dos *Discursos*, nas três primeiras seções, ele argumenta que ninguém ama nada que considere mau ou que lhe seja indiferente, somente o que considera bom. Portanto, ele conclui que quem não é capaz de distinguir o que é verdadeiramente bom do que é ruim ou indiferente não é capaz de amar adequadamente; somente o homem sábio pode fazer essas distinções de maneira correta e, portanto, somente um homem sábio tem o poder de amar. Mas logo surge uma dificuldade.

Eis a tensão, ou mesmo um problema de contradição oculto: Epicteto acredita que as únicas coisas que podem ser amadas de verdade são as que são realmente boas. Ele também parece pensar que (1) nada é verdadeiramente bom a não ser a virtude e (2) nada é verdadeiramente bom a não ser o que está sob controle ou poder total de cada um de nós. Mas, se nosso professor estoico também quer acreditar ou reconhecer que podemos amar outra pessoa, ou a humanidade em geral, ou o próprio Universo, fica claro que nenhum ser humano é uma virtude ou está sob nosso controle ou poder total. E, claro, a humanidade, assim como o Universo, está longe de estar no âmbito do nosso controle total. Então, como pode qualquer outra pessoa, a humanidade ou nossa casa, o Universo, ser bom no sentido necessário para ser um objeto adequado de amor?

É difícil ver como Epicteto poderia ter uma resposta razoável para essas perguntas. Segundo ele, todas as outras pessoas são objetos externos em relação a você, existem fora de sua mente e vontade, portanto devem ser classificadas como "indiferentes", e não como algo bom ou ruim. Assim é a humanidade e nosso lar cósmico. Há passagens em que ele diz que as coisas indiferentes são "sem valor" ou "nada para mim". Mas se podemos amar apenas as coisas boas e todas as coisas boas estão sob nosso controle, como conseguimos amar outro ser humano, ou a humanidade, que não estão sob nosso controle? Como não aplicar essa visão das coisas externas como "nada" e sem valor no caso de outras pessoas e até em nosso mais amplo ambiente familiar físico?

Talvez a única resposta seja que podemos amar tudo o que é intrinsecamente bom ou que, de alguma forma, está intimamente relacionado à felicidade, e que as coisas podem ser consideradas como boas das seguintes maneiras: (1) se forem virtudes ou coisas totalmente ao alcance do poder da vontade, (2) se forem elas próprias pessoas intrinsecamente boas com virtudes e vontade, ou (3) como a "humanidade" coletiva, qualquer coisa poderá ser um bem e ser amada se for uma entidade agregada composta de pessoas com virtudes e vontades, ou se for a Fonte Suprema de tais pessoas, como o Universo ou Logos. Com base nessa sugestão, que não consta em nenhum texto estoico original disponível, um amigo pode ser amado como o único objeto externo que devemos considerar intrinsecamente bom e a própria amizade pode ser amada, como uma virtude específica ou uma entidade agregada composta de pessoas (os amigos) com virtudes e vontades.

Ainda assim, com esses acréscimos, é difícil entender como não devemos lamentar a perda de uma pessoa, se reconhecida como um bem verdadeiro. Afinal, talvez tenhamos que permitir a propriedade do luto, o que sempre foi proibido pelas versões radicais do estoicismo. No entanto, foi permitido por um moderado como Sêneca. Sem nossa ajuda nesses pequenos acréscimos, porém, Epicteto poderia ficar preso a pontos de vista que, segundo os próprios princípios, são incompatíveis entre si. Ao valorizar a razão como ele o fez, esperamos que aceite nossa sugestão e a utilize para alcançar a coerência na capacidade de valorizar o amor.

Marco Aurélio certamente parece valorizar o amor, e escreve para ele mesmo:

> Viva em harmonia com tudo ao seu redor e ame sem reservas nem condições aqueles com quem você vive e trabalha. (*Meditações* 6.39)

Você não verá estoicos clássicos escrevendo tratados inteiros sobre o amor em todas as suas formas, ou mesmo longas passagens sobre essa experiência humana crucial, mas o conceito aparece com frequência e de maneira positiva o suficiente para transmitir uma apreciação de seu papel no centro de uma vida que vale a pena ser vivida.

LEMBRE-SE

Quando pensamos no amor não apenas como uma emoção ou um sentimento, mas como um compromisso assumido de preocupação e cuidado, de acordo, concordância, harmonia e ação constante de apoio ao que é amado, podemos entender como, para os estoicos, o amor a si mesmo, à família e aos amigos, à humanidade e ao Universo, ou a Deus, como formas distintas, porém relacionadas, de compromisso, desempenham um papel importante no contexto por trás de sua filosofia. O amor importa.

Sexo e Amor segundo os Estoicos

Na introdução de seu livro, *Marcus Aurelius in Love*, Amy Richlin, professora de clássicos, analisa alguns aspectos bem conhecidos do mundo antigo em relação a sexo, amizade e sexualidade, antes do surgimento do estoicismo e ao longo de seus diversos períodos. Algumas observações devem ser citadas na íntegra, por mais chocantes que possam ser para os amantes do pensamento estoico. A palavra grega *prokopton* significa aqui simplesmente estudante ou alguém que progride em direção à verdade:

> Muito menos familiar aos leitores modernos é a posição dos primeiros filósofos estoicos sobre a sexualidade. Zenão (335–263 a.C.) e seu sucessor Crisipo (280–207 a.C.) defendiam que o sexo entre seres humanos que aprenderam os princípios adequados de respeito e amizade verdadeira é uma coisa boa e que a sociedade ideal seria aquela em que o sexo fosse desfrutado livremente, sem os laços proprietários do casamento. Em especial, um jovem que está se voltando para a filosofia, o *prokopton*, deve ser treinado por seu mentor primeiro por meio de um relacionamento sexual, que deve se transformar em uma compreensão da filosofia. (16)

Temos aqui o relato de que, nos primórdios do estoicismo: (1) o sexo era visto como algo bom entre pessoas que tivessem respeito e amizade uma pela outra, independentemente de quaisquer outras coisas em sua vida ou de seu relacionamento particular (que Crisipo considerava incluir formas de incesto), e (2) quando um jovem se interessa por filosofia, ele deve primeiro ser instruído *por meio de um relacionamento sexual* com um mentor, o que pode ser filosoficamente benéfico.

A maioria das pessoas ficará chocada e, com razão, perturbada ao ouvir isso. Quando o filósofo medieval Pedro Abelardo teve problemas por causa de um relacionamento íntimo com sua aluna Heloísa, ele admitiu a relação dizendo que "sob o manto do estudo, praticávamos o amor". Se fosse um estoico, ele poderia ter explicado que era apenas um curso normal de Introdução à Filosofia, conduzido da maneira correta.

Em sua antologia de textos antigos, Estobeu dá este relato sobre os estoicos clássicos:

> Dizem que o amor sexual é um esforço para produzir amizade resultante da aparência de beleza física em homens jovens em seu auge, e é por isso que o homem sábio faz avanços sexuais e terá relações sexuais com aqueles que são dignos do verdadeiro amor sexual, ou seja, aqueles que nasceram com saúde e são dotados de habilidade natural. (*Antologia* 102.11s)

Diametralmente oposto às nossas sensibilidades e expectativas atuais, uma forma comum de mentoria, um relacionamento de ensino, era comumente esperada na Grécia e na Roma antigas, envolvendo afeto físico. O mentor mais velho era atraído por um jovem estudante cujo potencial para a virtude, acreditava-se, se manifestava por meio de uma forma de beleza e graça que, então, desencadeava sua jornada de sabedoria juntos. Ao relatar os pontos de vista de Zenão e Crisipo, entre outros estoicos, Diógenes Laércio também se baseou em diversas fontes:

> Eles dizem que o homem sábio se apaixonará por jovens que revelam, por meio de sua aparência, uma aptidão natural para a virtude, como dizem Zenão na *República,* Crisipo no Livro I de *On Ways of Life* e Apolodoro em sua obra *Ethics*. (*Vidas e Doutrinas dos Filósofos Ilustres* 2.7.129)

Esse historiador do pensamento continua, na frase seguinte, a dizer:

> E o amor sexual é uma tentativa de conquistar a amizade resultante da aparência de beleza, e não é direcionado para a relação sexual, mas para a amizade. (*Vidas e Doutrinas dos Filósofos Ilustres* 2.7.130)

Se o objetivo do amor sexual com estudantes não é a relação sexual, mas a amizade, então isso é aceito como bom. Diógenes acrescenta sobre os estoicos:

> Eles acham que os homens sábios deveriam ter as esposas em comum, de modo que qualquer um possa fazer amor com qualquer mulher, como diz Zenão em *República* e Crisipo em sua obra *On the Republic* e, novamente, Diógenes, o cínico, e Platão. (*Vidas e Doutrinas dos Filósofos Ilustres* 2.7.131)

Enquanto você pensa em tudo isso, colocaremos um pouco mais de lenha na fogueira com algumas citações de *Marcus Aurelius in Love*, que é uma compilação de cartas entre uma personalidade cultural da época, o retórico Marco Frontão, de 39 anos, e seu jovem aluno, Marco Aurélio, de 18 anos, recentemente escolhido para ser o futuro imperador. Os dois homens se reuniam para as aulas e, depois, ficavam afastados por longos períodos, já que Frontão atuava como cônsul em um escritório do governo fora de Roma. As cartas começam no final do ano 139 d.C. e continuam até o final de 148, quando o estudante tinha 27 anos.

A leitura das 46 cartas que temos é uma surpresa. O jovem Marco Aurélio escreve de maneira atrevida, divertida e brincalhona, o que pode nos ajudar a entender a sensibilidade e interpretar os tons de voz e mente por trás de muito do que ele escreveu mais tarde em seu diário, que originalmente não tinha título, ou talvez tivesse apenas as palavras "Para si mesmo", e só mais tarde foi chamado por outros de "Meditações". Esse título, hoje padrão, é lamentável, pois esses escritos particulares exalam um espírito muito diferente do que é conhecido na maioria das tradições como "meditação". Na verdade, em uma recente competição internacional informal para encontrar um nome mais apropriado para o diário de Marco Aurélio, um dos coautores deste livro ganhou com seu título sugerido: *How I Try Not to Be an Asshole* [*Como Tento Não Ser um Idiota*], de Marco Aurélio. É difícil ler *Meditações* e não pensar que esse seria um título muito melhor, mas talvez seja uma história para outro dia.

Vejamos alguns exemplos dessas cartas entre Marco, o aluno, e Marco, o professor. Primeiro, do futuro imperado:

> Adeus, sopro da minha vida. Eu não deveria arder de amor por você quando você me escreveu isso? O que devo fazer? Não consigo parar. (*Carta* 1)
>
> Adeus, sempre minha alma mais doce. (*Carta* 12)
>
> Eu o amo como você merece ser amado. (*Carta* 13)
>
> Eu desisto, você venceu: você claramente superou em amor todos os amantes que já existiram. (*Carta* 17)
>
> E assim, adeus, mais gentil professor, mais magnífico cônsul, e por mais que você me ame, é isso que você deve desejar de mim. (*Carta* 25)

Agora do famoso retórico, como mentor de seu jovem aluno:

> Eu estou mergulhado em seu amor. (*Carta* 11)

> Adeus meu prazer, em você eu confio, adeus minha felicidade, meu orgulho e alegria, adeus e me ame, por favor, em todos os sentidos, brincando ou falando sério. (*Carta* 20)
>
> Juro até que há muito tempo eu queria deixar o cargo de cônsul para poder abraçar Marco Aurélio. (*Carta* 26)
>
> E ninguém jamais poderia ter incutido tal chama em um amante por meio de poção ou encanto, como você, pelo que fez, me deixou atordoado e arrebatado por seu amor ardente. (*Carta* 33)
>
> O que é mais delicioso para mim do que seu beijo? Esse cheiro delicioso, esse prazer, está para mim em seu pescoço e em seu beijo. (*Carta* 45)
>
> Eu ardo de amor por você. (*Carta* 45)

Não é um exemplo padrão do relacionamento entre mentor e mentorado ao longo da história ou entre professor e aluno. Aliás, é difícil ler essas frases sem pensar: problemas legais. A professora Richlin enfatiza várias vezes nas notas finais que os dois homens usavam uma linguagem codificada nas cartas entre os literatos, fazendo alusão a imagens eróticas e passagens de escritores que eles teriam lido. Em determinado momento, ela diz:

> Portanto, qualquer que seja a relação das cartas com a realidade, Marco Aurélio e Frontão estavam jogando um jogo perigoso, porém familiar, e as próprias cartas são uma forma de sexo por meio de correspondências. (13)

As cartas que temos terminam mais ou menos na época em que o jovem Marco Aurélio estava descobrindo a filosofia estoica. Frontão não era estoico e parecia ter inveja da popularidade que os estoicos desfrutavam na época. Portanto, suas palavras divertidas e apaixonadas nas cartas não demonstram necessariamente atitudes estoicas, mas, sim, aspectos da cultura em que foram produzidos muitos dos textos estoicos que lemos e assimilamos atualmente.

Frontão era casado. Sua esposa, Crátia, deu à luz seis filhos, cinco dos quais morreram na infância. Ela visitava Marco e sua mãe, Domícia Lucila, com sua filha sobrevivente, também chamada Crátia. É claro que Marco Aurélio também se casou mais tarde com uma mulher que ele parecia amar de verdade, chamada Faustina, mas que ele raramente mencionava por escrito. Alguns historiadores dizem que eles tiveram pelo menos treze filhos, a maioria dos quais se perdeu na infância. O autor estoico Sêneca era casado. O professor de Epicteto, Musônio Rufo, recomendava veementemente o casamento em suas palestras, mas Epicteto aparentemente viveu sozinho até quase o fim de sua vida, quando adotou uma criança e uma amiga se mudou para ajudar a cuidar da jovem.

O amor, o gênero, o sexo e o romance se entrelaçavam de maneira complicada nessa época. Mas os documentos que restaram nos asseguram que os principais pensadores estoicos da época não eram alheios a toda variedade de emoções e interações humanas, abrangendo tanto a amizade quanto outras formas de amor. No final, porém, ficamos nos perguntando se os conceitos e as afirmações estoicos padrão permitem espaço suficiente para abranger a totalidade e a profundidade da amizade ou do amor. Suas ideias sobre consenso, apropriação e virtude são extremamente úteis, na medida do possível. Mas será que vão longe o suficiente? Existe uma vulnerabilidade nas formas mais profundas de amor que pode ser sugerida em uma correspondência, mas que não poderia ser captada nos conceitos estoicos padrão? Os estoicos são frequentemente conhecidos pela busca da invulnerabilidade. Mas talvez a qualidade negligenciada da vulnerabilidade nos ajude a entender algo extremamente necessário para o que eles sentiam, além dos dogmas ou dos princípios que articulavam.

Considere novamente a ideia de *oikeiosis*, ou apropriação, descrita no início deste capítulo e que visa identificar um processo natural no qual o eu, cuidando dos próprios interesses, começa a expandir sua concepção de toda a variedade desses interesses e começa a cuidar de outras pessoas e suas preocupações como necessárias e essencialmente conectadas ao próprio autocuidado, à medida que se apropria de outras pessoas em seu círculo de interesses. Mas o eu ainda está sempre no centro desse processo, sendo ele próprio uma entidade muitas vezes retratada como uma cidadela ou uma fortaleza inexpugnável. No entanto, vimos que a amizade e o amor profundos podem exigir uma metáfora mais permeável ou porosa para representar o que acontece com o eu em um caso de *philia* total ou amor de amizade. O mesmo certamente pode ser necessário para um amor romântico mais intenso e, por fim, para o tipo de amor de doação por qualquer outro ser humano, pela humanidade e, em última análise, por Deus e por toda a criação, que talvez seja a maior forma de todas, um amor que transcende a amizade normal e o envolvimento romântico.

Talvez deva haver uma contrapartida de *oikeiosis*, uma fase seguinte de crescimento quase oposta, uma vez que a apropriação tenha cumprido seu papel, um processo não identificado e não reconhecido pelos primeiros e clássicos estoicos, em que o eu ou a alma, em vez de continuar a crescer em seu tamanho e força metafóricos por meio da apropriação e da inclusão de outros, começa, em um sentido espiritual profundo, a desbastar suas paredes, a torná-las mais porosas, a romper suas fronteiras rígidas e, talvez, a encolher dentro da própria autonomia e senso de separação, para alcançar uma unidade maior, não mais centrada nele, mas uma unidade em torno e centrada no que vai muito além. E é isso que os grandes místicos sussurraram e se esforçaram para falar, ou colocar em palavras, como o estágio final de nossa jornada em que a vulnerabilidade total passa pela mais profunda alquimia e se torna a maior forma de força. Talvez a dinâmica de aceitar e liberar, que é uma parte importante da sabedoria, se aplique não só às coisas externas, mas também ao próprio eu, no qual esses aparentes opostos podem se unir e entrar em ação por meio da própria dança íntima.

NESTE CAPÍTULO

» **Reconhecendo o papel da morte na vida**

» **Analisando as razões estoicas para não temer a morte**

» **Avaliando cuidadosamente argumentos contra o medo**

Capítulo **16**

Medo da Morte

Para algumas pessoas, esse é o tema mais importante da filosofia. A morte inevitavelmente leva para longe de nós as pessoas que amamos e estimamos. Ou ela chega primeiro para nos buscar. O que é a morte? Como devemos encará-la? Como podemos aceitar essa difícil realidade?

Neste capítulo, exploramos o que os estoicos tinham a dizer sobre esse último obstáculo e desafio terreno. Analisamos a visão deles sobre a morte e o medo da morte, que para muitas pessoas é a mais intensa e preocupante das angústias. Os estoicos buscavam libertar a si mesmos e a nós desse medo e dessa preocupação. Eles tinham certeza de que a alegria que buscavam exigia sucesso nessa tarefa.

Questões de Vida e Morte

É comum ficarmos atônitos quando um amigo próximo ou um membro da família morre, mesmo que tenhamos sido preparados para isso por um longo período de sofrimento e declínio. Quando a morte é o resultado de um processo prolongado, ela ainda pode chocar por sua finalidade e absolutez. Um último suspiro é dado. Uma alma viva desaparece de nosso convívio e deixa um vazio. Estava lá há um momento e agora não está mais. Quando isso acontece, é irreversível; para sempre. Isso nos faz lembrar de nossa frágil influência sobre a vida. Todos receberemos essa visita um dia e seremos levados para longe de tudo e de todos com quem nos importamos neste mundo.

A morte é uma grande incógnita. É como atravessar um portal para uma nova realidade, voar livremente para fora do corpo, fazer alguma forma de transição para emergir em um lugar gloriosamente inimaginável, ou será mais como o apagar da chama de uma vela na escuridão, ou absolutamente nada? Será que é um interruptor de liga/desliga que muda da consciência para o nada ou um dimmer que lentamente diminui em segundos de desvanecimento, aos poucos até chegar a um vazio de nada absoluto, o silêncio absoluto da extinção da pessoa? O que é?

Muitas pessoas acreditam que há uma sobrevivência da alma ou do eu essencial após a morte. Outras negam. Quase todos conhecem alguém que tem uma história sobre a experiência de quase morte ou o contato do além, mas ninguém parece ter provas. Toda a incerteza perturbadora que envolve essa realidade cósmica nítida da morte gera ansiedade, preocupação e medo para a maioria das pessoas por algum motivo. Essas reações intensas interferem no que é necessário para ter uma vida boa. Será que a felicidade e o verdadeiro bem-estar no mundo podem coexistir com uma corrente de medo sobre a inevitabilidade da morte? Esse assunto deve ter sido de interesse dos filósofos estoicos.

Inúmeras gerações de estudantes de lógica começaram a aprender sobre argumentos válidos e sólidos com o simples raciocínio de três etapas envolvendo duas premissas e uma conclusão: (1) Sócrates é um homem; (2) Todos os homens são mortais; portanto, (3) Sócrates é mortal. Pobre Sócrates. Pobres de nós. Isso é inevitável.

Todos morrem — exceto talvez o profeta Ezequiel, que, segundo consta, recebeu o equivalente antigo de uma limusine com motorista para levá-lo para a próxima vida, ou talvez um dos personagens de nossa mais antiga história conhecida, a *Epopeia de Gilgamés*, ambientada em 2.700 a.C., em que ficamos sabendo que um personagem secundário pode ter recebido dos deuses o dom da imortalidade. O homem já antigo, na época em que o conhecemos, chamado Utnapishtin, ou "O Distante", teria hoje, claro, mais de 4.700 anos de idade e provavelmente seria muito sábio. Ele ainda estaria entre nós, embora talvez com outro nome, como Joe Jones, Fred Smith ou Ryan Holiday. No entanto, apesar de algumas dessas histórias antigas, está claro que todos precisamos prever a chegada do fim do mundo.

Filosofia como Preparação para a Morte

Se o estoicismo tivesse um santo padroeiro, seria Sócrates. E haveria santuários. Ele era o modelo máximo, o exemplo mais admirado de pensamento e vida adequados, o super-herói em uma toga para os antigos estoicos. Ele não temia a morte, portanto nós também não deveríamos temê-la. Como você verá em breve, Epicteto apresentou um argumento exatamente igual a esse. E nós o analisaremos.

A aceitação socrática da mortalidade

CASOS E CAUSOS

Sócrates achava que era preciso acreditar em coisas que não se pode saber se são verdadeiras para pensar na morte como um dano ou um mal, e como algo a ser temido e evitado o máximo possível. Ele foi levado a julgamento sob falsas acusações por pessoas que odiavam sua influência e fama em Atenas. Foi condenado por um grande júri e sentenciado à morte. Mas também lhe foi oferecida uma saída. Se parasse de praticar filosofia em público e agisse como uma pessoa normal, teria permissão para viver. Ele respondeu: "Enquanto eu viver e respirar, jamais deixarei de filosofar"; com isso, chocou seus inimigos e impressionou incontáveis gerações de pessoas que, desde então, leram a cena na obra *Apologia*, de Platão.

Platão, no entanto, também registrou os dias que se seguiram, antes da execução de seu mestre, uma morte que foi adiada por alguns eventos coincidentes que nos renderam conversas elaboradas que resistiram ao teste do tempo. Nos diálogos socráticos clássicos, *Críton* e *Fedro*, ouvimos Sócrates conversando com amigos sobre sua morte iminente. Alguns tentam convencê-lo a escapar da prisão e da sentença injusta. Mas ele se recusa. E, especialmente em *Fedro*, ele explica o motivo. Nesse diálogo, ele diz aos amigos que a filosofia é uma preparação para a morte. Em seguida, argumenta a favor da imortalidade da alma. Mas Posidônio de Rodes (c. 135–c. 51 a.C.), conhecido na história como um influente "estoico intermediário", ficou tão chocado com esse argumento da imortalidade da pessoa que rejeitou a autenticidade do diálogo. Ele acreditava que o diálogo não poderia representar as verdadeiras palavras de Sócrates. Certamente, supôs ele, a verdadeira aceitação socrática da mortalidade, bem como sua coragem diante da morte, não dependia da crença de que ele viveria em um reino melhor. Deve ter vindo de um lugar mais profundo e mais "estoico" do que isso.

As preocupações dos estoicos

CUIDADO

De fato, não parece ter havido um forte consenso sobre o destino da alma, do eu ou do indivíduo consciente após a morte que fosse defendido por todos ou pela maioria dos estoicos nos tempos antigos. Eles concordavam que o eu era, ou basicamente tinha, uma centelha do divino dentro dele. Mas o que acontecia com essa centelha após a morte terrena era motivo de certa controvérsia. Será que o espírito (*pneuma*

— com "p" mudo) saía do corpo para flutuar até os céus e comungar com os deuses ou era, de algum modo, absorvido de volta à essência da divindade da qual havia saído? Será que uma fusão, como uma gota d'água no oceano, encerrou sua jornada na forma de uma consciência independente ou essa consciência específica continuaria, para sempre ou por muito tempo, pelo menos até a próxima conflagração do Universo? Mas por que a morte e o renascimento do Universo material afetariam a existência ou a continuidade de uma centelha de Logos, que se acreditava sobreviver intacta a qualquer conflagração como a força estruturante básica, fundamental e definitiva de tudo — em uma metáfora moderna, como um software de governo, que existe como um programa em um tipo de estado físico que poderia ser transferido e reinstalado em qualquer hardware cósmico pertinente?

Os estoicos não concordavam com isso. E não é nenhuma surpresa, pois onde estaria a evidência? No entanto, considerando os inúmeros detalhes cósmicos sobre os quais eles pareciam estar certos, embora estivessem longe de evidências decisivas, isso é um pouco estranho. Seria de se esperar que eles quisessem ser transparentes sobre a alma e seu futuro. Porém, muitas vezes, é verdade que o que está mais próximo de nós pode ser o mais desconcertante de tudo.

Em uma passagem, Marco Aurélio manifesta algumas preocupações essenciais sobre o assunto de maneira clara. Ele está nitidamente incomodado com essas questões e manifesta suas inquietações por meio de palavras que poderiam ser ouvidas em conversas no dormitório durante a noite inteira. Ele apresenta um argumento análogo que compara nosso corpo e nossa alma, e escreve o seguinte sobre a morte, usando uma imagem da alma se erguendo no ar após esse evento e deixando o corpo para trás:

> Se nossas almas sobrevivem, como o ar encontra espaço para todas desde o início dos tempos? E como a Terra provê lugar a todos os corpos enterrados nela desde os primórdios? Eles permanecem por um certo tempo e, depois, por meio da mudança e da decomposição, abrem espaço para outros. O mesmo se dá com as almas que habitam o ar: permanecem por um tempo e, em seguida, se transformam — difundem-se e inflamam-se em fogo, sendo absorvidas pelo Logos do qual todas as coisas provêm, e assim cedem lugar aos que chegam depois. (*Meditações* 4.21)

Nessa passagem, ele parece adotar o ponto de vista da "reabsorção no Logos". Mas isso ainda deixaria perguntas sem resposta sobre o estado contínuo e a consciência das almas ou partes divinas reintegradas em seu lar. Sem dúvida, podemos nos reencontrar com velhos amigos ou ser reintegrados em uma comunidade sem deixar de ser quem somos individualmente. No entanto, será que essa metáfora é válida? Marco Aurélio não apresenta uma conclusão específica.

Em *Fedro*, Platão representa Sócrates seguro de seu futuro após a execução, porém, mesmo assim, ele dá indícios da humildade intelectual que caracterizou toda a sua carreira filosófica, afirmando que sua sabedoria deve consistir em saber que ele não sabia muitas coisas essenciais e vitais que os outros alegavam saber. Ele poderia acreditar que a alma, nesta vida, está presa ao corpo e que sua libertação seria melhor sem defender, também, teorias específicas sobre a vida após a morte.

DICA

Os estudiosos têm divergido sobre o que exatamente Sócrates queria dizer ao descrever a filosofia como uma preparação para a morte. Talvez a filosofia acabe com as ilusões que nos levam ao apego excessivo a este mundo. Talvez ela nos ajude a descobrir os valores e os ideais necessários para ter uma vida boa, o que é uma preparação inicial e necessária para o que vem depois, para ter uma boa morte. A filosofia pode quebrar o transe hipnótico do mundo material e nos despertar para uma realidade maior e mais profunda. Mesmo nos ajudando a pensar com mais clareza e raciocinar com mais cautela, ela pode, em princípio, ajudar a inibir medos irracionais de qualquer coisa, inclusive da morte. Mas seja qual for o significado exato para Sócrates, os filósofos estoicos certamente adotaram essa visão à sua maneira. Eles acreditavam que a filosofia tem recursos de percepção suficientes para nos reconciliar com os altos e os baixos deste mundo, e até com nosso derradeiro fim mundano. Mas eles abordaram essa questão final de diferentes formas. Gostaríamos de criar um perfil e analisar algumas delas, observando o que os três principais estoicos romanos tinham a dizer. Mas, primeiro, falaremos um pouco sobre a competição.

Duas Tentativas Epicuristas para nos Tranquilizar

Outros filósofos bastante populares na Antiguidade, os epicureus, apresentaram dois argumentos muito conhecidos para tentar nos convencer de que não devemos temer a morte. Podemos chamá-los de "Argumento da Simetria" e "Argumento da Impossibilidade de Dano". O próprio Epicuro é mais conhecido pelo último, e seu seguidor Lucrécio pelo primeiro. Começaremos com a simetria. E devemos lembrar que os epicuristas acreditavam que a morte era a destruição do eu consciente; portanto, se puderem nos ajudar a aceitar até isso, que era o objetivo deles, estarão realizando algo impressionante.

Argumento da Simetria

O Argumento da Simetria é o seguinte: antes de seu nascimento, você não existia há muito tempo, talvez por um período infinito. Após sua morte, não existirá por um período muito longo, talvez infinito. Não faz sentido visualizar o longo período de tempo que existiu antes de seu nascimento sem você e sentir pânico, medo ou preocupação com essa inexistência. Portanto, como o futuro após sua morte é a imagem simétrica espelhada disso, também não faz sentido visualizar o período de tempo sem você após sua morte e sentir pânico, medo ou preocupação com essa inexistência. Próxima questão.

Espere. Será que as coisas são tão simples assim? Os epicuristas querem que sejamos razoáveis. Um período potencialmente infinito de não existência é o que é, independentemente de estarmos associados a ele no tempo. O que é apropriado como atitude em relação a ele não deve variar de uma época para outra, assim como não deve variar de um lugar para outro. Se os seres humanos devem temer a morte, então não importa se vivem em Paris ou Dallas. E não deveria importar se vivem no século I ou no século XXI. Da mesma maneira, você não deveria se importar com o fato de não existir após sua morte, já que não se importa com o fato de não existir antes de seu nascimento. Você está satisfeito com a última, a não existência antes da vida. Deveria estar igualmente bem com a inexistência pós-vida. A situação é igual em todos os aspectos relevantes; portanto, nossas atitudes em relação a cada período devem ser as mesmas.

Isso o convenceu? Não existe nenhuma distinção importante que os epicuristas não estejam percebendo? Será que eles tomaram muito vinho no jantar e se esqueceram de algo relevante para o problema? Afinal, você não estava por perto para contemplar sua extinção iminente antes do primeiro longo intervalo da ausência de si. Na verdade, agora você está por perto para contemplar a sua próxima extinção — se a morte for o que os epicuristas pensam que é, um "apagar das luzes" total. A inexistência anterior não era vista como uma grande reviravolta da sorte. Esta, sim. Você não poderia ter previsto sua inexistência anterior, pois não estava presente para isso. Você pode e deve prever a próxima atração. Portanto, as duas situações não são simétricas no fim das contas. Descritas de maneira suficientemente genérica, é claro que elas parecem ser. Mas quaisquer duas coisas podem parecer iguais se deixarmos de fora um número suficiente de detalhes relevantes. É o que se chama de argumento ilusório, que parece ser bom, mas na verdade não é.

Esse argumento pode ser comparado a outro igualmente ruim que está obviamente errado. Você não se incomoda quando um estranho do outro lado da cidade se machuca enquanto faz exercícios na academia. Portanto, não deveria incomodá-lo o fato de você se machucar na academia. Situações simétricas exigem respostas iguais. Mas também existe uma assimetria importante aqui, certo? Você está pessoalmente envolvido na situação.

LEMBRE-SE

É claro que é a versão de um argumento estoico comum: suponha que seu vaso favorito quebrou e você está chateado. Os estoicos apontarão que, se isso acontecesse com um estranho do outro lado da cidade, você não ficaria chateado; então eles dizem que você também não deveria ficar chateado. Um vaso quebrado é um vaso quebrado, não importa o local. Mas isso é bobagem. Em um caso, é o seu vaso especial e, no outro, não. É uma grande diferença e que faz diferença.

Algumas pessoas parecem acreditar que o Argumento da Simetria sobre a morte é convincente. Não há como explicar isso. Mas a maioria acha que é mais um truque, como uma mágica, e nada persuasivo. Inteligente, porém não. As pessoas que o apresentam como um argumento persuasivo tendem a fazê-lo de maneira muito confiante, mas a confiança não necessariamente acompanha a racionalidade ou a verdade. Estamos confiantes disso.

Argumento da Impossibilidade de Dano

O Argumento da Impossibilidade de Dano foi ainda mais amplamente discutido e fascina as pessoas desde sua primeira aparição. Não seria exagero dizer que é um dos argumentos breves mais interessantes e inteligentes já inventados. Esta é uma maneira de apresentá-lo:

1. Em qualquer momento de sua existência, sua morte não existe.
2. O que não existe não pode lhe causar dano.
3. Em qualquer momento da existência de sua morte, você não existe.
4. O que não existe não pode sofrer dano. Portanto:
5. É impossível que a morte lhe cause dano.
6. Faz sentido temer apenas as coisas que podem lhe causar dano. Portanto:
7. Não faz sentido temer a morte.

Esperamos que se sinta melhor agora. Porém, mais uma vez, talvez você se preocupe com a possibilidade de ter tirado um coelho da cartola. O mágico não desapareceu. A garota não foi serrada ao meio. Foi uma ilusão. E isso também é. Mas espere, o que há de errado com esse argumento? Ele apenas indica que todos os períodos que existem podem ser divididos em duas categorias: (A) os períodos em que a morte não pode lhe causar dano, devido a algo sobre ela; e (B) os períodos em que você não pode sofrer dano pela morte, devido a algo sobre você. Mas essas duas categorias se transformam em uma só: todos os períodos que já existiram, que agora você consegue ver, são períodos em que a morte não lhe causa nenhum dano. Portanto, não se preocupe, seja feliz.

CUIDADO

Às vezes, nos deparamos com um argumento que parece bom demais para ser verdade: parece provar o que se propõe a fazer, mas não podemos deixar de suspeitar que fomos enganados. Muitas vezes, é possível começar a testar nossa suspeita com criação de um argumento alternativo que seja obviamente absurdo para, talvez, ver por que nossa intuição rejeitou o primeiro. Em seguida, procuramos a causa com mais atenção, ou seja, onde as coisas deram errado no primeiro argumento, onde estava a armadilha.

Suponha que alguém defenda os limites de velocidade e as leis de uso de cinto de segurança, e diga que foram aprovadas para evitar acidentes fatais, mas não faz sentido você temer os danos causados por um acidente de carro fatal em que você morra, porque qualquer momento em que você existe é um momento em que esse acidente fatal não existe para você; e qualquer momento em que esse acidente fatal existe é um momento em que você não existe, portanto não há um período preenchido tanto por você quanto por um acidente fatal. E se vocês não podem ocupar o mesmo tempo, então não há momento em que tal coisa possa ser danosa a você. Portanto, limites de velocidade e leis de cinto de segurança não impedem o dano real por mais que tenham sido criados com o objetivo de evitá-lo.

Suponha, ainda, que alguém se manifeste contra acordos razoáveis sobre armas nucleares entre países e argumente que não faz sentido temer a destruição de toda a vida por meio de armas nucleares porque [aqui você pode preencher o espaço em branco]. É evidente que há algo errado nesses argumentos. Muitas pessoas sensatas concluirão que isso é suficiente para rejeitar a versão desse argumento oferecida por Epicuro. Desculpe, mas não estamos convencidos. Próximo.

DICA

Mas talvez possamos acrescentar que isso poderia muito bem corresponder ao Argumento da Simetria, em que o raciocínio parece funcionar em grande parte porque detalhes relevantes são deixados de fora. Considere, por exemplo, a linha 2 do argumento: "O que não existe não pode lhe causar dano." O argumento fala apenas sobre você e sua morte, como um estado de sua inexistência. Mas talvez haja outras coisas a considerar, como quaisquer coisas no mundo que existem enquanto você existe e que podem levar ou causar sua morte, como balas perdidas, carros, doenças, armas nucleares e assim por diante. Talvez essas coisas que compartilham a existência com você possam ser razoavelmente temidas por sua capacidade de matá-lo, porque levam a algo que seria muito danoso para o presente: um período interminável em que, devido a apenas uma delas, seus planos, projetos, perspectivas, experiências conscientes, relacionamentos amorosos e interesses não poderão mais existir e se manifestar como características positivas da realidade, com benefícios conscientes constantes para você. E se essas coisas podem ser razoavelmente temidas por causa daquilo a que conduzem, então aquilo a que conduzem também pode ser razoavelmente temido, uma vez que o dano dessas outras coisas deriva inteiramente do fato de que isso acontece. Nada é danoso por causa daquilo a que conduz, se conduz a algo bom ou neutro; só é danoso se conduz a algo realmente danoso.

Esse é apenas um exemplo de como dois argumentos epicuristas muito populares podem falhar. No entanto, a turma do outro lado da cidade, conhecida como estoicos, tinha os próprios argumentos de sucesso. Então iremos analisá-los a seguir.

Epicteto Contra o Medo da Morte

Os antigos estoicos consideravam a morte uma parte natural e necessária da vida. Mencionamos isso no capítulo sobre desejos (Capítulo 10); era uma ideia que circulava na época de que, dentre nossos muitos desejos, alguns são naturais e necessários, outros são naturais, porém desnecessários, e outros ainda não são nem naturais nem necessários. Os últimos deveriam ser evitados ou tratados com muita cautela; os da categoria intermediária eram aceitáveis; já a primeira categoria abrangia os desejos que mais deveriam ser aprovados. Portanto, a combinação de natural e necessário já estava em uma coluna positiva do pensamento humano e os estoicos tinham o objetivo de incluir a morte nessa coluna também, por mais diferente que fosse. Eles acreditavam que a morte é um processo natural e que todas as coisas no Universo estão sujeitas a ciclos de nascimento, crescimento e morte. Naturalmente, como os primeiros estoicos enfatizavam a importância de viver de acordo com a natureza e aceitar a ordem natural das coisas, eles faziam questão de ressaltar que isso inclui aceitar e até mesmo acolher o fato de que todos os seres vivos acabam morrendo.

DICA

Em vez de temer a morte, os estoicos incentivavam o bom uso dela. Consideravam a contemplação da própria mortalidade como uma forma de ganhar perspectiva para apreciar mais o momento presente. Eles acreditavam que, ao reconhecer a natureza transitória da vida, poderíamos desenvolver um sentimento maior de gratidão pelo que temos no presente, a plenitude da vida que desfrutamos no momento. Esse pensamento também pode nos ajudar com dois dos maiores problemas que enfrentamos: (1) a tentação constante e frequente de adiar as coisas, ou procrastinação; e (2) uma espécie de comportamento alheio, insensato e desatento no presente. Um senso aguçado da inevitável chegada da morte e, portanto, do tempo limitado que temos disponível pode ajudar a reduzir a força dessas tentações. A morte faz com que qualquer adiamento desnecessário pareça menos desejável. Sua realidade pode nos incentivar a agir enquanto é possível. Ela nos incentiva a desfrutar dos momentos de que dispomos. Existem até slogans para isso. A lembrança de nossa mortalidade, "*Memento Mori!*", pode nos incentivar a aproveitar ao máximo o dia de hoje: "*Carpe Diem!*".

LEMBRE-SE

Para os estoicos, os pontos finais que representam o nascimento e a morte, se bem avaliados e integrados ao nosso pensamento, podem nos proporcionar um senso vívido de nossa finitude ou das limitações do nosso tempo aqui, o que, se bem utilizado, pode ajudar a nos concentrar na importância de viver plenamente, com sabedoria e virtude, com excelência, e sentir a urgência de aproveitar ao máximo o tempo limitado que temos na Terra.

Muitos dos primeiros estoicos acreditavam na sobrevivência da alma após a morte do corpo, mas há menos detalhes de seu pensamento sobre isso do que gostaríamos. Porém, o acadêmico A. A. Long concluiu em seu livro *Hellenistic Philosophy*, que "nenhum estoico postulava a sobrevivência ilimitada ou a imortalidade" (p. 213n). Em seu minucioso estudo *The Stoics*, o falecido F. H. Sandbach escreveu o seguinte sobre a opinião deles a respeito da alma após a morte: "A psique, que era uma mistura de ar e fogo 'em tensão', se manteria unida por um tempo, contraída na forma esférica e elevada ao alto: as almas mais fracas se separariam primeiro e somente as dos sábios excepcionais persistiriam até serem finalmente apanhadas na conflagração que encerraria o ciclo do mundo" (p. 83). Diógenes Laércio nos disse: "Cleantes, de fato, sustenta que todas as almas continuam a existir até a grande conflagração", mas Crisipo diz que somente as almas dos sábios existem (*Vidas* 7.156–157). A morte flamejante do Universo que os antigos estoicos postulavam como o fim do atual ciclo cósmico e o nascimento do próximo seria definitivamente uma má notícia para nossas pobres almas, sábias ou não.

É claro que não existe uma lista simplificada de pontos de vista essenciais para ser um estoico, embora alguns fundamentos sejam bem claros. Talvez haja espaço para uma revisão adequada de sua física para permitir um pouco de platonismo ou cristianismo nessa questão da sobrevivência à morte. Um estoico filosófico moderno que tivesse esse tipo de simpatia poderia, de fato, argumentar que, como

Logos foi postulado para sobreviver à conflagração, esse Deus amoroso e racional poderia apoiar a sobrevivência das almas de uma forma ou de outra, se fosse o melhor para o bem geral. Mas isso é especulação, diferente das poucas evidências que temos sobre as visões estoicas clássicas.

Uma coisa que os primeiros professores estoicos tinham em comum sobre o tema da morte era o fato de concordarem entre si que a inevitável interrupção da vida terrena não deveria nos preocupar ou causar medo. Devemos antecipá-la com perfeita serenidade. O raciocínio que eles nos apresentaram sobre a morte tinha o objetivo de ajudar nesse sentido. Eles deram diversos argumentos para defender seu ponto de vista. Podemos começar utilizando o raciocínio de Epicteto.

O Argumento do Julgamento

No *Manual*, Epicteto apresenta este raciocínio:

> As pessoas não se perturbam pelas coisas em si, mas por seus julgamentos sobre as coisas. A morte, por exemplo, não é assustadora — caso contrário, Sócrates a teria temido. Não, o que assusta as pessoas é o julgamento que fazem da morte, de que é algo a temer. Por isso, sempre que formos obstruídos, perturbados ou aflitos, devemos culpar apenas a nós mesmos. (*Manual* 5a)

Qual é o argumento, afinal? Iremos considerar cuidadosamente a primeira frase desta passagem do *Manual*: "As pessoas não se perturbam pelas coisas, mas por seus julgamentos sobre as coisas." Muitos leitores modernos dos estoicos adoram essa afirmação e gostam de citá-la. E dá para entender por que, já que ela retira todas as ameaças do reino das coisas que não podemos controlar e as transfere para o reino mais seguro e manejável das coisas que podemos controlar. Não conseguimos controlar furacões, tornados, incêndios florestais, o desemprego e a morte, mas podemos controlar a maneira como pensamos sobre essas coisas. Podemos controlar nossos julgamentos. Portanto, se os perigos ou as ameaças reais não estiverem nessas coisas, mas apenas na forma como pensamos sobre elas, isso é ótimo, pois nos dá uma sensação de poder. É uma pena que isso não seja verdade, pois sem dúvida é um poder que adoraríamos ter. Mas não é tão fácil desarmar o mundo com palavras mágicas.

Entretanto, se Epicteto tivesse dito apenas: "As pessoas *geralmente* são atormentadas não pelas coisas, mas apenas por seus julgamentos das coisas", teríamos uma afirmação melhor. Isso se deve ao fato de que frequentemente sentimos medo de coisas que não representam perigos reais, projetamos nelas características assustadoras ou implicações aterrorizantes que elas não têm, nos atiramos nas sombras e, de modo geral, deveríamos nos acalmar. Mas isso não significa que estamos sempre errados, que os eventos externos nunca são capazes de nos causar dano ou medo. Para chegar a essa conclusão, seria necessário um argumento convincente e, é claro, em outro trecho, Epicteto experimenta tal argumento, buscando nos persuadir de que o único dano é o dano moral, ou seja, o dano com relação à esfera individual da virtude e do vício, prejudicando um e incentivando o outro. Sem dúvida, faz sentido ter medo de se tornar uma pessoa pior ou ser desviado do caminho de se tornar uma pessoa melhor. No entanto, qual é a validade do argumento de que essas coisas são as únicas que carregam objetivamente uma ameaça ou um perigo de causar dano?

As mordidas de animais podem causar ferimentos e dor intensa, assim como balas e bombas, acidentes de carro, quedas, tempestades e incêndios. As mesmas coisas podem causar a morte. Mas Epicteto quer que acreditemos que essas coisas nunca nos perturbam por si mesmas, que somente nossos julgamentos de que elas são prejudiciais o fazem. Mas e se nossos julgamentos forem verdadeiros? E se julgarmos que algo é perigoso e danoso exatamente porque é?

CUIDADO

Um estoico clássico classificará tudo o que diz respeito ao corpo físico como "indiferente" e, literalmente, nem bom nem ruim, uma vez que a saúde do corpo não é necessariamente e sempre uma vantagem para a virtude ou uma garantia de felicidade, e os problemas físicos não necessariamente e sempre causam dano em nossa virtude. Mas isso não implica que as coisas que causam dano ao corpo não possam ser vistas como objetivamente prejudiciais. Se a saúde, a integridade física e a ausência de dor intensa podem ser julgadas em geral, ou mesmo apenas em determinadas situações, como "indiferentes preferidos", algo que objetivamente ameaça tirá-las não é uma ameaça real, apesar de nossos julgamentos? É difícil entender qual resposta Epicteto daria a essa pergunta ou como ela poderia ser convincente.

Parece que Epicteto nos apresentou uma falsa dicotomia e não um verdadeiro argumento inicial. Porém, na mesma passagem, ele tenta outra abordagem ao dizer: "A morte, por exemplo, não é assustadora — caso contrário, Sócrates a teria temido." Nesse caso, em vez de nos levar a um argumento mais amplo sobre os indiferentes e sobre onde está o verdadeiro dano, ele nos dá o exemplo de um sábio professor venerado.

O argumento agora toma a seguinte forma: sem dúvida, se a morte fosse perigosa e temível, Sócrates a teria temido, mas ele não o fez, então não deve ser assim. No entanto, isso pressupõe que Sócrates teria tido todo o conhecimento suficiente sobre a morte para embasar a atitude correta em relação a ela, e ele fez carreira admitindo que não sabia muito sobre as coisas mais importantes, coisas que a maioria das pessoas injustificadamente supõe saber. Ele considerava que a própria sabedoria consistia centralmente em sua reconhecida ignorância. De fato, seu motivo para não temer a morte parecia estar mais alinhado a um argumento muito diferente, segundo o qual, para ser justificado temer algo, devemos saber ou acreditar razoavelmente que é prejudicial, e ele não achava estar na posição certa para saber o suficiente sobre a morte, a fim de atender a essa condição.

Presumir, como Epicteto aparentemente faz quando apresenta esse argumento, que se a morte fosse devidamente assustadora, Sócrates teria conhecimento suficiente sobre esse fato para ter medo dela é basicamente acreditar em algo que parece mentira. Por que Sócrates teria acesso especial a esse conhecimento, mesmo alegando com frequência que não tinha nenhum acesso especial, e que nós também não temos?

Se existe um bom argumento a ser apresentado com base no exemplo de Sócrates, não é o que começa com a alegação de que, se a morte fosse danosa ou devidamente assustadora, Sócrates saberia e teria medo dela. O raciocínio seria muito diferente do que ele próprio usou quando salientou que não faz sentido temer algo a menos que você saiba que é prejudicial, e não sabemos o suficiente sobre a morte para ter certeza disso. Talvez nem mesmo esse argumento seja totalmente convincente, porque é possível que não seja apenas o conhecimento do dano que justifique adequadamente o medo, mas uma incerteza sobre o assunto pode ser tudo o que é necessário quando os riscos são altos o suficiente.

LEMBRE-SE

A maioria das pessoas aceita que, em determinadas circunstâncias, a incerteza pode ser suficiente para justificar o medo. Nem Sócrates nem Epicteto refutam essa sugestão. Portanto, o Argumento do Julgamento não funciona. Mas espere, tem mais.

O Argumento da Evitação

Em outro momento, Epicteto tenta um argumento diferente, como se percebesse que precisa ser mais convincente. Ele diz:

> Quando a morte parece ruim, a ideia que precisamos ter em mente é que é apropriado evitarmos as coisas que são ruins, mas a morte é inevitável. (*Discursos* 1.27.7)

E, mais adiante, na mesma passagem:

> Não posso evitar a morte, mas não posso evitar ter medo dela? Sou obrigado a morrer lamentando e tremendo de medo? (ibidem)

Epicteto nos oferece aqui um princípio geral com o qual ele acredita que podemos concordar e, em seguida, uma aplicação desse princípio à morte. O princípio é o seguinte: "É apropriado que evitemos as coisas que são ruins." Em seguida, ele ressalta que não podemos evitar a morte por completo. Ele conclui que, como não pode ser evitada apropriadamente, a morte não deve ser ruim e, portanto, é errado temê-la. Posso evitar esse medo, mas não posso evitar a morte. É correto temer o que posso evitar, mas não o que não posso. Portanto, nos concentraremos em temer o medo em si e, como resultado, agiremos para evitá-lo, como costumamos fazer com um medo menor, como o de falar em público. É uma jogada muito inteligente de raciocínio, mas agora precisamos analisar o argumento com cuidado para ver se ele pode nos convencer corretamente. Caso contrário, devemos nos furtar do Argumento da Evitação em si.

Iremos expor o principal raciocínio da primeira citação em uma forma lógica mais transparente e incluir até algumas preocupações da segunda citação. Temos:

1. Se algo é ruim, então é apropriado que o evitemos.
2. Se algo é apropriado para ser evitado, deve ser evitável.
3. A morte não é evitável. Portanto:
4. Não é apropriado evitar a morte. Portanto, surpresa:
5. A morte não é algo ruim.
6. Se algo não é ruim, não é apropriado temê-la. Portanto,
7. Não é apropriado temer a morte.

Então, anime-se, diz Epicteto. Você não está feliz por termos esclarecido isso?

À primeira vista, parece muito bom. Temos um argumento em duas partes. A primeira é composta pelas linhas de 1 a 5 e busca estabelecer que a morte não é algo ruim; a segunda é composta pelas linhas de 5 a 7 e procura mostrar que não é correto temer a morte.

PAPO DE ESPECIALISTA

Para os leitores que são nerds em lógica: a primeira parte do argumento segue o princípio lógico universalmente aceito do *modus tollens* (*se p, então q; não q; portanto, não p*) e a segunda parte segue uma versão do igualmente elegante *modus ponens* (*se p, então q; p; portanto, q*). Mas você não precisa saber esses nomes, por mais úteis que possam ser para impressionar seus amigos.

Se analisar bem as linhas de 1 a 5, você verá que o raciocínio é persuasivo no sentido de que, se as premissas forem todas verdadeiras, as conclusões serão verdadeiras. Epicteto espera que você se impressione o suficiente para se retirar sem se preocupar mais com o argumento [...] ou a morte. E ainda há mais a ser explorado.

» **Eis uma falha já no início:** considere a primeira premissa ou linha 1. "Se algo é ruim, então é apropriado que o evitemos." Por que deveríamos aceitar essa afirmação central como verdadeira? Imagine que você seja alpinista e acabou de escorregar de uma parede rochosa íngreme, bem acima do fundo de um cânion. Você está despencando e, em instantes, se espatifará no chão. Você certamente pensaria que é uma coisa ruim, mas então se lembraria de que, se algo é ruim, é apropriado evitá-lo. Será que então você perceberia corretamente que, como não pode evitar a inevitável queda que está por vir, isso não deve ser, no fim das contas, uma coisa ruim? Com certeza não. Talvez a premissa, para ser verdadeira, precise ser reformulada para afirmar com mais cuidado: "Se algo é ruim, então é apropriado que *tentemos evitá-lo*." Assim que começar a perder o controle e escorregar, você certamente *tentará evitar* a queda, e pode de fato tentar; e será correto considerar essa queda como algo ruim.

» **Uma segunda questão:** faremos essa correção na primeira premissa e, por uma questão de uniformidade do argumento, precisaremos fazer essa correção também na linha 2, que passa a ser: "Se algo é apropriado para *tentar evitar*, deve ser evitável." Esse argumento pode ser muito bom, mesmo aplicado à morte, porque sempre que você vê um caminhão vindo em sua direção e pula para trás, tentando evitar a morte, pode descobrir que ela é de fato evitável naquele momento, como em muitas outras situações. Mas a próxima etapa, a linha 3 ("A morte não é evitável"), será falsa, pois, como acabamos de ver, é possível evitar a morte com frequência, já que a evitamos diariamente ao viver com cautela.

É evidente que, para o argumento funcionar, Epicteto precisa de outra alteração na segunda premissa e também na conclusão. A linha 2 deve ser: "Se algo é apropriado para *tentar evitar*, deve ser, *em última análise*, evitável." Então, para ser verdadeira, a linha 3 passará ser: "A morte não é evitável em última análise." E o argumento pode ser aceito. Mas espere. Por que deveríamos aceitar a nova versão da linha 2? Por que deveríamos aceitar a afirmação de que "se algo é apropriado para *tentar evitar*, deve ser evitável em última análise"? Portanto, isso mudou e agora parece ser falso. Acabamos de ver que é adequado tentar evitar a morte ao escalar uma rocha, ao atravessar a rua e em muitas outras situações. Se Epicteto quer que mudemos de ideia sobre isso apenas porque a morte não é, em última análise e para sempre, evitável, e então redefine o que fazemos ao escalar rochas e pular da frente de um caminhão como não "evitar a morte", mas como simplesmente adiá-la, é melhor que ele tenha uma boa justificativa, porque, em todas essas ocasiões, quando somos bem-sucedidos, parece que evitamos a morte com precisão, que, de outra forma, teria acontecido naquele momento.

Este é o argumento devidamente alterado para uma última análise:

a. Se algo é ruim, então é apropriado tentar evitá-lo.
b. Se é apropriado tentar evitar determinada coisa, ela deve ser evitável por completo.
c. A morte não é algo que pode ser evitado por completo. Portanto:
d. Não é apropriado tentar evitar a morte. Portanto:
e. A morte não é algo ruim.
f. Se algo não é ruim, não é apropriado temê-lo. Portanto,
g. Não é apropriado temer a morte.

Aprovaremos a linha a. Podemos aceitá-la nessa nova versão. Em sua nova versão, a linha c também parece boa. Mas a linha b agora parece falsa, pelo que acabamos de ver. É apropriado tentarmos evitar a morte hoje, amanhã e todos os dias que possível, mesmo que, em última análise, ela não possa ser evitada.

O problema com a linha b é quase insignificante demais para ser mencionado, mas faremos isso mesmo assim. Parece apropriado tentarmos evitar coisas que racionalmente acreditamos ser evitáveis, sendo elas evitáveis ou não. Quando você vê um caminhão vindo em sua direção, pode tentar evitá-lo de maneira apropriada, mesmo que seja literalmente tarde demais. Você só precisa pensar que tem uma chance ou esperar que tenha uma, mesmo que não tenha. Para acomodar isso, Epicteto precisaria mudar o final das linhas b e c, da expressão "evitável por completo" para a expressão alternativa "de modo que seja racional acreditar ou esperar que seja evitável por completo". Mas nem mesmo isso ajudará Epicteto. A frase reformulada seria falsa, como alguns bilionários do Vale do Silício demonstram atualmente em sua esperança e crença racionais e amplamente divulgadas, com base na tecnologia, de que encontrarão uma maneira de evitar a morte, fazendo upload de si mesmos para a nuvem, independentemente de conseguirem ou não. Nesse argumento em si, o fracasso não é "tal que seja racional acreditar ou esperar que seja evitável por completo". Desculpe.

LEMBRE-SE

Portanto, esse argumento de Epicteto é falho. Quando corrigimos trechos para que pareça verdadeiro, as alterações revelam que outro trecho é falso. Continuamos livres para temer a morte, se assim o desejarmos. Porém, muito provavelmente, não gostamos nem um pouco de sentir esse medo. Então continuaremos a busca por um bom argumento. Certamente há um.

O Argumento da Ignorância

Em outra parte de *Discursos*, Epicteto diz o seguinte:

> Tratamos a morte como algo de que devemos fugir, ao mesmo tempo em que somos descuidados, negligentes e despreocupados em emitir um juízo sobre ela. Sócrates estava certo ao chamar a morte e outras coisas de bichos-papões. As máscaras parecem assustadoras para as crianças pequenas e as assustam por causa de sua estranheza, e nós também somos afetados da mesma maneira pelos acontecimentos, exatamente pelo mesmo motivo que as crianças se assustam com as máscaras de bichos-papões [...] O que é a morte? Uma máscara de bicho-papão. Vire-a e você verá o que ela é. Veja! Agora ela não pode morder! Agora ou mais tarde, seu corpo está fadado a se separar de seu espírito, assim como foi separado antes. Se for agora, do que se queixar, já que, se não for agora, será mais tarde? (*Discursos* 2.1.14–17)

É claro que as últimas frases são uma alusão a argumentos anteriores, com todos os seus problemas. Se a morte é apenas uma máscara assustadora, então o que ela está cobrindo que não é nada assustador? A verdade deve ser que Epicteto está assumindo a visão estoica comum de que a morte é uma transição natural deste mundo para outro e que, por ser natural e decretada por um Deus benevolente, não deve ser ruim ou assustadora *se* a encararmos como ela é. No entanto, descrever a morte como uma "transição natural" é, mais uma vez, deixar de lado aspectos essenciais dela e equivale a uma falácia que não pode e não deve eliminar quaisquer preocupações ou medos que possamos ter em relação à morte.

Mas Epicteto pode ter algo muito mais simples em mente. Vemos apenas a aparência assustadora da morte. Não sabemos o que realmente está por trás da máscara. Não faz sentido sentir medo do desconhecido. Portanto, pare com isso.

LEMBRE-SE

No entanto, como mencionamos anteriormente, o medo do desconhecido em meio à incerteza e quando há muito em jogo talvez seja uma das formas mais comuns de medo. Parte da preocupação é que os problemas detectados já são ruins o suficiente, mas aqueles que nem sequer imaginamos podem ser piores. A preocupação ou o medo é que o desconhecido possa estar escondendo coisas muito piores do que imaginamos. Mas, novamente, Epicteto não convencerá a maioria das pessoas de que elas devem abandonar o medo diante da própria mortalidade. Esse não é o argumento que estávamos buscando. E tem mais.

O Argumento da Aceitação

Epicteto tem uma grande bagagem de macetes e parece estar sempre preparado com outra linha de raciocínio para ajudar a nos livrar de nossos medos. Ele continua a nos impressionar com suas novas ideias à espreita. No entanto, muitos argumentos não resolverão o problema sozinhos. Se você tenta carregar água com um balde furado, então ter dez baldes furados não necessariamente resolverá o problema. Precisamos de bons argumentos, não apenas de muitos.

CASOS E CAUSOS

Em uma passagem, Epicteto dá o exemplo de um homem que, de repente, fica sabendo que foi condenado à dura pena de exílio, mas que não terá que partir imediatamente. Ele recebe a notícia com aceitação e calma, chegando a sugerir ao mensageiro que eles fossem comer algo primeiro, já que é hora da refeição. Ele pode se exilar quando chegar a hora. Nosso guia estoico diz estas palavras de aceitação e, em seguida, reforça o exemplo:

> Isso é o que significa ter se preparado adequadamente, ter transformado o desejo em algo imune a impedimentos e aversões, imune a encontrar o que ele quer evitar. Estou condenado à morte. Se isso acontecer de imediato, eu morro. Se, após um pequeno atraso, eu comer primeiro, já que chegou a hora do almoço, morrerei mais tarde. Como? Como é próprio de quem está devolvendo o que não era seu. (*Discursos* 1.1.31-32)

O princípio-chave aqui é a aceitação do que não está sob nosso controle, que Epicteto gosta de definir como "não nosso". Ele diz mais adiante:

> Não faz sentido reivindicar o que não é seu. Tenha sempre em mente o que é e o que não é seu, então você será imune à ansiedade. (*Discursos* 2.6.8)

Aplique isso a uma ideia de imortalidade na Terra, uma vida sem morte, que não é nossa, pois não está em nosso poder, e você terá o Argumento da Aceitação. Você pode fazer algo a respeito do que é seu, pode agir; o que não é seu deve ser simplesmente aceito como é. É inútil ficar remoendo o que é. É inútil se preocupar com algo que não é propriamente nosso. No *Manual*, Epicteto diz:

> Em vez de desejar que as coisas aconteçam como você gostaria, deseje que aconteçam como de fato acontecem — e assim você estará em paz. (*Manual* 8)

A morte, embora excepcional em muitos aspectos, não deve ser uma exceção para um estoico. Deseje que sua morte aconteça quando e onde quer que ela aconteça, e você pode ficar satisfeito, pois, se esse desejo não pode ser frustrado, com o que se preocupar? Em outro trecho, ele diz:

> Então o que devemos fazer? Tirar o melhor proveito do que está a nosso alcance e aceitar tudo o mais como vier. E como isso acontece? Como Deus quiser. (*Discursos* 1.1.17)

Mas, então, surge uma objeção e ele a responde:

> "Mas ser enforcado é insuportável, não é?" — Exceto que, quando uma pessoa acha que é uma coisa razoável a se fazer, ela vai se enforcar. (*Discursos* 1.2.3)

O argumento parece ser de que, se a morte fosse intrinsecamente terrível e essencialmente temível, sobretudo se, como as pessoas a representam, fosse a pior coisa imaginável, então ninguém jamais a escolheria como uma opção lógica, o que é necessário ou o que escolher como uma saída situacional. Mas as pessoas às vezes o fazem, como no caso de doenças terríveis e incuráveis. Portanto, não se trata de uma exceção à regra, afinal. Não é nem bom nem ruim, apenas indiferente, na maioria das vezes racionalmente preferido, porém, em raras ocasiões, escolhido pela situação. Em ambos os casos, quando chega, como qualquer coisa intrinsecamente indiferente, deve ser aceita.

CUIDADO

Nesse trecho, Epicteto faz alusão a uma posição estoica controversa sobre o suicídio, a ideia da "Porta Aberta". O princípio é simples: é verdade que o mundo é difícil, mas nos foram dados os equipamentos necessários para lidar com ele, a razão e a virtude, as percepções e as técnicas de que precisamos. Se algum dia ele se tornar tão difícil a ponto de ser literalmente insuportável, há outro recurso que também nos foi fornecido pelo benevolente criador da natureza: a porta para sair está sempre aberta. Em outra passagem, Epicteto diz, de maneira metafórica e clara:

> Alguém deixou a casa cheia de fumaça? Se não estiver muito ruim, eu fico. Se estiver muito ruim, vou embora. O que você precisa recordar e ter em mente é o seguinte: A porta está aberta. (*Discursos* 1.25.18)

Essa é, obviamente, a porta do suicídio consciente. Mas os estoicos são inflexíveis ao dizer que não deve ser uma opção a ser escolhida rápida ou facilmente. Eles gostam de usar a analogia de um soldado em um posto difícil que deve ficar e lutar em quase todas as circunstâncias. Mas há raras situações extremas em que o general sinalizará uma ordem de retirada e, então, será apropriado deixar o posto. Epicteto, em outra passagem, diz o seguinte sobre abrir mão de seu corpo e deixar este mundo:

> Desde que eu não desista de maneira irracional, ou por fraqueza, ou por um motivo trivial. Novamente, isso não é o que Deus quer, porque Ele precisa que o Universo seja como é e que a Terra seja habitada por criaturas como nós. Mas, se ele fizer a ordem de retirada como fez com Sócrates, devo obedecê-lo como um soldado obedece ao seu comandante. (*Discursos* 1.29.29)

Sêneca acrescenta uma nota de advertência sobre a ideia da porta aberta em uma carta:

> Pois precisamos ser admoestados e fortalecidos em ambos os sentidos, não amar ou odiar a vida em demasia. Mesmo quando a razão nos aconselha a acabar com ela, tal impulso não deve ser adotado sem reflexão ou precipitadamente. O homem sóbrio e sábio não deve bater em retirada da vida, ele deve fazer uma saída conveniente. E acima de tudo, ele deve evitar a fraqueza que tomou posse de tantos, o desejo da morte. (*Cartas* 24, 24–25)

O que Epicteto quer dizer em relação ao medo da morte é que, se a escolha dessa porta aberta pode ser racional, se pode ser preferível escolher a morte a outra opção, então a morte não é essencialmente ruim ou a pior coisa possível, mas, em raras ocasiões, pode ser a escolha preferida.

Nosso guia então tranquiliza seus alunos, com um final de hipérbole típica:

> O tempo de sua estada aqui é curto e fácil de suportar para pessoas com suas convicções. Que tirano, ladrão ou lei pode causar medo naqueles que consideram o corpo e suas posses sem importância? (*Discursos* 1.9.17)

Quando algo é prejudicado, destruído ou levado embora e não tem importância real, aceitamos o que aconteceu. E não tememos isso com antecedência. O filósofo acredita que devemos aplicar esse mesmo princípio à vida e à morte:

> Se um homem se esforçar para inclinar sua mente para essas coisas e se persuadir a aceitar por si mesmo o que necessariamente deve acontecer com ele, terá uma vida muito razoável e harmoniosa. (*Fragmentos* 8)

CASOS E CAUSOS

Mais uma citação, e bem longa, porque é muito boa. Epicteto começa pedindo a seus alunos que se imaginem entrando em um barco para uma viagem e, em seguida, passa instantaneamente para a primeira pessoa, colocando-se no lugar deles e dizendo o que ele gostaria que eles dissessem ou pensassem:

> Suponha que você esteja saindo para uma viagem. O que está ao meu alcance fazer? Escolher o capitão e a tripulação, bem como o dia e a hora da partida. Então uma tempestade cai sobre nós. Por que isso deveria ser uma preocupação minha? Já fiz tudo o que podia. Lidar com a tempestade é assunto de outra pessoa, do capitão. Mas agora o barco está começando a afundar. O que posso fazer? Tudo o que posso fazer é fazer o que posso. Então, eu me afogo sem medo, sem gritar, sem amaldiçoar Deus, sabendo que tudo o que nasce está fadado a morrer. Não sou uma forma de vida eterna, mas um ser humano, uma parte do Universo como uma hora é parte de um dia. Em uma hora, estou presente, depois passo. Então que diferença faz para mim como eu morro, se por afogamento ou febre? De qualquer forma, alguma coisa vai fazer com que eu morra. (*Discursos* 2.5.10–14)

DICA

A ideia é simples. Só existe uma resposta racional a algo que é natural e necessário e, portanto, inevitável, que é a aceitação emocional. Essa, sem dúvida, pode ser sua frase mais convincente.

Marco Aurélio se Pronuncia sobre a Morte

Epicteto pode ter as maiores considerações e até argumentos contra o medo da morte. Mas Marco Aurélio pode ter dedicado mais tempo e energia mental se debatendo com essa questão. Ela aparece com frequência em seus diários. Ele não consegue se livrar dela. Por causa disso, ele é um bom exemplo para a maioria de nós, que podemos estar na mesma situação. Por mais que tentemos, não conseguimos deixar a questão de lado. Ela nos incomoda. Ela não vai embora.

O Argumento da Similaridade

Marco Aurélio aparentemente refletia muito sobre como a vida pode ser curta. Ele perdera muitos filhos ainda jovens. Estava sempre rodeado de soldados que morriam no auge da vida ou ainda antes, tentando defender Roma. Ele sofria de doenças crônicas e não podia ter certeza da própria longevidade. E nós o vemos escrevendo notas para si mesmo como esta durante uma campanha militar:

> Mesmo que você vá viver por mais 3 mil anos — ou 10 vezes mais — lembre-se: você não pode perder outra vida senão a que está vivendo agora, nem viver

outra além da que está perdendo. Seja a vida de um homem longa ou breve, no fim dá no mesmo. O presente é o mesmo para todos, e deve estar claro que tudo o que se perde é apenas um breve instante. Visto que não se pode perder nem o passado nem o futuro, como poderia você perder aquilo que não possui? (*Meditações* 2.14)

É uma passagem interessante e intrigante de diferentes maneiras. O imperador tenta se assegurar de que não importa se ele tem uma vida longa ou curta, não importa, pois no fim das contas é a mesma coisa. Suponha que ele seja morto muito antes de morrer com uma idade avançada. De qualquer forma, ele não deve se preocupar com o que poderia ter sido, pois ninguém pode viver uma vida diferente da que lhe foi dada.

CUIDADO

E com relação à duração dessa vida, se ele morre com uma idade ou outra, em um momento ou outro, Marco Aurélio diz a si mesmo que perde apenas um breve instante. Mas que instante é esse? É o último que ele vive como uma alma consciente, ou mesmo inconsciente, conectada a um corpo na Terra? Mas como esse instante é perdido se ele de fato foi vivido? Será que ele perde apenas o próximo instante que virá, o primeiro momento de sua morte que, de outra forma, poderia ter sido um momento de sua vida? Em caso afirmativo, por que apenas esse momento é perdido, e não todos aqueles além deste que também teriam ou poderiam ter sido vividos? Se um homem pode perder apenas o que tem e se ninguém tem o passado ou o futuro, então como ele pode perder até mesmo esse único instante, o primeiro e o próximo *no futuro* que ele teria tido, mas que, como as coisas são, não terá? É uma passagem intrigante. No entanto, de certa forma, podemos entender o que Marco Aurélio tenta dizer. Se você morrerá em algum momento, não deve se preocupar tanto com quando. Um momento é um momento. É tudo a mesma coisa. Mas será? Será que é tudo a mesma coisa? Pode não ser a mesma coisa para o sujeito que sobrevive à batalha que matou o homem que estava ao seu lado e, tendo sobrevivido, continua a desfrutar de mais quarenta anos de uma vida feliz e significativa. Pergunte a ele: "Teria sido a mesma coisa se você tivesse morrido naquele dia na batalha?" Ele diria que não. E quem é o filósofo para discordar?

Em outra passagem, Marco Aurélio escreve:

Suponha que um deus anunciasse que você vai morrer amanhã "ou no dia seguinte". A menos que fosse um completo covarde, você não faria alarde sobre qual dos dias seria. Que diferença isso faria? Agora perceba que a diferença entre morrer daqui a alguns anos e morrer amanhã é muito pequena. (*Meditações* 4.47)

É como se ele estivesse dizendo a si mesmo novamente que é a mesma coisa morrer mais cedo ou mais tarde; isso não importa, ou não deveria importar, e não deveria existir preocupação ou medo de que a morte seja iminente e não mais distante do momento presente. Em uma escala cósmica de bilhões de anos, talvez não pareça haver uma grande diferença entre amanhã e daqui a quarenta anos. Porém, para o homem ou a mulher que recebe esses dias e anos extras e os utiliza bem, nem tudo é a mesma coisa. O argumento parece depender de uma falácia que já observamos anteriormente: se você deixar de lado detalhes relevantes suficientes, praticamente duas coisas podem parecer iguais. Feche os olhos, distancie-se, e duas coisas muito diferentes podem parecer iguais, mas elas não são a mesma coisa.

É claro que não é o tipo de argumento lógico detalhado e de múltiplas etapas que Epicteto estava disposto a criar para chegar à conclusão de que a morte não deve ser temida. Em primeiro lugar, essas reflexões são mais sobre o momento da morte e a relativa brevidade da vida. São sobre um fim abrupto que, quando chega, atinge todos completamente, afetando cada pessoa naquele momento de uma maneira que é, em um sentido amplo, a mesma. É o fim absoluto, não importa a distância em anos ou dias do início do tempo dessa alma no mundo. Talvez Marco Aurélio pense que o que importa é "o quê", não "quando".

E quanto a "o quê"? Como ele nos aconselharia? Quando Marco Aurélio se aproxima do próprio fim e se aproxima do final de seu diário, ele escreve mais tarde:

> A morte não assusta o homem que chama de bom tudo o que acontece a seu tempo, que se importa mais em agir de forma racional do que em agir muitas vezes, e para quem não faz diferença se sua contemplação deste mundo é longa ou breve. (*Meditações* 12:35)

DICA

A adequação e a racionalidade são fundamentais de uma maneira que a simples duração não é. Quando permitimos o surgimento de ansiedades, preocupações ou medos em relação à duração, ele parece insinuar que estamos pensando e nos concentrando nas coisas erradas. Ou, para inverter a questão, quando estivermos pensando nas coisas certas, bem concentrados e orientados de maneira adequada na vida, não teremos preocupações ou medos em relação à nossa duração nesta vida, à duração de nossa estada. Você concorda?

O Argumento Natural e Libertador

Em uma bela passagem em que reflete sobre a própria morte futura, quando quer que ela chegue, Marco Aurélio diz a si mesmo:

> Você embarcou, içou as velas, fez a travessia. É hora de desembarcar. Se for para outra vida, tudo bem. Lá também não há lugar sem deuses. Se for para o nada, então será libertado da tirania da dor e do prazer, e do cativeiro da sua casca terrena — o corpo —, que vale tão menos do que aquilo que o serve. (*Meditações* 3.3)

É tão natural sair do barco desta vida como foi entrar nele para uma viagem como esta. Independentemente do que virá depois, nenhum mal terrível lhe acontecerá. Ou os deuses racionais e benevolentes que existem aqui serão encontrados lá também e, nesse caso, você terá uma nova existência em um reino fundamentalmente racional e bom, possivelmente com os próprios desafios que você poderá enfrentar, assim como fez com os que enfrentou aqui; ou, então, simplesmente não há nada por vir que comporte dificuldades ou dor. Em ambos os casos, não há nada a temer.

Esse raciocínio parece refletir de modo interessante alguns aspectos do mais célebre argumento epicurista sobre o mal, mas com deuses bons e racionais como reforço. Em todo caso, nenhum mal terrível nos espera do outro lado. Isso deveria ser suficiente para dissipar as preocupações. Mas será que é?

Marco Aurélio continua lembrando a si mesmo que a morte é tão natural quanto qualquer outra coisa. Em outra passagem, ele escreve o seguinte para se lembrar do contexto geral da morte e de seu melhor papel na história:

> Em resumo, convém considerar sempre as coisas humanas como efêmeras e de escasso valor: e ontem um pouco de ranho, amanhã corpo embalsamado ou cinza. Percorre, portanto, esse curto período de tempo em harmonia com a natureza e encerra teus dias serenamente a imitar uma azeitona que cai quando madura, a louvar a terra que a fez nascer e a agradecer à árvore que a produziu. (*Meditações* 4.48)

LEMBRE-SE

Lembre-se da visão dos primeiros estoicos. Qual é nosso objetivo? Viver de acordo com a natureza. Viver de maneira coerente com quem somos e com o lugar onde estamos. Uma azeitona tem a mesma função. Ela cresce, amadurece e cai, de acordo com a natureza mais ampla e abrangente, e com a própria natureza reduzida. O mesmo deve acontecer conosco.

Mais uma vez, a morte é absolutamente natural, outra parte da vida na natureza, que apoiou aqueles que vieram antes de nós, bem como nossa jornada até agora. Marco Aurélio continua retornando a esse ponto e escreve:

> Caminho por aquilo que é natural, até que chegue o momento de me deitar e descansar, de confiar meu último suspiro à fonte da semente de meu pai, do sangue de minha mãe, do leite da ama, do alimento e da bebida que me sustentaram ao longo de todos esses anos — àquilo que sustenta meus passos e tudo o que faço com ele, os tantos usos. (*Meditações* 5.4)

Em meio a esse imenso e sólido lar da natureza, em nosso ambiente cósmico sustentador, formado e guiado por um Logos racional e bom, a morte parece ser parte universal e inexorável. Será que iremos tratá-la de maneira diferente de tudo o mais? Será que somente ela nos causará terror e profunda ansiedade? O que justificaria o fato de destacarmos essa parte do ciclo natural de tal forma e a tratarmos como se fosse inimiga de quem e do que somos, diferente de tudo o mais?

O imperador sempre reflete sobre as pessoas grandiosas que o antecederam e cujos nomes permanecem vivos após sua morte. Em determinado momento, ele diz a si mesmo:

> Não tema a morte, mas acolha-a. Ela também é uma das coisas requeridas pela natureza. A natureza a envia, assim como tudo o mais — como o crescimento e a maturidade, como os primeiros dentes, a barba e os fios grisalhos. Como o sexo, a gravidez e o parto. Como todas as outras transformações físicas em cada fase da vida, nossa dissolução não é diferente. É assim, portanto, que uma pessoa refletida deve aguardar a morte: não com descuido, nem com pressa, nem com desprezo, mas simplesmente como mais um processo natural. Assim como você aguarda o momento em que a criança sai do ventre da mãe, é assim também que deve aguardar a hora em que sua alma sairá de seu invólucro. (*Meditações* 9.3)

DICA

A vida é cheia de começos e fins. A morte é, sem dúvida, um dos últimos. Talvez também seja um dos primeiros. Independentemente disso, a morte é natural e deve ser aceita como tal. Alguns estoicos diriam que ela deve ser acolhida e até amada. Será que é possível? Conseguimos ir tão longe? Você consegue?

Para Marco Aurélio, a morte não é somente natural e deve ser aceita como tal, ela também é libertadora. Mais adiante, na passagem que acabamos de citar, ele escreve este lembrete:

> Ou talvez você precise de algum aforismo conciso para guardar no fundo da mente. Pois bem, considere duas coisas que devem reconciliá-lo com a morte: a natureza das coisas que você deixará para trás — e o tipo de pessoa com o qual não terá mais de se envolver. (*Meditações* 9.3)

É difícil não esboçar um sorriso com isso. Na mesma passagem ele continua:

> Mas agora? Veja como tudo isso é exaustivo! Esse caos em que todos vivemos. Dá vontade de dizer à morte: "Venha depressa, antes que eu comece a me esquecer de mim mesmo, como eles." (ibidem)

É possível perceber que, como a maioria das pessoas hoje, o trabalho desse líder envolvia aspectos desagradáveis e pessoas iguais. Ele escreve:

> Pare por um momento o que estiver fazendo e pergunte a si mesmo: tenho medo da morte porque não poderei mais fazer isso? (*Meditações* 10.29)

Mais uma vez, se ele pensa em guerra, em algum desafio relacionado à liderança ou em um problema pessoal, sua honestidade é cativante. Ele tenta colocar a morte em uma perspectiva que diminua sua dor. Ela é natural, acontece com todos, é necessária e, de fato, libertadora. Porém, há mais.

O Argumento da Mudança Habitual

Vivemos em um Universo de mudanças constantes. Heráclito sabia disso. Os primeiros estoicos também. Eles inclusive celebravam esse fato. Mas outros filósofos do Ocidente pareceram se esquecer disso por muito tempo, encarando a substância sólida como o bloco de construção do mundo e a mudança como secundária. A física moderna parece retomar a visão mais antiga de que o fluxo está na base de tudo. Marco Aurélio certamente considerava que tudo estava sempre em um estado de transição. Essa era sua perspectiva geral para nossa morte. Ele aconselha a si mesmo com as seguintes palavras:

> Pense em todas elas — as ondas de mudança e transformação, quebrando sem fim. E enxergue a nossa breve mortalidade pelo que ela realmente é. (*Meditações* 9.28)

Nesse caso, ele estava compartilhando uma visão com Epicteto, cujos discursos haviam chegado até ele por escrito e o haviam impressionado. O filósofo mais velho imaginou alguém lamentando a própria morte iminente e, em seguida, a própria reação dele:

> "Mas agora é hora de morrer." Por que dizer "morrer"? Não faça uma exposição trágica do assunto, apenas fale sobre ele como ele é: Agora é hora de o material do qual você é constituído ser restituído aos elementos de onde veio. E o que há de terrível nisso? (*Discursos* 4.7.15–16)

Em outra passagem, Epicteto diz:

> Por que a morte existe? Para a perpetuação cíclica do Universo. O Universo precisa não apenas das coisas que existem atualmente nele, mas também das que estão por vir e das que já existiram e se foram. (*Discursos* 2.1.18)

Marco Aurélio retoma isso e escreve:

> Você funcionou como parte de algo — e desaparecerá naquilo que o formou. Ou será restituído ao Logos de onde todas as coisas surgem, pela via da transformação. (*Meditações* 4.14)

Ele já havia dado um exemplo a si mesmo:

> Alexandre, o Grande, e o condutor de sua mula morreram — e a mesma coisa aconteceu com ambos. Foram igualmente absorvidos pela força vital do mundo ou igualmente dissolvidos em átomos. (*Meditações* 6.24)

Tanto o grande homem quanto seu servo vieram da força vital e ambos retornaram para lá em uma transição natural. E todas as coisas em que mais pensamos, como quem é o imperador e quem é o condutor da mula, todas as categorias de hierarquia e status, de trabalho e riqueza, desaparecem quando todos retornam à fonte.

LEMBRE-SE

O mundo está repleto de mudanças e transformações. Tudo está em transição, e o fluxo une as coisas na grande dança da existência. Todos já enfrentamos muitas transições antes, finais e começos, e podemos enfrentar a chamada morte, porque cada uma delas foi uma preparação. O imperador escreve:

> Quando cessamos uma atividade, ou seguimos um pensamento até o fim, isso é uma forma de morte. E isso não nos faz mal. Pense na sua vida: infância, adolescência, juventude, velhice — cada transformação foi uma espécie de morrer. E isso foi tão terrível assim? Pense na vida com seu avô, sua mãe, seu pai adotivo. Perceba quantas mortes, transformações e fins já houve — e pergunte a si mesmo: isso foi tão terrível? Então o encerramento da sua vida também não será — apenas mais um fim e mais uma transformação. (*Meditações* 9.21)

É provável que Marco Aurélio tenha adorado o que seu colega estoico Sêneca escreveu um dia para seu amigo Lucílio sobre a morte, quando disse:

> Aquele dia que você teme como sendo o fim de todas as coisas, é o nascimento de sua eternidade. (*Cartas* 102, 26)

DICA

A morte é simplesmente outra transição, outra mudança natural, em um mundo de transições e mudanças. Por que deveríamos nos concentrar nela com terror ou ansiedade? Ou é algo ou é nada. E Marco Aurélio está convencido disso: Se é algo, é algo bom, já que o mesmo Logos está no comando. Se não é nada, então não é nada ruim, provavelmente pelo mesmo motivo. Portanto, podemos nos acalmar, relaxar um pouco e aceitar o fato com certa tranquilidade. Afinal de contas, metade da sabedoria é perspectiva. Marco Aurélio parece ter uma percepção intuitiva disso e, assim, em vez de nos dar argumentos lógicos de múltiplas etapas, ele nos apresenta lembretes e perspectivas, um novo quadro para o que nos incomoda, de modo que possamos enxergá-lo novamente com nossas sensibilidades talvez transformadas, que demonstram, à sua maneira, a importância das transformações e das transições no reino do real.

Em seu último registro no diário, antes do seu último suspiro, Marco Aurélio escreve para si mesmo:

> Você viveu como cidadão em uma grande cidade. Cinco anos ou cem — qual a diferença? [...] E ser convidado a partir, não por um tirano ou por um juiz corrupto, mas pela própria Natureza, que primeiro o convidou a entrar — por que isso seria tão terrível? Como o empresário que abaixa a cortina sobre o ator:

"Mas eu só representei três atos!" Sim. Esta será uma peça em três atos, com a duração fixada pelo poder que dirigiu sua criação — e agora dirige sua dissolução. Nenhum dos dois estava sob seu controle. Então, faça sua saída com graça — com a mesma graça que lhe foi concedida. (*Meditações* 12.36)

Os estoicos estavam certos ao pensar que, às vezes, não há maior inspiração para nós do que o exemplo de uma pessoa boa, buscando viver a sabedoria e a virtude de que todos precisamos. As poderosas palavras desse homem a si mesmo podem causar um efeito incomparável a qualquer argumento ou tratado sistemático.

O Argumento de Sêneca sobre Quantidade ou Qualidade

Sêneca escreveu um ensaio incrível chamado "Sobre a Brevidade da Vida". Sua principal mensagem era que a vida é longa o suficiente se você sabe como aproveitá-la bem. Esse é um poderoso lembrete de que todos precisamos atualmente. Ele também escreveu para seu amigo Lucílio sobre esses assuntos, sobre a vida e a morte, e nossas atitudes apropriadas em relação a cada uma delas. Vemos nessas cartas diversos princípios e argumentos para nos reconciliar com o inevitável. Vejamos alguns deles.

Mais uma vez, a sabedoria estoica costuma ser uma questão de perspectiva. Sêneca escreve a seu amigo:

> Devemos nos esforçar não para viver longamente, mas para viver corretamente — pois para uma vida longa basta o destino, mas para uma vida reta é preciso a alma. A vida é longa o suficiente se for uma vida plena. Mas a plenitude só é alcançada quando a alma se concede o bem que lhe é próprio, quando assume o controle de si mesma. Que proveito teve esse homem idoso dos oitenta anos que passou na ociosidade? Alguém assim não viveu — apenas permaneceu por um tempo entre os anos. Limitou-se a morrer devagar. (*Cartas* 93, 3–4)

Também veremos em Sêneca a visão estoica padrão de que não devemos temer a morte; porém ele também enfatiza que devemos nos esforçar para não abandonar a vida até que tenhamos exercido tal controle sobre nós mesmos a ponto de alcançar a sabedoria e a virtude necessárias para vivenciar o motivo pelo qual estamos aqui: alcançar a plenitude da vida. Vejamos um exemplo visual. Imagine-se olhando para uma linha do tempo dos séculos passado e deste, talvez inserida no contexto de épocas passadas e futuras. Qual será a largura ou o comprimento da sua linha de vida pessoal ao longo da página? Sêneca escreve:

> Por favor, vamos nos certificar, meu querido Lucílio, de que nossas vidas, como joias de grande preço, sejam dignas de nota, não por seu tamanho, mas por sua qualidade. Deixe-nos medi-la pelo desempenho dela, não pela duração dela. (*Cartas* 93, 4)

Em um de seus ensaios sobre paz interior, ele escreve esta passagem extraordinária:

> O sábio não precisa andar timidamente e tatear seu caminho. Ele é tão seguro de si que não hesita em enfrentar a Fortuna e nunca cederá terreno a ela. Ele não tem nada que o faça temê-la, pois considera não apenas suas coisas, propriedades e posição, mas até mesmo seu corpo, olhos e mãos, tudo o que um homem preza na vida, até a própria identidade, como posses temporárias, e vive como se estivesse emprestado a si mesmo e está pronto para devolver toda a soma alegremente quando solicitado. Mas o fato de saber que ele não pertence a si mesmo não o desvaloriza aos próprios olhos. Ele cumpre todos os deveres tão diligentemente e bem quanto um homem devoto e santo guarda qualquer propriedade a ele confiada. Quando chegar a hora de devolver essas coisas, ele não discutirá com a Fortuna, mas dirá: "Sou grato pelo que tenho guardado e desfrutado. A gestão que fiz de sua propriedade lhe rendeu dividendos, mas, quando você me ordena que a devolva, eu o faço e me retiro com alegria e gratidão". (*Sobre a Tranquilidade* 11)

Mais adiante, na mesma passagem:

> Que dificuldade há em voltar de onde você veio? Um homem viverá mal se não souber como morrer bem. (ibidem)

Na verdade, Sêneca, em determinado momento, elimina a diferença gritante entre viver e morrer, dando ao amigo o exemplo de um antigo instrumento de marcação do tempo:

> Lembro-me de um dia que você estava lidando com o conhecido, que não caímos mortos de repente, mas que avançamos para a morte em passos lentos, morremos todos os dias. Porque cada dia um pouco de nossa vida nos é tirada, mesmo quando estamos crescendo, nossa vida está em declínio. Perdemos nossa infância, nossa adolescência e nossa juventude. Contando até ontem, todo o tempo passado é tempo perdido. O próprio dia que passamos agora é compartilhado entre nós e a morte. Não é a última gota que esvazia o relógio de água, mas tudo o que anteriormente fluiu, da mesma forma, a hora final em que deixamos de existir não provoca por si só a morte, ela apenas completa o processo de morte. Chegamos à morte naquele momento, mas há muito tempo estamos a caminho. (*Cartas* 24, 19–20)

E Sêneca não tem uma visão clara ou certa do que vem depois. Ele diz:

alternativa de um Universo achatado pela entropia da morte causada pelo calor terá o mesmo resultado de extinção para todos. Portanto, nesta fase da vida, ou na existência que temos neste Universo, a morte é inevitável. Então para que serve a preocupação? Para que serve? Qual função terá o medo? Não é como se as atitudes negativas nos dessem o estado de alerta, o foco e a criatividade para descobrir uma estratégia de evasão. E nada mais de positivo parece resultar disso. Talvez a morte seja uma fatalidade inevitável, justamente para nos habituar a uma forma definitiva de aceitação. Se aprendermos a aceitar esse grande mistério que se aproxima, então poderemos aprender a aceitar e a ser corajosos diante de todos os outros desafios menos importantes da vida. Esse é o problema com as perspectivas estoicas, assim como com as adversidades ou os desafios e, por falar nisso, com as oportunidades: depende de nós como as usamos. E quando aprendemos a usá-las bem, talvez tudo fique bem.

Em *Fragmentos*, Epicteto diz:

> Se um homem se esforçar para direcionar sua mente para essas coisas e se convencer a aceitar por si mesmo o que necessariamente deve acontecer com ele, terá uma vida muito equilibrada e harmoniosa. (*Fragmentos* 8)

LEMBRE-SE

O filósofo e autor popular contemporâneo Brian Johnson gosta de falar sobre passar da teoria à prática e à maestria. Talvez uma atitude estoica adequada em relação à morte seja, no fim das contas, mais do que uma questão de teoria e argumentação, mas de habituação, do que Sêneca chama de prática, um modo de pensar, sentir e agir que é cultivado ao longo do tempo, talvez com dificuldade por um tempo, mas depois com mais facilidade à medida que os hábitos se estabelecem e se tornam parte de nós. O resultado será a maestria, que envolve nossas crenças, atitudes e emoções em um estado muito elevado e estável, pronto para nos ajudar a viver da melhor forma possível em cada momento. Os estoicos esperam nos colocar nesse caminho, mas não podem prometer que nos conduzirão por todo o percurso que precisamos percorrer. Isso dependerá em grande parte de nós, como deve ser, do ponto de vista estoico.

5 Virtudes Estoicas

NESTA PARTE...

Reflita sobre as quatro virtudes-mestras, que são tão importantes no pensamento antigo e no mundo atual.

Aprenda a ser mais resiliente emocionalmente e a viver em paz em um mundo turbulento.

NESTE CAPÍTULO

» **Entendendo a natureza da virtude**

» **Compreendendo a visão estoica de virtude**

» **Identificando as virtudes cardeais**

Capítulo 17

Virtudes-mestras

Os estoicos acreditavam, assim como muitos outros filósofos antigos, que existem virtudes-mestras e que, se você conseguir dominá-las, estará no caminho certo para ter a melhor vida possível. Conforme vimos no Capítulo 8, eles estavam convencidos de que a virtude como um todo é a meta ou o "fim definitivo" da vida humana, uma visão que havia sido apresentada por seus antecessores, os cínicos, e que ecoava com clareza os ensinamentos morais de Sócrates.

Para os estoicos, a virtude não é só um bem ou mesmo o bem mais elevado, é o único bem verdadeiro. É a essência e o fim da existência humana. Aqueles com virtude têm sabedoria e felicidade perfeitas, e têm uma vida abençoada semelhante à dos deuses. Aqueles que não têm virtude são infelizes e perversos, e até "loucos", de acordo com alguns estoicos mais antigos. Neste capítulo, exploraremos mais a fundo a visão estoica da virtude. O que é virtude exatamente? Como os estoicos pensavam sobre ela? Quais virtudes eles consideravam mais importantes e por quê? Começaremos nos debruçando sobre a noção de virtude, que soa um tanto antiquada.

A Natureza da Virtude

Um dos grandes obstáculos para explicar o estoicismo atualmente advém da ideia central e de suma importância da virtude. Como mencionado no Capítulo 8, para os ouvidos modernos, falar de virtude remete ao pudor vitoriano e a um tipo de rigidez moral. Essas conotações são totalmente alheias ao estoicismo. Conforme vimos anteriormente, Zenão e Crisipo defendiam o incesto, "uma comunidade de esposas", sexo com qualquer adolescente que quisesse, e argumentavam de maneira pouco prática que, em um estado ideal, ninguém usaria roupas que escondessem totalmente qualquer parte do corpo (Long e Sedley, *The Hellenistic Philosophers*, seção 67). Em geral, os primeiros estoicos antigos estavam longe de ser puritanos e tendiam a um extremo oposto e mais cínico.

Aretê ou excelência

Conforme explicado anteriormente, a palavra "virtude" é derivada da palavra latina *virtus*, que foi usada para traduzir a palavra grega *aretê*, que significa "excelência". Portanto, quando os antigos estoicos falavam de virtude, eles não estavam pensando em noções modernas de castidade, bons hábitos e coisas do gênero, mas no que significa ser um ser humano excelente tendo uma vida excelente. Para entender o ensinamento estoico sobre virtude, precisamos entender o que os gregos, de modo geral, queriam dizer com *aretê*.

CUIDADO

De acordo com a explicação do acadêmico clássico Tad Brennan, os gregos falavam de *aretê* (excelência) de três maneiras diferentes, porém relacionadas. Uma delas se aplica a qualquer coisa que possa ter qualquer tipo de excelência distinta ou boa qualidade. Por isso, Sócrates observa (Platão, *República* 353b) que as tesouras de poda têm *aretê* se cortam bem, exatamente como foram projetadas para fazer. Em um sentido um pouco mais amplo, os seres vivos têm *aretê* se possuem qualidades que aperfeiçoam sua natureza e os levam a seus fins naturais, como a rapidez é uma excelência em guepardos e a visão aguçada é uma excelência em águias. Por fim, os seres humanos têm *aretê* se possuem traços de caráter como coragem, temperança e honestidade, que são essenciais para serem pessoas de boa moral e terem vidas excelentes e satisfatórias. Cícero se refere a esses dois últimos conceitos de virtude quando diz que "a virtude nada mais é do que a natureza levada à perfeição e desenvolvida ao máximo". Uma vez que a virtude, para os estoicos, consiste em seguir a natureza, e uma vez que os seres humanos são, por natureza, animais racionais, a virtude é a racionalidade aperfeiçoada.

Bons hábitos

As virtudes são descritas por Aristóteles como bons *hábitos*, ou seja, disposições estáveis adquiridas que tornam uma pessoa boa. Isso se aplica à maioria das virtudes humanas. Não dizemos que uma pessoa é generosa, por exemplo, a menos que ela demonstre generosidade de modo consistente, não só em raras ocasiões. Mas nem todas as excelências humanas são hábitos. Ter dentes fortes e cabelos bonitos são excelências, não hábitos no sentido de disposições adquiridas e estabelecidas. Ainda assim, a maioria das qualidades que normalmente consideramos virtudes distintivas, como bondade, humildade, confiabilidade e coragem, corresponde à definição de Aristóteles de hábitos, ou disposições estabelecidas, que tornam uma pessoa boa.

Geralmente, quando pensamos em virtudes, lembramos das virtudes *morais*, como justiça, honestidade e generosidade. Mas, como Aristóteles ressalta, existem virtudes intelectuais — bons hábitos da mente ou do intelecto —, assim como as virtudes morais. Entre as virtudes intelectuais relevantes estão a mente aberta, a curiosidade, o amor pela verdade, a humildade intelectual, a atenção, a "logicidade" (propensão a raciocinar logicamente) e a persistência intelectual. As virtudes intelectuais são hábitos que nos ajudam a pensar e aprender bem, enquanto as virtudes morais são hábitos que nos ajudam a ser bons e a viver bem.

A Visão Estoica da Virtude

Ao desenvolver a própria visão da virtude, os estoicos se inspiraram bastante em pensadores anteriores, como Diógenes, Sócrates, Platão e Aristóteles, mas também acrescentaram muitas características próprias.

A visão dos cínicos

Com base nos filósofos cínicos, os estoicos adotaram estas ideias:

- **A virtude é o único bem verdadeiro.** Embora os estoicos acreditassem que bens não morais como vida, saúde, conhecimento e bons amigos tivessem valor, eles não são propriamente bons. Na visão deles, não há nada que seja verdadeiro e propriamente bom, a menos que sempre e incondicionalmente beneficie seu detentor e nunca possa ser adquirido por uma pessoa ruim. Só a virtude moral, segundo eles, atende a essas duas condições. A virtude moral é, portanto, o único bem verdadeiro.
- **A virtude é suficiente para a felicidade.** Ao contrário da maioria dos pensadores gregos (como relatamos em detalhes no Capítulo 10), os estoicos sustentavam que nada é necessário para a verdadeira felicidade ou bem-estar máximo, exceto a virtude. A virtude, de fato, é o único componente e contribuinte para a felicidade humana.
- **A virtude consiste em "seguir a natureza".** Os cínicos, como vimos, eram do tipo que voltava à natureza e ensinava que a civilização é corruptora, e que deveríamos "viver naturalmente", no sentido de rejeitar todas as convenções humanas e desfrutar de uma vida simples de virtude, independência e autossuficiência. Os estoicos concordavam que deveríamos "seguir a natureza", mas de uma maneira muito diferente. Eles acreditavam que os seres humanos são animais essencialmente racionais. Nosso bem, portanto, consiste em

viver de maneira racional, não em dormir no chão ou fazer sexo em qualquer lugar ao ar livre, como os animais selvagens. Como os estoicos também eram profundamente religiosos, eles sustentavam que "seguir a natureza" era equivalente a "seguir Deus", o único ser absolutamente perfeito, que os estoicos consideravam a fonte da lei moral. É por isso que Epicteto diz que "em tudo o que diz e faz, [a pessoa] deve agir imitando Deus" (*Discursos* 2.13).

A visão de Sócrates

Depois, inspirados em Sócrates, os estoicos adotaram estas ideias:

» **A virtude é uma forma de conhecimento.** Sócrates ensinou que qualquer pessoa que saiba verdadeira e profundamente o que é bom sempre fará o certo. Todos desejam de maneira natural e inevitável o que os beneficiará como uma coisa boa ou aumentará seu bem-estar. Nada além da virtude contribui (muito) para o bem-estar. Portanto, qualquer pessoa que realmente entenda o que é virtuoso fará isso automaticamente. Qualquer ação errada que pareça ser decorrente de "fraqueza de vontade" é, na verdade, fruto da ignorância. Embora as pessoas ainda sejam responsáveis por suas ações, todos os erros são estritamente involuntários, pois, de acordo com Sócrates e os estoicos, ninguém age contra aquilo que realmente acredita ser de seu interesse.

» **Nenhum mal pode atingir uma pessoa boa.** Em seu julgamento, Sócrates disse a famosa frase "nenhum mal pode atingir uma pessoa boa, nem nesta vida nem na próxima". Como observamos no Capítulo 2, ele acreditava nisso porque defendia que nada pode prejudicar uma pessoa de verdade, exceto danos morais ou espirituais à alma, o que uma pessoa boa jamais permitiria. Os estoicos concordavam totalmente com Sócrates nesse ponto. O único mal, segundo eles, era a maldade moral, e uma pessoa inteiramente boa jamais sacrificaria sua virtude por qualquer motivo. Podemos nos perguntar: E a perda *involuntária* da virtude, causada por senilidade, derrame, lavagem cerebral ou alguma outra causa que prejudique o raciocínio e a reflexão moral? É curioso que os estoicos pareçam não ter pensado muito nessa possibilidade, embora Crisipo tenha admitido que a virtude poderia ser perdida devido à intoxicação ou a "um excesso de bile negra", ou seja, uma depressão profunda provocada por causas biológicas. É possível que eles acreditassem que apenas a transgressão de fato, e não a perda da virtude como tal, fosse estritamente ruim, embora isso seja difícil de conciliar com sua afirmação de que a virtude é o único bem e supera todas as outras formas de valor. Caso a virtude possa ser perdida por meio de um derrame ou de outras causas involuntárias, ela não está totalmente dentro do controle da pessoa, ao contrário do que Epicteto e outros pensadores estoicos afirmam.

Paradoxos estoicos relacionados à virtude

Além desses empréstimos, os estoicos acrescentaram uma série de ensinamentos próprios e distintos sobre a virtude. Eles incluíam algumas afirmações ousadas e difíceis de engolir, conhecidas como "paradoxos estoicos". Três dos mais marcantes a respeito da virtude são:

- **A virtude e o vício não são graduais.** Assim como uma linha é reta ou não, os estoicos acreditavam que um ato é virtuoso (ou seja, totalmente virtuoso) ou não. Todos os pecados ou delitos são iguais em gravidade moral porque todos envolvem uma intenção de se desviar da lei da razão correta e compartilham o atributo crucial "não completamente virtuoso". E o mesmo rigor se aplica às pessoas. Você não pode ser mais ou menos virtuoso. Não pode ser um pouco virtuoso e estar em processo de evolução na virtude, pois ela não tem graus. Ou você é completamente virtuoso ou não, portanto, é completamente perverso. De acordo com os estoicos, aqueles que não têm virtude perfeita são totalmente perversos, não têm todas as virtudes e possuem todos os vícios (mais o defeito não moral de ser louco). Na visão deles, não há meio-termo. Mas de modo curioso e paradoxal, os estoicos parecem permitir que haja progresso moral, de modo que uma pessoa pode estar mais próxima de alcançar a virtude do que outra, embora ainda seja totalmente viciosa. O progresso feito por eles não é, portanto, um progresso na virtude, já que a virtude não vem em graus, mas um progresso *em direção* à virtude. Ser virtuoso é, então, um pouco como acender uma luz. Uma pessoa pode estar mais perto do interruptor do que outra, mas até que a luz seja acesa, o cômodo ainda está escuro. Ao contrário do que acontece com ferraduras e granadas artesanais, estar perto não é bom o suficiente quando se trata de virtude.
- **Quem tem uma virtude tem todas elas.** É o que os especialistas em ética chamam de "a tese da unidade da virtude". Sócrates, Platão e Aristóteles defenderam essa tese de um jeito ou de outro. À primeira vista, a tese parece implausível. Todos conhecemos pessoas que parecem ter uma virtude (por exemplo, honestidade), mas parecem não ter outra (por exemplo, sensibilidade). Os estoicos, entretanto, acreditavam que a virtude perfeita requer um conhecimento profundo, sólido e absolutamente preciso do que é bom e ruim, benéfico ou danoso. Todas as virtudes individuais pressupõem esse conhecimento, e qualquer pessoa que tenha essa compreensão terá todas as virtudes. Virtude é conhecimento; o sábio tem todo o conhecimento relevante sobre o que se relaciona à virtude, portanto ele tem todas as virtudes. Dessa forma, quando um indivíduo parece ter uma virtude e não outra, as aparências enganam de um jeito ou de outro. Talvez a virtude aparente seja falsa e irreal. Ou a aparente falta de virtude se baseia em um mal-entendido de nossa parte. Na tese da unidade, é sempre um pacote completo. Como para os estoicos apenas os Sábios têm todas as virtudes e estes são extremamente raros, a tese implica que há muito pouca virtude de fato no mundo, apenas a aparência dela.

LEMBRE-SE

Os estoicos modernos tendem a rejeitar ou ignorar a maioria dos paradoxos estoicos clássicos. Muitos dependem de partes do ensinamento estoico que não eram aceitas como universais nem mesmo nos tempos antigos, e atualmente essas afirmações são, muitas vezes, consideradas exageradas ou radicais.

As Quatro Virtudes Cardeais

Seguindo Platão, os estoicos identificaram quatro virtudes primordiais que, segundo eles, estavam na raiz de toda a moralidade. Na época medieval, essas virtudes passaram a ser chamadas de "virtudes cardeais" (do latim *cardo* ou "dobradiça") porque eram consideradas fundamentais e acreditava-se que todas as outras virtudes dependiam delas. As quatro virtudes cardeais são: coragem ("fortaleza"), autocontrole ("temperança" ou "moderação"), justiça e sabedoria prática ("prudência"). Iremos considerá-las nessa ordem.

Coragem

Conforme observou o filósofo francês André Comte-Sponville, coragem é a virtude mais admirada por todos. Historicamente, todas as culturas elogiaram os corajosos e condenaram os covardes. Desde a *Ilíada* de Homero e a *Eneida*, até o *Senhor dos Anéis* de J. R. R. Tolkien e os romances de *Harry Potter* de J. K. Rowling, a coragem tem sido um tema recorrente na alta literatura. É claro que essa virtude assume diferentes facetas ou formas de apresentação. A coragem pode assumir muitas formas. Falamos, por exemplo, de coragem física, coragem moral, coragem intelectual, coragem emocional e assim por diante. Mas o que essas diferentes formas de coragem têm em comum? O que é coragem, exatamente?

O estoico moderno Ryan Holiday sugeriu, de forma memorável, que coragem é "colocar a pele em risco", mas isso parece muito amplo, o que é compreensível, já que na passagem citada, ele não parece tentar defini-la tanto quanto recomendá-la. Como Aristóteles observa em um sentido mais definido, coragem é um meio ou um ponto intermediário entre dois vícios opostos: covardia e imprudência. Tanto a imprudência quanto a coragem parecem envolver "colocar a pele em risco". Mas só é virtude quando tem o adequado gerenciamento, controle e superação do medo e do risco, ou seja, quando não se transforma em imprudência, insensatez ou impulso. Como o medo é uma das emoções humanas mais fortes e a autopreservação é um dos instintos mais poderosos, admiramos muito aqueles que, correndo riscos físicos reais, agem com coragem para o bem dos outros.

O entalhador tem uma habilidade que pode ser vista como uma forma de conhecimento prático. O mesmo acontece com uma ceramista. Ela sabe como fazer vasos bonitos. O fazer não pode ser separado do saber. Existe uma sabedoria envolvida. Assim como Sócrates, os estoicos consideravam todas as virtudes como formas de conhecimento ou sabedoria prática. Eles definiam a justiça, por exemplo, como o conhecimento (ou "ciência") relacionado à distribuição adequada das recompensas individuais (Long e Sedley, *The Hellenistic Philosophers*, seção 61). De maneira semelhante, definiam coragem como o conhecimento ou a ciência das "coisas que são temíveis e não temíveis, e nenhuma delas" (ibidem). Ao contrário de Aristóteles, que entendia que a coragem era exemplificada principalmente na guerra, os estoicos a definiam de modo mais amplo. De acordo com Cícero, a coragem é demonstrada tanto na "indiferença às circunstâncias externas" quanto na realização de "ações não apenas grandiosas e no mais alto grau de utilidade, mas extremamente árduas, trabalhosas e repletas de perigos" (*On Duties* 1.66). Isso inclui, portanto, o conhecimento do que deve ser suportado sem queixas, bem como a compreensão de como controlar e superar os medos em prol de objetivos importantes. Portanto, a coragem, nessa concepção mais ampla, pode se transformar em elementos de persistência, determinação e garra.

É importante lembrar que as virtudes são disposições típicas para pensar e agir de certa maneira, não apenas emoções ou sentimentos manifestados. Muitas pessoas corajosas relatam, após seus atos heroicos, que não se sentiram especialmente corajosas ou heroicas, apenas viram o que precisava ser feito e se puseram a fazer, independentemente da ameaça ou do perigo que enfrentavam. Para os observadores, a principal característica da situação pode ter sido o perigo e o medo que isso poderia gerar, mas para a pessoa corajosa que agiu, o fato mais relevante costuma ser que algo precisava ser feito. Um valor estava em jogo, então alguém ou algo precisava ser respeitado, preservado ou salvo para honrar esse valor.

Um motivo para considerar a coragem uma virtude básica ou cardeal é que ela parece estar presente no exercício de todas as outras virtudes. Fazer o que é justo, por exemplo, geralmente requer muita coragem. Além disso, muitas vezes é necessário controlar as emoções e os desejos e, assim, agir com "temperança" em situações em que pode haver uma forte pressão social para fazer o contrário. A maioria das coisas difíceis e que valem a pena na vida envolve risco e, consequentemente, coragem para enfrentar e superar esses riscos.

CUIDADO

A coragem tem uma característica que parece fazer com que se encaixe de maneira estranha no rol das virtudes estoicas: é uma característica que aparentemente pode ser dominada por pessoas más e boas. Pessoas corrompidas podem fazer coisas ruins com ousadia. Isso gera um problema para a ética estoica por causa de sua definição restrita do que é "bom". Como vimos, os estoicos clássicos se recusam a considerar algo como bom a menos que (1) beneficie incondicionalmente seu detentor e (2) nunca possa pertencer a uma pessoa ruim. A coragem parece não atender a essas duas condições. Em resposta ao segundo ponto, os estoicos provavelmente apelariam para sua doutrina da unidade da virtude. Se ter uma virtude implica ter todas elas, então uma pessoa ruim, apesar das aparências, não pode ser verdadeiramente corajosa; no máximo, ela consegue demonstrar uma imitação convincente da virtude que nunca é a verdadeira. Em resposta ao primeiro ponto, os estoicos diriam que a virtude da coragem traz benefícios a uma pessoa em todas as circunstâncias possíveis, apesar de qualquer aparência superficial em contrário, porque ter coragem implica ter uma virtude completa, que, para o estoicismo, é o único bem e o objetivo da vida. Da mesma forma, uma pessoa má nunca pode ser verdadeiramente corajosa porque, se fosse, teria todas as virtudes e, portanto, não seria, de fato, má.

CATÃO, O JOVEM: EXEMPLO ESTOICO DE CORAGEM

Um dos estoicos romanos mais admirados foi Catão, o Jovem (95-43 a.C.), também conhecido como Catão Uticense. Nascido em uma família ilustre, Catão se tornou estoico ainda jovem e teve uma carreira política de destaque, além da reputação de total honestidade e integridade. Em uma época de declínio moral e ameaças crescentes à liberdade romana, Catão se manteve como uma rocha em defesa dos valores romanos tradicionais e da preservação da República romana. Quando César estava prestes a derrubar a República e se tornar um ditador, Catão se opôs até o fim.

Na última noite de sua vida, quando ele e suas tropas estavam irremediavelmente sitiados pelos legionários de César na cidade de Utica, no norte da África, Catão organizou um jantar para seus amigos, durante o qual discutiram a máxima estoica de que somente os sábios são livres. Após a festa, Cato leu duas vezes *Fedro* de Platão, um diálogo no qual Sócrates discute suas esperanças em uma vida após a morte poucas horas antes de ser forçado a cometer suicídio. Após tomar sua espada de um servo relutante, Catão declarou: "Agora sou meu próprio mestre." Ao amanhecer, ele a enviou no abdome. Quando Catão acordou e descobriu que um médico havia costurado seus ferimentos, arrancou os pontos (alerta de nojo), puxou suas entranhas e morreu. Como disse o grande ensaísta francês Michel de Montaigne, Catão "preferiu morrer a olhar para o rosto de um tirano".

LEMBRE-SE

O estoicismo em geral exige muito controle emocional, um compromisso com o bem comum acima do ganho pessoal e uma forte devoção à virtude acima de todos os outros fins. Dessa forma, a prática do estoicismo exige verdadeira fortaleza ética e psicológica.

Autocontrole

Uma das coisas que os primeiros estoicos mais admiravam em Sócrates era sua incrível capacidade de controlar suas emoções e apetites físicos. Não se sabe se Sócrates se irritava, demonstrava medo, se embriagava ou se entregava a desejos banais em detrimento da razão e da bondade moral. Ele levava uma vida extremamente autodisciplinada, centrada totalmente no que chamava de "cuidados com a alma" e não dava nenhuma importância à riqueza, à fama, ao poder ou à maioria dos outros valores mundanos.

Atualmente, muitos terapeutas e coaches relatam que os dois maiores desafios que os clientes enfrentam são (1) autoconhecimento e (2) autogerenciamento, sendo que este último é apenas outro termo para a antiga virtude do autocontrole. Se pensarmos bem, grande parte dos problemas do mundo — e talvez muitas das dificuldades em nossa vida — decorre da falta de autoconhecimento ou autocontrole. Seríamos muito melhores se tivéssemos um pouco mais de autodisciplina e controle dos impulsos! No entanto, é um pouco paradoxal que os estoicos tenham mencionado o autocontrole como uma virtude necessária, já que normalmente o consideramos uma coisa boa apenas em contraste com a fraqueza de vontade, que os estoicos rejeitam como uma realidade em nossa vida.

Lembre-se de que, na visão estoica da natureza humana, não há partes irracionais e indisciplinadas de nós (desejo, emoção, inconsciente freudiano etc.) competindo com a razão pela influência sobre nosso comportamento. O vício, ou o pensamento e as ações ruins, deve resultar apenas da ignorância, não de qualquer forma de fraqueza da vontade (*akrasia*) que tenta nos afastar do que sabemos ser certo e precisa ser eliminado pela razão, exercendo forte temperança e autocontrole.

Então, na teoria estoica, onde exatamente o autocontrole é necessário? Qual é sua utilidade? Talvez um estoico clássico dissesse que é preciso uma medida de autocontrole para resistir às impressões enganosas sobre o que é bom e desejável, e que precisamos ter autodisciplina para prestar atenção ao que a razão nos mostra ser verdadeiro e correto, depois nos lembrarmos disso para que sempre ajamos de acordo com o que sabemos ser o nosso melhor interesse. Nessa visão, a virtude da autodisciplina não é necessária para nos afastar de nossas inclinações irracionais, mas, para resistir às inúmeras aparências ilusórias do mundo sobre o que é realmente bom e, então, persistir em um compromisso com o que viemos a perceber.

O mais estranho é que, na maioria das concepções de autocontrole, essa virtude tem a ver com coisas como emoções e desejos fortes, mas não com nossas interpretações de como o mundo aparece para nós. Mas talvez seja aí que todo o autocontrole realmente tenha início. Contudo, por melhor ou pior que essa virtude seja explicada pela teoria estoica clássica, e por mais semelhante ou diferente que seja em seus diferentes pontos de vista, ela é adotada como um bem vital para todos nós. E os estoicos têm razão quanto a isso. Como disse o grande filósofo alemão Immanuel Kant (1724-1804): "Sem disciplinar suas inclinações, o homem não pode alcançar nada. Portanto, no autocontrole reside um valor imediato, pois ser senhor de si mesmo é ser independente de todas as coisas."

O estoicismo, de fato, exige um grau incomum de autocontrole porque rejeita muitos sentimentos e valores humanos amplamente considerados normais ou naturais. Os estoicos rejeitam completamente emoções comuns como raiva, ódio, medo, inveja, ciúme, piedade, misericórdia, luxúria, tristeza, desapontamento, frustração, pesar e mágoa. Eles negam que devamos nos preocupar muito com os "aspectos externos", como saúde, aparência física, posses, reputação ou sucesso na carreira. Inclusive, tendem a negar que devamos nos sentir chateados com a perda de um ente querido (Epicteto, *Manual* 3; Sêneca, *Cartas* 74) ou ao receber de qualquer notícia ruim (Epicteto, *Discursos* 3.18). Seu ideal era o da racionalidade perfeita e da imperturbabilidade divina, que não considera nada além da bondade moral e da sabedoria como algo de grande valor ou grande preocupação. Eles são a favor do que o filósofo Nietzsche chamaria, à sua maneira, de uma radical "transvaloração de valores". É fácil ver por que os estoicos considerariam o autocontrole fundamental para a virtude e a boa vida. Sem ele, somos vítimas de todos os impulsos irracionais e perturbadores, e nos tornamos incapazes de imitar a virtude inabalável de Sócrates e a serenidade tranquila dos deuses. É uma tarefa difícil, mas como diz Cícero: "Quanto maior a dificuldade, maior a glória."

Justiça

Juntas, as virtudes da coragem e do autocontrole podem ser consideradas as virtudes-mestras dos "assuntos internos" da nossa alma, ou seja, a administração e a direção adequadas do nosso eu interior. Para os estoicos, a justiça é a principal virtude dos "assuntos externos", ou seja, nossa conduta em relação aos outros. Eles definiam justiça como dar a cada pessoa o que lhe é "devido", ou seja, tratá-la como ela merece (Cícero, *On Duties* 1.5; Estobeu, *Anthology* 5b5), uma definição que mais tarde foi consagrada na lei romana. A justiça exige que cumpramos as promessas, paguemos as dívidas, tratemos os outros com respeito e dignidade, reconheçamos seus méritos, distribuamos benefícios e encargos de maneira justa e equitativa, e respeitemos os direitos dos outros. De modo mais amplo, ela exige tratar as pessoas como elas merecem, o que, obviamente, nem sempre é fácil de discernir.

Qual é a punição que um típico estelionatário de banco merece? Qual dos candidatos a emprego merece a vaga? Qual concorrente a uma vaga na universidade merece ser aceito? Que nota um aluno deve receber por uma apresentação em sala de aula? Quem merece ganhar o show de talentos? O que envolveria uma política de imigração justa? Como seria uma sociedade totalmente justa? São, ou podem ser, perguntas difíceis, porque muitas vezes é difícil determinar ou avaliar o deserto moral, e as pessoas discordam sobre quais distribuições e tratamentos são "devidos". Talvez seja um dos motivos pelos quais os estoicos acreditavam que os Sábios são tão raros. Por definição, eles têm todas as virtudes, incluindo justiça perfeita e julgamento infalível; nunca cometem erros ou tiram conclusões equivocadas. De fato, todas as ações deles são totalmente virtuosas e moralmente corretas. Tudo o que os Sábios fazem é uma "ação correta" (*katorthoma*), até mesmo os atos aparentemente neutros como escovar os dentes ou pegar uma pedra (Long e Sedley, *The Hellenistic Philosophers*, p. 365). Tratar todos ao longo do caminho e todos os seus concidadãos de maneira perfeitamente justa parece requerer um conhecimento quase divino sobre os fundamentos adequados de um deserto, o que poucos ou nenhum de nós pode reivindicar. O fato de que muitos dos antigos estoicos, por mais inteligentes e sintonizados que fossem com as questões morais, acreditavam que a escravidão, o sexismo, o assassinato de bebês indesejados, a autoridade quase absoluta do pai sobre a esposa e os filhos, as conquistas imperiais e a colonização eram justas e equitativas deveria nos ensinar uma boa dose de humildade em nossos julgamentos sobre o que as pessoas "merecem". A justiça é um dos muitos ideais que, em alguns momentos, é tão difícil de aplicar quanto é importante buscá-la em todos os momentos.

DICA

Em certo sentido, a justiça tem a ver com um acordo ou uma harmonia intensa em nossas ações e em nossa vida, uma harmonia com as estruturas mais fundamentais da racionalidade e da benevolência. Não se trata de uma mera fantasia de justiça arquitetada por pessoas sem força para impor aos poderosos, como defendem alguns críticos da moralidade. A justiça tem o objetivo de se conectar de maneira pequena e grande com a estrutura mais profunda das coisas. Ela está relacionada ao bem-estar e à felicidade humana como algo crucial.

Sabedoria

A última virtude cardeal é a sabedoria prática (ou "prudência"). Aristóteles faz uma distinção útil entre sabedoria teórica, que foca a busca da verdade pela verdade, e sabedoria prática, que foca o modo como podemos viver e agir bem. Alguns pensadores, como Aristóteles e o grande filósofo medieval Tomás de Aquino (c. 1225–1274), definem a sabedoria prática de modo relativamente limitado como um tipo de racionalidade com meios e fins. Segundo essa visão, a sabedoria prática não se preocupa com quais são ou deveriam ser nossos objetivos (que extraímos de outras fontes, como a virtude ou a revelação divina), apenas com maneiras inteligentes, eficientes e adequadas de atingi-los. Os estoicos, no entanto, consideram a sabedoria prática mais abrangente, definindo-a como "o conhecimento de quais coisas são boas e ruins, e nenhuma delas" (Diógenes Laércio, *Vidas* 7.92), o que pode ser considerado um conhecimento de objetivos corretos, bem como de meios sólidos e eficazes para atingir esses fins.

Assim, para os estoicos, a sabedoria prática envolve uma compreensão sólida e profunda das coisas que são realmente boas (virtudes e atos virtuosos), das coisas que são ruins (vícios e atos viciosos) e das coisas que não são nem boas nem ruins (todo o restante). Como os estoicos acreditavam que algumas coisas indiferentes também têm valor ou desvalor "seletivo", a sabedoria prática também deve estar relacionada a elas, já que, como Cícero aponta (*On Moral Ends* 3.12), grande parte da vida está devidamente envolvida com questões de saúde, trabalho, lazer, família, amigos, evitar a dor e outras coisas que os estoicos consideravam nem estritamente boas nem estritamente ruins. Uma pessoa de sabedoria prática (o *phronimos*) será hábil não só em buscar o que é realmente bom e evitar o que é realmente ruim, mas também em lidar de maneira sábia e ética com outras coisas na vida que tenham qualquer forma legítima de valor positivo ou negativo.

Podemos ser mais específicos sobre o que uma pessoa sábia na prática saberia e seria capaz de fazer? O falecido e influente filósofo de Harvard, Robert Nozick, fez um resumo geral bastante útil:

> O que uma pessoa sábia precisa saber e entender compõe uma lista variada: os objetivos e os valores mais importantes da vida — o objetivo final, se houver um; que meios permitirão alcançar esses objetivos sem um custo muito alto; quais riscos ameaçam a realização desses objetivos; como reconhecer e evitar ou minimizar esses riscos; quais são os diferentes tipos de seres humanos com relação a suas ações e motivações (já que isso apresenta riscos ou oportunidades); o que não é possível ou viável alcançar (ou evitar); como saber o que é apropriado e quando; como saber quando certos objetivos são suficientemente conquistados; quais limitações são inevitáveis e como aceitá-las; como melhorar a si mesmo e seus relacionamentos com os outros ou com a sociedade; saber qual é o verdadeiro e não aparente valor de diversas coisas; quando adotar uma visão de longo prazo; reconhecer a variedade e a obstinação dos fatos, das instituições e da natureza humana; entender quais são os verdadeiros motivos de cada pessoa;

como lidar com as principais tragédias e dilemas da vida e, ainda, com as principais coisas boas. (Nozick, *The Examined Life*, p. 269)

Resumindo, a sabedoria prática ou prudência requer perspectiva, percepções profundas sobre a condição humana, um senso claro do que é importante na vida e uma compreensão clara do que é necessário para ter uma vida boa e satisfatória.

O renomado estudioso literário e popular escritor Cristão C. S. Lewis define sabedoria prática como "bom senso prático, dando-se ao trabalho de pensar no que está fazendo e no que provavelmente resultará disso". Dessa forma, a conquista da sabedoria prática parece exigir uma boa dose de reflexão madura e vasta experiência; prever o que "provavelmente resultará" das ações de uma pessoa não é uma tarefa simples, como comprovam os profissionais do mercado de ações e alguns políticos corruptos! É provavelmente um dos motivos pelos quais os estoicos negavam que as crianças pequenas pudessem ter qualquer virtude ou responsabilidade moral (Sêneca, *Cartas* 124) até atingirem "a idade da razão", por volta dos 14 anos. Nesse ponto, os estoicos parecem ter subestimado a capacidade das crianças de compreender conceitos básicos de certo e errado, e de ter pelo menos uma forma rudimentar de sabedoria prática. Muitas crianças, desde muito cedo, demonstram um senso inato de justiça e injustiça, tanto em suas reclamações sobre o comportamento dos colegas quanto em seus atos ocasionais de afeto para com os outros.

Avaliando as quatro virtudes cardeais

Das quatro virtudes cardeais, qual é a mais importante? Cícero argumentou que a justiça é "a mais gloriosa e esplêndida de todas as virtudes", pois é a base que mantém a sociedade unida e nos permite usufruir os frutos da vida civilizada. Mas é possível defender com veemência que a sabedoria prática seja considerada a principal virtude, pois, de certa forma, ela inclui todas as outras. Como o conhecimento de viver e agir bem, e de saber o que é bom, ruim e diferente, a virtude da sabedoria prática presumivelmente inclui a compreensão de como agir com justiça, temperança e coragem, como os primeiros estoicos supostamente defendiam. Como observado anteriormente, Zenão, no espírito da máxima de Sócrates de que virtude é conhecimento, ensinou que todas as virtudes são, em última análise, formas de prudência ou sabedoria prática. A justiça, por exemplo, é a sabedoria sobre as distribuições merecidas; a coragem é a sabedoria sobre quais coisas devem ser temidas ou suportadas; e o autocontrole é a sabedoria sobre assuntos que exigem escolha sobre quais desejos, prazeres etc. realmente valem a pena ser buscados. Como virtude mais geral e inclusiva, a sabedoria prática parece ter uma espécie de primazia entre as virtudes cardeais. Sem sabedoria para saber o que é justo, moderado e corajoso, a vida ética seria em grande parte cega.

Os estoicos consideravam as quatro virtudes cardeais as mais básicas e o coração pulsante da moralidade. São mesmo? Será que é possível defender que, digamos, o amor, a bondade, o carinho, a benevolência ou a reciprocidade sejam igualmente ou mais fundamentais? As mentes inquiridoras querem saber! O que você acha?

NESTE CAPÍTULO

» Entendendo os segredos da resiliência

» Explorando as práticas psicológicas estoicas

» Desfrutando da paz interior

Capítulo 18

Resiliência e Paz Interior

Além das quatro virtudes cardeais de coragem, sabedoria, justiça e autocontrole, que os estoicos acreditavam que deveriam formar e estruturar uma vida boa, eles reconheciam e procuravam fomentar muitas outras virtudes, incluindo resiliência, paz interior, aceitação, bondade, obediência, consideração, espírito público e piedade, entre outras. As virtudes são os pontos fortes da mente e do coração que melhoram sua vida, elevam seu nível e contribuem para sua felicidade ou seu bem-estar em meio a todos os desafios, as oportunidades e até mesmo as dificuldades da vida.

Neste capítulo, nos concentraremos na resiliência e na paz interior. Analisamos uma série de técnicas estoicas para se recuperar de situações difíceis e manter a paz interior. Essas técnicas constituem o ponto central do estoicismo como filosofia prática de vida. Essa filosofia, conforme vimos nos capítulos anteriores, era considerada pelos antigos estoicos um modo de vida, e não apenas um conjunto de ensinamentos teóricos. As escolas estoicas eram como clínicas médicas para doenças da alma, com terapias para tratar paixões negativas e doentias. Eram locais para treinar o autocontrole, não só para transmitir informações. Todos os ensinamentos estoicos tinham em vista a conquista da virtude, da sabedoria e da serenidade duradoura.

Para isso, os antigos estoicos elaboraram uma série de práticas espirituais ou psicológicas que continuam sendo aplicadas até hoje. Organizadas em conjunto e utilizadas quando necessário, elas funcionam quase como uma espécie de artes marciais variadas para a mente. Neste capítulo, apresentaremos as práticas mais poderosas.

Resiliência: A Arte de se Recompor

Resiliência é a capacidade de resistir ou de se restabelecer rapidamente de adversidades ou dificuldades. Uma bola de borracha é resiliente porque volta rapidamente à sua forma original após ser pressionada ou apertada. Uma pessoa altamente resiliente é capaz de se recuperar rapidamente de uma decepção, um susto, uma ansiedade, um trauma, uma tristeza ou qualquer tipo de transtorno emocional, e de recobrar a compostura e o equilíbrio psicológico. Conforme observado por Sêneca e Marco Aurélio, pessoas resilientes são capazes até de adquirir força interior por meio da adversidade, tornando-se melhores, mais fortes e mais confiantes ao tratar os desafios como oportunidades de desenvolvimento. Daremos uma olhada em algumas práticas estoicas fundamentais para a construção da resiliência.

Viva no momento presente

Como nos lembra Marco Aurélio, "Cada um de nós vive apenas no momento presente" *(Meditações* 3.10). Muitas vezes, quando ficamos tristes ou angustiados, descobrimos, ao fazer uma análise, que isso está enraizado em sentimentos dolorosos sobre o passado ou em preocupações com o futuro. Na confusão e na agitação da vida cotidiana, frequentemente nos esquecemos de que a vida é um milagre e que há alegria nos simples fatos de respirar, caminhar, ouvir o riso das crianças e sentir o sol e o vento em nosso rosto. O passado é uma lembrança, e o futuro ainda está para chegar. Tudo o que temos é o momento presente. Para nos acalmarmos e nos recentrarmos, geralmente não é necessário nada mais do que afastar os pensamentos preocupantes sobre o passado ou o futuro, e buscar a quietude e o contentamento no momento presente.

DICA

A técnica utilizada não poderia ser mais simples. Sempre que estiver chateado, preocupado ou angustiado com algo, pergunte a si mesmo se seus pensamentos e sentimentos estão no presente, no passado ou no futuro. Se for algo do passado, não importa se distante, de ontem ou de cinco minutos atrás, traga-se de volta para o presente, para o momento fresco do presente. Esqueça esse evento ou essa situação do passado. Em vez disso, opte por abraçar um novo começo agora.

O mesmo se aplica se você estiver preocupado com algo que acontecerá daqui a cinco minutos, amanhã, no próximo mês ou ano. Anote o motivo da preocupação e lembre-se de que o futuro é suficientemente elusivo para não se adaptar às nossas preocupações. Cada novo momento cria novas possibilidades para lidar com qualquer dificuldade, e novos recursos podem surgir a qualquer momento. A preocupação presume que sabe mais do que pode. Afaste o coração e a mente dos momentos que ainda estão por vir e volte para o presente, que normalmente é mais calmo e menos ansioso do que os futuros hipotéticos com os quais nos preocupamos. Respire. Relaxe seu espírito.

LEMBRE-SE

Não há dúvida de que é possível planejar o futuro e aprender com o passado, mas nunca será possível fazer isso muito bem quando se está ocupado com emoções perturbadoras. Permita que elas se dissipem primeiro e, depois, você poderá lidar com o que precisa pensar em outros momentos. No entanto, é mais provável que você consiga se envolver nisso de maneira produtiva quando estiver emocionalmente conectado à paz interior que o momento presente proporciona. Há um sentido profundo no qual a resiliência existe apenas no momento presente.

Adote a visão mais ampla

Os estoicos enfatizam a importância de manter as coisas em perspectiva. Quando ficamos chateados, muitas vezes é por causa de pequenas coisas que mais tarde perceberemos que não terão importância alguma daqui a um ano ou talvez até na próxima semana. Exageramos os fatos, ou os "catastrofizamos", como dizem os psicólogos modernos. Fazemos com que pareçam muito maiores e mais importantes do que são. Pode ser uma distorção exagerada de uma tendência natural que tem valor evolutivo de sobrevivência quando funciona corretamente. Somos sensíveis ao negativo, às ameaças e aos perigos, justamente para podermos evitá-los. No entanto, como descendentes de ancestrais que muitas vezes viveram no limite da sobrevivência com poucos recursos, costumamos ter, lá no fundo, a mentalidade de que "mais é melhor". Quando isso funciona na vida moderna, essa suposição facilmente leva a uma tendência a comprar e acumular. Além disso, pode distorcer nosso sistema natural de alerta precoce. Se ser vigilante é bom, presumimos que ser hipervigilante é melhor. Se algo parece ruim, presumimos que é pior do que parece. Assim, podemos nos proteger melhor — é o que pensamos. E costumamos estar muito mais errados do que certos. Consequentemente, vivemos sob um estresse desnecessário e, ironicamente, autodestrutivo.

Para evitar essa falta de perspectiva adequada e precisa, os estoicos recomendam muito um exercício mental chamado "visão do alto". Suponha que você esteja indo para o trabalho ou até o supermercado de carro e um motorista mal-educado atravessa seu caminho. No momento, você entra em choque, fica irritado e depois ressentido, e isso parece ser algo importante. Mas será que é? Não.

DICA

Tente enxergar a situação de uma perspectiva mais ampla. Imagine-se flutuando muito acima da Terra, olhando o trânsito lá embaixo. Desse ponto de vista, você parece uma formiga, arrastando-se como inúmeras outras. Motoristas mal-educados não são um grande transtorno para a Força e, em um ou dois dias, você esquecerá tudo isso. Então por que esperar? Deixe para lá agora.

Não fazemos nenhum favor a nós mesmos ao permitir que nosso dia seja arruinado por questões tão pequenas. Diga a si mesmo para esquecer. O outro motorista pode ter ficado chateado com uma notícia ruim ou estava correndo para o hospital, distraído das outras pessoas. Ele pode não tê-lo visto, pode estar preocupado com uma situação muito difícil e estressante no trabalho, ou uma desilusão pessoal inesperada, ou então pode ter dormido pouco na noite anterior. Ficamos ofendidos porque achamos que o comportamento da pessoa é direcionado a nós, e talvez não seja bem isso que está acontecendo. Talvez a pessoa sequer esteja nos vendo. E mesmo que ela esteja sendo idiota, qual é a importância disso no espaço e no tempo? Os idiotas serão idiotas. Por que você deveria esperar algo diferente? Em meio às infinidades e às imensidões, isso deve nos fazer sorrir, se é que nos afeta. E podemos apenas nos lembrar de que, muitas vezes, também não estamos em sintonia adequada com as implicações de nossos comportamentos em relação a outras pessoas, mesmo as mais próximas. Talvez precisemos dar um tempo para o motorista desastrado.

Ao reformular uma situação inicialmente angustiante, conseguimos nos recompor emocionalmente e recuperar o equilíbrio interior, a postura e a paz. Precisamos nos lembrar de que as pessoas que vivem com alta vulnerabilidade a transtornos têm uma fraqueza e não uma força para lidar com os altos e os baixos da vida. Não precisamos ser uma delas. Podemos ser superiores graças ao equilíbrio interior.

Analise a situação objetivamente

Somos rápidos em fazer juízos de valor negativos. Nosso carro é amassado em um estacionamento e imediatamente ficamos em pânico ou indignados e pensamos: "Isso é terrível. Como pode ter acontecido comigo? Quem fez isso sem deixar um bilhete? É óbvio que foi uma pessoa sem moral ou um idiota que não se importa com os estragos que está causando. O mundo está cheio de pessoas horríveis. Não posso arcar com isso agora. Não tenho tempo nem dinheiro." Ou ligamos para um serviço de atendimento ao cliente e ficamos em espera pela hora mais longa de nossa vida e pensamos: "Isso é simplesmente ridículo. É péssimo. Muito desnecessário. Totalmente insensível. Não é nada profissional. Essas pessoas não respeitam meu tempo de jeito nenhum. Não sou nada para elas. Eu, a pessoa que ajuda a pagar o salário delas! Quem elas pensam que são para me tratar assim? É um grande insulto. Vou falar o que penso para alguém." Ficamos tensos; irritados. Quando criticamos os outros, dificilmente estamos vivendo o melhor da nossa vida no momento.

Os estoicos acreditam que essa propensão constante de projetar juízos de valor precipitados sobre o mundo é a principal fonte de insatisfação. Se algo acontece, nós nos apressamos em julgar, adicionando nossas conclusões que, muitas vezes, vão muito além do que está imediatamente diante de nós. Pensamos: "Isso é horrível!" Ou "Isso é incrível!" Dizemos: "Esta é a melhor coisa de todos os tempos!" Ou "Esta é a pior coisa possível!"

Os estoicos nos incentivam a evitar essa tendência com a adoção de uma estratégia que o estudioso clássico francês Pierre Hadot chama de "representação objetiva". Com a representação objetiva, encaramos os eventos como simples acontecimentos de valor neutro no mundo e separamos quaisquer juízos de valor (a favor ou contra) que possamos estar inclinados a impor instantaneamente a esses eventos. Portanto, a representação objetiva "meu carro foi amassado" é melhor no momento porque descreve o que realmente aconteceu, e "isso é terrível" é meu juízo de valor sobreposto ao evento. De acordo com os estoicos, nada é terrível, exceto o pensamento ou a escolha imoral, e corremos o risco de impor esse mal a nós mesmos quando vamos além da situação objetiva de que dispomos e começamos a julgar as pessoas ou o nosso destino com severidade. Causamos a nós mesmos todo tipo de sofrimento mental desnecessário e agimos de maneira irracional ao fazer juízos de valor precipitados e falsos sobre o mundo.

Os estoicos clássicos diriam para "nos atermos às impressões" ou ao que realmente percebemos. Devemos nos afastar de qualquer juízo de valor que possamos estar acrescentando à situação, o que os estoicos acreditam estar errado e ser injustificado. Julgamos inúmeras coisas como "ruins" sem considerar que apenas a imoralidade é ruim e que ninguém faz o mal por vontade própria. Também declaramos que as coisas são "boas" sem perceber que somente a virtude é boa e que a virtude (que os estoicos entendiam como virtude completa) nem sempre existe neste mundo imperfeito.

LEMBRE-SE

Devemos reconhecer a facilidade com que nos apressamos em julgar, perceber quando começamos a fazê-lo e nos voltar a uma representação objetiva do que está diante de nós.

Dê uma folga para as pessoas

Sentimentos de raiva e ressentimento em relação a outras pessoas que acreditamos ter nos prejudicado são uma das principais fontes de descontentamento mental. Guardar esses sentimentos requer muita energia negativa. Os estoicos acreditavam que, no fundo, todos querem ser bons. Todos fazem no momento o que acham ser bom, estando certos ou errados. Mas ninguém quer estar errado. Então, se estiver, estará sofrendo dessa condição e será improvável que esteja agindo de maneira perversa. As pessoas que nos ofendem estão equivocadas sobre onde está seu verdadeiro bem. Compreender isso pode ajudar a superar qualquer sentimento de raiva e ressentimento que possamos sentir e nos levar de volta a um equilíbrio emocional.

Quando alguém faz algo que nos ofende, precisamos sempre nos lembrar de que essa pessoa acabou de fazer algo e nós nos ofendemos por livre e espontânea vontade. Devemos liberar esse sentimento de ofensa. Ninguém pode nos ofender apenas com o poder que possui. Para que o insulto aconteça de verdade, temos que dar à pessoa esse poder. E por que deveríamos lhe dar? Por que não tomar o poder de volta? Não se esqueça de como é importante na vida aceitar e liberar com sabedoria. É a perspectiva estoica de que qualquer insulto, ou qualquer ofensa, deve ser liberado o mais rápido possível. Seja resiliente. Ou melhor ainda, seja Teflon de alta qualidade, que nunca sofreu um arranhão.

Com a mentalidade certa, é possível manter a paz e, portanto, o controle em situações em que os outros perdem o deles. Mas é preciso ficar atento às suas primeiras reações. Quando sentir raiva ou se sentir ofendido, interrompa-a imediatamente.

DICA

Uma antiga metáfora estoica pode ajudar. Quando você caminha devagar, é fácil parar e mudar de direção. Mas se está correndo muito, é impossível simplesmente parar ou mudar a direção radicalmente. Quando você tem uma emoção negativa crescendo em seu coração, é como se estivesse caminhando. Você pode e deve interrompê-la. Se não o fizer, ela começará a correr mais rápido e você perderá o controle sobre ela. Essa emoção passará a controlá-lo e o levará para onde ela quer que você vá. Isso não é sábio nem desejável. Não é uma fonte de força.

Aventure-se em algo fora do convencional

Muitas vezes, a maneira mais rápida de acalmar uma mente perturbada é sair ao ar livre, respirar profundamente e fazer uma caminhada. Mas não é recomendável, obviamente, fazer um passeio para relaxar em uma avenida movimentada, na interestadual ou em um píer curto. Qualquer caminhada na natureza é melhor, em um parque ou até em uma rua tranquila cercada por árvores e arbustos, pássaros e, de repente, até um sagui, se conseguir localizar um. Sugestão: não alimente os animais. Diversos estudos constataram que uma caminhada em um ambiente bonito ajuda a reduzir o estresse, a pressão arterial, a acalmar a ansiedade, a elevar o humor e a melhorar outras medidas de bem-estar.

Os seres humanos evoluíram como caçadores-coletores nas planícies africanas e foram criados para caminhar longas distâncias. Como Aaron Sussman e Ruth Goode observam em seu livro, *The Magic of Walking*, quando estamos no ritmo de uma boa caminhada, nossas ondas cerebrais mudam e algo milagroso acontece. "Perdemos a noção do peso ou da locomoção; ficamos cientes apenas do ritmo. É uma sensação semelhante à da natação, em que a água suporta nosso peso. Acertar o passo é descobrir uma nova sensação, a experiência de se mover sem esforço, como o cervo corre, o cavalo galopa, o peixe nada e o pássaro voa."

LEMBRE-SE

Quando fazemos uma caminhada tranquila em qualquer lugar em meio à natureza que, mesmo que remotamente, reproduza um ambiente rural, nos desconectamos do mundo artificial frenético de concreto, aço, prazos, reuniões no Zoom e e-mails, e nos reconectamos com algo essencial e elementar. Isso ajuda a recarregar e restaurar.

Os principais rivais dos estoicos, os epicuristas, podem ter errado em certas coisas, mas eles acertadamente montaram acampamento fora de Atenas em um lugar lindo que chamaram de "O Jardim", como se soubessem que a beleza natural é propícia à contemplação, à sabedoria e à paz interior que eles viam como o auge do prazer mundano. Todos precisamos de um tempo na natureza diariamente para nos reconectar e nos concentrar.

Disponha dos princípios básicos do estoicismo

Como diz Sêneca, quando tempos difíceis se aproximam, é bom ter à disposição os principais ensinamentos dos estoicos: "a não ser que tenha ido fundo e se tenha afundado há muito tempo e não tenha apenas colorido, mas completamente permeado a alma" (*Cartas* 71:31). Aprendemos mais com os estoicos quando não estamos apenas recebendo instruções ou sendo iluminados por eles, mas quando somos de fato treinados a adotar novos hábitos de pensamento, emoção, atitude, escolha e ação. É por isso que afirmamos que devemos manter os princípios básicos estoicos disponíveis, como as ferramentas que devem ser, e não apenas disponíveis para a mente, como se slogans rápidos e inteligentes fossem tudo de que precisamos.

Em momentos de grande estresse ou tentação, é fácil para o intelecto ser dominado por desejos ou emoções enraizados em nossa natureza física. Como Aristóteles observou, a única defesa eficaz é tornar a ação virtuosa habitual, de modo que nossas vontades estejam sempre fortemente pré-alinhadas com o que é bom. Isso só é possível com treinamento, prática e uma absorção mais profunda de ensinamentos éticos consistentes que se tornem uma segunda natureza.

Suponha, por exemplo, que alguém o insulte com grosseria. Em nosso momento político moderno, isso acontece muito. Para um estoico, não seria apropriado reagir com raiva, por mais "natural" que essa reação possa parecer. Embora até um estoico bem treinado possa reagir a essa afronta com um ataque de raiva involuntária momentânea — uma sensação puramente física que os estoicos chamavam de "pré-paixão" — ele rapidamente controlaria a emoção com a vontade racional e o intelecto. Mas, para conseguir isso, a pessoa precisaria ser "permeada", como diz Sêneca, pelos ensinamentos estoicos sobre a verdadeira natureza do bem e do mal, e a necessidade de controlar as paixões perturbadoras, como raiva e medo.

ESTOICISMO E PSICOLOGIA MODERNA

Duas importantes abordagens da psicoterapia cognitiva moderna — a terapia racional emotiva comportamental (TREC), criada na década de 1950 por Albert Ellis, e a terapia cognitivo-comportamental (TCC), lançada por Aaron Beck no início da década de 1960 — foram influenciadas pelo estoicismo e se harmonizam com ele em muitos pontos. Apesar de diferirem em alguns aspectos importantes, tanto a terapia racional emotiva comportamental quanto a terapia cognitiva se baseiam na ideia de que os problemas psicológicos são causados por pensamentos irracionais e podem ser aliviados ao ajudar os pacientes a pensar e se comportar de modo mais racional. Por exemplo, um paciente neurótico pode sofrer de uma tendência a "catastrofizar" eventos que ele teme, percebendo-os como muito piores do que são. O objetivo de um terapeuta racional emotivo comportamental ou do terapeuta cognitivo é ajudar esse paciente a desenvolver atitudes mais realistas e, assim, reduzir a ansiedade e lidar melhor com a vida. Outra crença irracional comum que leva a problemas é a ideia de que devemos ser perfeitos em tudo o que fazemos. Essa ideia não é realista e causa uma angústia desnecessária nas pessoas.

O estoicismo antigo é semelhante às psicoterapias, como a terapia cognitivo-comportamental, ao enfatizar a racionalidade, a felicidade individual e as origens dos problemas psicológicos no pensamento inadequado. No entanto, difere na priorização da virtude e em seu compromisso com a doutrina de conceitos como Logos, destino, aceitação radical e alma como fragmento do divino.

Soldados, bombeiros e outros socorristas treinam até que a virtude se torne um hábito e a coragem uma forma de estar no mundo. Quando somos treinados por uma boa filosofia, a sabedoria se instala em nós, quase dentro de nosso DNA, e não precisamos pensar muito em como agir em uma situação desafiadora, pois as ações corretas surgirão do pensamento e do sentimento corretos que resultaram de nosso treinamento. Isso produzirá a resiliência emocional resultante da completa assimilação e absorção dos ensinamentos estoicos.

A Busca Estoica pela Paz Interior

O estoico moderno William Irvine afirma que, para ele, o estoicismo tem como ponto principal a busca da chamada *ataraxia* ou paz interior. Para os antigos estoicos, entretanto, a tranquilidade não era o principal objetivo da vida, mas uma condição facilitadora e um efeito colateral adequado da virtude, que os estoicos sustentavam ser o único bem verdadeiro. Para os estoicos, a tranquilidade não é estritamente boa porque também pode ser obtida por uma pessoa ruim (por exemplo, com o uso de drogas que alteram o humor ou com a meditação). No entanto, os estoicos acreditavam que os deuses e os Sábios desfrutam de perfeita felicidade, contentamento e imperturbabilidade (o que os estoicos poderiam chamar de "verdadeira tranquilidade"). Eles não sentem insatisfação porque desfrutam de um bem-estar absoluto, não têm paixões que os perturbem e sabem que vivemos em um Universo em que tudo ocorre para o melhor.

Como Epicteto observa, do ponto de vista estoico, a insatisfação é uma forma de impiedade porque equivale a uma espécie de falsa acusação de que Deus está gerindo mal o Universo (*Discursos* 1.39). Para os estoicos, a única forma legítima de insatisfação é aquela relacionada à nossa falta de virtude, que é a única coisa ruim no Universo que podemos controlar completamente. Em vista disso, eles desenvolveram uma ampla variedade de práticas destinadas a promover a tranquilidade mental e a paz interior. Para muitos estoicos modernos, essas práticas estão entre as características mais úteis de sua filosofia. Vejamos algumas das mais usadas em nossa época.

Antecipe possíveis adversidades

Embora quase todo tipo de negatividade seja tipicamente evitado pelos estoicos clássicos, há um uso da visualização negativa que eles recomendam como útil. Um recurso estoico para manter a paz interior e a virtude é antecipar possíveis dificuldades futuras, como pobreza, doença ou fracasso, como se estivessem ocorrendo agora ou que certamente ocorrerão no futuro. Sêneca chama essa técnica de *praemeditatio malorum* ou premeditação dos males, embora os estoicos estejam apenas usando uma expressão comum nesse caso, já que não consideravam coisas como pobreza ou doença como literalmente males. A ideia por trás dessa prática é que, como escreveu Sêneca, "O golpe de um mal previsto chega suavemente" (*Cartas* 76.34).

Ao antecipar coisas que podem dar errado no futuro, é possível planejar essas contingências e nos preparar emocionalmente, bem como de outras maneiras, antes de sua ocorrência, para enfrentá-las de maneira mais eficaz. Por outro lado, quando ignoramos e imaginamos no inconsciente que somos magicamente imunes à rejeição, à doença, à perda do emprego, ao rompimento de um relacionamento amoroso ou a outras adversidades, esses golpes, quando acontecem, podem ser duros. Ao refletir antecipadamente sobre como coisas como pobreza, doença e outras dificuldades semelhantes não são males verdadeiros, apenas desafios para os quais temos recursos internos para enfrentar, podemos encará-los com mais força e confiança quando ocorrerem.

Assim, a visualização negativa é uma forma de treinamento mental semelhante ao que militares e outras pessoas que exercem funções perigosas fazem para se fortalecer e se preparar bem para lidar com qualquer adversidade que possam enfrentar. A visualização envolve a imaginação. E a imaginação parece ter um poder sobre a emoção, a atitude e a ação que o intelecto sozinho não tem. Portanto, envolver a imaginação, assim como o intelecto, pode ajudar muito nesse treinamento preparatório. É um exercício que vale a pena fazer regularmente.

Faça meditações pela manhã e à noite

Os estoicos também recomendavam uma prática regular de reflexão matinal e noturna como uma forma de disciplina espiritual. Para muitos, a meditação matinal tem o objetivo de nos fortalecer para enfrentar os desafios do dia. Então, Marco Aurélio se lembra dos desafios futuros quando escreve:

> Dize a ti mesmo ao romper do dia: Encontrarei o intrometido e bisbilhoteiro, o ingrato, o arrogante, o traiçoeiro, o invejoso e o antissocial. (*Meditações* 2.1)

Nesse trecho, o imperador está claramente se engajando em uma *praemeditatio malorum*, antecipando os inevitáveis problemas e aborrecimentos que enfrentará durante o dia, e se preparando para lidar bem com eles. Esse é um exercício indicado somente para o período da manhã, antes de enfrentar os desafios do dia. Não requer uma imaginação detalhada de adversidades específicas; consiste mais em uma simples listagem das possibilidades desafiadoras que o dia pode trazer. É um lembrete para que o coração e a mente não se surpreendam; para que encarem essas coisas com naturalidade.

O foco da meditação noturna é um pouco diferente. Sêneca escreve:

> Quando a luz se apaga e minha esposa se cala, ciente de meu hábito, analiso todo o meu dia, repassando o que fiz e disse. Não escondo nada de mim mesmo, não deixo nada passar. (*Sobre a Ira* 3.36)

Como essa passagem deixa claro, o objetivo da meditação estoica noturna não é antecipar adversidades futuras, mas analisar nossas atividades recentes e a consciência atual, visando o aperfeiçoamento moral. Todas as noites, os estoicos faziam algumas perguntas sobre o dia que acabaram de vivenciar, tais como:

- O que fiz de errado?
- O que fiz certo?
- Qual dever deixei de cumprir?
- Qual progresso fiz hoje?
- O que posso fazer melhor no futuro?

Por meio de uma autoanálise honesta — e ela precisa ser totalmente honesta —, podemos melhorar, dia após dia, e nos aproximar da virtude constante e da serenidade mental que os estoicos acreditam ser um efeito colateral necessário da virtude. Somos seres em crescimento e desenvolvimento; mudamos todos os dias. Por meio desse exercício, é possível assumir o controle desse processo de mudança e conduzi-lo para o melhor.

Comece a escrever um diário

Uma das práticas espirituais estoicas mais comuns é o registro em diário. O que conhecemos hoje como *Meditações* de Marco Aurélio era originalmente seu diário pessoal de memorandos filosóficos. Criar o hábito de anotar diária ou regularmente seus pensamentos sobre a prática do estoicismo traz diversos benefícios. É uma maneira poderosa de clarear os pensamentos, acompanhar seu desenvolvimento e progresso, processar as emoções, registrar percepções importantes, lembrar-se dos principais ensinamentos estoicos, praticar a gratidão e se engajar em um processo contínuo de autoanálise e autodescoberta.

Ao escrever um diário, você cruza um limite importante entre apenas ler e pensar sobre a filosofia estoica, e praticá-la de fato. Conforme observa o popular autor Ryan Holiday, citando o filósofo francês Michel Foucault, o diário estoico pode ser uma "arma de combate espiritual". O diário, escreve Holiday, é "uma forma de praticar a filosofia e purificar a mente da agitação e da insensatez, e de superar as dificuldades, de silenciar os cães que latem em sua cabeça. Para se preparar para o dia seguinte. Para refletir sobre o dia que passou... São limpadores de para-brisa espirituais, como disse certa vez a escritora Julia Cameron." (Holiday, *Stillness Is the Key* 55, 57)

Aja com uma cláusula de reserva

Segundo Epicteto, um Sábio ideal teria sua vontade tão perfeitamente alinhada com a de Deus que ele nunca desejaria nada que não ocorresse (*Discursos* 2.14.7). Mas será que isso é possível? Muitos de nossos desejos parecem ser involuntários. Não desejamos inevitavelmente beber quando estamos com sede, comer quando estamos com fome, descansar quando estamos cansados, dormir quando estamos exaustos e aliviar a dor quando estamos com dor de cabeça? E será que esses desejos não são, às vezes, insatisfeitos?

Para resolver esse problema, os estoicos defendiam, em parte, o desejo com o que os estudiosos posteriores chamaram de cláusula de reserva. Uma cláusula de reserva envolve o desejo com uma espécie de ressalva ou qualificador "se/então" (Sêneca, *Sobre a Tranquilidade* 13). Portanto, um estoico não pensaria: "Quero ir a Roma na segunda-feira", mas, sim, "Quero ir a Roma na segunda-feira se o destino permitir". Ou como Sócrates disse certa vez: "Irei até você amanhã, Lisímaco, como você propôs, se Deus quiser" (Platão, *Laques* 201c). Assim, é possível que todos os nossos desejos sejam realizados e que permaneçamos imperturbáveis, não importa o que aconteça. Nunca desejamos impiamente algo que seja contrário à vontade de Deus e, portanto, oposto ao bem geral do cosmos.

Você ouvirá com frequência pessoas religiosas modernas de diferentes tradições fazendo isso, dizendo coisas como "Vejo você na próxima semana, se Deus quiser!" Ou como diriam os muçulmanos, "Nos encontraremos no show amanhã, inshallah" (se Deus ou Alá quiser, e os ingressos para o show da Taylor Swift não forem falsos).

Outra técnica estoica para alinhar nossas vontades com o que quer que aconteça, de modo a nunca nos decepcionarmos, é simplesmente desejar que aconteça o que acontecer. No entanto, é difícil não ser um pouco mais específico no dia a dia, e é aí que a cláusula de reserva ganha importância e efetividade. Ela poderá ajudar de verdade, se Deus aprovar.

Os estoicos não exigem que todos saiamos por aí acrescentando essa frase em voz alta a cada desejo, promessa ou plano futuro. A intenção deles é que, pelo menos silenciosamente, assumamos a reserva e adaptemos nossas expectativas psicológicas à realidade de que o plano de Deus pode ou não se alinhar com o nosso, e que devemos incorporar isso ao nosso modo de pensar para evitar decepções ou estar em desacordo com os deuses.

Pratique o desconforto voluntário

Os estoicos acreditam que, se enfrentamos bem as adversidades, elas podem nos fortalecer e nos tornar mais resistentes. Por exemplo, uma pessoa acostumada com o clima frio acha mais fácil suportar o frio, e um atleta que tenha feito muitos treinos difíceis acha que esse treinamento exige menos esforço. Com base nessa percepção, alguns estoicos antigos adotaram e defenderam períodos esporádicos de autoprivação como forma de se endurecer e fortalecer a força de vontade. Eles acreditavam que isso também pode nos aliviar de preocupações desnecessárias. Muitas pessoas relativamente ricas, por exemplo, temem a possibilidade constante, por mais remota que seja, de ficar pobres. Então, Sêneca escreve a seu amigo e aconselha o seguinte sobre alimentação e outras coisas da vida cotidiana:

> Reserve um certo número de dias, durante os quais você se contentará com a alimentação mais barata e escassa, com vestes grosseiras e ásperas, dizendo a si mesmo: "É esta a situação que eu temia?" É justamente nos tempos livres de aflição que a alma deve se fortalecer com antecedência para ocasiões de maior provação — e é enquanto a Fortuna é favorável que ela deve se preparar contra sua possível violência. (*Cartas* 18, 5–6).

É um pouco parecido com a *praemeditatio malorum* como preparação para a adversidade, mas envolve mais do que fazer listas ou imaginar coisas; requer fazer algo prático de maneira diferente. Comer pão duro e beber apenas água por alguns dias. Dormir no chão. Muitos estoicos modernos praticam regularmente formas de desconforto voluntário, como tomar banho frio, fazer jejum intermitente, acordar bem cedo, dormir em pisos de madeira sem travesseiro e, pior ainda, deixar o celular de lado, desligar a televisão e ficar offline por um dia inteiro ou mais para viver como as pessoas viviam antigamente, por mais difícil que seja para a maioria de nós entender essa privação. Os estoicos acreditam que essas práticas não só melhoram a resiliência e a força de vontade em geral, como também podem trazer muitos benefícios emocionais e para a saúde. A pausa no rolar interminável de más notícias e comparações nas redes sociais, por si só, terá efeitos surpreendentes.

Contemple a impermanência

Conforme vimos no Capítulo 5, Marco Aurélio costumava sempre meditar sobre a impermanência de todas as coisas. Segundo os estoicos, a realidade é um fluxo em constante mudança no qual nada é permanente. O tempo é um caleidoscópio de padrões em constante mudança, um ciclo interminável de vir a ser e deixar de ser. Marco Aurélio escreve:

> A existência é como um rio em fluxo contínuo, suas ações uma sucessão constante de mudanças, suas causas, inumeráveis em sua variedade. Quase nada permanece imóvel — nem mesmo o que nos é mais imediato [...] Diante disso tudo, deve ser tolice alguém encher-se de ambição, atormentar-se em lutas ou indignar-se com a própria sorte — como se isso fosse algo duradouro ou capaz de afligi-lo por muito tempo. (*Meditações* 5.23).

A reflexão sobre a impermanência de todas as coisas pode contribuir para a paz interior porque nos sentimos menos incomodados com as dificuldades, sabendo que elas provavelmente não durarão, e menos apegados a coisas agradáveis que sabemos que são passageiras e se perdem com facilidade. Ao focar o fluxo de todas as coisas, percebemos que nada pode ser apreendido, agarrado, possuído ou permanentemente dominado. O fato de nos lembrarmos dessa impermanência também aumenta nosso entendimento do valor da vida. Como o monge budista Thich Nhat Hanh observa: "A impermanência nos ensina a respeitar e valorizar cada momento e todas as coisas preciosas ao nosso redor e dentro de nós."

No entanto, superficialmente, parece que estamos diante de um paradoxo. Os estoicos insistiam para que refletíssemos sobre a mudança e a impermanência justamente para nos livrar do apego indevido a coisas agradáveis ou negativas em nossa vida. A esperança deles é que, quando lembrarmos do fluxo do mundo, seremos mais capazes de dar o devido valor às coisas e de nos desapegar delas, sem nos apaixonar pelo que é passageiro ou nos afundar nas misérias dos desafios da vida.

DICA

Portanto, *carpe diem*! Aproveite o dia! Aproveite cada gota da graça do momento! Desfrute das coisas preciosas antes que elas desapareçam! Essa mentalidade, porém, não nos tornará ainda mais apegados ao que é momentâneo? A resposta certa é não. Desfrutar e apreciar, mesmo em altos patamares, não significa apego. Muitas vezes, andam de mãos dadas apenas porque as pessoas não entendem a diferença. É possível apreciar e desfrutar de algo sem precisar disso, sem se apegar a isso, sem vincular as emoções de modo doentio. E devemos apreciar cada momento exatamente dessa forma.

ISSO TAMBÉM PASSARÁ

O lendário técnico de futebol americano da Notre Dame, Lou Holtz, adorava que seus times corressem com a bola. Ele era naturalmente avesso aos passes. Ele gostava de dizer: "Quando você lança a bola, três coisas podem acontecer — duas delas são ruins. Não gosto das probabilidades." Essa frase provocava um sorriso até no rosto do mais fervoroso defensor do passe para a frente. Vocês, fãs de futebol americano, sabem o que ele queria dizer. Mas para todos os outros leitores, quando um quarterback lança a bola, é claro que ela pode ser pega por seu companheiro de equipe, o receptor previsto, para marcar pontos, fazer um first down ou até um touchdown. É o ideal. Mas também pode ser um passe não concluído e um desperdício de esforço, o que certamente é ruim. A bola lançada pode ser interceptada, agarrada por um jogador adversário, o que é muito ruim, pois dá a ele a posse de bola ou talvez até um touchdown. Então, podem acontecer três coisas, duas delas ruins. Foi por isso que o técnico disse que não gostava do emocionante jogo de passes que a maioria dos torcedores adora justamente por causa da emoção. Porém, quando você entrava no escritório do técnico da Notre Dame, via uma placa sobre sua mesa com uma grande sabedoria estoica para a vida e para o futebol, que dizia: "Isso também passará." Essa frase, ao mesmo tempo que nos lembrava da constante impermanência dos desafios que enfrentamos, talvez também tenha dado aos jornalistas esportivos e aos torcedores uma pontinha de esperança de que o técnico pudesse fazer algo além de mandar os jogadores correrem de vez em quando.

Se lembrarmos a nós mesmos de que "isso também passará", estaremos nos protegendo da sensação de empolgação com as coisas boas que acontecem e de sermos pressionados e derrotados pelas dificuldades que surgem na vida. A maioria das pessoas vive em uma montanha-russa emocional, sentindo-se empolgada demais com algumas coisas e deprimida demais com outras, atingindo níveis extremamente altos ou despencando para níveis muito baixos. Ter em mente a impermanência nos ajuda a controlar bem nossas emoções. Embora ainda possamos desfrutar das delícias e levar a sério os desafios, lembramos de sua evanescência.

Contemplar a impermanência de maneira adequada pode nos ajudar a aceitar o valor e, ao mesmo tempo, liberar a necessidade e o apego. Esse equilíbrio pode ser complicado, mas também crucial para uma vida de resiliência e paz interior.

Adote bons exemplos de comportamento

Os estoicos consideram importante ter bons exemplos a seguir. Para muitas pessoas, é mais fácil perceber o que é moralmente bom ao perguntar: "O que X, por exemplo, faria?", em vez de adotar um padrão complexo de raciocínio moral, que, por estarmos longe de ser perfeitos, poderíamos facilmente errar. Por isso, Sêneca cita e aprova o conselho de Epicuro de que é preciso "ter alguém a quem possa respeitar, alguém por cuja autoridade possa tornar ainda mais sagrado o seu santuário interior." (*Cartas* 11.9).

Sêneca acrescenta sua advertência por meio destas palavras:

> Escolhe alguém cuja maneira de viver, cujas palavras e cujo próprio rosto — como reflexo do caráter que o habita — tenham conquistado tua admiração. Tenha-o sempre diante de ti, seja como guardião, seja como modelo. Há, a meu ver, uma necessidade real de alguém que sirva como padrão contra o qual possamos medir nosso próprio caráter. Sem uma régua reta com a qual comparar, não corrigiremos o que está torto. (*Cartas* 11.10)

LEMBRE-SE

Um bom exemplo a ser seguido pode proporcionar um padrão concreto e um lembrete vívido do que significa ter uma vida virtuosa. Em situações difíceis, precisamos nos lembrar de uma pessoa assim. O que ela faria? O que aconselharia ou apoiaria?

Para alguns fãs dos estoicos, esses mesmos filósofos podem estar entre os exemplos a serem seguidos. O que Epicteto diria? O que Marco Aurélio faria ou, pelo menos, reclamaria de não ter feito ao escrever em seu diário no final do dia? Um bom exemplo, até um personagem de ficção, se trazido à mente de maneira suficientemente vívida, pode nos ajudar a ter mais resistência diante de desafios e decepções e, ao mesmo tempo, mais serenidade na maneira de seguir em frente.

Concentre-se no que você pode controlar

Conforme vimos no Capítulo 9, Epicteto recomenda que nos concentremos naquilo que podemos controlar. Ele exagera ao afirmar que as coisas externas "não são nada para nós" (*Discursos* 1.29.23, 3.4.14) e que devemos evitar os desejos por coisas que estão fora de nosso controle (*Discursos* 4.1.84, *Manual* 14). Sua saúde, a felicidade de sua filha, o bem-estar de seu cão, seus resultados escolares, seu desempenho no trabalho, a segurança de seu carro, seu casamento e seus planos de aposentadoria merecem grande cuidado e preocupação, embora nenhuma dessas coisas seja totalmente controlável.

Mas Epicteto certamente tem razão quando diz que as pessoas geralmente se preocupam desnecessariamente com coisas sobre as quais não têm nenhum controle. Se o voo atrasa, por exemplo, ficar estressado com isso é apenas um desperdício de energia e uma negatividade inútil. Sempre que você se depara com o inevitável, deve escolher entre reagir a ele com uma mentalidade positiva ou negativa, e a positividade é sempre melhor. A positividade sempre é a melhor escolha. A positividade irradia boa energia para as pessoas ao redor e nos permite pensar com mais clareza e criatividade, e agir de maneira mais adequada para resolver qualquer desafio que enfrentamos. Ao redirecionarmos o coração e a mente para aquilo sobre o que temos certo controle, nos permitimos um pouco dessa positividade. É uma percepção de valor permanente, uma sabedoria estoica que todos deveríamos levar a sério e incorporar em nosso cotidiano.

Como sugerimos no Capítulo 9, as coisas com as quais nos deparamos na vida não são divididas de maneira tão fácil e simples entre "as que podemos controlar e as que não podemos controlar" ou entre duas categorias exclusivas de "coisas que estão dentro ou fora de nosso poder", como Epicteto parece ter pensado. É mais como um espectro variando um pouco em cada situação, e nos encontraremos em algum lugar nesse espectro: no final, onde não temos controle, ou mais perto do lado em que temos uma quantidade impressionante de controle, ou pelo menos influência. Podemos não ter controle total em uma situação, como acontece na maioria das vezes, mas ainda assim ter certa influência ou domínio. Essa influência pode mudar com o tempo, para cima ou para baixo no espectro, aumentando ou diminuindo à medida que as coisas mudam, o que, como acabamos de ver, acontece com frequência. Porém, em qualquer momento e lugar, nos tornaremos mais resilientes e desfrutaremos de mais paz e positividade se focarmos mais aquilo sobre o que provavelmente podemos fazer algo e liberarmos, por enquanto, tudo o que estiver mais longe de nosso controle ou de nossa influência.

LEMBRE-SE

Cultivar a sabedoria, ou como diriam os estoicos clássicos, em direção à sabedoria, nos permite desenvolver discernimento para saber o que aceitar e o que abandonar, e isso pode ser, como Epicteto sempre quis, algo muito libertador.

Refreie seus desejos por coisas externas

Assim como os budistas, os estoicos consideram o desejo a principal fonte de insatisfação e descontentamento. Almejamos amor, popularidade, promoções no emprego e sucesso financeiro ou nos esportes, e ficamos desapontados quando não conseguimos. Então qual é a solução? Não é erradicar todos os desejos, como Epicteto às vezes exagera ao dizer (*Discursos* 4.4.33, *Manual* 48), pois isso não é possível ou desejável de fato. O desejo é o que nos motiva, e a pessoa que não possui nenhum desejo pode se extinguir rapidamente com a morte. Os desejos mais básicos nos mantêm vivos. Os desejos mais elevados nos transformam nas pessoas que somos capazes de ser.

Uma estratégia mais sensata é refrear os desejos e canalizá-los de maneira mais saudável. É isso que os estoicos fazem quando deixam de enfatizar o valor de coisas indiferentes como riqueza, poder, fama, status e prazer e, em vez disso, enfatizam a importância da sabedoria e da virtude. Não há nada de errado em desejar coisas como saúde, bons relacionamentos e sucesso financeiro, mas não devemos dar tanto valor a ponto de ficarmos arrasados se não conseguimos alcançá-las de acordo com os níveis desejados. Não existe resiliência saudável ou paz de espírito sem algum domínio sobre os desejos. Eles não devem ser exagerados nem direcionados a objetos indignos. Precisamos estar no comando de nossos desejos, e não o contrário.

DICA

Existe um exercício espiritual ou filosófico à nossa disposição para administrar os desejos. Se nos sentimos arrasados por uma decepção, ou talvez excessivamente eufóricos por uma conquista, de tal forma que nossas emoções, atitudes e ações se afastem de uma rotina saudável, devemos procurar identificar imediatamente qualquer desejo que possa estar por trás do distúrbio emocional. O que é? Por que está acontecendo? O que pode ser feito para atenuar ou, mais propriamente, controlar esse desejo? Podemos começar a assumir o controle de nossa vida emocional de maneira mais saudável se somos autoconscientes e capazes de gerenciar os desejos.

A arte do desejo, quando cultivada e praticada com sabedoria, pode fazer com que desejemos algo bom e correto. Segundo os estoicos, apetites inflados ou mal direcionados causam problemas e decepções sem fim. Lao Tzu disse: "Não há calamidade maior do que os desejos pródigos." Os estoicos concordariam totalmente.

Pratique o *Amor Fati*

No Capítulo 4, analisamos a visão de Epicteto sobre aceitação radical. Ele acreditava que deveríamos aceitar tudo o que acontece na vida, não apenas de modo relutante ou resignado, mas com alegria e gratidão. Essa é a ideia do que Nietzsche mais tarde chamou de *amor fati* ou amor ao destino. Para os estoicos, isso está enraizado na crença em uma ordem mundial providencial. Como vimos, eles acreditavam que Deus está no controle absoluto dos eventos do mundo e que todas as coisas acontecem para o melhor. Deus cuida para que até mesmo os desastres evidentes, como enchentes, terremotos, pragas e fome, sejam revertidos para o bem do Universo a longo prazo. E, se assim for, acreditavam os estoicos, seria impróprio e ímpio resmungar ou reclamar de qualquer coisa que aconteça. Mesmo que você sofresse todas as calamidades de Jó, deveria recebê-las e aceitá-las, pois, segundo a Bíblia, "os julgamentos do Senhor são verdadeiros e justos juntamente" (Salmos 19:9). E isso se aplica aos estoicos que chamam Logos de Senhor.

Conforme observamos antes, não está claro se é psicologicamente possível amar e acolher com sinceridade *tudo* o que nos acontece na vida. Se for fervido em óleo, você pode dizer e fingir que está amando o que acontece com você, se tentar de verdade, talvez com muito esforço, ser um estoico; no entanto, é improvável que seja isso que você realmente está sentindo e acreditando. Também não está claro se é apropriado reagir a todos os acontecimentos com uma aceitação alegre e grata. Se sua filha foi agredida e espancada, como você deve reagir? Nesses casos, falar de "amor ao destino" e aceitação com gratidão parece descabido. Entre isso e a raiva extrema, é mais provável que haja uma faixa adequada de reação.

Fica claro por que os estoicos valorizavam tanto a aceitação radical: ela poderia, sem dúvida, contribuir para a paz de espírito. Uma pessoa que aceita sincera e profundamente um evento não será perturbada ou incomodada por sua ocorrência. Ou, pelo menos, não em um primeiro momento. Mas é importante ter em mente que a aceitação estoica se aplica apenas a eventos passados e presentes.

Se meu cachorro cai em um poço, os estoicos ensinam que não devo me preocupar, pois reflete a vontade sábia e boa de Deus. Porém, o fato de meu cachorro ter caído no poço não implica que Deus queira que ele fique lá e se afogue, e que eu não faça nenhum esforço para salvá-lo. Nada no ensinamento estoico implica que eu deva aceitar a morte inevitável do meu cachorro como resultado da situação. Os eventos passados e presentes, na visão estoica, revelam perfeitamente a vontade de Deus, mas é difícil determinar sua vontade *futura*. Se eu acreditar que meu cachorro pode ser salvo, sentirei um desejo urgente de resgatá-lo, tornando impossível a perfeita paz de espírito nessa situação.

Portanto, embora a aceitação estoica possa ser um importante auxílio para a paz interior, ela não a garante totalmente. A absoluta imperturbabilidade parece ser um ideal impossível para criaturas tão vulneráveis, sensíveis e ambiciosas como nós. No entanto, a prática da aceitação como um hábito, sempre que possível e adequado, realmente nos ajudará tanto com a resiliência quanto com a serenidade interior, que é uma bênção e um incentivo na medida que vivemos em um mundo de oportunidades e desafios. Tranquilidade suficiente pode ser um conceito útil nesse caso e em todos os lugares em nossa jornada.

Em suma, os estoicos criaram um impressionante kit de práticas e técnicas para estimular a resiliência emocional e a paz interior. Muitas pessoas descobrem que esses lembretes e exercícios as ajudam a ter uma vida melhor, mais feliz e menos ansiosa.

6 Estoicismo Hoje

NESTA PARTE...

Conheça alguns estoicos modernos e seu trabalho emocionante.

Explore o que acontece no estoicismo moderno e contemporâneo.

NESTE CAPÍTULO

- » **Explorando o popular ressurgimento do estoicismo em nossa época**
- » **Traçando a ascensão do estoicismo moderno**
- » **Apresentando os principais nomes do movimento do estoicismo moderno**

Capítulo 19

O Estoico ao Lado: Renascimento Popular Hoje

Como vimos no Capítulo 5, o estoicismo morreu de fato como um movimento organizado não muito tempo após a morte de Marco Aurélio, em 180 d.C. Após 500 anos de muito êxito como uma das filosofias de vida mais populares da Antiguidade, ele finalmente enfraqueceu como uma estrela do rock envelhecida, sucumbiu e deu seu último suspiro.

Com o lento desmoronamento do paganismo e do Império Romano nos anos que se seguiram à morte de Marco Aurélio, o estoicismo foi substituído por filosofias e crenças mais consoladoras, como o cristianismo e o neoplatonismo, que tinham mais apelo nas massas.

Após o triunfo do cristianismo nos séculos IV e V da Era Comum, a filosofia estoica foi quase universalmente vista como uma filosofia pagã panteísta e materialista que tinha visões perigosamente equivocadas sobre Deus, a alma, o destino, o objetivo da vida e a vida após a morte.

Conforme vimos, o estoicismo continuou a ter alguma influência após a era romana. Os principais ensinamentos estoicos sobre lei natural, Providência divina, virtudes cardeais, submissão à vontade divina e controle das paixões e dos desejos indisciplinados foram absorvidos pelo pensamento e pela prática cristã. Os escritos dos antigos filósofos estoicos, como Sêneca, Epicteto e Marco Aurélio, bem como aqueles fortemente influenciados pelos estoicos, como Cícero, continuaram a ser lidos nos tempos medievais e modernos, e exerceram grande influência sobre os principais pensadores, como Boécio, Erasmo, Montaigne, Descartes, Spinoza, David Hume, Adam Smith, Jean-Jacques Rousseau e Immanuel Kant. No entanto, na prática, o estoicismo essencialmente desapareceu quando Marco Aurélio deu seu último suspiro em um forte romano na fronteira gélida do Danúbio. Deixou de ser uma "opção de vida" intelectual e espiritual para qualquer pessoa, exceto para os poucos escolhidos.

Avançando para o presente. O estoicismo está em alta. Líderes de empresas e celebridades o adotaram. Os livros sobre o tema estão no topo das listas dos mais vendidos no país e presentes em abundância nas seções de filosofia das livrarias. Os principais jornais, revistas e outros meios de comunicação de massa têm noticiado extensamente o ressurgimento popular do estoicismo; blogs, podcasts, congressos e grupos online voltados para o assunto explodiram em popularidade. Além, é claro, das camisetas. Boa parte desse interesse renovado pelo estoicismo está concentrada nos Estados Unidos, um país que não costuma ser conhecido por acolher calorosamente as filosofias antigas ou outros "ismos" eruditos originários de terras distantes. Neste capítulo, perguntamos: O que explica esse extraordinário renascimento? O que levou a isso? O que explica o enorme e surpreendente apelo da filosofia estoica antiga em nossa época? Quais são os principais nomes do movimento estoico moderno e o que eles estão dizendo?

Ascensão do Estoicismo Moderno

Se voltarmos para, digamos, meados da década de 1960, o estoicismo não era de grande interesse para os acadêmicos nem para os leitores em geral. Um exemplo: consulte o verbete sobre estoicismo na prestigiosa *Enciclopédia de Filosofia*, com oito volumes, publicada em 1967. O verbete é curto, bem mais curto na verdade, do que os verbetes sobre assuntos em voga na época, como a teoria da função recursiva (não pergunte) e a teoria linguística de a priori (novamente, não pergunte). Uma olhada na bibliografia do verbete estoicismo também revela algo interessante. Com exceção de uma referência a uma obra sobre lógica estoica, uma obra sobre física estoica e um livro sobre estoicismo romano publicado originalmente em 1911, todas as citações são de obras de acadêmicos franceses ou alemães. Não há uma única citação a qualquer obra recente em inglês sobre ética ou filosofia estoica em geral. Nada. Nadinha. Zero.

O que poderia explicar um registro tão intrigante? Duas coisas. Primeiro, a filosofia em geral estava em baixa em meados da década de 1960. Esse foi o apogeu da filosofia linguística, quando a maioria dos filósofos profissionais acreditava que seu trabalho era esclarecer questões e desfazer confusões por meio da análise da linguagem, em vez de se pronunciar sobre a existência de Deus, o significado da vida ou outras questões filosóficas tradicionais. O estoicismo se preocupava essencialmente com duas coisas — a natureza última da realidade e a natureza da vida boa — que a maioria dos filósofos acreditava não fazer parte de suas funções. Também não havia demanda entre os estudantes por cursos sobre estoicismo na maioria das faculdades e das universidades.

Em segundo lugar, embora os acadêmicos de língua inglesa desenvolvessem trabalhos importantes sobre Platão e Aristóteles, eles tinham pouco interesse no estoicismo ou em outras filosofias helenísticas. Além de alguns poucos trabalhos acadêmicos sobre física e lógica estoicas, e da importante tradução e comentário em inglês em dois volumes de A. S. L. Farquharson sobre *Meditações* de Marco Aurélio (1944), que nem mesmo a mãe dele deve ter lido, praticamente nenhum livro de destaque sobre o estoicismo foi publicado por acadêmicos anglo-americanos entre meados da década de 1920 e meados da década de 1960.

Os terapeutas

As primeiras manifestações de interesse renovado no estoicismo foram, de fato, na psicologia, não na filosofia. A partir do final da década de 1950, começaram a surgir formas de psicoterapia que se baseavam fortemente no pensamento estoico. A primeira foi a terapia racional emotiva (hoje chamada de terapia racional emotiva comportamental ou TREC), fundada pelo psicólogo norte-americano Albert Ellis (1913–2007). Baseando-se em parte nas teorias psicológicas de Alfred Adler (1870–1937), Ellis argumentou que "a dor ou o distúrbio emocional [...] geralmente se origina em algumas ideias irracionais ou ilógicas". Assim como os estoicos, ele acreditava que a ansiedade, a depressão e muitos outros problemas psicológicos têm raízes em "pensamentos irrealistas, ilógicos e autodestrutivos". A "causa dos transtornos", segundo ele, "está principalmente nas pessoas, não no que acontece com elas".

As origens filosóficas da TREC, segundo Ellis, remontam "especialmente a Epicuro e aos filósofos estoicos Epicteto e Marco Aurélio". Ao tratar os pacientes, Ellis costumava citar o ditado de Epicteto de que "as pessoas são perturbadas não pelas coisas, mas pela visão que têm delas". Em 1961, Ellis se uniu ao psicólogo Robert Harper para escrever *A Guide to Rational Living*, que se tornou um dos livros de autoajuda mais vendidos de todos os tempos e colocou a filosofia estoica no radar de milhões de leitores comuns.

Outra modalidade de psicoterapia que surgiu um pouco mais tarde que a TREC, e também foi influenciada pelo estoicismo, é a terapia cognitivo-comportamental (TCC) ou terapia cognitiva, para abreviar. Fundada por Aaron Beck no início e em meados da década de 1960, a TCC é atualmente a modalidade mais popular de psicoterapia. De acordo com Beck, a premissa básica da TCC — que "a visão que o indivíduo tem de si mesmo e do mundo particular é fundamental para o comportamento" — "teve origem na filosofia estoica grega". De acordo com a TCC, os distúrbios psicológicos comuns, como depressão, ansiedade, paranoia e transtorno do pânico, são causados por "vieses sistemáticos no processamento de informações", ou seja, por pensamentos defeituosos e disfuncionais. A depressão, por exemplo, geralmente se deve a visões irracionalmente negativas de si mesmo e do futuro. O transtorno de ansiedade normalmente é produto de uma sensação exagerada de perigo físico e psicológico. O medo mórbido do palco costuma ser causado por um pensamento "catastrofizado" que exagera os riscos de falar em público. E assim por diante.

CUIDADO

Os terapeutas cognitivos ajudam os pacientes a "corrigir o processamento de informações defeituosas" e "modificar as suposições que mantêm comportamentos e emoções desajustados". Embora semelhante à TREC em muitos aspectos, a terapia cognitiva se diferencia pelo fato de considerar o processamento de informações errôneo como desajustado, mas não necessariamente irracional. Ao contrário da TREC, a TCC insiste também no fato de que diferentes transtornos psicológicos muitas vezes decorrem de formas radicalmente diferentes de pensamento errôneo e exigem terapias muito diferentes. Embora o estoicismo, uma visão de mundo e filosofia de vida em grande escala, diferencie-se nitidamente da TREC e da TCC, que são apenas terapias clínicas voltadas para a cura de distúrbios psicológicos, são semelhantes por considerarem o pensamento errôneo como a principal fonte de infelicidade humana e de problemas emocionais e comportamentais.

Os anos 1960

Além desses desenvolvimentos na psicologia, na década de 1960, surgiram novas tendências importantes na filosofia que ajudaram a preparar o caminho para o atual renascimento do estoicismo. Conforme observado no Capítulo 1, uma delas foi a crescente popularidade no Ocidente do budismo, do hinduísmo e de outras sabedorias orientais tradicionais. Assim como o estoicismo, o budismo e o hinduísmo, pelo menos em algumas vertentes, adotam o panteísmo e a impermanência. Eles também enfatizam a importância do desapego e da paz de espírito, o papel do desejo na causa do sofrimento e da infelicidade, e a necessidade de controlar emoções prejudiciais à saúde, como raiva, preocupação, inveja, ganância e medo.

CUIDADO

O budismo e o hinduísmo diferem, claro, em aspectos importantes do estoicismo. O estoicismo, por exemplo, rejeita a reencarnação, que é fundamental tanto para o budismo quanto para o hinduísmo. Também não há contrapartidas na maioria das vertentes do budismo e do hinduísmo para as doutrinas estoicas do materialismo, da virtude como o único e suficiente bem, e do "otimismo cósmico" (a visão de que este é o melhor de todos os mundos possíveis). Ainda assim, há semelhanças marcantes entre o estoicismo, o hinduísmo e o budismo que, sem dúvida, ajudaram a preparar o caminho para um ressurgimento do estoicismo.

Dois outros avanços na filosofia durante a década de 1960 também devem ter contribuído para o interesse renovado no estoicismo. Um deles foi o existencialismo, que teve enorme popularidade nas décadas de 1950 e 1960. Em termos gerais, o existencialismo é uma filosofia que enfatiza a liberdade individual, a autenticidade, o individualismo, a escolha, o compromisso e a responsabilidade. Entre os principais existencialistas estão Søren Kierkegaard, Jean-Paul Sartre, Albert Camus, Karl Jaspers e Martin Heidegger. A popularidade do existencialismo nessa época chamou mais a atenção do público para a filosofia como algo relevante para nossa vida cotidiana e a maneira como pensamos sobre o que fazemos e como vivemos. É preciso desenvolver esse assunto.

Existencialismo

Embora alguns fãs do estoicismo tenham afirmado que existem grandes semelhanças entre o estoicismo e o existencialismo, na verdade existem grandes diferenças. Os existencialistas, por exemplo, tipicamente rejeitam o materialismo, o panteísmo, o destino, a virtude como o único bem, a lei natural e a objetividade dos valores, todos adotados pelos estoicos (ou pelo menos pelos antigos estoicos). No entanto, existem semelhanças concretas entre os dois pontos de vista. Uma delas envolve a noção de "desespero" de Sartre. (Os existencialistas sempre falavam sobre temas leves como abandono, desamparo, suicídio, angústia, morte e desespero. A maioria,possivelmente, não era muito divertida em festas). Em sua famosa palestra de 1945, "O Existencialismo É um Humanismo", Sartre define o desespero como o reconhecimento de que o mundo, e especialmente as ações de outras pessoas, estão fora do meu controle e que, portanto, devo me limitar ao que está "dentro da minha própria vontade". Ele escreve:

> Além do ponto em que as possibilidades em consideração deixam de afetar minha ação, devo me desinteressar [...] Quando Descartes disse: "Conquiste a si mesmo em vez de conquistar o mundo", o que ele quis dizer foi, no fundo, o mesmo [...]

Claramente, a noção de "desespero" de Sartre (a palavra francesa é *désespoir*, que significa falta de esperança e não conota tristeza sombria, como *desespero*) é semelhante à ideia de Epicteto de que devemos focar o que podemos controlar e deixar o restante para lá.

Ética da virtude

Outro avanço na filosofia mais recente que teve um impacto claro sobre o ressurgimento do estoicismo foi a redescoberta e a crescente popularidade da ética da virtude nas décadas de 1950 e 1960 no trabalho de especialistas em ética, como Elizabeth Anscombe e Philippa Foot, mais tarde, do extremamente influente Alasdair MacIntyre. De acordo com a ética da virtude, o principal foco da teoria moral deve ser as questões de caráter, virtude e sabedoria, e não a maximização de boas consequências ou a identificação de regras morais corretas, como defendia a maioria das teorias éticas dominantes na época. A ética da virtude trouxe uma atenção renovada para os estoicos, porque o estoicismo era um exemplo perfeito de filosofia antiga que adotava a ética da virtude. Na ética estoica, o principal foco está nos bons hábitos morais e nas intenções, e não nas consequências da ação, porque as consequências estão fora de nosso controle, são externas e não devem ser motivo de preocupação.

Além disso, o estoicismo priorizava claramente a virtude, a sabedoria e o bom caráter, e não fazia nenhum esforço sistemático para formular qualquer código detalhado de regras morais, embora Cícero, como amigo da filosofia, faça um pouco disso em seu livro de influência estoica, *On Duties*. À medida que a ética da virtude ganhou força na filosofia moral nas décadas de 1960 e 1970, bem como nos anos posteriores, houve naturalmente um novo interesse pelo estoicismo.

Renovação do trabalho acadêmico

Quaisquer que sejam as causas exatas, houve um aumento significativo na atenção acadêmica ao estoicismo que começou no final dos anos 1960 e início dos anos 1970. Entre as principais obras sobre o tema publicadas nesse período estão *The Meaning of Stoicism* (1966) de Ludwig Edelstein, *The Stoic Theory of Knowledge* (1966) de Gerard Watson, *Stoic Philosophy* (1969) de John Rist, *The Philosophy of Chrysippus* (1970) de Josiah B. Gould, o volume editado *Problems in Stoicism* (1971), de A. A. Long, e sua monografia *Hellenistic Philosophy* (1974). Desde então, livros acadêmicos sobre o estoicismo continuaram a ser publicados e, na última década, transformaram-se em uma enxurrada.

O interesse acadêmico renovado pelo estoicismo começou a atrair uma modesta atenção profissional na década de 1960. Mas, e o interesse popular generalizado pelos estoicos? Quando o estoicismo passou a ser o fenômeno popular que é atualmente? Como saltou das salas de conferências e das coleções de bibliotecas para as listas de best-sellers de nossa época?

Atenção cultural

Um grande catalisador foram os escritos do almirante James Stockdale em 1970 e 1980. Stockdale foi prisioneiro de guerra no Vietnã do Norte por mais de sete anos. No cativeiro, Stockdale suportou condições brutais e foi torturado repetidas vezes. Após sua libertação, ele deu crédito a Epicteto por tê-lo ajudado a sobreviver e a enfrentar a terrível provação. Em abril de 1978, cinco anos após sua libertação, Stockdale publicou um artigo intitulado "The World of Epictetus" na revista *Atlantic*, que despertou grande interesse popular pelos estoicos. Mais tarde, Stockdale escreveu diversos livros, incluindo *A Vietnam Experience* (1984) e *Courage Under Fire: Testing Epictetus's Doctrines in a Laboratory of Human Behavior* (1993), gerando um burburinho semelhante. Por sua liderança e heroísmo, Stockdale recebeu a Medalha de Honra do Congresso. Em 1992, foi o candidato a vice de Ross Perot em sua fracassada candidatura à presidência, o que chamou ainda mais a atenção para seu apreço pelo estoicismo.

Outro marco importante no ressurgimento popular do estoicismo foi a publicação, em 1998, do romance de Tom Wolfe, *Um Homem por Inteiro*, um best-seller número 1 do *New York Times*. O romance de Wolfe conta a história de dois homens muito diferentes que se convertem a um tipo rigoroso de estoicismo epictetiano, o que muda totalmente a vida deles. Inspirado em parte pelas experiências de Stockdale no Vietnã e incluindo diversas citações de Epicteto, o romance despertou o interesse pelo estoicismo nos leitores não acadêmicos.

INCURSÕES PELA FILOSOFIA POPULAR

Um dos coautores (Tom) recebeu um telefonema urgente em 1998 da editora de seu então recente livro *E Se Aristóteles Dirigisse a General Motors*, pedindo que parasse o que estava fazendo e escrevesse um livro sobre os estoicos rapidamente, em noventa dias, muito antes da atual onda de interesse pelo estoicismo. O romance de Tom Wolfe, *Um Homem por Inteiro*, tinha acabado de estrear no topo da lista dos mais vendidos do *New York Times* e apresentava o estoicismo em seu enredo o suficiente para despertar, mas não satisfazer, a curiosidade dos leitores sobre essa filosofia antiga. Tom falava para empresas da Fortune 500 sobre a sabedoria das eras e viu de perto a oportunidade de interpretar a filosofia antiga para a vida moderna e os desafios atuais dos negócios. Ele havia distribuído alguns escritos pessoais sobre Sêneca e Marco Aurélio para CEOs que o convidavam para palestrar para os executivos de suas empresas e públicos ainda mais amplos. Assim, ele conseguiu fazer o trabalho no prazo exigido. Mas, quando entregou o manuscrito completo, seu editor recebeu a má notícia de que o livro de Wolfe saíra da lista e não havia mais interesse em uma obra popular sobre os estoicos.

Passaram-se mais seis anos até que alguém quisesse publicar *The Stoic Art of Living*. Tom sempre desejou ter na capa a frase "Dezenas de exemplares impressos", para refletir as vendas anteriores à popularização do estoicismo. No entanto, entre as dezenas de pessoas que leram o livro, muitos líderes corporativos relataram que foi o único que leram duas ou três vezes, de capa a capa, sem parar, terminando a última página e recomeçando na primeira. Um deles disse: "Todos os profissionais de finanças deveriam ler este livro imediatamente". E isso porque Tom havia destacado as joias de sabedoria dos escritos estoicos que poderiam ajudar as pessoas no momento de suas vidas e carreiras. O objetivo não era um estudo aprofundado da doutrina estoica, mas focar os pensamentos estoicos que poderiam ajudar as pessoas no presente. Portanto, ele estava trabalhando com afinco há muito tempo na tarefa que autores como Ryan Holiday transformaram em um império. E ele, assim como seu coautor do livro atual, entende o que é preciso para traduzir, interpretar e, às vezes, reformular ideias antigas em um modo que possa ter um impacto positivo e poderoso no presente. Os puristas sempre se queixarão. Mas, no fim das contas, a filosofia não é um patrimônio precioso dos departamentos universitários, a ser protegido e guardado apenas para alguns, mas um empreendimento incrível e de importância vital que precisa ser introduzido

(Continua)

no mix cultural em todas as épocas. Aqueles que o fizerem bem serão formados em cursos acadêmicos sérios, e outros simplesmente terão um interesse intelectual aguçado, um entusiasmo pessoal e um talento para a comunicação que pode difundir ideias de maneira ampla no zeitgeist.

CUIDADO

Antes disso tudo, os escritos do estudioso clássico francês Pierre Hadot (1922–2010) despertaram um interesse popular considerável no estoicismo e na filosofia antiga de modo mais geral na França, como acontece até hoje. Os livros de Hadot, muito lidos, *Exercises spirituels et philosophie antique* (1981, traduzido para o inglês em 1995 como *Philosophy As a Way of Life*), *La citadel intérieure* (1992, traduzido para o inglês em 1998 como *The Inner Citadel*) e *Qu'est-ce que la philosophie antique?* (1995, traduzido para o inglês em 2002 como *What Is Ancient Philosophy?*), popularizaram a ideia da filosofia como um modo de vida, em vez de apenas uma "disciplina" que se estuda, como cálculo ou química orgânica; apresentaram aos leitores franceses as práticas da psicologia estoica, como a visão de cima, a premeditação das adversidades e o foco no momento presente; e refutaram com eficácia a ideia até então comum de que os estoicos eram soturnos, impassíveis e totalmente desprovidos de emoção. Ao contrário de muitos filósofos franceses de sua época, Hadot escrevia de maneira clara e envolvente, e direcionava seus livros tanto para acadêmicos quanto para leitores em geral. Suas obras tiveram um grande impacto, não só na França, mas também nos Estados Unidos e na Grã-Bretanha, quando foram traduzidas para o inglês.

A noção de que os antigos estoicos eram indivíduos rígidos, emocionalmente contidos, que defendiam uma atitude do que David Hume chama de "apatia sombria" também foi muito criticada no importante livro de Lawrence Becker, *A New Stoicism* (1998; edição revisada em 2017). Becker (1939–2018) foi um importante filósofo norte-americano, especializado em ética e filosofia política. Ele ficou interessado no estoicismo, em parte, por causa de sua luta contra a poliomielite durante toda a vida. Preso a uma cadeira de rodas desde criança, Becker digitava todos os seus livros e muitos artigos acadêmicos usando os dedos dos pés. Em *A New Stoicism*, ele tenta imaginar como seria o estoicismo nos dias atuais se nunca tivesse sucumbido na Antiguidade, mas continuado a evoluir e se aperfeiçoar em resposta à ciência moderna e às correntes intelectuais subsequentes em geral. O resultado é uma forma de estoicismo que mantém a tradicional ênfase na virtude e na "felicidade" (reconcebida por Becker como uma forma de "atuação ideal", em vez de qualquer tipo de estado mental prazeroso ou "sentir-se feliz"), mas que abandona totalmente o discurso sobre a cosmologia estoica, Deus, providência, lei natural, vida após a morte e muitos outros ensinamentos estoicos tradicionais.

Becker argumenta de maneira persuasiva que "nenhum estoico jamais defendeu a ideia de que a vida do Sábio deveria ser vazia de afeto, emoção e paixão", mas admite que os antigos estoicos eram muito negativos em relação a diversas coisas que hoje chamaríamos de "emoções". Ele argumenta que os estoicos clássicos adotaram uma visão exagerada da autossuficiência, por isso foram rápidos demais em acreditar que a vida do Sábio seria desprovida de emoções (*A New Stoicism*, ed. rev., 151). Uma versão atualizada aceitável do estoicismo reconheceria que até os Sábios podem experimentar "paixões que um aristotélico consideraria extremamente desmedidas" (p. 149).

CUIDADO

O livro de Becker é muito erudito e, às vezes, até técnico, por isso não foi amplamente lido por leitores não acadêmicos quando publicado pela primeira vez. No entanto, teve um grande impacto em autores posteriores, como os filósofos William Irvine e Massimo Pigliucci, que também buscaram oferecer versões atualizadas do estoicismo e popularizaram muitas das ideias de Becker.

Principais Nomes do Estoicismo Moderno

Assim, no final da década de 1990, surgiu um interesse renovado pelo estoicismo, mas não chegava nem perto de ser o fenômeno de massa que é hoje. Isso foi, em grande parte, resultado de quatro escritores — William Irvine, Donald Robertson, Massimo Pigliucci e, talvez acima de tudo, Ryan Holiday — que conseguiram repaginar o estoicismo de uma forma nova e atraente, repercutindo entre os leitores atarefados e estressados. Neste capítulo, traçamos o perfil desses quatro cavaleiros do estoicismo moderno.

William B. Irvine

O primeiro grande catalisador para a atual ascensão do movimento do estoicismo moderno foi a publicação, em 2009, de *A Guide to the Good Life: The Ancient Stoic Art of Joy*, de William B. Irvine.

O histórico de Irvine

Irvine é um filósofo profissional, formado pela UCLA, que lecionou por quase quatro décadas na Wright State University e agora está aposentado. No início de sua carreira, ele se dedicou à ética e à filosofia política, sendo autor de dois livros acadêmicos provocativos sobre direitos dos pais que argumentavam, entre outras coisas, que estes deveriam ser licenciados e que a eugenia é aceitável sob determinadas condições. Mais tarde, Irvine diz que perdeu o interesse em escrever para outros filósofos profissionais e começou a dirigir seus pensamentos aos leitores em geral. Em 2005, ele publicou *On Desire: Why We Want What We Want*, um estudo abrangente e multidisciplinar que explora a ciência do desejo e, também, como devemos pensar sobre ele se nosso objetivo for a felicidade duradoura e a paz de espírito. Em uma prévia de seu trabalho posterior sobre estoicismo, Irvine argumenta que o segredo para a felicidade duradoura é aprender a desejar o que temos, sem tentar moldar o mundo aos nossos desejos.

Em uma postagem em seu blog intitulada "On Becoming a 21st Century Stoic", Irvine diz que, quando estava escrevendo *On Desire*, pensava em se tornar um Zen Budista. No entanto, isso mudou quando ele se aprofundou em sua pesquisa. Ele concluiu que o Zen Budismo se opunha demais à razão e ao rigor analítico, e não oferecia nenhuma garantia de melhora rápida da vida e paz interior. Nos estoicos, porém, que ele passou a ler seriamente pela primeira vez, descobriu exatamente o que procurava: uma filosofia de vida prática que valoriza a razão, adaptável ao mundo moderno e oferece técnicas comprovadas para reduzir o estresse, lidar com as adversidades e atingir a paz interior e o contentamento. Foi assim que ele se tornou um estoico praticante e começou a escrever *A Guide to the Good Life*.

Para a surpresa de Irvine, o livro causou um grande impacto quando lançado no final de 2008 (com data de copyright de 2009). Ao contrário de *On Desire*, voltado para acadêmicos e leitores em geral, *A Guide to the Good Life* é obviamente para um público não acadêmico. Ele é claro, envolvente, repleto de histórias interessantes e relatos pessoais, e quase totalmente sem jargões. Por que o livro foi tão bem aceito? Um breve resumo dos principais pontos deixará claro o motivo.

O pensamento de Irvine

Segundo Irvine, o estoicismo oferece uma filosofia de vida simples e prática que ajuda a refrear as emoções negativas, a intensificar as emoções positivas, como a alegria e o prazer, e conduz à paz interior e a uma maior satisfação com a vida. Os antigos estoicos descobriram um conjunto completo de técnicas eficazes para reduzir as emoções negativas e alcançar uma vida feliz e tranquila (*Guide*, p. 245). Essas técnicas incluem práticas psicológicas como a visualização negativa (imaginar que coisas ruins estão acontecendo com você para reduzir seu possível impacto), focar o que você pode controlar, o desconforto voluntário e uma prática regular de atenção plena e meditação (*Guide*, Parte 2). Elas também incluem conselhos poderosos, como se importar pouco com aspectos externos, como fama, riqueza e status; reconhecer que os seres humanos são animais inerentemente sociais e ser conscientes no cumprimento de seus deveres sociais para com os outros; aprender a controlar emoções prejudiciais à saúde, como raiva, frustração e tristeza; desenvolver resistência mental e resiliência emocional diante de insultos, exílio, velhice e outras adversidades; praticar o minimalismo e um estilo de vida simples; e não temer a morte (*Guide*, Parte 4).

Irvine prossegue dizendo que, infelizmente, os estoicos misturaram muita filosofia ruim, ciência e teologia ultrapassadas com essas técnicas psicológicas poderosas e conselhos úteis. Mas não há problema, porque o estoicismo pode ser facilmente "modernizado" para manter o que é proveitoso e descartar o que é falso ou ultrapassado (*Guide*, p. 242).

O próprio Irvine se tornou um estoico moderno praticante e descobriu que é muito eficiente para reduzir as emoções negativas, aumentar a satisfação em relação à vida e alcançar maior paz de espírito e experiências frequentes de alegria e prazer estoicos (*Guide*, p. 275). Um estoicismo modernizado do tipo que ele "personalizou (*Guide*, p. 244) e "remendou" (*Guide*, p. 242) com base em diversos escritores estoicos antigos e perspectivas modernas não é, reconhecidamente, para todos. As pessoas têm personalidades, valores e circunstâncias diferentes, portanto não existe uma filosofia de vida que funcione para todos (*Guide*, p. 246 e 248). Mas Irvine afirma que "o estoicismo é uma maneira maravilhosamente eficaz de alcançar a tranquilidade" (*Guide*, p. 246). Qualquer pessoa que compartilhe sua crença de que a tranquilidade é o objetivo adequado da vida (*Guide*, p. 274) deve experimentar o estoicismo. Há pouco a perder e potencialmente muito a ganhar (*Guide*, p. 279).

DICA

É evidente que é um conteúdo poderoso. Uma maneira simples, prática e baseada em evidências de eliminar emoções ruins, nutrir emoções boas e encontrar alegria, felicidade e paz interior! Para muitos leitores, Irvine parecia ter descoberto a pílula da felicidade há muito esquecida, uma cura psicológica virtual para tudo. É difícil imaginar por que, na época, não havia comerciais de TV à noite com números de telefone 0800 divulgando esse extraordinário tônico.

Conclusões sobre Irvine

Mas espere, os leitores atentos podem estar pensando. Quão "estoico" é o estoicismo modernizado e "remendado" de Irvine? O que aconteceu com Logos, a alma como fragmentos do divino, a virtude como o único bem e objetivo da vida, a aceitação radical, a providência, o destino, a lei natural, a cidadania cósmica, os paradoxos estoicos, a vida após a morte, os ciclos cósmicos eternamente recorrentes — todas essas coisas boas sobre as quais os antigos estoicos sempre falavam? Não existem mais. A maioria nem sequer é mencionada por Irvine. O estoicismo, na versão dele, se transformou em psicologia popular e em uma série de dicas para a vida focadas quase que exclusivamente no controle das emoções negativas e na obtenção da tranquilidade. Irvine vem promovendo um poderoso tônico que ele chama de "estoicismo", mas dá poucas pistas aos leitores desavisados de que isso é muito diferente do estoicismo histórico verdadeiro.

O próprio Irvine não se intimida com essas críticas. Ele observa, com razão, que a maioria dos leitores "não se preocupa em preservar a pureza do estoicismo. Para eles, a questão é: isso funciona?" (*Guide*, p. 245). E ele está certo ao afirmar que um estoicismo modernizado, como o que ele defende, muitas vezes "funciona" (assim como o budismo, o taoismo, a terapia cognitiva, a meditação transcendental e, possivelmente, o antigo druidismo, se praticados da maneira correta). O estoicismo, praticado com seriedade, pode comprovadamente reduzir o estresse, melhorar as habilidades de enfrentamento, desenvolver resiliência emocional, refrear emoções doentias e aumentar a felicidade. Mas o estoicismo modernizado de Irvine é o *verdadeiro* estoicismo ou é apenas psicologia popular com um toque estoico, uma versão diluída da filosofia, algo como uma cerveja Miller Lite aguada, em comparação com a bebida vigorosa destilada pelos antigos?

Para nós, em grande parte, é a última. A antiga crença estoica de que a virtude é (1) o único bem verdadeiro, (2) necessária e suficiente para o florescimento humano (*eudaimonia*) e (3) o objetivo adequado da vida não é um acessório que um novo estoicismo "personalizado" possa descartar. Está no cerne do estoicismo autêntico e define como ele se diferenciava das outras filosofias antigas, como o platonismo, o aristotelismo e o cinismo, que também enfatizavam a virtude e o florescimento humano. O mesmo se aplica à crença estoica de aceitação radical. Para os antigos estoicos, como Epicteto, a aceitação está no centro do significado da virtude. Como apontam os estoicos modernos Massimo Pigliucci e Gregory Lopez, o tipo de estoicismo de Irvine "se torna epicurista" em sua afirmação de que a tranquilidade, e não a virtude, é o objetivo da vida (*A Handbook for New Stoics*, p. 316).

CUIDADO

O *Guide* de Irvine tem como subtítulo "The Ancient Stoic Art of Joy" [A Antiga Arte Estoica da Alegria, em tradução livre], e ele fala muito no livro sobre como o estoicismo pode levar a experiências mais frequentes de alegria e prazer. Isso certamente ajudou nas vendas do livro, pois, no que diz respeito às emoções, a alegria e o prazer são duas das mais populares. Mas, como vimos, os antigos estoicos usavam a "alegria" (*chara*, em grego) de maneira muito específica. Os primeiros e clássicos estoicos reconheciam apenas três "boas paixões": alegria (*eupatheiai*), desejo (*boulesis*) e cautela (*eulabeia*). Apenas os Sábios, ou os perfeitamente sábios, podem experimentar qualquer uma dessas boas paixões, e todas são direcionadas exclusivamente à virtude ou ao vício. Só a alegria é uma emoção no sentido moderno. A alegria, na doutrina estoica, é uma "exaltação razoável" sobre a posse atual de uma virtude completa. O desejo é um "esforço razoável" para a posse futura e contínua da virtude perfeita, e a cautela é uma "evitação razoável" de vícios futuros ou perda de virtude (Diógenes Laércio, *Vida* 7.116).

Conforme vimos, os antigos estoicos acreditavam que os Sábios são extremamente raros; como consequência, as experiências de "alegria" estoica também o são. Irvine cita diversas passagens de Sêneca e Musônio (*Guide*, p. 7-8), mas sem alertar os leitores de que esses escritores falavam de alegria em um sentido específico e fora do padrão. O próprio Irvine usa "alegria" de uma forma incomum, interpretando-a como "um tipo de prazer sem objeto — um prazer não de qualquer coisa em particular, mas de tudo isso" —, o simples e surpreendente fato de que o mundo existe e de que se é capaz de viver nele (*Guide*, 275). A alegria, no sentido particular de Irvine, é certamente um sentimento maravilhoso, mas obviamente não tem *nada a ver* com o antigo conceito estoico de alegria, que tinha como foco a posse da virtude, além de um sentimento positivo.

CUIDADO

Igualmente enganosa é a discussão de Irvine sobre o que ele chama de emoções positivas e negativas. Ele observa, com razão, que os antigos estoicos não eram totalmente contra as emoções; como vimos, eles admitiam que há "boas paixões", que há "pré-paixões" que não são de modo algum culpáveis, e que muitos afetos que atualmente chamaríamos de emoções (por exemplo, o amor dos pais) são "preferidos" e estão de acordo com a natureza, portanto são valiosos e lícitos. Mas Irvine afirma, de maneira equivocada, que o objetivo estoico "não era banir a *emoção* da vida, mas banir as *emoções negativas*" (*Guide*, p. 7), ao mesmo tempo em que nutria "emoções positivas — especialmente a alegria" (*Guide*, p. 10). Isso faz com que o estoicismo soe extremamente sensato e agradavelmente atual. Quem não quer se livrar das "emoções negativas" e experimentar apenas as "positivas"? Não seríamos todos muito mais felizes e o mundo não seria um lugar muito melhor se todos pudéssemos experimentar emoções positivas e nos livrar de todas as negativas? Isso não é filosofia, mas um discurso emotivo e feliz de publicitários e políticos. E, mais uma vez, o que isso tem a ver com a antiga visão estoica das emoções, que, conforme vimos, em sua forma padrão, rejeitava categoricamente a piedade, a empatia, a tristeza, o medo da dor e da morte de entes queridos, e todas as outras emoções ("positivas" ou "negativas") que se originavam de falsas crenças sobre o que era realmente bom ou ruim? A preocupação de Irvine tem muito pouco a ver com esses temas genuinamente estoicos.

De modo geral, portanto, o *Guide to the Good Life* de Irvine oferece uma imagem atraente, porém enganosa, do estoicismo. Mas o livro vendeu muito bem e atraiu fãs e imitadores. O lado positivo é que conseguiu o que Irvine esperava: reavivou o estoicismo e o tornou novamente uma opção viva para as pessoas que buscam uma filosofia de vida prática e eficaz que faça sentido no mundo moderno. O atual e vibrante movimento do estoicismo moderno, de diversas maneiras, deriva em grande parte do livro de Irvine. No entanto, o lado negativo é que esse livro popular estabeleceu um precedente infeliz e lançou uma série de livros, blogs e podcasts no estilo Irvine que oferecem versões radicalmente despojadas e simplificadas do "estoicismo", que na verdade são pouco mais do que uma miscelânea de trechos de psicologia popular filosoficamente simplificados. É necessário acrescentar que nem todos os imitadores e sucessores de Irvine se enquadram nessa categoria. Alguns oferecem versões do estoicismo moderno que, embora voltadas para leitores não especializados, são sofisticadas e harmonizam-se razoavelmente bem com o estoicismo autêntico, mas com acréscimos e atualizações modernos plausíveis.

Donald Robertson

Um dos estoicos modernos mais conhecidos é o psicoterapeuta escocês Donald Robertson. Ele é autor de diversos livros sobre estoicismo, incluindo o excelente *Estoicismo e a Arte da Felicidade* (2013) e, mais recentemente, *Pense Como um Imperador* (2019), *Verissimus: The Stoic Philosophy of Marcus Aurelius* (uma graphic novel, em coautoria com Zé Nuno Fraga, 2022), e uma biografia de Marco Aurélio pela Yale University Press (2024).

O histórico de Robertson

Nascido em Irvine, na Escócia, Robertson foi criado em uma família de classe trabalhadora na vizinha Ayr, abandonou a escola aos 16 anos e foi inserido em um programa especial para crianças problemáticas. Como ele explica em *Pense Como um Imperador*, a vida dele começou a mudar no final da adolescência, quando passou a ler os *Diálogos* de Platão e descobriu Sócrates.

Robertson se formou em computação na Ayr e fez mestrado em filosofia intelectual (ou filosofia da mente) na University of Aberdeen. Mais tarde, migrou para psicologia e se tornou psicoterapeuta clínico e instrutor de terapeutas em Londres por anos, especializando-se em terapia cognitivo-comportamental (TCC).

Aos 30 anos, descobriu os escritos do estudioso clássico francês Pierre Hadot e ficou impressionado com as semelhanças entre o estoicismo e a TCC. Desde então, Robertson tem sido um dos membros mais ativos e respeitados do movimento do estoicismo moderno, sendo autor de diversos livros, cofundador da organização sem fins lucrativos Modern Stoicism em 2012, atuando como proprietário/moderador do popular grupo de filosofia estoica no Facebook e um no LinkedIn, e fundando o Plato's Academy Centre em 2021, dedicado a reabilitar o local original da Academia de Platão no subúrbio de Atenas como um local de discussão filosófica e literária. Robertson tem um site na plataforma online Substack intitulado "Stoicism: Philosophy as a Way of Life", onde publica um blog, uma newsletter por e-mail, um podcast, entrevistas e oferece cursos esporádicos para assinantes pagos. Ele se mudou para o Canadá em 2013 e atualmente divide seu tempo entre o Canadá e a Grécia.

O pensamento de Robertson

Como psicoterapeuta experiente, Robertson está particularmente interessado nas maneiras pelas quais o estoicismo e a psicoterapia (especialmente a terapia racional emotiva comportamental [TREC] e a terapia cognitivo-comportamental [TCC]) estão relacionados. Em livros como *The Philosophy of Cognitive-Behavioural Therapy* (CBT) (2010), *Build Your Resilience* (2012), *Estoicismo e a Arte da Felicidade* (2013) e *Pense Como um Imperador* (2019), Robertson explora esses paralelos em detalhes. Ele observa que o estoicismo foi uma grande influência filosófica tanto na TREC quanto na TCC, e que muitas técnicas terapêuticas empregadas por essas psicoterapias são semelhantes a alguns exercícios espirituais estoicos. Por exemplo, tanto o estoicismo quanto a TCC consideram que os problemas psicológicos, como ansiedade, depressão, paranoia, introversão mórbida e transtornos de pânico, geralmente têm origem em pensamentos ruins, o que a TCC chama de "transtornos cognitivos" ou "interpretações disfuncionais". Além disso, ambos empregam técnicas como a meditação de atenção plena; imagens decatastrofizantes, que envolvem visualizar por que os eventos futuros provavelmente não serão tão horríveis quanto se teme; distanciamento cognitivo, uma maneira de criar espaço mental entre você e uma situação, permitindo uma perspectiva mais racional e objetiva; representação objetiva, separando seu juízo de valor de uma coisa da coisa em si; e "a visão de cima", que recomenda olhar para uma situação de uma perspectiva mais ampla ou mais "cósmica".

A versão preferida de Robertson do estoicismo moderno é uma mistura de temas estoicos clássicos e estratégias psicoterapêuticas extraídas da TCC. Embora a TCC e o estoicismo compartilhem alguns pontos em comum, também apresentam diferenças notáveis. Os principais contrastes incluem:

- O estoicismo é uma visão de mundo e uma filosofia de vida abrangentes; a TCC é uma modalidade de psicoterapia que visa a curar ou aliviar determinados transtornos psicológicos.

» O estoicismo é uma teoria normativa que adota um conjunto claro de valores (por exemplo, que a virtude é o único bem e o fim último da vida); a TCC é um ramo da ciência terapêutica baseada em evidências que se concentra exclusivamente em distúrbios psicológicos e é neutra em questões de valor, como o *summum bonum* (bem supremo), o valor dos indiferentes, as virtudes cardeais, a importância dos deveres sociais, o serviço para o bem comum e se a virtude é gradual.

A TCC emprega diversas técnicas terapêuticas que não têm paralelos nos ensinamentos estoicos e, em alguns casos, entram em conflito com a doutrina estoica clássica. Por exemplo, Robertson observa que uma técnica terapêutica comum usada na TCC é o esclarecimento de valores. No esclarecimento de valores, o terapeuta utiliza o questionamento socrático para ajudar o paciente a ter uma visão mais clara dos valores que tem atualmente. Ao contrário do estoicismo, na TCC não são feitos julgamentos sobre a correção desses valores; os terapeutas cognitivos estão interessados nos valores dos pacientes apenas na medida em que são considerados disfuncionais, não na medida em que são "irracionais" ou "incorretos". Além disso, ao contrário do estoicismo, a TCC não vê todas as emoções intensas e que impedem a razão (mesmo as "negativas", como medo, raiva, tristeza e luxúria) como "ruins" ou "irracionais". Na verdade, como Robertson observa, os terapeutas cognitivo-comportamentais muitas vezes tentam *provocar* emoções intensas nos pacientes como uma forma de "inoculação de estresse" para criar mais resistência a distúrbios emocionais no futuro. As antigas visões estoicas e modernas da TCC sobre a emoção são, portanto, muito diferentes e, de fato, incompatíveis em alguns aspectos.

Conclusões sobre Robertson

DICA

Ao contrário de Irvine, que geralmente apresenta uma visão unilateral do estoicismo antigo, Robertson é um guia muito confiável das crenças e das práticas estoicas clássicas. Seu livro *Estoicismo e a Arte da Felicidade* (2013) é uma das melhores e mais claras introduções ao pensamento estoico. Os leitores devem estar cientes, entretanto, de que a versão do estoicismo moderno que Robertson apresenta inclui uma boa dose de psicologia moderna que nem sempre combina com alguns ensinamentos estoicos antigos. Assim como Irvine, ele oferece uma versão modernizada do estoicismo que omite qualquer conceito de um Deus panteísta, da Providência divina, da vida após a morte, da alma como um fragmento do divino, da lei natural, do *amor fati* e de muitas outras ideias centrais do antigo pensamento estoico. Dito isso, Robertson é um escritor excelente e envolvente, e um guia perspicaz sobre os estoicismos antigo e moderno.

Massimo Pigliucci

Entre os principais estoicos modernos, o maior peso-pesado filosófico é, sem dúvida, Massimo Pigliucci (pronuncia-se *pi-lli-u-tchi*; o "g" é mudo, ao contrário do próprio Massimo, por sorte), que atualmente é professor de filosofia do K. D. Irani no City College of New York.

O histórico de Pigliucci

Nascido na Libéria e criado em Roma, Pigliucci tem doutorado em genética, biologia evolutiva e filosofia. Autor de mais de uma dúzia de livros, ele é ateu declarado e escreveu extensivamente em defesa da ciência e contra o criacionismo, o design inteligente e a pseudociência. Em um artigo de opinião publicado em 2015 no *New York Times*, Pigliucci anunciou que havia se tornado estoico praticante. Dois anos depois, ele publicou *How to be A Stoic*, uma obra importante do movimento estoico moderno.

O pensamento de Pigliucci

Em *How to be a Stoic*, Pigliucci explica que se sentiu atraído pelo estoicismo por ser "uma filosofia racional e científica que inclui uma metafísica com dimensão espiritual, é explicitamente aberta a revisões e, mais importante, é eminentemente prática" (*How to Be a Stoic*, p. 5). Baseando-se principalmente em Epicteto, ele explora no livro o que significa adotar um estilo de vida estoico, bem como os diversos exercícios psicológicos que os estoicos podem usar para progredir na prática do estoicismo no cotidiano. Assim como Irvine, Pigliucci fala muito pouco sobre física, lógica ou teologia estoicas; ele foca apenas o que considera ser os ensinamentos práticos do estoicismo.

Também como Irvine e Robertson, Pigliucci acredita que o estoicismo precisa ser atualizado em alguns aspectos para se adequar à ciência e aos valores modernos. Ele ressalta, por exemplo, que a ciência demonstrou que não temos tanto controle sobre nossas crenças, nossos sentimentos e desejos quanto Epicteto supunha. Não se pode, por exemplo, apenas decidir não acreditar que a Alemanha perdeu a Segunda Guerra Mundial; a crença de que isso aconteceu automaticamente acompanha sua percepção das evidências comprobatórias. Pigliucci também nega que os estoicos devam acreditar em qualquer tipo de poder superior.

Em um livro mais recente, *A Field Guide to a Happy Life* (2020), Pigliucci explora mais detalhadamente quais atualizações do estoicismo histórico ele acredita serem necessárias, especialmente em relação a seu estoico favorito, Epicteto. Entre as mudanças que ele recomenda, estão:

- » As coisas externas não precisam ser desprezadas ou evitadas, como Epicteto recomendava.
- » Não há necessidade de cultivar a indiferença à derrota humana, como Epicteto também afirmava.
- » Nenhum Logos ou outro poder superior precisa ser invocado. Em especial, os estoicos modernos não precisam acreditar que o Universo inteiro é um animal racional e o cosmos é providencialmente direcionado (*Field Guide*, p. 118-124).
- » Não se deve falar em lei natural. "Até onde sabemos, não existem leis éticas, nenhum legislador, nenhuma essência cósmica. Somente a experiência e a sabedoria humanas" (*Field Guide*, p. 137).

- » A virtude não é o único bem. As coisas externas, como a saúde e a amizade, também são bens, embora de categoria inferior (*Field Guide*, p. 113). Embora esses bens muitas vezes estejam fora de nosso controle, eles também merecem nossa atenção e nosso foco.
- » A sólida doutrina epictetiana do *amor fati* (amor ao destino) deve ser suavizada. Ao falar de dificuldades ou adversidades, ele diz: "Você não pode amar algo que não seja o resultado da benevolente Providência. Mas pode aceitar com equanimidade o que quer que aconteça, alegrando-se quando as coisas acontecem do seu jeito, e com serenidade quando não acontecem" (*Field Guide*, p. 135).

Conclusões sobre Pigliucci

Pigliucci intitula o estoicismo atualizado, que inclui essas e outras mudanças que ele sugere, de "estoicismo 2.0". Juntas, representam grandes mudanças. São grandes demais? Se você descartar todo o lado religioso do estoicismo, a ideia de que a virtude é o único bem verdadeiro, a crença na aceitação radical e a ideia de que as coisas externas devem ser indiferentes, você modificou o estoicismo ou o descartou? Quais ensinamentos são elementos centrais e definidores do estoicismo verdadeiro? O estoicismo 2.0 de Pigliucci preserva adequadamente essas características? Uma pessoa não estoica, como Sócrates ou Cícero, poderia adotar o estoicismo 2.0 de Pigliucci de modo substancial? Quais ensinamentos você considera inegociáveis e básicos para o estoicismo? É uma pergunta delicada que abordaremos no próximo capítulo.

Ryan Holiday

O estoico moderno mais conhecido atualmente é, de longe, o ex-marqueteiro e guru de relações públicas Ryan Holiday, autor ou coautor de diversos best-sellers voltados para o estoicismo, incluindo *Diário Estoico* (2016), *O Obstáculo É o Caminho* (2014), *O Ego É seu Inimigo* (2016) e *A Quietude É a Chave* (2019), além de ser bastante ativo nas redes sociais e apresentador do popular podcast ***Daily Stoic*** e de e-mails diários.

O histórico de Holiday

Ao contrário de Irvine e Pigliucci, Holiday não é um filósofo profissional com formação acadêmica. Sua formação é interessante e diferente. Nascido em Sacramento, ele abandonou a faculdade aos 19 anos para trabalhar como assistente de pesquisa para Robert Greene, autor dos livros assumidamente maquiavélicos, *As 48 Leis do Poder* (1998), *A Arte da Sedução* (2001) e outras obras polêmicas. Na faculdade, Holiday fez amizade com Tucker Max, autor de clássicos do humorismo "fraticida" como *Espero que Sirvam Cerveja no Inferno* (2006), *Assholes Finish First* (2010) e *Sloppy Seconds: The Tucker Max Leftovers* (2012). Foi pelos conselhos de Max e do Dr. Drew Pinsky que Holiday descobriu os escritos de Marco Aurélio e Epicteto, cujas pérolas de sabedoria ele colou nas paredes do dormitório na faculdade.

CASOS E CAUSOS

Quando ainda tinha 20 e poucos anos, Holiday trabalhou como diretor de marketing e, mais tarde, como consultor da American Apparel, a gigantesca rede de marketing e de fabricação de roupas com sede em Los Angeles que implodiu pouco depois de Holiday sair da empresa. Foi durante sua gestão na American Apparel que ele publicou uma exposição impactante e amplamente lida sobre o lado mais sujo da mídia digital, *Acredite, Estou Mentindo* (2012), em que admitiu ter se envolvido em todos os tipos de artes obscuras para manipular a mídia e vender produtos. Quando se mudou para um pequeno rancho perto de Austin, Texas, Holiday publicou *O Obstáculo é o Caminho* (2014), que se tornou um best-seller número 1 do *Wall Street Journal*. Esse livro deu início à sua carreira como especialista em estoicismo e proeminente palestrante de autoajuda e motivação. Desde então, ele escreveu diversos livros com temática estoica, incluindo *O Ego É seu Inimigo* (2016), *Diário Estoico* (2016), escrito em parceria com Stephen Hanselman, *A Quietude É a Chave* (2019) (best-seller número 1 do *New York Times*), *O Chamado da Coragem* (2021) e *Disciplina É Destino* (2022). Até o momento, seus livros venderam mais de seis milhões de cópias.

O pensamento de Holiday

Holiday é o menos "acadêmico" dos quatro principais estoicos modernos que já descrevemos. Seus livros e suas postagens no blog são muito envolventes e se assemelham um pouco mais aos grandes escritores motivacionais do passado recente, de Norman Vincent Peale até os dias atuais, ou, às vezes, até mais parecidos com um texto publicitário moderno extremamente eficaz do que com a prosa filosófica convencional. Segue uma pequena amostra de sua escrita em *O Obstáculo É o Caminho*, falando sobre a importância da persistência:

> Não há problema em ficar desanimado. Não há problema em desistir. É *para ser* difícil. As primeiras tentativas *não darão certo*. Isso vai exigir muito de você, mas a energia é um recurso que sempre pode ser ampliado. É um recurso renovável. Pare de procurar por uma epifania e comece a procurar por pontos fracos. Pare de procurar por anjos e comece a procurar por ângulos. Há opções. Acomode-se para o longo prazo e tente todas as possibilidades, assim você chegará lá. (*O Obstáculo É o Caminho*, p. 80-81)

Observe a linguagem curta e direta, o tom inspirador e motivacional, e o foco claramente prático e orientado para o sucesso. É quase como se Zig Ziglar ou Tony Robbins estivesse interpretando Aristóteles. É muito eficiente. Os livros de Holiday trazem muitas histórias inspiradoras envolventes, bem contadas e citações perspicazes, embora pouco apresentem de raciocínio filosófico ou análise criteriosa. No entanto, é um estilo e uma mensagem que repercutem em milhões de pessoas que, de outra forma, jamais pegariam um livro de filosofia. Pelos inúmeros elogios que podem ser encontrados na internet, ele está ajudando a levar a visão a muitas pessoas que precisam de incentivo ou de um pouco de "vantagem" naquilo que buscam realizar.

Na sinopse da sobrecapa, a popular editora de Holiday, a Portfolio/Penguin o descreve como "um dos filósofos vivos mais vendidos do mundo". Deixaremos para outros debaterem se Holiday é ele próprio um filósofo ou se é apenas um estudante de filosofia muito talentoso, uma espécie de evangelizador do conhecimento e um homem de relações públicas indispensável para os antigos, que canaliza muitos dos grandes filósofos em podcasts diários. Mas isso levanta a questão filosófica mais ampla do que é ser filósofo, tanto no sentido antigo quanto nos tempos modernos. Sócrates não tinha nada parecido com um doutorado, mas era um mestre da análise e do pensamento novo e formador.

LEMBRE-SE

Talvez Holiday esteja mais próximo do sentido de "modo de vida" e "terapia da alma" da filosofia como um chamado do que a grande maioria dos atuais professores de filosofia em faculdades e universidades. Talvez não importe se ele é considerado um "pensador estoico" ou um "coach de vida estoico". Mas é importante observar que ele, assim como outros defensores modernos do estoicismo, não é um estoico 100% tradicional. A exemplo de seu herói Marco Aurélio, Holiday é um pouco eclético e mistura elementos não estoicos em seu ensopado filosófico.

Por exemplo, assim como seu mentor Robert Greene, ele costuma falar sobre estratégias para obter sucesso na carreira, desempenho excepcional e superação da concorrência. Portanto, em seu livro de fácil leitura sobre a virtude estoica cardeal do autocontrole, *Disciplina É Destino,* há capítulos intitulados "Vista-se para o sucesso", "Limpe sua mesa", "Foco, foco, foco", "Aguente firme" e "Seja melhor". Estamos no universo do sucesso pessoal do clássico *Pense e Enriqueça*, de Napoleon Hill, ou *As 48 Leis do Poder*, de Robert Greene, e, aparentemente, a muitos quilômetros de distância do estoicismo antimundano de Epicteto, iniciado pelos socráticos e inspirado pelos cínicos, com seu discurso frequente sobre não se importar com as coisas externas, "desprezar" o corpo, refrear seus desejos e se contentar com o que tem.

CUIDADO

Ou considere o capítulo de Holiday intitulado "Certo é aquilo que funciona" em *O Obstáculo É o Caminho*. Nesse capítulo, ele sugere uma abordagem para o sucesso na vida e na carreira que ele chama de "pragmatismo radical" (*O Obstáculo É o Caminho*, p. 101). Isso envolve "focar os resultados em vez de métodos bonitos", acreditando que "se você tem uma missão importante, tudo o que importa é cumpri-la", não se preocupando com "como você derruba seus adversários, [...] apenas que os derrube" e, em geral, adotando a mentalidade de que o que é certo é "qualquer maneira que funcione" (*O Obstáculo É o Caminho*, p. 99–100). O que esse tipo de pragmatismo "os meios justificam o fim" tem a ver com o estoicismo clássico? Absolutamente nada. Na verdade, é claramente antitético ao estoicismo clássico, que enfatiza a virtude, a objetividade moral, a justiça e o bem comum. Novamente, estamos no mundo amoral e orientado para o sucesso de *As 48 Leis do Poder*, de Greene, e longe da ética socrática dos estoicos, que ensina que "nunca é certo fazer algo errado" (Platão, *Críton* 49a), que a virtude é o único bem e que "não faz diferença se estás com frio ou aquecido, desde que faças o que é apropriado" (*Meditações* 6.2).

É importante ter isso em mente ao ler Holiday e a maioria dos estoicos modernos: o que lemos em alguns momentos pode não representar o estoicismo legítimo, mas uma perspectiva moderna que se infiltrou em um mundo de ideias muito diferente daquele habitado por Epicteto ou Marco Aurélio. No entanto, por isso, muitos leitores estão tendo acesso a fragmentos da sabedoria antiga, misturados com a ética do " faça o que puder" da literatura moderna sobre desenvolvimento pessoal e grandes realizações.

Conclusões sobre Holiday

Não é de surpreender que Holiday tenha sido criticado por acadêmicos que se opõem ao que chamam de suas "apresentações simplificadas" dos ensinamentos estoicos, sua aparente falta de preocupação com a análise minuciosa e o rigor acadêmico, sua tentativa de converter o estoicismo em um mantra de desempenho excepcional e sucesso pessoal, e seu extraordinário êxito em ganhar fama e fortuna com o que, por vezes, pode parecer uma abordagem relativamente informal dos detalhes e das exigências da tradição estoica clássica.

Como ficou claro nos capítulos anteriores, concordamos com essas avaliações. Elas levantam questões importantes sobre a natureza e o papel da filosofia em nossa época. Exploraremos essas preocupações com mais detalhes no próximo capítulo, no qual consideraremos os prós e os contras do estoicismo moderno, e levantaremos questões sobre o que é a adoção ou a transformação de um modo de pensar e viver antigo, de maneira que possamos dizer que fazemos em nossa época o que os diversos pensadores antigos fizeram na época deles, e em continuidade com as tradições de pensamento e ação que eles criaram, em vez de apenas criar nossa própria coletânea de temas instantâneos inseridos no ritmo característico de nossa época.

Considerando tudo, é difícil não ficar impressionado com o talento, a ética de trabalho e as conquistas de Holiday. Ele é claramente escritor, contador de histórias, palestrante e estrategista excepcional que, em uma idade incrivelmente jovem e com grande esforço e determinação, construiu um império de negócios baseado na filosofia grega e romana antigas. De qualquer forma, isso é um feito e tanto. Há uma espécie de gênio presente em seu tratamento de um mosaico de materiais de séculos passados, bem como em sua capacidade de traduzir esses ensinamentos de maneira que as pessoas ocupadas, estressadas e ambiciosas de hoje consigam entender. Ele sempre busca fazer as coisas de forma historicamente correta e, na maioria das vezes, é bem-sucedido naquilo que outros poderiam errar.

Embora filósofos profissionais qualificados possam torcer o nariz para o sucesso de divulgadores como Holiday, não podemos nos esquecer do resultado: milhões de pessoas que nunca teriam lido um livro de filosofia agora estão lendo e discutindo com entusiasmo Sêneca, Epicteto e Marco Aurélio, e pensando sobre as grandes questões da vida. Como ex-professores de filosofia que passaram toda a carreira profissional trabalhando para inspirar esse entusiasmo por grandes pensadores e suas ideias, só nos resta brindar a essa notável conquista.

NESTE CAPÍTULO

» Descrevendo o estoicismo moderno

» Analisando as principais diferenças entre os estoicismos antigo e moderno

» Avaliando os prós e os contras: versões antigas e modernas

Capítulo 20

Estoicismo Moderno

No capítulo anterior, contamos a história de como o estoicismo — uma antiga filosofia grega e romana há muito considerada ultrapassada e extinta — ressurgiu sob o disfarce de um estoicismo moderno reformulado e se tornou o enorme e crescente movimento cultural popular que é atualmente.

Neste capítulo, analisaremos essa versão moderna. O que é exatamente? Como difere do estoicismo histórico? É estoicismo de verdade ou, como alguns críticos afirmam, apenas uma marca de psicologia popular com toque estoico? Quais são seus principais pontos fortes e fracos? E o que seu futuro nos reserva? O estoicismo moderno tem força real de permanência ou está destinado a ser um pontinho na tela em constante mudança da cultura contemporânea, um lampejo no tempo?

O que É Estoicismo Moderno?

Antes de avaliarmos honestamente seus prós e contras, precisamos ter uma visão clara do que é o estoicismo moderno. Porém, isso é complicado, pois, como vimos no último capítulo, o movimento moderno é diversificado e assume muitas formas.

Por exemplo, algumas versões do estoicismo moderno se aproximam bastante dos ensinamentos históricos do estoicismo antigo, enquanto outras propõem grandes mudanças. Há três tipos de mudanças importantes: rejeições, omissões e acréscimos.

DICA

Todas as versões do estoicismo moderno rejeitam certos ensinamentos estoicos clássicos. Por exemplo, todos os estoicos modernos rejeitam aspectos ultrapassados da física estoica, como um Universo centrado na Terra, a noção de que existem quatro elementos físicos essenciais (terra, ar, fogo e água) e a possibilidade de prever o futuro por meio da leitura das entranhas dos animais ou outros métodos antigos de adivinhação. Além disso, nenhum estoico moderno defenderia os ensinamentos estoicos culturalmente datados sobre temas como escravidão (veja Diógenes Laércio, *Vida* 7.23), infanticídio (Sêneca, "Sobre a Ira" 1.15), aceitação do canibalismo e do incesto (Long e Sedley, *The Hellenistic Philosophers*, 430-31) e noções sexistas de que as mulheres "nascem para obedecer" (Sêneca, "Sobre a Constância" 2.1) e devem, portanto, permanecer dentro de casa (Mosônio Rufo, *Lectures and Sayings* 4.5).

Outras doutrinas clássicas do estoicismo são rejeitadas por muitos estoicos modernos, mas não todos. Embora a maioria dos principais representantes do estoicismo contemporâneo seja agnóstica ou ateia — e, portanto, não concorda com a ideia de um Deus panteísta —, os chamados estoicos tradicionais, como Chris Fisher, mantêm a crença em Logos como um animal racional vivo do qual todos somos partes (Chris Fisher, "What Is Traditional Stoicism?", online). Da mesma forma, estoicos modernos, como Ryan Holiday e Matthew Van Natta, preservam uma crença estoica sólida no *amor fati* (o amor e a aceitação alegre de todos os acontecimentos), ainda que a maioria dos estoicos atuais prefira formas menos exigentes de aceitação.

Por fim, determinados ensinamentos históricos do estoicismo são rejeitados apenas por uma minoria entre os estoicos modernos. Por exemplo, poucos — se é que há algum — parecem seguir Massimo Pigliucci (*Field Guide*, p. 113) com relação à negação de princípios estoicos clássicos como de que a virtude é o único bem e de que as coisas externas não possuem valor substancial.

LEMBRE-SE

A rejeição explícita é apenas uma das formas pelas quais os estoicos modernos, por vezes, alteram as crenças do estoicismo antigo. Outra forma comum é a *omissão*. Muitos estoicos contemporâneos simplesmente *não mencionam* diversos aspectos centrais do ensinamento estoico clássico. Em geral, isso inclui praticamente toda a física, a lógica e a teologia estoicas, bem como alguns dos ensinamentos éticos mais desafiadores ou improváveis, como a ideia de que todos os vícios são igualmente graves, que qualquer pessoa que não seja perfeitamente virtuosa é inteiramente perversa, que não se deve sentir pesar diante da morte de filhos ou amigos (Sêneca, *Cartas* 74; Epicteto, *Manual* 3), e que devemos "desprezar" o corpo e os prazeres físicos (veja Marco Aurélio, *Meditações* 2.2; Sêneca, *Cartas* 51, 59, 92; Epicteto, *Discursos* 3.21, 4.79). Conforme vimos no capítulo anterior, a prática de escolher apenas o que nos interessa do estoicismo antigo, ignorando o restante em silêncio, é um dos motivos para o surpreendente renascimento popular do estoicismo nos dias atuais. Se a única comida italiana que você tivesse experimentado fossem almôndegas apimentadas com molho de tomate, seria correto dizer que você ama a culinária italiana — ou seria mais certo afirmar apenas que você ama almôndegas apimentadas com molho de tomate?

Uma terceira maneira pela qual alguns estoicos modernos têm modificado os ensinamentos clássicos do estoicismo é pelo *acréscimo de coisas* que os estoicos antigos não apenas não sustentavam, como, em alguns casos, rejeitariam veementemente. No capítulo anterior, vimos dois exemplos notórios: a alegação feita por Ryan Holiday da noção — profundamente *não estoica* — de que "o certo é o que funciona", típica do pragmatismo; e a afirmação de Massimo Pigliucci (*Field Guide*, p. 137) de que não existem regras éticas fundamentadas na lei natural, mas que toda moralidade estaria enraizada unicamente "na sabedoria e na experiência humanas" — uma visão igualmente não estoica, e mais próxima das formas desenfreadas de ceticismo ou relativismo moral contra as quais os estoicos, seguindo Sócrates e Platão, enfrentaram na Grécia antiga.

Exemplos como esses tornam evidente quão diverso é o estoicismo moderno. Na verdade, não constitui uma filosofia única, mas uma *família* tumultuada e argumentativa de visões filosóficas. Isso dificulta a definição do que é, de fato, o "estoicismo moderno" de uma forma abrangente e, ao mesmo tempo, precisa.

DICA

Uma definição ou uma caracterização muito geral de "estoicismo moderno" é, provavelmente, o melhor que podemos oferecer — e sugerimos a seguinte:

Estoicismo moderno é um movimento contemporâneo de caráter popular e um conjunto de visões filosóficas que busca reviver o estoicismo como uma filosofia prática de vida, adaptando-o aos valores e às perspectivas do mundo atual. O principal foco é a aplicação dos princípios estoicos na vida cotidiana, com o objetivo de ajudar as pessoas a se tornarem mais felizes, sábias, virtuosas e emocionalmente saudáveis.

Acreditamos que essa descrição abarca, de maneira adequada, a essência do estoicismo moderno — em toda a sua variedade de formas e interpretações. Os leitores que quiserem explorar mais profundamente as questões conceituais envolvidas na definição do termo podem consultar o artigo disponível online: "Symposium: What Is Modern Stoicism?" [em inglês].

Principais Diferenças: Antigo e Moderno

A essa altura, já deve estar claro que há grandes diferenças entre as versões antiga e moderna do estoicismo. Esses contrastes são frequentemente encobertos pelos defensores do estoicismo moderno, que talvez não queiram chamar a atenção para a magnitude dessas diferenças. Com base no que aprendemos sobre as filosofias antiga e moderna, podemos resumir os principais contrastes. Eles podem ser agrupados nos seguintes tópicos:

- Objetivos teóricos
- Fundamentos intelectuais
- Atitude em relação à religião
- Plausibilidade
- Principal foco
- Público-alvo
- Estilos argumentativo e retórico

Começaremos com o primeiro.

Objetivos teóricos

Conforme vimos, o estoicismo antigo era uma visão abrangente do cosmos, baseada em ideias provenientes de diversas fontes, incluindo Heráclito, Sócrates, o cinismo antigo, Platão e, em menor grau, Aristóteles. Fornecia respostas confiáveis para muitas das grandes questões sobre a natureza suprema da realidade, a estrutura do cosmos, a existência e a natureza de Deus, a alma humana, a vida após a morte, a causalidade, o livre-arbítrio, o conhecimento e a percepção humanos, o raciocínio lógico, o papel adequado das emoções e como gerenciá-las, a natureza do bem e do mal, o que significa ser uma pessoa idealmente boa e sábia, e o propósito da existência humana e do próprio cosmos. Em resumo, era uma crença extremamente "dogmática" no sentido antigo, pois apresentava grandes ambições intelectuais e estava bastante comprometida com a veracidade de suas alegações.

LEMBRE-SE

Na maioria de suas formas, o estoicismo moderno é muito menos ambicioso intelectualmente. Trata-se de uma versão *consideravelmente* simplificada do estoicismo. Os estoicos modernos focam principalmente questões práticas: Como posso ser mais feliz? Menos estressado? Estar mais no controle de minhas emoções? Ser mais resiliente emocionalmente? Menos ansioso em situações sociais? Mais adaptável a mudanças? Menos raivoso? Uma pessoa melhor? São questões muito mais fáceis de responder do que os grandes enigmas intelectuais sobre Deus, a natureza da realidade, o propósito da existência humana e assim por diante, com os quais os antigos se deparavam.

Se há algo que aprendemos com a longa história da filosofia ocidental, é que dificilmente se chega a respostas confiáveis sobre questões fundamentais. Nesse aspecto, o estoicismo moderno tem uma clara vantagem sobre o clássico.

Fundamentos intelectuais

Conforme observado na Parte 1 deste livro, os fundamentos intelectuais do estoicismo antigo são razoavelmente claros. Os estudiosos afirmam que foi, em grande parte, um remendo, uma colcha de retalhos maluca costurada com base em uma imagem do cosmos emprestada, em grande parte, de Heráclito e Platão, uma lógica emprestada de Aristóteles e, em seguida, aperfeiçoada de maneira importante, e uma ética de virtude, sabedoria, aceitação e autossuficiência radical, extraída principalmente de Sócrates e dos cínicos.

Os fundamentos intelectuais do estoicismo moderno são muito mais obscuros e diversos. A física, a teologia e a lógica estoicas antigas desapareceram quase completamente. A ética radical socrática/cínica permanece, mas geralmente de uma forma atenuada que Sócrates e Diógenes dificilmente reconheceriam. Na maioria das versões do estoicismo moderno, os valores fundamentais são apenas os do "mundo moderno e dos valores modernos", sendo grande parte extraída da literatura contemporânea de autoajuda, sucesso e desenvolvimento pessoal, comum no Ocidente próspero.

O estoicismo moderno oferece tudo: tranquilidade, clareza mental, resiliência, regulação emocional, positividade, alegria, relacionamentos mais próximos, força interior, atenção plena, disciplina mental, fazer-se presente, a capacidade de "prosperar em um mundo fora de seu controle" e, em algumas versões de grande intensidade, "pragmatismo implacável", "persistência implacável" e a capacidade de transformar obstáculos em oportunidades, até mesmo, metaforicamente, "fazer do limão uma limonada" (Holiday, *O Obstáculo É o Caminho*, p. 5 e 69). Parece que estamos muito distantes do mundo austero e quase monástico de *Discursos* de Epicteto ou da melancolia e do cansaço resignado do mundo de *Meditações* de Marco Aurélio. E, como veremos, não se sabe ao certo se os valores e as crenças modernos conseguem sustentar uma perspectiva autenticamente estoica.

Atitude em relação à religião

Conforme vimos no Capítulo 2, o estoicismo inicial era uma filosofia religiosa ou espiritual, fundamentada na fé em um Ser divino panteísta e benevolente, Logos. De fato, Edith Hamilton, renomada estudiosa e autora de obras clássicas, afirmou que o estoicismo "era uma religião em primeiro lugar e uma filosofia em segundo" (*The Echo of Greece*, p. 157). Essa tendência religiosa fica evidente no famoso "Hino a Zeus", de Cleantes, no "Sobre a Providência", de Sêneca, no *Sobre a Natureza dos Deuses*, de Cícero, influenciado pelos estoicos, e em *Discursos*, de Epicteto, que transborda em piedade em relação a uma divindade pessoal e atenciosa em quase todas as páginas.

LEMBRE-SE

O estoicismo moderno, por outro lado, tende a ser secular em seu espírito. A maioria dos principais estoicos modernos não é religiosa, ou mesmo abertamente contrária à religião, e eles frequentemente afirmam que é possível ser um estoico praticante de pleno direito sem nenhuma crença religiosa ou espiritual. Isso certamente seria uma surpresa para os fundadores gregos do estoicismo, bem como para os estoicos romanos posteriores, que se viram, muitas vezes, perseguidos pelas autoridades cristãs romanas justamente em virtude de suas visões religiosas não ortodoxas.

Plausibilidade

O estoicismo antigo tinha um problema de plausibilidade na Antiguidade e, em sua forma completa, teria um problema ainda maior hoje. As principais características da visão de mundo estoica clássica eram difíceis de engolir até mesmo para a maioria dos gregos e romanos antigos.

LEMBRE-SE

Conforme já vimos, os antigos estoicos se deliciavam com paradoxos como:

» Nenhum mal pode atingir uma pessoa boa.
» Ninguém faz o mal por vontade própria.
» Nada é bom, exceto a virtude.
» A virtude é suficiente para a felicidade e o bem-estar completo.
» A dor, a doença e a morte não são males.
» Todos os vícios são iguais.
» Quem carece de uma virtude, carece de todas elas.
» Qualquer pessoa que não tenha virtude perfeita é perversa por inteiro.
» Um Sábio não fica perturbado com a morte de amigos e entes queridos.
» Devemos aceitar de bom grado e com alegria tudo o que acontece na vida.

Como vimos, os estoicos tinham justificativas detalhadas e complexas para esses e outros paradoxos, mas sempre tiveram dificuldades com o proverbial homem da Ágora e foram duramente criticados por platonistas, epicuristas, céticos e outras escolas de pensamento antagônicas. Além disso, os estoicos antigos eram frequentemente acusados de ter crenças paradoxais. Por exemplo, eles defendiam tanto o livre-arbítrio quanto o destino inexorável, apesar das dificuldades óbvias em conciliar os dois. Também afirmavam que esse era o melhor de todos os mundos possíveis, embora admitissem que praticamente não havia bondade de fato (ou seja, virtude perfeita) e que provavelmente todas as pessoas que viviam na época eram totalmente perversas.

Por fim, como tanto os especialistas antigos quanto os modernos observaram, há uma tensão evidente entre os ideais estoicos de virtude, que, para eles, exigem um engajamento ativo nos assuntos públicos, o afeto familiar e o cumprimento dos papéis sociais, e o ideal de total liberdade das paixões e das "perturbações" mentais, exceto pelas "pré-paixões" involuntárias (veja Sêneca, *Cartas* 74 e "Sobre a Tranquilidade" 2.4; Epicteto, *Discursos* 1.18.21, 4.4.9). Com exceção, talvez, dos deuses e de eventuais vulcanos, como Spock, que possam estar vivendo secretamente entre nós, a política e a vida familiar tendem a levar a algumas "perturbações"! Ou seja, os dois ideais estoicos de perfeição moral e imperturbabilidade parecem ser incompatíveis, dada a constituição atual dos seres humanos. Esses são alguns dos motivos pelos quais o estoicismo perdeu força como movimento organizado pouco após a morte de Marco Aurélio (180 d.C.) e por que, até o momento, nunca houve uma tentativa séria de revivê-lo, exceto, possivelmente, pelo breve movimento cristão do "neoestoicismo" no final da Renascença.

Por definição, o estoicismo moderno enfrenta um problema de plausibilidade muito menos grave. Ele foi criado especificamente para atrair pessoas com valores modernos e problemas contemporâneos. O estoicismo moderno elimina a maioria das características duvidosas do estoicismo antigo e mantém as partes mais confiáveis e interessantes — as preocupações éticas amplas e as práticas psicológicas para alcançar mais felicidade e força mental.

LEMBRE-SE

As reivindicações centrais do estoicismo moderno são muito modestas. Não promete felicidade perfeita, serenidade absoluta e virtude completa; apenas afirma que é possível alcançar *mais* felicidade, tranquilidade, resiliência, fortaleza mental etc. ao seguir seus ensinamentos. Milhares de estoicos praticantes da atualidade podem atestar que essas afirmações são verdadeiras.

E como observa o Dr. Tim LeBron, há uma quantidade razoável de evidências empíricas provenientes do uso de questionários de bem-estar de que o estoicismo é capaz de ampliar as emoções saudáveis e reduzir as negativas (LeBron, "Why Stoicism Is More Relevant Than You Think", *Psychology Today*, 14 de janeiro de 2023, online). De modo geral, o estoicismo moderno é menos ambicioso intelectualmente e faz menos alegações, é mais modesto e mais bem fundamentado do que o estoicismo antigo. Além disso, descarta ou deixa de lado, sem mencionar, muitas das afirmações questionáveis ou até comprovadamente falsas do estoicismo antigo. Portanto, de modo geral, o estoicismo moderno é muito mais crível e interessante do que o estoicismo antigo seria hoje.

Principal foco

A maioria das versões de estoicismo moderno tem foco diferente das versões antigas. O principal foco dos primeiros estoicos clássicos era a virtude, que eles consideravam suficiente para o bem-estar completo e o único bem verdadeiro. Por outro lado, na maioria das versões do estoicismo moderno, a virtude fica em segundo plano em relação à felicidade e à paz interior.

Conforme observamos no capítulo anterior, o estoico moderno William Irvine afirma explicitamente que sua versão preferida do estoicismo foca a obtenção de paz e a ausência de dor emocional, não a virtude. A maioria dos estoicos modernos pelo menos admite a afirmação estoica tradicional de que a virtude é o único bem, sendo a felicidade um subproduto necessário dela. Mas eles falam principalmente sobre como os ensinamentos estoicos são capazes de aumentar a felicidade, no sentido moderno de *se sentir* feliz e satisfeito, ao ensinar estratégias de enfrentamento, controlar emoções doentias, aumentar a atenção plena, desenvolver maior controle dos impulsos e outros.

É uma grande diferença entre os estoicismos antigo e moderno e, como observa Irvine (*Guide*, p. 42), um argumento a favor do estoicismo moderno. Há um motivo pelo qual há toneladas de anúncios e artigos na internet que prometem felicidade, porém poucos prometem virtude. Não parece haver multidões de pessoas por aí buscando freneticamente no Google "Como posso ser mais virtuoso?".

Público-alvo

Outra diferença óbvia entre os estoicismos antigo e moderno é o público-alvo. Embora Epicteto tenha dado palestras para audiências mistas e as *Cartas de um Estoico*, de Sêneca, tenham sido escritas quase certamente visando um público amplo, a maioria dos escritos estoicos antigos provavelmente se destinava sobretudo a estudantes de nível avançado e colegas filósofos. É difícil acreditar, por exemplo, que o tratado "On Categorems" de Cleantes ou o trabalho "Probable Conjunctive Reasons" de Crísipo fossem populares na época.

Por outro lado, quase todas as obras do estoicismo moderno são claramente destinadas a leitores em geral, não especialistas. *O Obstáculo É o Caminho* de Holiday, *Pense Como um Imperador* de Robertson e *How to Be a Stoic* de Pigliucci foram publicados por editoras não acadêmicas populares e voltados para o público em geral, embora esse público amplo agora inclua um número cada vez maior de estoicos praticantes confessos. As obras não pressupõem nenhum conhecimento prévio do estoicismo ou da filosofia em geral, foram escritas de maneira clara e acessível, muitas vezes apresentando histórias inspiradoras e envolventes, e normalmente envolvendo poucos ou nenhum argumento complexo, termos especializados ou análises minuciosas. Isso se aplica a quase todos os outros livros recentes sobre estoicismo moderno.

LEMBRE-SE

Ao contrário do ímpeto do estoicismo antigo, o estoicismo moderno é muito mais uma "filosofia popular" do mercado de massa, no gênero de *Zen and the Art of Motorcycle Maintenance* de Robert Pirsig, *O Tao do Pooh* de Benjamin Hoff, mais recentemente, *Os Quatro Compromissos* de Don Miguel Ruiz ou mesmo *12 Regras para a Vida* de Jordan Peterson e *A Sutil Arte de Ligar o F*da-se* de Mark Manson.

Estilos argumentativo e retórico

A última grande diferença que deve ser ressaltada entre os estoicismos antigo e moderno diz respeito ao modo como essas filosofias costumam ser apresentadas, especificamente em seus estilos argumentativo e retórico. Quando lemos os fragmentos remanescentes e os relatos secundários de autores estoicos antigos, como Crísipo ou Posidônio — embora não se aplique aos grandes estoicos romanos, cujos escritos sobreviveram em grande parte devido ao seu apelo popular —, nos encontramos em um mundo de filosofia "profissional" ou de ponta, semelhante a alguns dos escritos mais avançados de Platão ou Aristóteles. Os argumentos são, muitas vezes, densos e complexos. São apresentadas análises minuciosas e detalhadas. Os termos são cuidadosamente utilizados. O vocabulário especializado é usado com frequência. As objeções são declaradas e analisadas de maneira imparcial e detalhada. As afirmações são criteriosamente classificadas. As questões teóricas e especulativas são discutidas, bem como as práticas. O foco principal é a sabedoria e a verdade, não a conquista de convertidos ou o entusiasmo por uma escola filosófica.

O estoicismo moderno, em termos gerais, é muito diferente. Como grande parte da filosofia popular, há uma falta generalizada de argumentos ou, quando há de fato alguma medida de raciocínio, na maioria das vezes falta rigor. Quando os argumentos são apresentados, eles tendem a ser breves, simples e fáceis de entender. São raras as análises críticas cuidadosas e as leituras atentas dos textos. Termos e frases importantes como "virtude", "felicidade", "emoções", "aceitação", "viver no presente" e "coisas que podemos controlar" são empregados de modo vago e indefinido. Termos técnicos ou específicos raramente são utilizados com precisão, embora termos gregos transliterados possam ser vistos com frequência, como uma espécie de tempero picante para o ensopado.

As objeções óbvias são frequentemente ignoradas ou não são bem analisadas. Histórias envolventes e ilustrativas são contadas de maneira frequente e eficaz. O foco é quase exclusivamente as questões práticas de sucesso, a saúde mental ou a felicidade plena, talvez com uma pequena dose de ética da virtude. O tom é, muitas vezes, inspirador ou de advertência. Há grande diferença na linguagem, principalmente nos escritos do superpopular Holiday, que utiliza palavras e frases curtas e incisivas, parágrafos breves de fácil compreensão e uma linguagem poderosa e carregada de emoção, não muito diferente de uma propaganda política, de um discurso motivacional de vestiário ou de um comercial atraente de caminhões Chevy — Estoico: Resistente como uma rocha.

LEMBRE-SE

Resumindo e generalizando, o estoicismo antigo tende a ser:

» Religioso ou espiritual
» Dogmático
» Intelectualmente ousado no que diz saber ou provar
» Baseado em fundamentos filosóficos e religiosos relativamente bem definidos
» Cuidadoso em seus empréstimos de tradições filosóficas concorrentes
» Teórico e prático
» Focado principalmente na virtude como objetivo de vida
» Frequentemente voltado para audiências especializadas, e não para o público amplo e popular
» Rigoroso na argumentação
» Complexo e muitas vezes com linguagem própria
» Mais focado na verdade do que na motivação ou na inspiração
» Implausível em muitas de suas principais afirmações

O estoicismo moderno, por outro lado, costuma ser assim:

» Secular
» Relativamente não dogmático
» Muito menos ambicioso intelectualmente
» Comparativamente incerto e díspar em seus fundamentos intelectuais
» Muitas vezes eclético em suas referências de fontes não estoicas
» Prático
» Focado principalmente na felicidade ou na paz, e não na virtude
» Voltado para o público em geral e parte de um grande movimento popular
» Argumentação raramente rigorosa
» Linguagem simples e facilmente compreensível
» Muitas vezes com tom motivacional ou inspirador
» Mais plausível em suas principais alegações

MAIS LEITURAS EXCELENTES SOBRE O ESTOICISMO MODERNO

Ao explorar o estoicismo moderno, analisamos sobretudo o trabalho de quatro grandes nomes desse movimento: William Irvine, Donald Robertson, Massimo Pigliucci e Ryan Holiday. Mas existem muitos livros excelentes sobre o tema! Para quem gosta de ir direto ao ponto e se atualizar sobre o que os estoicos modernos estão dizendo, recomendamos especialmente:

Matthew J. Van Natta, *The Beginner's Guide to Stoicism: Tools for Emotional Resilience & Positivity*: quando nossos amigos pedem um livro de introdução ao estoicismo moderno que seja fácil de ler, recomendamos este. É breve, interessante, muito bem escrito e repleto de conselhos práticos que você pode aplicar todos os dias.

Jonas Salzgeber, *The Little Book of Stoicism: Timeless Wisdom to Gain Resilience, Confidence, and Calmness*: é outra excelente introdução ao estoicismo moderno para iniciantes. É claro, agradável e bem prático. O ponto central do livro é uma discussão muito útil sobre mais de cinquenta práticas psicológicas estoicas.

Estoicismo Moderno: Aspectos Positivos e Negativos

Como todas as formas de filosofia popular, o estoicismo moderno tem prós e contras. Começaremos pelos contras. É preciso adverti-lo de que não há "especialistas" sobre o que o estoicismo moderno tem de certo e o que tem de errado. A distinção é mais uma questão de opinião embasada e julgamento criterioso. As informações a seguir são apenas a nossa opinião pessoal sobre esses assuntos.

Estoicismo moderno: Os contras

Em nossa opinião, as principais preocupações com relação ao estoicismo moderno, em muitas de suas versões contemporâneas, incluem falta de rigor e precisão, fundamentos intelectuais pouco claros e preocupações sobre se ele é suficientemente semelhante ao estoicismo antigo para ser considerado estoicismo de verdade ou se é apenas uma mistureba de dicas para a vida inspiradas nos estoicos. Daremos uma olhada rápida nessas possíveis áreas problemáticas.

Falta de rigor e precisão

A maioria dos livros sobre estoicismo moderno são obras de filosofia popular comercializada. São escritas para um público de massa e publicadas para vender e gerar lucro para autores e editoras. Inevitavelmente, isso significa menos rigor, precisão, exatidão, profundidade, equilíbrio e, com frequência, menos clareza conceitual do que se encontraria em um livro escrito por e para acadêmicos, ou para outros públicos menores e, sobretudo, intelectuais. Portanto, surgem os problemas de simplificação excessiva, argumentação vaga, generalização excessiva, unilateralidade e, por vezes, imprecisão ou equívoco que os críticos costumam alegar.

LEMBRE-SE

Nenhum dos quatro estoicos modernos mais proeminentes — Irvine, Robertson, Pigliucci e Holiday — são especialistas com formação acadêmica em filosofias grega e romana antigas. Não é de surpreender, portanto, que eles às vezes entendam as coisas de modo equivocado ou apresentem uma passagem que possa induzir ao erro. Donald Robertson, por exemplo, é um estudioso extremamente criterioso e preciso, cujos livros são algumas das melhores introduções ao pensamento estoico antigo e moderno. No entanto, em um trecho interessante, até ele pode dizer que "os ensinamentos de Zenão e Cleantes eram simples, práticos e concisos" (*Pense Como um Imperador*, p. 34). Entretanto, temos longas listas dos escritos de Zenão e Cleantes, muitos dos quais eram nitidamente teóricos e complexos (Diógenes Laércio, *Vida* 7.174-75, 7.4).

Assim, um problema comum no estoicismo moderno é a falta de clareza confiável no uso de termos-chave. Por exemplo, eles geralmente nos incentivam a "focar as coisas que podemos controlar e deixar o restante para lá". Mas quais coisas exatamente *podemos* controlar? E "controle" em que sentido? E o que significa "deixar o restante para lá"? Ignorar completamente? Não ligar muito? Não se preocupar? Não se apavorar com isso? Conforme observamos no Capítulo 9, são exatamente as perguntas que precisamos fazer se quisermos dar o devido sentido a esse atual mantra estoico, mas são perguntas que os próprios estoicos modernos raramente fazem.

Fundamentos intelectuais pouco claros

A maioria dos estoicos modernos descartou a maior parte dos fundamentos filosóficos, científicos e religiosos do estoicismo antigo. É questionável que ainda existam fundamentos adequados para sustentar afirmações estoicas modernas bastante comuns como:

- » A virtude é o único bem verdadeiro.
- » Devemos praticar o amor estoico pelo destino, aceitando com alegria e até mesmo amando o que quer que aconteça conosco, com nossos entes queridos ou com os acontecimentos do mundo.

Considere a primeira afirmação, de que a virtude é o único bem verdadeiro ou absoluto, e que todas as outras coisas de valor, se de fato existirem, são "indiferentes". Essa é uma afirmação ousada e, por si só, difícil de acreditar. O sorvete de chocolate gourmet não é bom? E uma nota 10 merecida na prova final, após muito estudo? E um clima agradável e ensolarado no dia de seu casamento? O alívio da enxaqueca? O diagnóstico de que está livre do câncer? Que embasamento os antigos estoicos tinham para acreditar que, literalmente, nada além da virtude humana é realmente bom?

Um dos motivos, conforme vimos, era a fé em Sócrates como exemplo de Sábio. Sócrates havia dito que "nenhum mal pode atingir uma pessoa boa". A única maneira de isso ser verdade, pensavam os estoicos, é se o vício for o único mal e a virtude o único bem. Uma pessoa boa, pensavam eles, deve ser totalmente "autossuficiente" em relação a tudo o que possa contribuir para sua felicidade ou seu bem-estar completo (*eudaimonia*). Somente a virtude e o vício estão totalmente sob nosso controle, pelo menos idealmente. Portanto, a virtude é o único bem, ou o fator que contribui de maneira totalmente confiável para o bem-estar, e o vício é o único mal, ou o fator intrínseco que prejudica o bem-estar.

CUIDADO

Esse, claramente, é um argumento pouco convincente. Será que Sócrates não poderia ter se enganado quando declarou que nenhum mal pode atingir uma pessoa boa? Quem morreu e o tornou onisciente? Como ele poderia saber disso? Por que deveríamos aceitar o vício como o único mal? E por que uma pessoa boa deve ser totalmente autossuficiente quando se trata do próprio bem-estar? Esse não é um ideal divino completamente inadequado para nós? O limão que nunca se transforma em limonada não acontece com todos os seres que desejam, sentem, esperam e sonham como nós? Não há mais imperfeições na vida, mesmo para os mais evoluídos espiritualmente, do que tal retrato idealizado poderia permitir?

Por sorte, os estoicos tinham outro argumento para sua afirmação paradoxal de que a virtude é o único bem. Sêneca o expõe muito bem em sua Carta 74 a Lucílio:

> Quem se decidir a ser feliz deve concluir que o bem consiste apenas no que é honroso [*honestum*, tradução latina de Sêneca para a palavra grega *aretê*, que significa "virtude" ou "excelência"]. Pois, se ele considera qualquer outra coisa como boa, ele está, em primeiro lugar, passando um julgamento desfavorável sobre a Providência, por causa do fato de que os homens honrados muitas vezes sofrem desgraças e que o tempo que nos é atribuído é curto e escasso se comparado com a eternidade que é atribuída ao Universo. (*Cartas* 74.10)

É um argumento simples e direto para a visão estoica de que a virtude é o único bem. Sêneca argumenta: se qualquer outra coisa que não a virtude fosse boa, Deus poderia ser culpado pela maneira como distribuiu os bens e os males. Especificamente, Deus seria o culpado por fazer com que coisas ruins e não merecidas acontecessem a pessoas boas, como no caso de crianças pequenas que morrem de câncer. Deus é perfeito e jamais permitiria que coisas ruins acontecessem a pessoas boas ou agiria injustamente. Portanto, a virtude é o único bem.

O argumento é convincente? Deixaremos que você decida. O que queremos salientar é que esse argumento depende totalmente das crenças estoicas sobre religião. Sem Deus, sem eventos predestinados, sem Providência: sem argumento. Então, novamente, precisamos perguntar: os estoicos modernos que querem descartar a física e a teologia estoicas ainda conseguem dar um bom motivo para que a virtude seja o único bem verdadeiro? Ou devem jogar a toalha, como faz Massimo Pigliucci, e admitir que *muitas* coisas são boas além da simples virtude, como defendiam Platão e Aristóteles, mas os estoicos negavam com veemência?

O mesmo se aplica à crença estoica moderna no amor ao destino. Os antigos estoicos mais radicais, como Epicteto, tinham uma lógica perfeitamente clara de por que não deveríamos apenas "aceitar" o que acontece no mundo de maneira superficial, rancorosa ou resignada, mas acolhê-lo com alegria, gratidão e de todo o coração, e de fato amá-lo: um Deus perfeito e sábio quer isso, portanto deve ser bom e, na verdade, para o melhor. Esse argumento é bom? Pelos motivos que sugerimos antes, provavelmente não. Nem todos os que acreditam em um Deus criador creem que esse ser também orquestraria meticulosamente os eventos do mundo em todos os detalhes. Por um motivo, essa visão dificulta muito o reconhecimento de qualquer versão significativa de liberdade nas ações humanas. Mas é a partir daí que Epicteto, muito religioso, defende seu ponto de vista.

CUIDADO

Os estoicos modernos, por outro lado, parecem estar em um riacho aberto e sem remo quando se trata de amor ao destino. É verdade que aceitar alegremente o que quer que aconteça pode resultar em maior serenidade. Mas será que *queremos* ser serenos com relação a coisas como injustiça racial, mudança climática extrema, proliferação nuclear, ameaças à democracia e limpeza étnica? *Podemos* ficar serenos quando testemunhamos abuso infantil ou vemos um ônibus escolar lotado pegando fogo? A serenidade, ao que parece, é muito superestimada. E talvez você também concorde. Ter mais paz interior é ótimo, mas a perfeita e ininterrupta tranquilidade talvez seja pedir ou esperar demais. Em certo nível, precisamos admitir que parece que os seres humanos *devem* sofrer.

Então, novamente, parece justo perguntar: será que os estoicos modernos, com suas escolhas seletivas do estoicismo antigo, ainda têm os recursos teóricos para defender as principais crenças estoicas que eles endossam? Acreditamos que seja uma questão em aberto.

O estoicismo moderno é o verdadeiro estoicismo?

Muitos críticos afirmam que o estoicismo moderno não é um estoicismo genuíno, mas uma mera imitação barata que deixa de fora partes literalmente essenciais do autêntico ensino estoico. Nancy Sherman, professora de filosofia da Georgetown University e especialista em estoicismo há muito tempo, fez essa crítica em um editorial amplamente lido do *New York Times* em 2021, intitulado "If You're Reading Stoicism for Life Hacks, You're Missing the Point". Sherman escreve:

> Atualmente, o estoicismo não é tanto uma filosofia, mas, sim, um conjunto de dicas para a vida, a fim de combater a ansiedade, meditações para controlar a raiva, exercícios para encontrar a serenidade e a calma — não por meio de "Oms"

ou retiros silenciosos, mas com discursos que disciplinam a mente: "A dor não se deve à coisa em si", diz Marco Aurélio, "mas à sua percepção dela". Com essa mentalidade, o impacto do mundo externo pode se dissipar à medida que o eu interior se torna um santuário. O foco se restringe a esse eu — eu, isolado das estruturas sociais que me sustentam ou me derrubam.

Talvez seja uma das vertentes do estoicismo clássico, hiperbolizada nos muito citados epigramas do estoico grego Epicteto, mas não é, de modo algum, a sua totalidade. A visão focada em mim deixa de lado a ênfase do estoicismo antigo em nosso florescimento como seres sociais, conectados local e globalmente.

Nesse ponto, Sherman faz duas críticas simples: (1) ao contrário do estoicismo antigo, o moderno não é uma filosofia de vida abrangente, mas uma série de conselhos de vida para reduzir a ansiedade, controlar a raiva e assim por diante; (2) o estoicismo moderno deixa de lado, ou dá pouca importância, partes fundamentais do estoicismo verdadeiro, como a ideia de que os seres humanos são essencialmente seres sociais. Ele trata muito de autoproteção, autoajuda e retiro para uma cidadela interior inconquistável que o protege de riscos, mas também o isola de conexões sociais importantes.

É uma crítica justa? Talvez não completamente. De fato, o estoicismo moderno, em suas versões mais populares, não é uma filosofia de vida abrangente, mas um conjunto de ferramentas psicológicas de enfrentamento associadas a uma estrutura flexível de crenças éticas genéricas. No entanto, Sherman está meio equivocada ao sugerir que o estoicismo moderno não passa de uma série de técnicas de sobrevivência. Até William Irvine e Ryan Holiday, que *de fato* propõem muitas dessas dicas, mantêm boa parte da antiga doutrina estoica. A acusação de "conselhos de vida" se aplica ainda menos a Donald Robertson e Massimo Pigliucci, que apresentam bons exemplos da antiga crença estoica. Quanto à acusação de Sherman de que os estoicos modernos são muito focados em si mesmos, isso é, na melhor das hipóteses, uma meia verdade. O estoicismo moderno foca mais a autoproteção, a autoajuda e a evitação da angústia em comparação com a maioria dos estoicos antigos. Consulte o livro de Cícero, *On Duties*, que faz referência aos estoicos, para ter um bom exemplo de como o pensamento político e ético estoico era socialmente orientado. Em contrapartida, *todos* os principais pensadores estoicos modernos enfatizam a natureza social dos seres humanos e a importância de outras virtudes, como a justiça.

Isso posto, ainda é válido questionar se o estoicismo moderno é suficientemente semelhante ao seu ancestral para ser considerado *verdadeiro*. Para responder a isso, precisamos saber, claro, o que é estoicismo "verdadeiro". É difícil, porque mesmo as versões clássicas antigas eram distintas e não há consenso, até entre os estudiosos, sobre o que é de fato essencial ou necessário para ele.

CUIDADO

O rótulo "estoicismo", como muitos termos abstratos importantes, como "liberdade", "democracia" e "justiça", parece ser o que os filósofos chamam de "conceito fundamentalmente contestado", que não pode ser definido de maneira simples e sem controversa. Assim como o "cristianismo", nunca chegaremos a um acordo sobre o significado exato do termo. É justo. Mas pense no seguinte: podemos pelo menos concordar com algumas coisas que o cristianismo definitivamente *não* é? Se alguém disser: "Ah, o cristianismo? Tem tudo a ver com Buda, carma e reencarnação", nenhuma pessoa bem informada cairá nessa. Então, poderíamos ir além e definir alguns aspectos que representam o que *é* cristianismo, como uma tradição religiosa ou espiritual baseada nos ensinamentos e na pessoa de Jesus? Dessa forma, talvez consigamos ter uma noção suficientemente boa do que o estoicismo definitivamente é e não é para descartar a possibilidade de que determinadas formas de ramificações modernas sejam verdadeiras.

Não tentaremos fazer isso agora, porque nos levaria a terrenos muito profundos. Mas, de acordo com o que sugerimos no capítulo anterior, uma forma atual de "estoicismo" moderno — o chamado estoicismo 2.0 de Massimo Pigliucci — parece ser um candidato provável à expulsão da equipe do estoicismo verdadeiro. Pigliucci, como você deve se lembrar, rejeita muitas crenças estoicas clássicas, incluindo compromissos com Deus, alma, viver de acordo com a natureza, amor ao destino, objetividade moral, considerar as coisas externas irrelevantes para o bem-estar e, o mais importante, a principal ideia estoica de que a virtude é o único bem e é suficiente para a felicidade (*Field Guide*, p. 134–37). Será que Pigliucci deixou para trás o amistoso rebanho do estoicismo e se tornou um eclético estoicizante, como Cícero ou Plutarco foram no passado? E isso tem importância? Na *sua* opinião, qual é o conjunto essencial e inegociável de crenças do estoicismo verdadeiro?

Estoicismo moderno: Os prós

Isso é tudo sobre as desvantagens do estoicismo moderno — ou o que alguns podem considerar pontos negativos. E quanto às suas vantagens? Existem basicamente quatro.

Grande impacto

O estoicismo moderno claramente teve um grande impacto positivo em milhares de vidas. Acesse a internet e você encontrará inúmeros depoimentos de pessoas que dizem que o estoicismo as ajudou a se tornarem mais tranquilas, menos ansiosas, menos estressadas, menos materialistas, mais disciplinadas, mais autoconscientes e mais resilientes. Muitas juram que mudou sua vida para melhor. Algumas até afirmam que o estoicismo literalmente salvou sua vida. É uma alegação que você provavelmente não ouvirá sobre o hegelianismo ou o neoplatonismo. "Kant salvou minha vida" não se tornará o próximo grande meme da internet ou uma frase de efeito em camisetas. Mas o estoicismo parece fazer uma grande e saudável diferença para muitas pessoas que normalmente não estariam lendo ou falando sobre filosofia.

Resultados positivos

Embora alguns puristas possam se opor a certas facetas do estoicismo moderno, não se pode negar que as mensagens centrais e os "conselhos de vida" sugeridos são extremamente positivos. Coloque a sabedoria e a virtude em primeiro lugar. Controle suas emoções. Seja autodisciplinado. Seja corajoso. Seja justo. Aja em prol do bem comum. Aguente firme. Não se preocupe com seus problemas. Não se preocupe com as coisas pequenas. Concentre-se mais no que você pode controlar. Trate as adversidades como oportunidades. Seja razoável. Seja consciente. Busque perspectiva. Tenha uma visão de longo prazo. Tenha uma vida planejada. Seja filosófico. Deixe de lado os apegos prejudiciais à saúde. Seja invencível. Viva sempre consciente, como nos lembra Gandalf, de que você é "apenas uma pequena pessoa em um mundo imenso" e parte de algo muito maior.

Essas são as principais e duradouras mensagens dos estoicismos antigo e moderno. E são exatamente o que nossa alma doente e estressada precisa em um mundo cada vez mais louco. Imagine, por um momento, que todas as pessoas com mais de 10 ou 12 anos se tornassem, repentina e completamente, um estoico clássico ou moderno pelo resto de suas vidas em termos de emoções, atitudes, ações e crenças. Sem dúvida, o mundo melhoraria radicalmente em um instante e para o bem de todos. Seria um tipo de alquimia perfeita e maravilhosa, uma transformação com a qual, de outra forma, as pessoas só poderiam sonhar. E, com a mesma certeza, na medida em que alguém adota esses conselhos de maneira individual, a melhoria acontece.

Renovação dos estudos acadêmicos

O estoicismo moderno provocou um aumento do interesse popular e acadêmico pelo tema. Parte do interesse foi em resposta ao burburinho em torno do assunto, e alguns trabalhos acadêmicos importantes foram publicados a respeito do estoicismo, incluindo: *Epictetus: A Stoic and Socratic Guide* (2004) de A. A. Long, *The Greatest Empire: A Life of Seneca* (2015) de Emily Wilson, *Stoicism and Emotion* (2007) de Margaret Graver e o magnífico *Marcus Aurelius: A Guide for the Perplexed* (2012) de William O. Stephens, para citar alguns. A maioria dessas obras acadêmicas é elucidativa para o leitor em geral, inclusive útil para o estudante sério do estoicismo que não frequenta uma sala de aula.

Dedicação à filosofia

LEMBRE-SE

O estoicismo moderno leva *muitas* pessoas a pensar e falar sobre quatro dos mais sábios pensadores que já passaram por este planeta: Sócrates, Sêneca, Epicteto e Marco Aurélio. Isso é muito bom. Assim como o fato de que as pessoas estão falando e pensando não só sobre estoicismo, mas sobre filosofia em geral.

A filosofia está na moda agora, provavelmente mais do que jamais esteve nos Estados Unidos e em outras partes do mundo. Isso se deve principalmente a Ryan

Holiday, Donald Robertson e outros líderes estoicos modernos que estão mostrando como uma antiga tradição de sabedoria pode continuar a mudar vidas para melhor nos dias atuais.

Embora a história sugira que as modas filosóficas tenham uma vida útil relativamente curta — pense no transcendentalismo, no pragmatismo, no existencialismo da geração beat e no auge do Zen Budismo, além dos movimentos alternativos de espiritualidade das décadas de 1960 e 1970 na história dos Estados Unidos — é possível que o estoicismo moderno tenha um poder de permanência maior e um apelo de massa mais duradouro. Em sua essência, o estoicismo é uma forma de "socraticismo" enraizada na sabedoria eterna de Sócrates. Sua ênfase na sabedoria e na virtude; a indiferença à fama, à riqueza e à maioria dos outros valores convencionais; a força inabalável diante das mudanças do destino; a autoanálise constante e o questionamento destemido das falsidades sociais também estão no cerne do verdadeiro estoicismo. Por esses motivos, é provável que o estoicismo moderno continue sendo uma filosofia de vida atraente para muitas almas reflexivas e questionadoras por muitos anos.

7

A Parte dos Dez

NESTA PARTE...

Leia nossas sugestões de dez livros que todo estoico deveria ler (depois deste).

Descubra dez excelentes blogs e podcasts estoicos.

NESTE CAPÍTULO

» Recomendando algumas ótimas traduções dos estoicos

» Mencionando alguns dos melhores livros recentes sobre estoicismo

Capítulo 21

Dez Livros para um Estoico (Aspirante)

A literatura sobre estoicismo, que já era extensa, recentemente se tornou abundante. Se você é iniciante no assunto, por onde deve começar? Em primeiro lugar, obrigado por iniciar conosco. Provavelmente, o melhor lugar para começar agora é com os grandes pensadores estoicos romanos, em especial os Três Grandes: Sêneca, Epicteto e Marco Aurélio. Eles têm uma leitura bastante agradável.

Para traduções em inglês, recomendamos enfaticamente que você evite as mais antigas por causa dos arcaicos "tu" e "vós". Em vez disso, encontre boas versões recentes. Gostamos particularmente de *Letters from a Stoic* (tradução de Robin Campbell) e *Seneca: Dialogues and Essays* (tradução de John Davie); depois, para Epicteto, leia: *Epictetus: Discourses, Fragments, Handbook* (tradução de Robin Hard) e uma tradução ainda mais recente, *Epictetus: The Complete Works* de Robin Waterfield; para os diários do imperador, experimente a edição da Modern Library de *Meditations* de Marco Aurélio (tradução de Gregory Hays) e *Meditações* (tradução de Edson Bini). Além disso, *The Emperor's Handbook*, traduzido pelos irmãos

C. Scott Hicks e David V. Hicks, é muito bom e fácil de ler. Para aqueles que procuram traduções mais literais de *Meditations*, a de G. M. A. Grube e a de Martin Hammond são muito boas. A edição de Hammond também contém extensas notas explicativas e um excelente índice. Mas há muitas outras boas traduções recentes disponíveis. Atualmente, esse é um ramo em crescimento.

Após ter lido os Três Grandes Estoicos e assimilado seus pensamentos, talvez você queira mergulhar em alguns dos excelentes livros recentes sobre estoicismo listados a seguir e sucintamente descritos. Qualquer um deles será muito útil em suas aventuras pela filosofia estoica.

The Inner Citadel: The Meditations of Marcus Aurelius

Pierre Hadot, (1998). Hadot (1922–2010) foi um ilustre acadêmico francês de filosofia antiga que lecionou por muitos anos no Collège de France, em Paris. Seu livro *The Inner Citadel* (publicado pela primeira vez em francês em 1992) teve um grande impacto no movimento do estoicismo moderno. O livro traz comentários sobre as *Meditações*, com informações fascinantes sobre como elas foram escritas, as correntes de pensamento que influenciaram Marco Aurélio a escrevê-las e o que ele tenta fazer em suas anotações. O livro de Hadot segue uma linha mais acadêmica e é um pouco complexo, mas ainda assim é fácil de ler. Ele foi o primeiro a destacar a importância das três disciplinas estoicas de ação, consentimento e desejo para a compreensão de Marco Aurélio e de outros estoicos importantes. Seu livro é especialmente útil quanto à influência de Epicteto no pensamento de Marco Aurélio e à importância do bem comum na ética estoica.

A Guide to the Good Life: The Ancient Art of Stoic Joy

William B. Irvine, (2009). O livro *Guide to the Good Life*, de Irvine, foi uma obra revolucionária no movimento do estoicismo moderno. Escrito em inglês claro e sem jargões por um filósofo contemporâneo que se considera um estoico, foi o primeiro livro a motivar o interesse popular no estoicismo como uma filosofia de vida confiável no mundo anglófono atual. Grande parte do livro é de caráter prático, oferecendo sugestões específicas sobre como empregar a sabedoria estoica na vida cotidiana. Ao destacar os antigos ensinamentos estoicos sobre alegria e outras emoções boas, Irvine quebra os velhos estereótipos sobre os estoicos serem pessoas sisudas, rígidas e estraga-prazeres. Seu interesse é principalmente no estoicismo como um caminho para a paz, e não para a virtude. Pode ser visto como unilateral em alguns pontos, mas ainda assim é uma leitura bastante virtuosa. Além disso, veja seu livro mais recente, *The Stoic Challenge: A Philosopher's Guide to Becoming Tougher, Calmer, and More Resilient*, e terá outros exemplos excelentes de um guia filosófico que encontra grande utilidade nessas ideias antigas.

The Stoic Art of Living: Inner Resilience and Outer Results

Tom Morris, (2004). O estoicismo nos ajuda a controlar nossas emoções, a lidar com a ansiedade e a encontrar a paz interior, mas será que também é capaz de nos ajudar a alcançar êxito nos negócios, nos esportes, na vida acadêmica e em outras atividades importantes da vida? Com base na sabedoria atemporal de Sêneca, Epicteto e Marco Aurélio, Morris defende que sim neste livro mais antigo sobre as ideias estoicas. Usando muitas citações dos grandes estoicos romanos, ele apresenta o estoicismo como um tesouro de percepções poderosas sobre a vida boa e — talvez surpreendentemente — também como um guia para o sucesso extraordinário e adequado nos "indiferentes preferidos", como negócios e esportes. (Uma última observação: esta indicação foi sugerida e escrita por Greg, não pelo estoicamente humilde Tom.)

How To Be a Stoic

Massimo Pigliucci, (2017). Nesse livro amplamente lido, Pigliucci, um ilustre professor de filosofia da City College de New York, conta como abandonou o humanismo secular e adotou o estoicismo como um dogma pessoal de significado e propósito. Em meio a uma crise de meia-idade, Pigliucci acabou adotando o estoicismo como "uma filosofia racional e científica que inclui uma metafísica com dimensão espiritual, é explicitamente passível de revisão e, o mais importante, é eminentemente prática". Para reforçar o caráter prático do estoicismo, Pigliucci conclui o livro falando sobre doze práticas espirituais estoicas úteis, extraídas dos escritos de Epicteto. Seu livro posterior, *A Field Guide to a Happy Life* (2020), é mais curto e voltado para o público não especializado. Tendo como base principal o *Manual* de Epicteto, o livro *Field Guide* oferece uma versão atualizada e ousada do estoicismo para os leitores modernos.

Pense Como um Imperador Romano

Donald Robertson, (publicado no Brasil em 2020). Robertson, psicoterapeuta escocês, autor e podcaster popular, há tempos é uma figura importante no movimento do estoicismo moderno. Seu livro anterior *Estoicismo e a Arte da Felicidade* (publicado no Brasil em 2023) oferece uma visão geral, clara e envolvente do pensamento estoico que será útil para qualquer iniciante que queira implementar as práticas estoicas na própria vida. No livro mais recente *Pense Como um Imperador Romano*, ele se aprofunda na vida e nos ensinamentos de Marco Aurélio, recorrendo com frequência aos conceitos da moderna terapia cognitivo-comportamental para revelar como o estoicismo é capaz de aliviar a ansiedade, aumentar a resiliência emocional e nos ajudar a enfrentar as dificuldades da vida. Talvez pelo fato de Robertson não ter sido originalmente formado como historiador da Grécia ou Roma antigas, seu trabalho sobre os antecedentes dos estoicos se torna real com a vivacidade necessária para que entendamos a importância do pensamento deles em sua época e como ele pode ser traduzido de maneira tão poderosa para a nossa. A habilidade do autor de fazer reconstruções criativas e imaginativas pode surpreender alguns acadêmicos conservadores, mas ele é bom no que faz. Esse livro mostra muito bem como o estoicismo antigo se conecta a muitos pontos da psicoterapia moderna. Não iremos nem mencionar sua útil incursão no formato graphic novel com o livro *Verissimus* (ops, mencionamos), mas todos os trabalhos recentes dele têm sido importantes para trazer o pensamento estoico para os desafios da vida moderna.

The Stoics (2ª edição)

F. H. Sandbach, (1994). Para os leitores que desejam se aprofundar um pouco mais no pensamento dos antigos estoicos, incluindo suas complexas visões sobre Deus, natureza e humanidade, a obra de Sandbach é um excelente guia. Professor de longa data dos clássicos na Cambridge University, ele faz um relato claro e abrangente de todos os aspectos dos ensinamentos estoicos, incluindo psicologia, lógica, filosofia da natureza, ética e teologia. Como bônus, o livro está disponível em uma edição de bolso acessível da Hackett Publishing. Um excelente complemento ao livro de Sandbach, também publicado pela Hackett, é *The Stoics Reader: Selected Writings and Testimonia* (2008) de Brad Inwood e Lloyd P. Gerson. Inwood e Gerson apresentam traduções claras de passagens importantes de Diógenes Laércio, Estobeu, Cícero e outras fontes antigas que revelam os relatos complexos e sistemáticos que os antigos estoicos desenvolveram em suas três principais disciplinas: física, lógica e ética. Mas Sandbach é a melhor forma de começar.

O Obstáculo É o Caminho

Ryan Holiday, (publicado no Brasil em 2022). Embora alguns livros de Holiday sejam muito ecléticos e abordem superficialmente o estoicismo histórico, *O Obstáculo É o Caminho* é organizado especificamente em torno do que ele chama de três disciplinas estoicas: percepção, ação e vontade, e se baseia extensamente no antigo pensamento estoico. Com a clareza e o vigor que lhe são característicos, Holiday usa artisticamente exemplos de pessoas famosas, como Steve Jobs, Thomas Edison e Ulysses S. Grant, entre muitos outros, para ilustrar a arte estoica do jiu-jítsu de transformar contratempos em trampolins para obter mais sucesso e força de caráter. Se a onda contemporânea de interesse pelo estoicismo tivesse um astro do rock, ele seria o cara. Atualmente, Holiday é a figura mais popular do movimento moderno do estoicismo e tem desempenhado um papel importante ao divulgar a sabedoria antiga para um grande público leitor e ouvinte por meio de livros best-sellers, blogs, podcasts, newsletters e aparições na mídia. Assim como *The Stoic Art of Living* de Tom Morris, *O Obstáculo é o Caminho* de Holiday é voltado para iniciantes interessados em filosofia que desejam melhorar sua vida e alcançar mais sucesso.

Diário Estoico

Ryan Holiday e Stephen Hanselman, (publicado no Brasil em 2021). Esse best-seller é uma coletânea de 366 leituras diárias curtas sobre temas estoicos de caráter prático, como aceitação, virtude, resiliência, coragem e superação do medo da morte. Cada texto inclui uma breve leitura de um antigo pensador estoico, seguida de um breve comentário. Hanselman, editor e agente literário formado em Harvard, fez as traduções, e Holiday escreveu os comentários. No final, há um glossário útil de termos e trechos importantes. Muitas pessoas têm usado esse livro para incorporar as perspectivas e as práticas estoicas no cotidiano. Muitos leitores relataram que o leram integralmente mais de uma vez e, para alguns, com o intuito de absorver por completo suas lições. Ler e refletir sobre uma página desse devocional diário é uma ótima maneira de começar ou terminar o dia com a calma e a inspiração estoicas. Aproveite para dar início às próprias anotações e comece a escrever seu próprio diário estoico de insights filosóficos.

Epictetus: A Stoic and Socratic Guide

A. A. Long, (2002). Essa é, e tem sido há muito tempo, a melhor introdução a Epicteto. Long, ex-professor de clássicos da University of California, em Berkeley, pode ser descrito como o decano dos estudos estoicos. Esse livro relativamente curto, publicado pela Oxford University Press, foi escrito para acadêmicos e não acadêmicos, e é de fácil leitura. Inclui novas traduções de diversas passagens importantes das obras de Epicteto e é particularmente útil no sentido de evidenciar as origens socráticas e cínicas de grande parte do pensamento de Epicteto. No epílogo, é explorada a influência de Epicteto em pensadores posteriores, desde sua época até a atual. Long é um dos maiores especialistas acadêmicos reconhecidos na área, e seu trabalho é sempre perspicaz e profundo. Se você quiser ser um aluno exemplar, leia esse livro como se estivesse assistindo a uma excelente aula.

Breakfast with Seneca: A Stoic Guide to the Art of Living

David Fideler, (2022). Dos três grandes estoicos romanos, Sêneca, Epicteto e Marco Aurélio, Sêneca parece ser o menos lido e o menos apreciado atualmente. É uma pena. Um dos motivos para isso pode ser o fato de que suas pérolas filosóficas valiosas geralmente estão enterradas em passagens complicadas de seus ensaios, suas cartas ou suas tragédias, e nem sempre são fáceis de encontrar. Mas, quando você se depara com uma delas, fica iluminado. Ele oferece algumas das metáforas mais vívidas e dos slogans mais surpreendentes para o sucesso estoico em todo o mundo. O livro perspicaz e de fácil leitura de Fideler sobre o pensamento de Sêneca oferece um guia especializado de viagem à filosofia estoica desse filósofo para leitores em geral. Os temas incluem a superação de preocupações e adversidades, o controle da raiva, a importância vital da amizade, o enfrentamento da morte e do luto, e a descoberta do amor, da gratidão e da paz interior. Thomas Jefferson lia *Cartas a Lucílio* (em latim) em seu leito de morte. O envolvente livro de Fideler nos ajuda a entender por quê.

MAS ESPERE! TEM MAIS!

Os livros listados neste capítulo são excelentes exemplos para começar, mas não pare por aí! Há muitos outros livros recentes interessantes, divertidos, esclarecedores e úteis sobre os estoicos e o estoicismo que não conseguiremos citar. Dê uma olhada no pequeno e excelente *Lições de Estoicismo* de John Sellars, por exemplo, no *Stoic Wisdom*, de Nancy Sherman ou em seu livro anterior *Stoic Warriors*. Um amigo nosso está lendo *Slave and Sage* de William Ferraiolo com muito proveito. Poderíamos continuar escrevendo esta lista. Confie em nós, porque lemos a maioria das obras recentes. Você deveria ver a fatura de nossos cartões de crédito. Além disso, acreditamos que em breve haverá outros lançamentos. Portanto, se seu interesse pelos estoicos permanecer, fique atento. Talvez a biblioteca pública de sua cidade também ofereça muitas recomendações de outros livros. Converse com o bibliotecário. Ele pode ser um recurso incrível para esse ou qualquer outro assunto.

NESTE CAPÍTULO

» **Explorando excelentes blogs estoicos**

» **Apresentando alguns dos melhores podcasts estoicos atuais**

Capítulo **22**

Dez Excelentes Blogs e Podcasts Estoicos

O estoicismo moderno tem uma comunidade online vibrante. Os fãs da filosofia estoica se comunicam regularmente nas redes sociais, como Facebook e Reddit, em grupos virtuais no Meetup e em uma série de conferências, cursos e outros fóruns online. Blogs e podcasts com temas estoicos também são muito populares, e sempre surgem novos na internet. Ouvir podcasts sobre o estoicismo enquanto se exercita ou faz uma longa caminhada "de acordo com a natureza" é uma ótima maneira de ser multitarefa! Este capítulo lista alguns dos melhores blogs e podcasts que encontramos. Mas existem outros muito bons também.

Blog Daily Stoic

As postagens do blog Daily Stoic são, como o nome sugere, publicadas diariamente. Escritos pelo autor best-seller nº 1 do *New York Times*, Ryan

Holiday, e sua equipe em Austin, os posts do Daily Stoic costumam ser curtos e muitas vezes centrados em uma ou duas citações de um grande pensador estoico, como Sêneca ou Marco Aurélio. Holiday é um cara carismático e equilibrado com experiência em marketing, e as postagens tendem a ser animadas, descontraídas e focadas em autoajuda e desenvolvimento pessoal. Os temas mais recorrentes incluem enfrentamento do luto e de aborrecimentos diários, estratégias para alcançar a felicidade, redução do estresse, gerenciamento de emoções negativas e obtenção de desempenho máximo. Os leitores podem se inscrever para receber uma meditação diária gratuita, enviada todas as manhãs para sua caixa de entrada.

Blog Stoicism Today

O Stoicism Today, fundado em 2012, é o blog oficial da organização britânica Modern Stoicism (o grupo que patrocina a Stoic Week e a conferência anual Stoicon). São publicados artigos e ensaios gratuitos todos os sábados, com entrevistas e anúncios de eventos divulgados em outros momentos ao longo da semana. As postagens do blog são de autoria de escritores convidados, bem como de membros da organização Modern Stoicism. Normalmente, os posts são mais longos e de cunho mais acadêmico do que os do Daily Stoic de Holiday. Geralmente, os posts contêm entre 1.500 e 4.000 palavras.

Blog Figs in Winter

Massimo Pigliucci, renomado autor de *How to Be a Stoic*, *A Field Guide to Happiness* e outros livros amplamente lidos sobre estoicismo, escreve este blog informativo (um sucessor de seu blog anterior Philosophy As a Way of Life, no Medium). Mas prepare seu cartão de crédito, pois, infelizmente, o acesso integral exige uma assinatura paga do Substack. Pigliucci, que tem doutorado em biologia evolutiva e filosofia, é um dos escritores mais bem informados e perspicazes sobre o estoicismo atualmente, e está entre os melhores analistas sobre maneiras de atualizar as antigas ideias estoicas para o mundo contemporâneo. As postagens de seu primeiro blog com tema estoico, *How to Be a Stoic* (2015–2018), ainda estão disponíveis gratuitamente online. Os posts costumam seguir uma linha mais acadêmica, mas são bastante acessíveis. Incluem comentários críticos muito úteis e detalhados sobre o importante, porém muito acadêmico, livro de Lawrence Becker, *A New Stoicism* (ed. rev. 2017), e *Stoicism and Emotion* (2007) de Margaret Graver.

Stoicism: Philosophy As a Way of Life

O proeminente autor estoico e psicoterapeuta Donald Robertson escreve esse blog/newsletter com o apoio dos leitores, além de diversos colaboradores convidados.

Os artigos costumam ser publicados uma ou duas vezes por semana e, em geral, são relativamente curtos. Muitas postagens exploram as conexões entre o estoicismo e a psicoterapia, porém os temas são abrangentes e fundamentados no profundo conhecimento de Robertson sobre os estoicismos antigo e moderno. O acesso completo aos posts requer uma assinatura do Medium.

Blog Traditional Stoicism

Um grupo pequeno, mas cheio de energia, de autoproclamados estoicos hoje nega que o estoicismo antigo necessite de qualquer atualização significativa à luz da ciência e da filosofia modernas. Eles defendem o estoicismo clássico, incluindo sua física materialista, teologia panteísta e ordem mundial providencial. O blog Traditional Stoicism é para estoicos do estilo antigo. Apresentado por Chris Fisher, segundo escolarca do College of Stoic Philosophers, o blog Traditional Stoicism está comprometido com uma versão do estoicismo com bases espirituais claras. O mesmo grupo de estoicos tradicionais apresenta o podcast Stoicism on Fire.

Podcast Daily Stoic

Apresentado por Ryan Holiday, o podcast Daily Stoic apresenta versões curtas (dois a três minutos) em áudio de meditações enviadas por e-mail durante a semana e episódios mais longos aos sábados — geralmente, uma ou duas vezes durante os dias úteis. Os episódios mais longos costumam incluir entrevistas, às vezes com estudiosos do estoicismo, mas muitas vezes com figuras públicas interessadas nessa filosofia ou em temas relacionados a ela, como autodisciplina, controle da raiva ou superação de adversidades. Entre os convidados recentes para entrevistas estão o ator Matthew McConaughey, a ativista pelos direitos ao voto Stacey Abrams, a cantora pop Camila Cabello e os autores Malcolm Gladwell, Steven Pinker e Sebastian Junger.

Podcast The Walled Garden

A Walled Garden Philosophical Society é uma organização internacional de filósofos, artistas e pesquisadores que se dedicam a trazer a sabedoria antiga para o mundo moderno. Simon Drew, CEO, é um anfitrião frequente do podcast semanal de aproximadamente uma hora de duração da Walled Garden (anteriormente conhecido como The Practical Stoic). Outros anfitriões regulares são Kai Whiting, Juan Perez, Sharon Lebell e outras figuras muito conhecidas do movimento do estoicismo moderno. Embora os temas relacionados aos estoicos sejam comuns nos podcasts da Walled Garden, eles abrangem assuntos variados relacionados a psicologia, música, poesia e espiritualidade.

Podcast Stoic Meditations

Massimo Pigliucci faz breves reflexões (de dois minutos) cinco vezes por semana sobre temas estoicos. Ou melhor, fazia, porque os podcasts foram encerrados em agosto de 2022. No entanto, ainda assim vale a pena registrá-los aqui, tanto por sua qualidade quanto por seu alcance. Ao todo, Pigliucci produziu quase 1.100 podcasts sobre *Stoic Meditations* de 2017 a 2022, que continuam disponíveis no Spotify e em outros sites. Eles ainda são uma mina de ouro para os fãs sérios do estoicismo.

Podcast Stoicism: Philosophy As a Way of Life

O proeminente autor do estoicismo, Donald Robertson, faz esses podcasts aproximadamente uma ou duas vezes por semana. A duração varia muito, de cerca de dez minutos a mais de uma hora. Muitos trazem entrevistas, geralmente com figuras conhecidas do estoicismo moderno e outros convidados. Robertson, terapeuta clínico por formação, é um guia especializado em todas as questões relacionadas ao estoicismo e sempre tem informações interessantes a dizer. Robertson, nascido na Escócia, também parece ser um cara muito legal, o que é sempre uma coisa boa em um estoico. A esposa de Donald, Kasey Robertson, talvez seja ainda mais simpática, se é que isso é possível, e também contribui para as discussões atuais sobre estoicismo, tanto nos bastidores quanto no front, online e offline.

Podcast Stoic Coffee Break

Erick Cloward apresenta esse podcast semanal sobre como aplicar o estoicismo para melhorar sua vida. Em geral, os podcasts têm cerca de dez minutos de duração, embora alguns episódios apresentem entrevistas mais longas. As conversas de Cloward são calmas e descontraídas, e algumas são bastante francas sobre questões da própria vida. Uma ótima maneira de adicionar um pouco de serenidade estoica à sua pausa para o café!

Índice

D

E

F

G

H

I

S

T

V

W

Z